MASTER'S HANDBOOK ON

SUPPLY CHAIN MANAGEMENT

供应链管理高手之路

孔令华◎著

中国经济出版社
CHINA ECONOMIC PUBLISHING HOUSE

图书在版编目（CIP）数据

供应链管理高手之路／孔令华著．--北京：中国经济出版社，2022.7

ISBN 978-7-5136-6929-0

Ⅰ.①供… Ⅱ.①孔… Ⅲ.①供应链管理 Ⅳ.①F252.1

中国版本图书馆 CIP 数据核字（2022）第 080774 号

选题策划　雷　生
责任编辑　孙东健
责任印制　马小宾
封面设计　高鹏博

出版发行　中国经济出版社
印 刷 者　北京艾普海德印刷有限公司
经 销 者　各地新华书店
开　　本　710mm×1000mm　1/16
印　　张　27
字　　数　440 千字
版　　次　2022 年 7 月第 1 版
印　　次　2022 年 7 月第 1 次
定　　价　78.00 元
广告经营许可证　京西工商广字第 8179 号

中国经济出版社 **网址** www.economyph.com **社址** 北京市东城区安定门外大街 58 号 **邮编** 100011
本版图书如存在印装质量问题，请与本社销售中心联系调换（联系电话：010-57512564）

本书导图

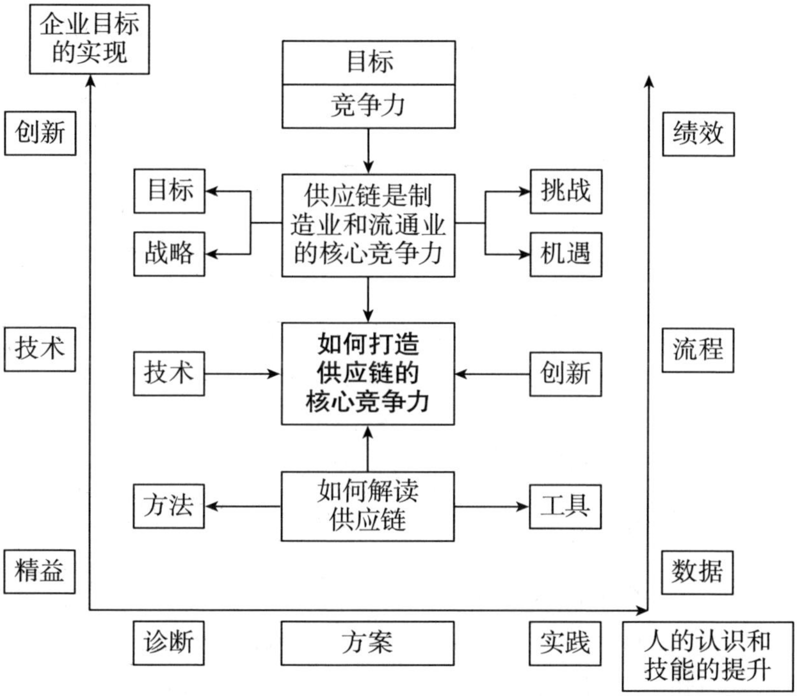

企业目标的实现
目标
竞争力
创新
绩效
目标
供应链是制造业和流通业的核心竞争力
挑战
战略
机遇
技术
流程
技术
如何打造供应链的核心竞争力
创新
方法
如何解读供应链
工具
精益
数据
诊断
方案
实践
人的认识和技能的提升

业界人士推荐

“管理有规律，管理无定式。”孔令华老师通过多年的供应链管理实践，总结并诠释了供应链管理的“内功心法”和“硬功招式”。本书将理论、实践、案例三者有效融合，通过洞察供应链、解读供应链、诊断供应链、优化供应链、驾驭供应链，深入浅出而又富有哲理地道出了供应链管理中最基本、最简单、最深刻的道理。供应链管理是实践科学，它来源于实践、发展于实践、应用于实践。作为此中高手，作者始学于知识，悟道于实践，境界至高而臻于法无定法，游刃于无形。孔令华老师的这本专著值得企业家、管理人员细细研读。

——小熊电器股份有限公司董事长　李一峰

恭贺孔老师第二部大作《供应链管理高手之路》面世。

孔老师自2014年起就开始帮助我们搭建供应链管理体系，做物流规划，使我们受益匪浅，企业核心竞争力得到了极大的提高。

目前，我国正面临百年之未有之大变局，经济已经进入“下半场”。中美贸易之战，不分出输赢不会休战。当今时代，很多企业都面临着巨大的生存压力。在全面产能过剩的时代背景下，传统企业的生存之道只能是提高自己的核心竞争力，做一个以客户为中心的全整合企业，才能够得以生存和发展。孔老师这本书深入浅出、通俗易懂，结合生动的行业实践和案例而编写，是行业人士的首选读物，对提高企业核心竞争力将大有裨益。

——山东世纪阳光纸业集团副总经理、总工程师　慈晓雷孔老师多年来一直为我司提供供应链管理咨询服务。他用专业的素养与卓越的思维给我司提供了非常多的问题解决方案，让我司的供应链管理水平和服务效率得到明显提升。孔老师是一位令人钦佩的供应链管理实践专家，每每与他交流，他都能通俗易懂、深入浅出地将问题分析透彻，令人茅塞顿开，诸多问题迎刃而解。我非常欣喜地看到孔老师的新书面世，这是他耗尽多年心血归纳的理论体系、专业工具、实践案例和宝贵经验的总结，实是难得的供应链管理专业好书，强烈推荐给业界同人。

——泸州老窖股份有限公司供应链管理中心总经理　徐前景

在中国经济进入新常态这一特定时期，企业微利经营和不确定性因素增加成为趋势，供应链的核心竞争力优势日益凸显。在书中，作者从实战角度诠释了在企业运营过程中如何进行供应链优化，可以用于实际管理操作。在孔老师的指导下，我司库存周转率从6.46提升到了10.65，进一步优化了公司现金流。

真诚地将此书推荐给经营企业的同行们！

——北京京威汽车设备有限公司副总经理　潘利勇

恭喜令华第二本大作面世。作为一名资深咨询师，他有20多年的经验和历练辅导规划并优化了许多企业的供应链。本书正是他宝贵实践经验的精华之作。

每个企业的供应链都有其独特性，面临着不同的问题，本书为解决个性化的供应链问题提供了系统的方法论、工具和案例。

供应链管理专业人士都是历经磨炼而成的。作者以基于真实案例的方法和技术，基于精益、数字化、创新的管理理念，言传身教，指导供应链从业人员如何做出正确的决策，从而持续提高企业的竞争力。

我郑重推荐阅读这本书。

——欧盟供应链专家、教授，华为原首席物流科学家，德国物流协会联合创始人　克劳斯·史碧舍从2014年至今，孔老师一直在我中心担任供应链管理、库存管理、物流管理、仓储管理课程的高级讲师。他是授课最认真的老师之一，即使已经讲过十几次的课件，每当必要时还是会补充新的行业实践案例。他讲授的课程深受学员喜爱，这得益于他常年在一线做咨询，才会有那么多精彩的方法论、工具和案例。这些精彩的案例和方法论都已包含在这本书中，现郑重推荐给行业人士阅读。

——国际物流与运输学会（CILT）国际物流职业认证中国管理中心主任　王增东

2018年，很荣幸邀请到孔老师为我司提供供应链管理咨询服务，他在短期内为我司创造出可观的经济效益，大大节约了成本。作为一位经验丰富的学术专家兼实践专家，他充分践行了“授人以鱼，不如授人以渔”的精神，其教练式的咨询服务方式备受好评。他不但帮助我司优化了供应链，还为我司培育了供应链人才，为我司的健康发展打下了良好的基础。

——深圳万生堂实业有限公司总裁　王　东

我和孔老师在西门子的供应链数字化项目上进行过多次交流，他在供应链方面的造诣令我深表钦佩。他对于供应链管理有庖丁解牛般的娴熟，对于供应链、物流、数字化有深度解读，既能从企业管理的宏观和全局高度规划供应链构架，也能从销售、采购、生产、物流、仓储、数字化的微观和局部角度实现项目落地。这些颇有价值的方法论和实践均在本书中有所呈现，开卷有益，希望对大家的工作有所帮助。

——西门子（中国）有限公司数字化工业集团客户服务部自动化服务总经理　朱震忠

有幸再次提前拜读孔老师的新作——这本书是孔老师自《物流实践者手记》之后的又一部心血之作。物流和供应链是有机结合的两个方向，物流更加侧重于如何把一个事情做得更好，而供应链则可以在一个更高的层面上保证我们做的事情是正确的。把供应链和物流结合起来，从战略到战术层面打造一个基于物流和供应链的基础设施的核心护城河，成了政府和众多企业的必要任务。本书保持孔老师一贯的风格，强调理论结合实际案例，从财务视角和数字化视角结合的角度去看供应链的端到端能力，每个篇章都能引起我的一些思考，值得细细反复拜读。

——京东物流智能供应链平台公共产业部解决方案总经理　宋晓昕

孔老师担任我司供应链管理顾问多年，帮助我司明显提高了供应链管理水平，获益匪浅。这本书对供应链进行了全面的讲解，凝聚了他20多年的供应链管理经验和咨询实战经验，将方法论和实例相结合，通过大量案例来阐述如何管理供应链的各个环节。在供应链实战中遇到的问题，几乎都能从本书中找到答案。

本书和孔老师的第一本著作《物流实践者手记》对供应链、物流等从业者都大有帮助，强烈推荐给业内朋友。

——北京京威汽车设备有限公司供应链总监　卢子谦

我与孔老师相识于公司的“十四五”战略供应链规划项目中：作为业内为数不多的供应链管理实践者，他以数年来在企业管理方面的真知灼见，凝练出各种鲜活、“接地气”的案例，深深地打动了我和我的团队；相知于他的首部著作《物流实践者手记》：反复读来，我感觉那确实是一部专业的工具书、实践宝典，在遇到疑惑时，能够让我有方法、疏困惑、达目标；相望于他的第二部著作《供应链管理高手之路》：我有幸成为本书的首批读者，并以实践者的感知在书中一一寻找理论体系的初心，助我

将供应链管理作为企业管理效能提升的有力支撑和保障。未来已来，中国高质量发展的号角已经吹响，并已成为全球供应链体系最完备的国家。作为供应链建设的一员，通过这两部著作，您定能为很多困惑找到答案，并助力中国供应链管理体系不断发展。

——特变电工股份有限公司供应链管理中心总监　王　伟

这是孔老师关于物流与供应链的第二本书。2003 年，我刚刚开始接触第三方物流时，曾和孔老师在香港科技大学参加关于供应链的课程培训，那也是我第一次了解“牛鞭效应”，当时就惊叹于供应链环节需求的收集与预测对企业整体经营以及产业链条的巨大影响。对于生产和流通业企业来说，供应链管理的好坏直接决定了企业能否盈利，能否应对风险。相比 2003 年，当前的物流技术、信息技术以及数据处理能力的巨大发展让供应链的管理和执行发生了巨大的变化。孔老师从多年的物流与供应链实践基础上总结出了极为宝贵的经验，并浓缩、贯穿于本书中，值得拜读、学习、思考。

——华润医药商业集团物流中心总经理　高智勇

孔老师是我们公司的供应链和物流顾问，曾经辅导我公司完成了新厂区物流规划。孔老师的知识储备和咨询功底扎实，授课时深入浅出，既有扎实的理论，又有丰富的实战经验；所规划的方案能结合企业实际，解决问题恰到好处。此书中的方案和案例颇有价值，很值得借鉴和参考，非常值得推荐，希望更多的同行能看到。

——武汉锐科光纤激光技术股份有限公司采购部部长　王　敏

孔老师曾经为我们的供应链团队授课和辅导。供应链是企业的基础，即使再有创意的运营策略、再大的市场机会，如果供应链基础不稳，那么一切都是空谈，建议企业好好研究供应链管理。推荐供应链工作者学习本书，找到解决自身问题的思路。

祝愿孔老师的新书帮助到更多的人！

——本来生活物流中心总经理　洪国勇

感谢孔老师精心萃取项目实战经验，不吝分享供应链高手心得，为企业供应链管理改善提供了完整方法论和落地实践指导。这是一本不可多得的优秀图书，推荐给供应链及物流领域的广大朋友们共同学习、共同进步！

——罗戈研究院院长、《数字化供应链》作者　潘永刚

孔老师是我们的供应链顾问，辅导我们的供应链信息化项目多年，是一位优秀的供应链专家，也是一位不可多得的良师益友。他尊重专业，勤于总结，善于引导，总能以大道至简的方式轻松化解一些业务难题，很善于透过现象看本质。他对于经手的项目，不论大小，都会认真总结，一直笔耕不辍，学习不停，分享不断，实乃年轻人的楷模。

实践出真知！这本书总结了他多年来积累的案例精华，多次修订完善，是一部心血的结晶，非常值得学习和借鉴。本书虽是专业著作，却通俗易懂，一点也没有专业书的晦涩难懂，读起来轻松自然。书中还融汇了一些做人做事的道理，启人智慧、发人深省。强烈推荐给年轻朋友们！

——泸州老窖股份公司数字化发展中心副总经理　范　敏

序 言

尽管这两年新冠肺炎疫情反反复复，但是令华兄的第二本著作——《供应链管理高手之路》却即将出版，从构思到定稿仅仅用了一年，可以说是一本一气呵成、成竹在胸的著作。

初识令华兄是在20多年前的联想，掐指算来，他已经从事供应链管理行业25年，从最初的从业者变成了爱好者，直至成为供应链管理行业的“匠人”。近十几年来，他一直在企业的第一线从事供应链管理工作，执着、热情地投入供应链的研究和实践，经常穿梭在不同行业、不同企业、不同项目上，驾轻就熟、庖丁解牛般地帮助企业解决供应链管理中各种各样的“点”的问题、“链”的问题，帮助客户优化供应链管理。通过他的精心运筹，使供应链成为客户的核心竞争力，让客户成为真正的“链主”。

这么多年来，我看到的他是一个乐此不疲而又孜孜不倦地沉浸于供应链研究的学者，用他的热情、激情和执着，不断探索、锤炼、打磨、传播着供应链管理这本“经书”。

令华兄一直是易达恒通供应链服务的导师和重要参与者，是公司同事们的“师者”，是公司关键供应链服务项目的“顾问”，也是公司践行为客户创造价值的关键引领者，为易达恒通在供应链管理领域的“匠心”发展付出了大量的心血。

供应链对于国计民生太重要了。

从某种角度来看，中国近30年之所以能够快速发展，成为全球制造业的“链主”，主要原因之一是产业供应链的转移——同时，中国企业的供应链管理能力也有了大幅提升。

供应链已经是国家的一项重要战略。2017 年 10 月 13 日，国务院办公厅发布了《关于积极推进供应链创新与应用的指导意见》，首次将供应链的创新与应用上升为国家战略。2020 年第 21 期《求是》杂志发表了习近平总书记的重要文章《国家中长期经济社会发展战略若干重大问题》。文章指出，要优化和稳定产业链、供应链，并强调产业链、供应链在关键时刻不能“掉链子”，这是大国经济必须具备的重要特征。国家和国家领导人如此重视供应链的建设和发展，可见供应链的战略作用有多大。

供应链也是大多数企业的一项重要战略。

尤其是对于制造业和流通业而言，供应链的“好与坏”实在是太重要了。供应链管理能力是制造业和流通业的核心竞争力之一，企业如果要想做好，更好地发展，必须把“供应链管理是什么”搞透彻，把“供应链管理该怎么做”弄明白，我想这就是令华写这本书的初衷。

“师者，传道授业解惑也。”这本书是令华多年理论思考的沉淀，是多年优秀实践案例的积累，是多年价值理论和方法论的呈现，这些理论思考、实践案例、方法论帮助企业解决了大量的问题，创造了极大的社会价值，成就了许多企业，创造了数十亿元计的价值。

“为师者，惟匠心以致远，当臻于至善。”令华将多年的实践和功力梳理成书，使之成为一个简单易学的技术体系，贡献给更多有需要的人。

王太庆先生在解读笛卡儿的《谈谈方法》时曾经说过：新兴的资产阶级如果要赚钱，就需要先解决无知的问题，然后才能解决无权的问题，也才能解决赚钱的问题——这也就是培根说的“知识就是力量”。毫无疑问，本书就是供应链管理能力的源泉。

对供应链行业初学者而言，本书可以帮助其提升操作技能，弥补短板；对供应链行业的管理者而言，本书可以帮助其提升管理技能，成为行家里手；对企业家而言，本书可以帮助其企业成为“链主”，成为行业领先者。

在任何行业，高手都是稀缺资源，供应链管理尤其如此。这是一本能够指导企业解决问题的书，是一本能指导企业做好供应链管理的书，希望业界的朋友通过学习本书，增长能力，提升段位，成为供应链管理高手。

深圳市易达恒通供应链有限公司总裁　孙志民

自　序

重要的事情，需要有人说明白。

事情越重要，越需要有人说明白。

对于企业管理而言，有些事情是极为重要的，非说明白不可——比如供应链。

从国家战略，到企业的竞争力，再到供应链专业人士，供应链都是极为重要的事情。

供应链是国运，也是国家战略！中国近 30 年来之所以能够快速发展，成为全球制造业的“链主”，主要原因之一是获得了全球产业供应链的转移。另外，国家也已经把发展供应链作为重要方向，把供应链创新与应用上升为国家战略。

对于制造业企业和流通业企业来说，到底什么是供应链？怎么样才能做好供应链？这直接关系到企业能不能赚钱、有没有竞争力、能不能长远发展。从供应链专业人士的角度来看，供应链管理是“饭碗”，涉及能吃多少饭、能挣多少钱的问题，那自然是头等大事。

既然供应链对于国家、企业、专业人士都如此重要，那就非说清楚不可。

我从业 20 多年，阅读了百八十本供应链相关的书，完成了几十个供应链项目。虽然确实辛苦，但是总算把“供应链是什么”弄明白了。反观市面上大部分关于供应链的图书，要么晦涩难懂，要么浅尝辄止，且以翻译自国外的居多，不能有效地结合中国的实际情况。读者看了不少书，往往并不见得真正明白供应链是怎么一回事。我不希望读者这么辛苦，希望供应链业界人士有本称手的工具书，看了就明白，做了就能会。这样一来，搞供应链管理就不会那么辛苦，这就是我写这本书的原因和目的。

事因难能，所以可贵；事因可贵，所以值得付出。供应链管理如此重要，希望借助本书，能够帮助读者把供应链管理搞明白。

供应链管理是制造业企业和流通业企业的核心管理事项之一。

从职能的角度看，供应链包括商品规划、设计、采购、生产、销售、物流等职能。这些职能纷繁复杂，既需要说清楚，也需要做好。从生意的角度和财务的角度看，供应链主要研究如何通过物料周转赚钱。赚钱既是供应链的任务，也是企业的目标。因此，供应链管理人员需要具备专业能力，知道怎么通过供应链赚钱，在什么条件下能赚钱，能赚多少钱。

把事说清楚，把账算明白，把企业做成，这是对供应链管理专业人士的三个最基本的要求。这三个要求看似简单，做好了很难；要做好，就需要多读书、多实践。

本书讲授的是供应链管理的技法和实践，就是要说明这三个问题——供应链是什么，该怎么筹划供应链，该怎么运作供应链。

本书主要内容来自我的讲课内容和咨询实践，主要是供应链管理的方法、工具、实践和案例。

我从事供应链管理工作始于1999年，至今已在这个行当工作了20多年，工作内容涉及食品、机械、电子、汽车、化工、航空、制药、商品零售、物流、信息化、互联网等行业。我的主要工作是优化这些企业的供应链，包括采购、生产、销售、物流、库存、信息化等，因而积攒了许多帮助企业大幅度降本增效的做法和案例。大部分案例的内容往往是庞杂的，一个方案可能有几百页，所以不太可能、也不允许全部放在书中，只能从中提炼部分核心内容，编入书中。

1999年，我进入冠捷集团做供应链管理工作，负责欧美销售订单；2000年，进入联想集团，做采购商务；后来，又进入大田集团、首都机场集团、中航国际等企业工作。2012年，我在力拓的一家供应商担任负责人。期间，我主要做供应链管理工作和物流管理工作，从基层员工做到公司的最高负责人，总结了若干理论和实践的心得体会。

2014年，我受邀成为英国皇家物流与运输学会的高级讲师，为学员和企业讲授《供应链管理》《库存管理》《物流管理》《仓库管理》。我在辅导企业时，第一件事也是讲课，让企业知道供应链管理的理论、方法和工具。要想讲好课，首先要有理论体系，其次要有诠释这些理论体系的精彩案例。由于这些国内外案例对于供应链管理人士很有价值，我对其做了一些提炼加工，并写入书中。

也是从 2014 年开始，我专注于做供应链管理咨询，目标就是通过优化供应链帮助企业赚钱。企业要想赚钱，就需要有竞争力。制造业企业和流通企业主要是靠倒腾物料赚钱，供应链管理的重要性不言而喻，尤其是如果那些没有资源、技术、品牌的企业想盈利，就只能靠做好供应链这一条路了。如果企业做不好供应链，就不太可能赚到钱。

我看过很多企业的供应链管理，往往都是各有各的道。好多事情，员工虽然都做了，效果却往往不够好，老板也不满意——究其原因，无非没把事情做在“道”上，也就是不知道到底该怎么做。

供应链管理是一项技术。

不少老板往往有两个错误的认识：有的认为供应链管理很容易，嘴边的话往往是“这么点事都干不好”；有的认为供应链管理很难，嘴边的话往往是“我们没有专业人才”。

这两种认识，或多或少都有些偏差——供应链管理就是个“活儿”。“活儿”这个东西，都是“会者不难”：之所以难，是因为不会；之所以不会，是因为不学不练——学了，练了，也就会了。其实，供应链管理真的没有那么难。

对于供应链管理专业人士来说，供应链管理是自己的饭碗，是“艺”；学习供应链管理就是学“艺”，把“艺”学好，就是掌握供应链管理这项赚钱的技能。

本书的重点即如何掌握供应链管理的“技法”，包括如何分析、规划、运作和管理供应链。书中讲述的技法主要来自我的学习和实践，为了便于读者理解和学习，我尽可能把“理论、实践、案例”三个内容融合到一起，一并讲述“到底是什么、应该怎么做、做成什么样”。

在一般人眼里，纯粹的理论都是枯燥的，精彩的案例才能使学习更加鲜活，尤其是那些提高了很多效率、省了很多钱、开发了很多客户的案例。本书中有不少这样精彩的案例，其中有一些是我辅导企业做出来的。我在写这本书的时候，尽可能用“案例贯穿理论”的思路来叙述，用案例说明做事的方法和技巧。

近10年来，在供应链管理咨询生涯中，我曾服务过小熊电器、上药科园、北京大兴国际机场、泸州老窖、特变电工、德龙钢铁、锐科激光、万生堂、汇群中药、京威汽车设备、嘉宝华连锁药店、泰德制药、中国阳光纸业、得益乳业、小鹿中医、天阳农机等。每个行业、每个企业、每个案例都是独特的，但是，做好这些案例的方法和技巧是相同的。供应链固然有其行业特性，但在本质上，供应链管理是一门专业，有其成熟的规律、方法和技巧。本书的主要内容，就是方法和技巧的总结。

有了好的方法和工具，才能做好事情，这就是先有“渔”而后有“鱼”。本书就是一本讲述如何做好供应链的谱子，也就是供应链的“链谱”。无论是正在做供应链的人士，还是今后想做供应链的人士，有了这本“链谱”，就不用再临渊羡鱼，直接下网就行了！

著　者

2022年6月

目　录

第三篇 诊断供应链

心中有数，脚下有路

第四篇 优化供应链

用精益打造竞争优势

第五篇 优化供应链

用新技术升级竞争维度

第六篇　优化供应链

用创新打造竞争护城河

第七篇 运筹与调度

统筹规划，科学决策

第八篇 驾驭供应链

一定要成为高手

第一篇

洞察供应链

供应链是制造业和流通业的核心竞争力

- 企业的目标是什么
- 企业有哪些竞争力
- “供应链+”战略
- 变化和挑战
- 仍然有机遇
- 精益、技术、创新

001

天下熙熙，皆为利来：企业的目标是什么

如果问一群人：**“企业的目标是什么?”**

你可能会得到各种各样的回答，比如获得收入、获得利润、开发好产品、获得更多市场、建立有竞争力的公司等。

之所以有这些多种多样的回答，是因为每个人站的角度不同，看到的企业目标的方面不同，并没有绝对的好坏和对错。

企业毕竟属于营利性组织，以营利为目的——就企业的目标来说，艾利·高德拉特博士在《目标》一书中讲得极为明确：企业的目标就是赚钱。

什么是好的企业呢？就是能正当地赚更多的钱。

企业都有自己的使命，使命就是企业计划完成的任务。比如，某衬衣行业的企业号称其使命是“成为衬衣领域的领先者”，听起来非常“高大上”，如果顺着意思捋到底，其本质也就是赚钱。

企业也往往有自己的战略。战略是一种从基于全局谋划并实现全局目标的规划，是一种长远的规划。战略的终极目标就是“干什么能赚钱”和“怎么干能赚钱”。比如，顺丰的战略之一是“从单一的快递公司转型为综合物流服务供应商”。实际上，就是开展多种物流服务，在多个物流领域赚钱。

本书开篇就讲述“企业的目标”这一话题，旨在就这个核心问题形成统一认识。所以，**本书采用高德拉特博士的理论：企业的目标就是赚钱。**

市场经济和计划经济有很大不同。推行市场经济的社会是一个竞争的社会，因为企业要想赚钱，就需要有竞争力；如果想赚更多的钱，那就需要有更强的竞争力。

因此，在这个点上统一认识是非常必要的，也是至关重要的。企业的

所有行为，都要围绕着这个目标。

凡是不能为这个目标做贡献的，就削减了企业竞争力，所有相关工作一律都是浪费。

凡是能为这个目标做贡献的，就增加了企业竞争力，是企业应该欢迎和支持的。

002

天下攘攘，皆为利往：企业是怎么赚钱的

一、竞争力的财务解读

竞争力是企业的盈利能力，也就是赚钱能力，从企业的利润公式来看，利润等于收入减去税费（图 1 –1）。

图 1 –1　利润公式

如果要提高利润，就需要提高收入、降低成本、降低税费。而供应链做得好，既可以提高交付数量、交付时效、交付质量，也可以降低交付成本。也就是说，既可以提高销售额，也可以降低成本（图 1 –2）。

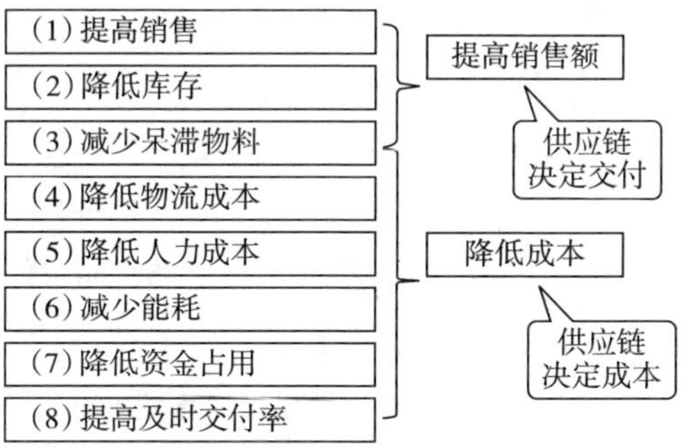

图 1 –2　供应链对交付和成本的影响

一般情况下，判断一家企业盈利能力的强弱有一个重要的指标，就是净资产报酬率。那么，这个指标是如何计算的，又是如何构成的呢？

$$净资产报酬率 = 净利润/净资产 \times 100\%$$

从财务角度分析，企业的业务运营主要经过三个阶段（图1－3）。

第一阶段是把资金转变为资产。资产包括厂房、设备、材料、技术、人力等。制造业需要车间、设备、材料、人力等资产，流通业需要库房、商品、人力等资产，种植业需要种子、化肥、土地、设备等资产；这些资产，或租或买，都需要通过资金来转化。

第二阶段是通过销售，把资产变成营业收入。超市卖货、工厂卖产品、软件公司卖软件、物业服务公司提供物业服务，都是把资产转变成收入。**如果要获得更多的营业收入，则需要拥有更多的资产，并加速资产的周转。**

第三阶段是把营业收入转化为利润。营业收入减去营业成本后，再扣掉税，剩余的就是企业的利润。

也就是说，企业如果想赚取更多利润，就需要更多的运营资产，更大的利润空间，更快的资金周转。

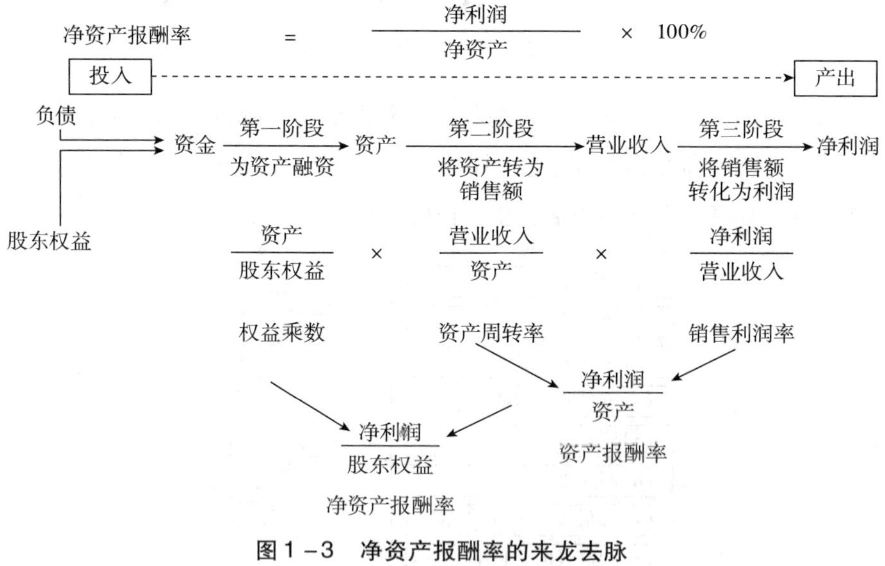

图1－3　净资产报酬率的来龙去脉

二、企业的主要竞争战略

有规模的企业通常会制订企业发展战略，也就是在哪个方向发力赚钱，如何打造自己的竞争力。我个人的看法是：所谓的竞争策略，其实就是通过差异化经营打造企业独特的竞争优势，也就是实现企业的差异化。差异化解决“我有人无”的问题——我有的，别人没有；如果大家都有，我的更好；如果大家都好，我的更便宜；如果大家都便宜，我的更方便；诸如此类。根据波特的理论，**企业主要有两种竞争战略，即差异化战略或低成本战略**（图1－4）。还有一种理论认为有三种竞争战略模式，分别是差异化战略、低成本战略、聚焦战略。在我看来，这三种战略无非都能帮助企业实现差异化的竞争优势，总的看来也是差异化战略。

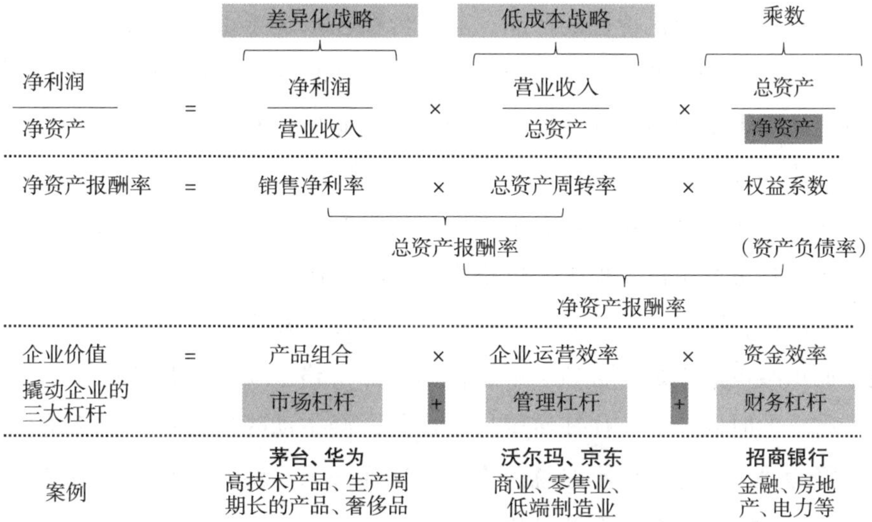

图1－4 差异化战略和低成本战略

从图1－4可以看出，

净资产报酬率＝销售净利率×总资产周转率×权益系数

如果要求净资产回报率高，则需要净利率高、总资产周转快、权益系数高。通俗来讲，就是毛利高、企业运营效率高、资金效率高。

不同企业的竞争力不同。比如，华为和茅台凭借其品牌优势和技术优势即可获取高毛利；沃尔玛和京东是流通行业，没有高利润，只能拼企业运营效率；银行和房地产行业由于自身的净资产并不是很多，所以主要依靠加大财务杠杆，通过扩大融资，扩大公司资金和资产，通过大资金和大资产的运作来实现盈利。

差异化战略主要是通过有竞争力的产品获取高利润。有差异化特性的产品往往具备其他产品不具备的特性，因而有市场定价权。比如茅台、苹果电脑、华为的5G技术等。在不考虑供求关系的情况下，对于有差异化特性的产品，企业往往有定价权，也就是说，企业可以自己确定毛利的高低。只要产品能够卖得出去，企业就会尽量把价格定得高一些——所以茅台的销售毛利率超过90%（2019年是91.67%）。2020年第一季度，由于暴发新冠肺炎疫情，酒类等消费品的工厂出货量下降大约40%，可是茅台的利润反而同比上涨20%左右——方法很简单：涨价。

缺乏足够差异化特性的产品，其定价往往取决于市场的供求关系，尤其是具有行业周期性的产品，比如煤炭、石油、铁矿石、粮食、棉花等。还有些产品很难做出差异化，或者即使能够做出差异化，其效果也不会很明显，比如包装纸、方便面等。这些产品往往是由市场的供求关系定价的——换言之，企业往往没有定价权，只能单方面接受市场的定价。

既然是市场定价，那么其价格高低往往取决于供求关系。当需求大于供给的时候，买方往往希望多一些存货，这样比较安全，因此会导致需求更多而供给更加不足，自然会不断推高产品价格。反之亦是如此：当供给大于需求的时候，卖方往往希望快点出货，会主动降低价格，由于价格处在下降趋势，买方反而不愿意备库存，这样一来，就会导致需求更少而供给更加充足，自然会拉低产品价格。

对于由市场定价的产品，如果企业定价高于市场定价，是不可能把产品卖出去的——定价过高，企业不仅赚不到钱，还会丢掉市场份额和客户。

所以，产品的定价如果高于市场的定价，就丢掉了市场。

那么，按照市场定价来销售产品是不是可以呢？不一定！如果要具备足够的竞争力，还需要产品价格低于市场价格才行，这才可以形成护城河。

已经充分竞争了，还要低于市场价格，那么企业还有利润吗？企业应该如何做出利润呢？这是低成本竞争策略需要回答的问题。

低成本策略主要通过运营效率和规模经济来获取利润。如果企业采取低成本策略，其核心的运营方式是加快资金周转，其竞争力主要来自供应链管理。

003

力大者赢：企业的竞争力

竞争是促进社会进步的最重要的力量之一。

对于营利性组织而言，如果存在利润，一定存在竞争，竞争力就是盈利能力。尤其是在商业领域，组织如果想存活或者持续，就必须创造价值，并在竞争中赢得优势。

竞争力比利润要重要得多。如果把营业额、利润、现金流、竞争力进行排名，我愿意倒过来排，那就是竞争力、现金流、利润、营业额。有营业额而没有利润的生意，是不可能持久的，早晚要倒闭。用一句广东的俗语来说，那就是“掉脑袋的事有人做，赔钱的买卖没人干”。

有利润但现金流很差的公司可能会倒闭，而现金流很好但利润不太好的公司不会倒闭，因为只要有钱撑着，企业就可以折腾，兴许就能折腾出点事来。

企业倒闭的原因往往是没有钱了，因为现金流断了，没有人愿意跟着公司折腾了，公司就黄了。有竞争力的公司，即使现金流不好，也会有很好的前景——看看那些掌握新技术的公司就知道了，不停地有基金往里送钱，什么天使轮、PRE-A 轮、A 轮、B 轮、C 轮、D 轮、E 轮、F 轮、G 轮、H 轮……企业只要有竞争力，就不缺钱。

许多老板认为有钱就能解决问题，错了。如果钱真的能解决问题，银行早就统治世界了，用不着想方设法苦哈哈地求着企业贷款。

对企业而言，长久的生存和发展更为重要，而竞争力恰恰是企业长久生存与发展的基石和抓手。因此，竞争力比利润和现金更有魅力，企业只要有了较强的生存、发展和竞争能力，此后的利润和现金流才更激动人心。

一般的制造业和流通业主要有资源、品牌、技术、供应链4种核心竞争力（图1－5）。所以，也有企业分析者从这个角度来分析企业的竞争优势。当然，由于每个人的观点不同，这种分类也是见仁见智，并不见得很有道理，只是一种看问题的角度。

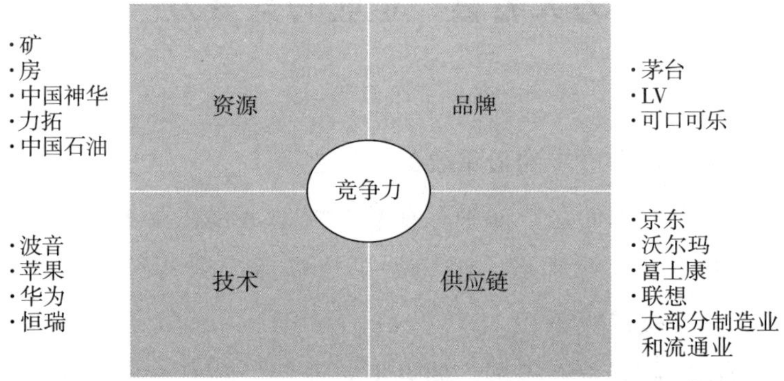

图1－5　一般企业的4种竞争力

一、资源竞争力

有些企业的竞争力来自其资源优势，比如：中国神华拥有中国最好的煤矿，中国石油拥有中国最好的油田，力拓、必和必拓、淡水河谷拥有全球最好的铁矿石，上海港拥有条件极佳的港口，这都是资源优势。

资源优势往往有一定的垄断性，不太容易复制。

二、品牌竞争力

茅台、LV、可口可乐等产品的优势主要来自品牌。

酒的主要成分是酒精和水，很多人能做出来茅台那样的酒，甚至可以做得更好，但只要不贴茅台的logo（标志），就卖不到茅台那么高的价钱。茅台酒的高明之处就是能让喝酒的人喝出那种尊贵的感觉，这就不是单纯的酒品价格了，而是品牌的价格。

LV 包也是一样，贵则十几万元一只。其实，那只不过就是一只皮包，也装不了多少东西，但是很多人喜欢 LV 是因为 LV 可以让这些持有人觉得身份不同。能够提高身份的包，其价值自然不能用装多少东西来衡量。

即使用更好的皮子和工艺做出来比 LV 质量更好的包，但价钱还是上不去，为什么？因为没有 LV 这个 logo。只要把这两个字母拼上去，包的身价就能增长几百倍，这就是品牌的竞争力。有些人觉得没道理，但没办法：存在就是合理，有人愿意为它花钱就是硬道理。

像 LV 和茅台这样的产品，是不能从其产品本身的实用功能解释其价格的，当然也不能从其成本构成推导其价格，因为这里面有品牌价值。

有品牌的公司，可以利用品牌给自己的产品定价。2020 年 4 月，我辅导某著名白酒企业，一到现场，第一件事当然是询问新冠肺炎疫情对经营的影响。他们说："一月份影响不大，二月份出货为零，三月份出货是去年同期的一半。"我问："但是，一季报显示你们的利润增长了 20%，为什么？"他们答："孔老师，这个简单，涨价就行了。"

三、技术竞争力

有人说苹果手机靠的是品牌，我不这么认为。我认为，苹果手机的核心竞争力是技术。苹果公司能做出来苹果手机，波音公司能做出来波音飞机，恒瑞制药能做出来治疗癌症的药物——这些产品，一般公司都做不出来，这就是技术的竞争力。

因为有技术，所以企业拥有产品在技术方面的定价权，同时也会有很高的毛利。高科技行业（比如芯片、原研药等）基本上是这种类型——有些原研药有 99% 的毛利，这是技术领先的结果。

四、供应链竞争力

还有好多公司，我们基本上看得懂它们的业务，既知道它们是怎么买的，也知道它们是怎么卖的，还知道它们是怎么做的。

像沃尔玛、京东、联想、农夫山泉、西贝莜面村和钱大妈生鲜连锁这样的企业，其实都没有什么绝对的资源、品牌、技术，它们之所以做得好，主要是因为供应链做得好。

上述讨论的是企业核心竞争力，也就是这些企业骨子里的竞争力。

大部分平庸的企业，往往有一点资源、一点技术、一点品牌，也做了一些供应链管理，但都不突出，勉勉强强凑合。其实，只要这 4 个方面中有任何一个方面做得非常突出，那就非常了不起，可以有赚不完的钱。

有位朋友问：有没有同时具备两种核心竞争力的企业？

根据我粗浅的认识，全世界都没有。因为，只要有一项做到最好，就可以做到全球第一名了；如果有两项做到全球第一，那别人都不用活了。

相对而言，资源、技术、品牌都是稀缺的，我们看到的大部分企业，其竞争力主要来自供应链管理。

制造业、流通业和软件行业有很大不同：软件行业交付的是比特（bit，信息量的最小单位），而制造业和流通业交付的是货物，或者说原子（atom，组成物质的最小颗粒）。货物交付的重点之一是物流和物料，也就是要组织好供应链才可以。因此，供应链管理是制造业企业和流通业企业的核心竞争力之一。

制造业企业和流通业企业如果没有占据有绝对优势的资源、品牌、技术，就要踏踏实实做好供应链。

即使占据了有绝对优势的品牌（比如茅台、华为等），供应链也是其重要的盈利要素，同样要追求更低的交付成本和更高的交付效率。

004

供给驱动：“供应链 +”战略

从供应链的角度看企业的战略，会发现企业竞争优势的不同之处。

企业即使有很好的技术、资源、品牌，但是要把产品成功地推向市场，仍然需要借助供应链。企业的综合竞争力是企业竞争力和供应链竞争力的叠加，也就是企业的供应链战略。

茅台有卓越的品牌，中国神华有无与伦比的煤炭资源，波音有优秀的飞机制造技术，但这些产品都需要组织物料、组织生产、交付成品到客户手中，必然需要很好的供应链管理作为支撑。换个思维，可以把波音的盈利模式看作“供应链 + 飞机制造技术”，把茅台的盈利模式看作“供应链 + 白酒品牌”，把神华的盈利模式看作“供应链 + 煤炭资源”。

如果从供应链的交付角度分析企业，会发现很多有意思的现象：

沃尔玛做得好，本质上是管理好了各种商品的供应链（当然，京东也是）；

农夫山泉做得好，本质上是管理好了瓶装水的供应链（当然，怡宝也是）；

老干妈做得好，本质上是管理好了瓶装辣椒酱的供应链；

…………

正是因为有了管理良好的供应链的驱动，才能完成品牌、资源、技术的价值实现。这就是“供应链 +”“ + 供应链”或者“供应链驱动”的战略。

什么是战略呢？一般情况下，组织都有其使命。所谓使命，就是组织的目标或者目的。组织为了完成其使命实现其目标，都会制订战略，所谓战略，就是实现组织目标的计划或者方案。战略的后续计划就是战术，所谓战术，就是完成战略的具体措施和详细步骤。这就是供应链战略的逻辑结构（图 1 –6）。

制订供应链战略，是指通过持续优化管理、技术、创新，在 5 个方面打造供应链的竞争优势，即成本低、响应速度快、服务好、产品多、柔性强。前四项不难理解，至于第五项“柔性强”，则是指生产柔性或者供货柔性（比如日本汽车工厂里的一条流水线既可以生产轿车也可以生产卡车，这就是生产的柔性）。

那么，如何制订供应链的战略规划呢？不同的行业、不同的公司往往有不同的模型。

2002 年，我在香港科技大学参加学习的时候，授课教授做了一个简单的模型，一共 4 个步骤，小结如下（当然，这也是这位教授的一家之言，毕竟如何做战略是见仁见智的事情，不可能一言以蔽之）。

供应链战略规划的 4 个步骤：①理解产品的生命周期和产品的需求特

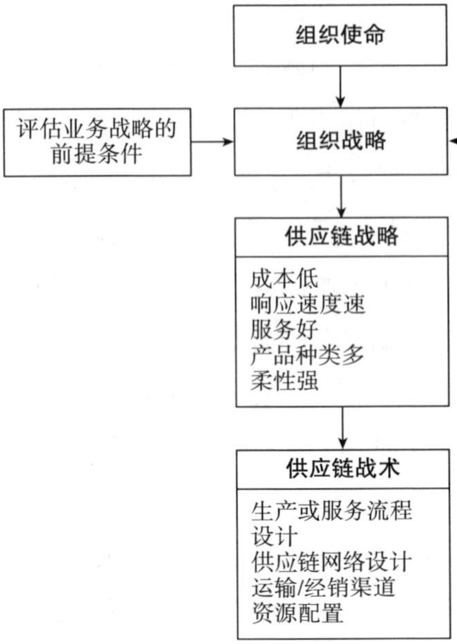

图 1－6　供应链战略的逻辑结构

性；②理解供应链的优势和劣势；③通过设定优先性，确定竞争战略；④建立供应链架构，实现具有竞争优势的供应链战略。

按照产品的生命周期和产品的需求特性分类，可以分为功能性产品和创新性产品：汽油、牙膏等产品是功能性产品，汽车、电脑等产品可以归为创新性产品。

如果按照需求的不确定性、产品毛利、产品价值、产品的多样性 4 个角度进行分析，上述产品的需求特性如表 1－1 所示。

表 1－1　产品的需求特性

	创新性产品		功能性产品	
需求特性	全新产品（如手机）	现有产品的更新（如丰田的新车型）	成熟的产品（如牙膏）	功能性产品（如汽油）
需求的不确定性	高			低
产品毛利	高			低
产品价值	高			低
产品的多样性	高			低

企业需要打造与其业务相吻合的供应链优势。

供应链可以按照响应速度（responsiveness）和经济性（efficiency）两个维度分类。有些企业追求响应速度型供应链，比如京东、美团。京东要求响应快、配送快，美团可以满足订餐上的个性化要求（比如在一份饺子的订单中标注上需要几瓣大蒜）。但凡追逐快速响应的供应链，其成本方面的要求都不会太高。还有些企业追求经济型供应链，比如沃尔玛、加油站的产品价格低，不提供个性化服务。

基于如上分析，我们可以初步确定供应链战略区域（图1－7）。

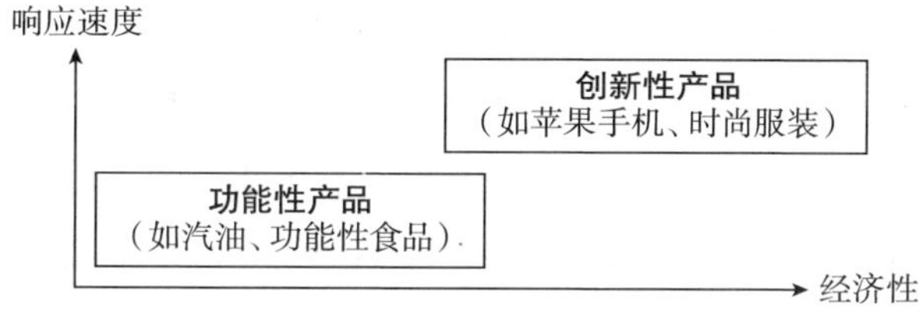

图1－7 按照经济性和响应速度分析供应链策略

确定了供应链的优势，就需要建立供应链架构，实现具有竞争优势的供应链战略。不同的业务战略需要使用不同的供应链战略，但是只要做好了，都是好生意。

同样是火锅店，海底捞价格高、服务好；呷哺呷哺价格不高，也没有特别的服务，可是两家公司都很成功。

奔驰和雅阁都是盈利性很好的车型：奔驰是高端车，价格高，销售很好；雅阁是中端车，价格适中，销量也很好。

大部分产品最终会进入零售，所以零售供应链战略一直以来备受重视。高瓴资本的张磊说过："零售的本质，即商品满足消费者变化的需求和供应链效率这两个核心要素，从来也不曾改变。"

可见，供应链是零售的两个核心要素之一。

从朴素的哲学观点来看，客户购买东西，要的就是一种体验。好的体验无非三点：产品好、价格便宜、速度快。正如亚马逊创始人贝佐斯所说，在很长的时间内，零售行业有三点是不会发生变化的：一是顾客喜欢低价的东西；二是顾客喜欢送货速度更快；三是顾客希望有更多、更快的选择。在这三点中，价格低和速度快都涉及供应链效率。

开市客是一家非常成功的零售企业，其成功和供应链端的能力密不可分。该公司之所以敢卖低价，卓越的供应链能力才是其真正的护城河。好多企业在努力模仿其会员制，盲目扩张，最后变成卖得越多、亏得越多，画虎不成反类犬。其实，会员制等模式往往很容易模仿，但卓越供应链的打造绝对需要假以时日。如果没有好的供应链，企业不可能有交付优势和成本优势。

7-Eleven 也是如此，一位物流专业的资深人士为 7-Eleven 做了若干年的配送。他对我说："7-Eleven 的物流是教科书级的，经典得不能再经典了。"

一般的便利店日平均销售在 3000 ~ 5000 元，但 7-Eleven 的日平均销售可以做到 30000 ~ 50000 元，相差 10 倍。其中的关键是其供应链和物流规划精致到了令人吃惊的程度：一个货位，上午卖一个 SKU，到了下午，可能卖另一个 SKU。一般的便利店平均每天配送 1 次，而 7-Eleven 平均每天配送达到 5 次，其物流周转之快、坪效之高，令人叹为观止。

以上所讲都是一些成功的企业，从它们的管理要素来看，确定差异化的供应链战略、建立供应链架构、打造供应链优势，是企业成功的重要战略。

靠供应链赚钱的火锅店

有一次，我和一个拥有上千家火锅连锁店的老板开会，他对供应链深有感触。以下就是他分享的感受：

销售端（门店）看起来很火、很热闹，但实际上不可控，极易被竞争对手模仿，很难打造护城河和壁垒；竞争异常激烈，赚钱很不容易。

但是，通过持续优化信息化、采购、库存、物流等业务打造出的高效供应链，可以成为我们的护城河，竞争对手很难模仿，也很难打造。

我们是靠供应链赚钱的！竞争对手没有我们的供应链优势，如果拿相同价格和服务与我们竞争，他不可能赚到钱；时间长了，就会吐出市场份额，退出竞争，把市场还给我们。

这个业务之所以是我们的，是因为我们做能赚到钱，而别人做则赚不到钱。

005

变化和挑战：微利和不确定性成为新常态

最近几年，我在辅导一些制造业和流通业企业时，发现了一个明显现象：**低利润和高风险成为新常态，而企业盈利变得越来越不确定。**

中国有很多制造业企业和流通业企业面临“窘状”：①进入微利甚至负利的“新常态”。②营收在增加，利润在降低。③很忙活，不赚钱；只开花，不结果。④做，不赚钱；不做，亏得更多。

以汽车行业为例。业内专家总结汽车行业供应链的挑战时，用了三个英文单词：

——Thin：利润越来越薄；

——Fast：交货速度越来越快（紧迫）；

——Risk：风险越来越高（来自主机厂的惩罚）。

比如，截至 2017 年 9 月，北京奔驰就完成了当年全年的利润，主要原因之一就是来自对供应商的罚款（双方约定：供应商如果造成奔驰生产线停线，每分钟罚款 5000 元，5 分钟起步）。

又如，某汽车设备公司为大运汽车供货 75 万元。但都供货半年了，一分回款没有收到，却收到了 35 万元的罚款发票。

快消行业也不乐观——大部分商超都是无条件给供应商退货，其中，沃尔玛公司给供应商退货时还要收 3% 的仓储物流费。某快消公司为沃尔玛供货 1000 万元，退货竟然有 500 万元。

有一家制药企业的某款药品价格不断变化：2010 年，65 元/支（垄断）；2018 年，21.6 元/支（不再垄断了）；2019 年，低于 20 元/支（不但不再垄断了，国家还实行了药品集采制度）。

老板和我说：从前是暴利，现在是微利了；从前过富日子的时候，从来就没有想到还需要优化成本，总觉得有花不完的钱，现在突然发现钱不多了；后面的利润，只能来自供应链优化。

制造业和流通业困窘的破解之策：精益、新技术和创新。

006

山重水复疑无路？企业仍然有机遇！

许多人往往会有疑问：社会都发展到这个程度了，企业还有机会吗？

在一个不断发展的社会里，从来不缺机遇。

戈恩拯救日产，德龙拯救新天钢，亚马逊和拼多多异军突起，这些都是典型的例子。

从1991年到1999年，日产汽车公司连续多年亏损，背负债务高达21000亿日元，濒临破产。1999年，戈恩接手管理该公司，采用大胆而迅速的手法，只用了不到两年的时间就使其实现了首次盈利，让日产汽车公司再生。其后提出的“180计划”更让日产从“一块没人要的破布”变成了“人人喜欢的香饽饽”（详见本篇之《008 源头活水：供应链竞争力的三个源泉》）。

在一般人看来，钢铁行业是夕阳行业，渤海钢铁也是一样：在德龙收购之前，该公司一年亏损65亿元；德龙接管之后，使其在第一年就实现了盈利。

如果仔细看看德龙钢铁崛起的方案和日产复兴的方案，其内容不外乎优化供应链、降本增效。

这样的例子，在制造业遍地都是。那么，零售业呢？

沃尔玛成立于1950年。1972年，沃尔玛公司在纽约上市。2020年5月，沃尔玛位列2020年“福布斯全球企业2000强排行榜”第19位、2020年“《财富》美国500强排行榜”第1位。2020年6月17日，沃尔玛市值达到 3388 亿美元，2019 年全年营业收入达到 5240 亿美元。

沃尔玛都做到这么大了，其他零售企业还有机会吗？有！

开市客成立于 1976 年。2020 年 6 月 17 日，其市值达到 1331 亿美元，2019 年全年营业收入达到 1527 亿美元。

亚马逊成立于 1997 年。2020 年 6 月 17 日，其市值达到 13000 亿美元，2019 年全年营业收入达到 2805 亿美元。

从发展势头来看，开市客和亚马逊都是后来居上。最近 5 年，亚马逊每年销售收入增长超过 20%；最近 3 年，开市客每年销售收入增长超过 7%。反观沃尔玛，最近 3 年的销售收入增长仅在 2% 左右。趋势摆在这儿，假以时日，如果持续保持这个增长速度，开市客和亚马逊超过沃尔玛是早晚的事。

再看看国内。阿里巴巴是中国电商“鼻祖”，京东是中国电商“巨无霸”，它们都发展到这么大了，其他电商平台还有机会吗？也有。

2020 年 6 月 17 日，京东市值 901 亿美元，拼多多市值 934 亿美元，而拼多多是 2015 年才成立的：成立 3 年就上市，4 年后，市值就超过了京东。

拼多多采用的是什么样的模式呢？就是通过大流量获得大量订单，通过大量订单实现客制化供应链，通过客制化产品给客户带来更好的体验，通过更好的体验获得更多的用户，通过更多的用户获得更大的流量，不断螺旋式上升，持续进步。我把这种模式称为**“流量驱动供应链”**（图 1－8）。

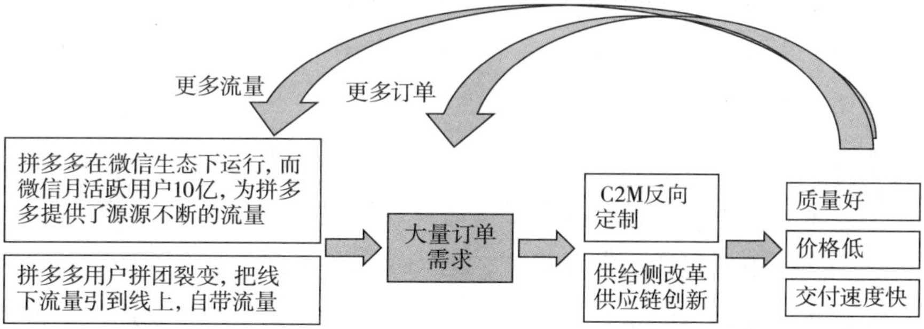

图 1－8　拼多多的“流量驱动供应链”

从长远来看：随着新技术的出现，市场机遇会越来越大，而不是越来越小；随着新技术的不断迭代，原有的企业会“老”得越来越快，而新生企业则会“长”得越来越快。所以，市场的未来充满了变数：对老企业来说，未来一定是充满了挑战；而对掌握了新技术的企业而言，未来则处处是机遇。

007

多学多做：实践是检验真理的唯一标准

有一次，我给一个同事介绍 SCOR 模型（Supply-Chain Operations Reference model，供应链运作参考模型），介绍了供应链分析的 4 个维度，也就是 4 个 P：第一个 P 是 Process，即流程分析；第二个 P 是 Performance，即绩效分析；第三个 P 是 Practice，即实践；第 4 个 P 是 People，指的是人。

说到“实践”的时候，同事问我：“什么是实践？”

我愣了一下，没想到他会问这个问题，随后不自觉地脱口而出：“实践就是做法啊！”

这位同事是一名资深咨询师，我本来理所当然地认为，像他这样资深的人不应该问这么简单的问题，所以他问的这个问题有点出乎我的意料。后来一想，也就明白了：一是一个人可以问任何问题，二是“实践是什么”这个问题其实并不简单。

什么是实践呢？

为什么 SCOR 模型把实践看得这么重要呢？

这个问题很值得我们深度思考，因为这恰恰是供应链管理的关键。

如果我们比较不同企业，比较不同企业的管理，就会发现一个问题：很多企业的产品方向和理念都很接近，或者说大同小异，但企业经营的结果却相距甚远，或者说差异巨大。

阿里巴巴、京东和某些电商公司都是做电商的，为什么阿里和京东做得好，几乎成为全球标杆，而某些电商公司做得不好，被卖来卖去，甚至沦落到卖不出去的地步？其原因，就是企业的做法不同。

2020 年 6 月，成立仅仅 5 年的电商公司拼多多在市值上超过了京东，为什么呢？无非做法不同；同样都是 IT 公司，小米和华为的做法不同，所以小米是小米，华为是华为。由此看来，正是因为每个企业的做法不同，所以才会出现形形色色的企业，也可以毫不客气地说，一个企业之所以做成这个样子，或者做成那个样子，原因就是企业领导者实践的结果，也就是实践道路的不同。

企业都是以成败论英雄的——不管你的理念多么好，也不管你讲了多么好的故事，如果没有做出来，那就只停留在口头上。这样的企业领导者可能只是个畅想者，但不是实践者；如果做出来了，做成了，那就是成功者、实干家。老干妈辣椒酱现在家喻户晓，但据说老干妈创始人陶华碧并不识字，她做企业就靠两个字——拼命。有人说，她连省长、市长都不见，只见村主任，其原则是“谁能帮我解决问题我见谁”，这就是她的实践。

我辅导过不少酿酒企业。同样的高粱，有人酿出了泸州老窖，有人酿出了二锅头——当然，二者都是名牌产品。不过，泸州老窖的酿酒师可能看不起那些不起眼品牌的酿酒师，他一定会觉得好好的高粱没酿成好酒，简直就是糟蹋粮食。我们仔细一想就会发现这是有道理的：粮食都是一样的，酿出来的酒却不一样；好酒一瓶能卖上千元，普通酒一瓶才卖几十元，不是糟蹋粮食是什么？其实，归根结底，这就是实践的不同。

同样的木材，有人做的家具价值几十万元，有人做的家具就只能卖一两千元，这也是实践的不同。

供应链是个实践性很强的专业。做供应链管理的人就是要多学多做，加强实践：一是自己要做出好东西来，二是如果看到别人有好的东西，就赶紧学过来。有一次，我和两个同事吃饭，边吃饭，边讨论解决方案。其中有一个同事讲：看见别人做好了，学过来，就是解决方案；自己研究明白了，做好了，也是解决方案。我认为他说得很有道理。

企业管理就是实践，每个公司都有其独特的做法，这些独特的做法可以有效地区分企业的差异，或许就是这些差异成就了企业的竞争力。

企业管理的理论往往是在总结现有实践的基础上抽象出来的，所以理论总是落后的，而实践则往往领先。

中国共产党历来重视实践，更提出了“实践是检验真理的唯一标准”这一论断。我觉得，实践对于供应链管理也有很好的指导意义，为什么呢？一方面要虚心学习，另一方面要相信自己。说到虚心学习，很好理解，毕竟有很多企业做得那么好，值得我们去学习；说到相信自己，也好理解，如果自己认准了某个事情，下决心去做，是有可能做好的。

确实，我们身边有很多人没有做好。但是，别人是别人，我是我。别人做不好，并不意味着我做不好。换句话说：即使所有的人都做不好，我还是有信心可以做好。

为什么呢？因为我和别人的实践不同。

008

源头活水：供应链竞争力的三个源泉

每个人对供应链竞争优势来源的看法都见仁见智，因为实践家和理论家观察角度的不同，自然就会出现“横看成岭侧成峰”的情况。但是，不论何种见解，只要有相对完整的理论体系、能够有效指导实践，便可以为企业经营者所借鉴。

本书将供应链竞争力概括为三个源泉，即精益、新技术、创新。

本书所讲的精益，其实就是精益管理，指消除浪费（less waste）和创造价值。其中，消除浪费包括消除明显的浪费和隐含的浪费。

本书所讲的新技术，主要指成本降低和质量提升的技术，包括产品技术、信息化技术、自动化技术。

本书所讲的创新，主要包括产品创新、业务模式创新、管理模式创新。

需要特别说明的是，这三个方面并非独立存在的，而是互相叠加的三个圆，彼此你中有我，我中有你，相互之间既自成体系，又互相联系（图1－9）。企业经营者可以用新技术做创新，用创新方法搞新技术，也可以用新技术的方式搞精益，用精益的方法搞创新；换言之，新技术中包含了精益方法，精益方法中包含创新，创新中包含新技术的应用。凡此种种，不需一一列举。

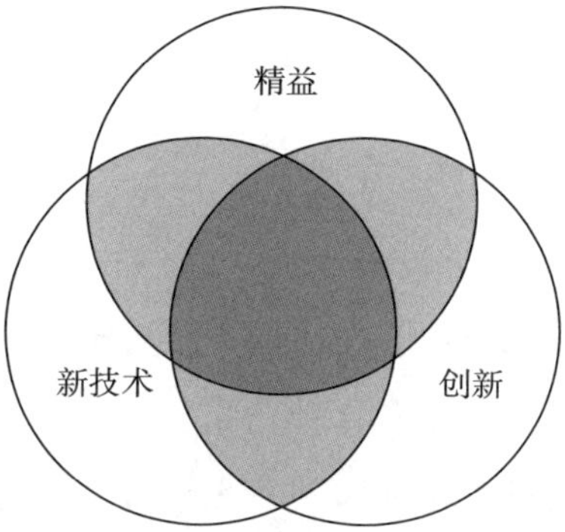

图1－9　供应链竞争力的三个源泉

源泉一：用精益打造竞争优势

精益管理也称精细化管理，精益管理是供应链竞争力的根基。

关于“精”字，《尚书·大禹谟》中有“惟精惟一”，据说是尧传给舜的心法。《说文解字》解释，“精”是指上好的白米，如“食不厌精”是说孔子喜欢吃细粮，不喜欢吃粗粮。

关于“细”字，《道德经》中有“为大于其细”“天下大事，必作于细”。

可以说，“精细”这两个字植根于中国传统文化，是中国传统文化的精髓。

有个成语是“精益求精”——宋朝朱熹有言“治之已精，而益求其精也”，其本意就是做事情不仅仅要追求好，好了还要更好。

持续优化，持续改善，以一种更好的方式代替当前的方式，这就是精益思想（Lean Thinking）。企业需要打造竞争优势，包括更好的产品、更好的质量、更低的成本、更快的交付速度等优势。从这个角度看，精益思想应该成为所有企业的经营管理思想。

精益思想源于丰田汽车公司发明的精益生产（Lean Production）方式。精益生产给日本汽车行业带来了质量与成本优势，曾经一度压得美国汽车抬不起头来。

精益思想的方法是通过优化流程和管理，实现减少浪费和创造价值的目的。所以，**打造精益供应链，目的就是减少浪费和创造价值，从而持续保持供应链的竞争优势。**

什么是浪费？

对客户没有价值的活动就是浪费。

精益可以化腐朽为神奇

——戈恩拯救米其林、雷诺和日产的故事

2019 年，戈恩绝对是传奇人物，他从日本大逃亡的故事一直被人们津津乐道，其逃亡的方式至今还是个谜。不少人关心他的大逃亡故事，我更关心他这些卓越的管理能力是从哪里来的——他拯救米其林、雷诺、日产的经历真是神来之笔。

戈恩于 1978 年加入米其林。1985 年，戈恩 30 岁，成为米其林南美洲首席运营官，公司派他来拯救这家百病缠身的公司。1988 年，戈恩仅在米其林巴西厂服务了 3 年，就使这家南美厂成为米其林公司获利最多的子公司。

在米其林这段时间，戈恩着手建了橡胶园，因为橡胶是轮胎的重要原材料。戈恩在建设橡胶园的过程中认真总结了一些商业规律，他在自传中说："我终于下决心扩大橡胶园经营的规模。要扩大规模，首先要购买土地。然后，要用 1 年的时间来耕耘土地，培育肥沃的土壤，次年才能播种。从购买土地到可以采集乳胶需要 7 年的时间，采集年限大约是 20 年。年限到了就要砍倒树木，再重新播种栽培。也就是说，投资期为 7 年、生产期不到 20 年，而后就得重新开始新一轮的栽培。"

“商业社会中有很多阶段和过程也像橡胶树的栽培周期一样，不以人的意志为转移，必须予以遵守。任何时候，任何情况下，揠苗助长都是有害无益的。我们可以努力改进方法，改善技术，争取用最快的时间完成一个阶段的事情，但不可以忽略任何一个阶段，更不能人为超越，必须尊重顺序，认真完成每一个阶段的工作，因为如果一时心急而越过某个阶段，损失会很惨重。”

戈恩认为：“整个商业操作都是如此。比如说市场占有率的问题，市场占有的全过程是由多个环节环环相扣构成的，忽略和超越任何一个环节都是不可取的。”“首先，必须认真经过每个阶段，要改善高成本、削减债务、开发新产品，确定品牌知名度，调整市场和销售，为渠道赋予活力。其次，要按照先后的顺序一一着手改进各个阶段，做好所有的工作后，才可以指望市场占有率的扩大。倘若不经过这些阶段，而只是用降价销售的方法来扩大市场占有率，是没有任何意义的。”

戈恩还指出：“商业的最终目的是创造财富。制订先后顺序、确立目标、制订企业的战略等一系列的工作，都是为了提高竞争力和提高效益所做的努力。”

虽然戈恩讲述的是企业整体的经营管理，但是这些教科书般的方法论完全适用于企业的供应链管理。供应链管理需要理顺整个流程，研发产品或者选择好的产品，建立产品质量管理体系、采购体系、生产体系、配送体系、计划体系、库存体系、信息系统和提高劳动者技能等，都需要确定顺序、设立目标、制订一系列的工作计划，按部就班地实施，最终才能打造供应链的核心竞争力。

1996 年 10 月，戈恩加入雷诺公司，坐上了第二把交椅。他发现雷诺的问题很大，赤字高达 10 亿美元。他在调研后发现这家亏损累累的公司的当务之急只有 4 个字：节省成本。在全盘分析公司现状后，戈恩断定公司各部门必须节衣缩食才能恢复稳固的财力，于是提出一项计划，打算在3年之内削减200亿美元的运营成本——这个数字在当时看来遥不可及，有些法国同事还以为戈恩多圈了一个“0”。日后证明，这套计划果真行之有效：1997年，雷诺公司扭亏为盈；1998年，雷诺公司已经成为财务健康的公司。

戈恩是如何削减200亿美元的呢？请看其计划：

（1）减少剩余生产力，提高工厂的生产能力；

（2）重新编组生产工程技术机构；

（3）在国际市场上，把供应商由原来的300家减少到150家；

（4）把主要组装线从5条减到3条；

（5）促进产品技术革新。

企业的问题往往是不同的，只有高手才能发现这些差异所在。戈恩认为：“雷诺存在两个主要问题，即需要提高生产效率和生产能力。而日产的生产能力已经达到世界一流水平，在这方面根本没有改善的必要。”

企业都有其瓶颈，只不过瓶颈所处的点不同而已，这是企业管理的要点，也只有高手才能抓住这些要点。

日产汽车公司创立于1933年，是日本三大汽车制造商之一，同时拥有堪称世界一流的技术和研发中心，被车界称作“技术日产”。但是，从1991年到1999年，日产汽车公司连续多年亏损，背负债务高达21000亿日元，市场份额由6.6%下降到不足5.0%，濒临破产。

1999年，戈恩随着雷诺公司入主日产汽车，转任日产汽车首席运营官，推动日产振兴。当时，他制定的目标是：到2001年，通过综合经营，消灭赤字；到2002年，销售利润率达到4.5%，有利息的债务降到7000亿日元以下。2000年，在戈恩的带领下，日产汽车脱胎换骨、扭亏为盈，创下有史以来最好的财务业绩。

我研究了戈恩的“日产复兴计划”（NRP），发现大部分内容是供应链优化，以下列出的就是其实施重点：

（1）运营成本缩减10000亿日元；

（2）零部件（即材料）供货商数额减半；

（3）2002会计年度，将负债净额由14000亿日元减少到7000亿日元；

（4）投资制造新产品，于2002年推出22款新车；

（5）全球裁员21000人；

（6）日本国内汽车装配厂从7家减为4家；

（7）日本国内制造平台由24座减为15座。

戈恩组织团队“对采购成本重新评估，发现采购成本占了总成本的60%，零部件采购和服务成本远高于雷诺公司，而且也同样远高于日本国内的其他公司，采购成本的差距有时高达25%。戈恩发现，日产似乎不在意支付高额货款采购零部件产品，即使意识到了，也不注意研究降低成本的策略。”

“削减成本的方法很多，比如更换采购清单、引入新的规格、研究竞争对手的运作、加强与供应商的协同。日产采购价格偏高的原因，主要在于供应商过多，比如，同时与7个钢板供应商进行交易，日产就必须将其需求量平均分配给7家公司，并限定每一家的生产量。然而，若将7家供应商缩减为3个，每个供应商的供货量就会大大增加，这样就会相应地降低钢板的价格，从而也就会大幅度降低采购成本。”

“成本削减目标逐渐由一位数提高到两位数。到2002年，公司上下一致认为采购成本可以削减20%——这个数字确实令人震惊，但这种削减程度还不够，还不能恢复日产的竞争力，只是缩小了日产和其他公司的巨大差距。”

“日产公司制订了NRP计划：截至2002年，要把零部件和原材料供应商的数量由现在的1145家缩减至600家，设备机器和主要服务供应商由目前的8900家削减到3400家。”

大部分读者看了上述4段文字后可能会有些疑问：“就这么简单吗？这不就是供应商合并吗？这我也会呀！”其实，如果你真的去辅导一个产值几百亿元的大企业，你会发现问题往往并不难，难的是如何解决问题。

结果，只用了不到两年的时间，戈恩就采用大胆而迅速的手法实现了这一目标，让连续多年亏损的日产依靠自己的力量实现了首次盈利，得以再生。在原来的管理人员手中，日产像一块没人要的破布，都快破产了；经过戈恩几年的折腾，却变成了人人喜欢的“香饽饽”。

在顺利提前一年实现日产复兴计划的基础上，2002年，戈恩又提出了“180计划”，其重点是“发展、效益和削减债务”：

——“1”是指日产在全球的汽车销售量增加100万台；

——“8”是指营业利润达到8%；

——“0”是指负债率降为0。

2005年9月，戈恩宣布：截至2005年9月底，与2001财政年度相比，日产实现了销售量增加100万辆的目标，营业利润超过8%，且负债率为0，日产“180计划”全面完成。从两个计划的内容来看，NRP计划的主要内容是降本增效，而“180计划”主要内容是抢占市场、扩大销售。“180计划”有三个重点：一是加快发展速度、抢占更大的市场、扩大产品销售；二是效益，确保日产的效益在汽车界处于领先水平；三是财务，清除日产所有的债务。

戈恩的这几个案例可以说都做到了化腐朽为神奇，我见过的很多优秀企业家也有这种点石成金的能力。一个优秀的企业家可以顶得上1000个不优秀的企业家，可见，人是企业极为重要的要素。

源泉二：用新技术升级竞争维度

人类的进步主要得益于技术的进步。技术进步总是在推陈出新，新技术的发展往往比旧技术的存在具有更强的竞争力。

新技术总是碾压旧技术，这种碾压主要表现在三个方面：一是质量好，二是成本低，三是速度快。一般情况下，如果企业在一个方面有竞争力，比如说质量好，就足以形成竞争优势；如果在两个方面有竞争力，比如说质量又好又便宜，那就鲜有对手，基本上绝杀了。迄今为止，我还没有看到哪个企业有同时具备以上三个优势的产品。可以设想，能做出来这样产品的人可能不是简单的生意人，也压根不会以简单的营利为目的。这种人更大的可能是具有追求和责任感的企业家。

从供应链的发展来看，技术进步一直在驱动供应链进步。比如，骑马比走路速度快很多，2 条腿毕竟走不过 4 条腿，所以用马运货物自然又快又多，成本也便宜。

到了蒸汽时代又不一样了：蒸汽机的效率比马高了很多——马毕竟是活物，走一段时间会累，还要给它安排吃草料的时间；而蒸汽机不同，只要有燃料，蒸汽机就可以不停地干活，工作时间可以大幅延长。另外，马只有 4 条腿，负重毕竟有限，但有的蒸汽式火车有 200 多个轮子，负载很大。所以，无论是负重还是速度，蒸汽机都遥遥领先。用蒸汽作动力进行铁路运输，速度快了好多，成本又便宜了好多。

随着技术的进步，内燃机比蒸汽机进步了很多；而相对于蒸汽机和内燃机，电气化机车又有了质的飞跃。电气化能量的传输真的可以做到无孔不入，其功效和应用远远不是蒸汽机和内燃机可以比拟的。

上述这些技术虽然有惊天动地的变化，但其实只发生在最近 200 多年之中。

信息领域也是如此，从书信、电报、传真、邮件、微信等通信工具的一系列演化，大家就可以看出来新技术对旧技术的碾压，这就意味着使用新技术的企业具有更好的竞争力，甚至具有碾压性的竞争力。

新技术是时代的产物，也是时代给我们的礼物。企业都是属于当时那个时代的，忽视新技术，轻则被时代惩罚，重则被时代抛弃。

可能有人会问：既然京东、阿里都这么大了，电商还有机会吗？当然有——比如拼多多，其凭借“流量驱动供应链”横空出世，市值一度超过京东。可能也有人会问：既然微信已经这么大了，别的 App 还有机会吗？当然有——比如抖音，有一阵子连美国都在想着怎么对付抖音，可见其影响力有多大。现在，很多企业都在通过抖音做直播营销，通过在抖音上的营销驱动供应链管理，这也同样会引起供应链的变革。

拼多多和京东都处在当下的时代：拼多多只是在流量上加入了裂变技术，就创造了和京东一样规模的公司；抖音只是在模式上做了一些技术性变化，影响力就超过了很多 App。

任何忽视新技术、新应用的行为，都会受到秩序的惩罚，轻则损失利润，重则被淘汰出局——从供应链的角度来看，就是直接失去竞争力。

信息化技术、自动化技术、大数据技术、新能源技术、新产品技术等（甚至包括一些管理技术，比如合伙人制度、自动化办公等），对架构供应链的竞争力都极有价值。

供应链管理的进步是架构在这些技术之上的，亚马逊、京东、阿里巴巴之所以能够碾压零售业，正是因为应用了这些新技术。如果不用，就会落后，落后就会挨打。

因此，无论是制造业供应链还是流通业供应链，为了提高竞争力，就需要不停地叠加新技术、应用新技术。所以，供应链升级是不断迭代的过程，供应链总是要进步的：没有新技术，迭代就慢一些，进步就会慢一些；有了新技术，迭代就快一些，进步也就会快一些；如果有了前所未有的颠覆性技术创新（比如互联网、物联网、云计算、机器人等），就会出现颠覆性的供应链——京东、亚马逊就是这样打造出来的。

新技术会不断提高企业的维度——此处的维度是指绝对的竞争优势和竞争力。

有的书上说：对二维生物来说，三维生物就是神，可以隐身，也可以非常规地消失和出现。比如，蚂蚁与人相比极其微小，虽然我们可以理性地知道蚂蚁跟我们一样也是三维生物，但以蚂蚁的视角来看，却很可能认为人类所在的维度远高于它。比如，它可能认为人类是三维的，而它自己是二维的。当蚂蚁爬行在一页书上，突然看到一根翻书的手指从天而降，必然会非常恐惧。这就是“二维生物”和“三维生物”的区别。所以，高维度的生物可以轻松地对低维度的生物造成伤害甚至毁灭，而低维度的生物则对高维度的生物无可奈何——高维度生物能够看得见也能够打得着低维度的生物；而低维度生物则既看不见也打不着高维度生物。

新技术和新工具未必能让所有者和使用人对其他人形成绝对的维度差

异，比如从二维到三维的差异，但形成“2.1 维”“2.5 维”的差异还是有可能的。

升高维度后，企业就可以对其竞争对手进行降维打击。此时，处在低维度的竞争对手是没有还手之力的，有时候甚至看不见对手。

比如，美国的 TAC50 12.7 毫米狙击步枪射程超过 2400 米，而 MK47 突击步枪的有效射程只有 600 米。在相隔 2000 米左右的旷野中，狙击枪手可以击中突击枪手，而突击枪手甚至可能都看不见狙击枪手躲在哪里。

在伊拉克战争中，据说美军装备了夜视镜，可以夜袭伊拉克军队，而伊拉克军队没有夜视镜，成了美军的“活靶子”。在漆黑的夜晚，美军能看得见伊军，而伊军却看不见美军。在伊军的眼里，美军来去无踪，简直就“阴兵”一样，也是同样的道理。

华为的 5G 技术也是一样，5G 技术对 4G 技术具有绝对的竞争优势，是碾压性的。旧技术不是不能用，而是没有竞争力。

源泉三：用创新打造竞争护城河

现代社会的进步往往日新月异，一日千里。

社会之所以进步，是因为新旧更替；一个国家要进步，就需要不断革新。《诗经·大雅·文王》载：周虽旧邦，其命维新；《礼记·大学》载：苟日新，日日新，又日新。化用过来，我们可以说：如果能够创新一天，就应保持天天创新，创新了还要更创新。

社会、国家是这样，企业更应该这样。

所谓创新，就是使用新管理模式、新业务模式、新技术和新工具。精益模式、合伙人模式都是新的管理模式；电商、云商、协同式供应链等是新的业务模式；5G、新材料、新能源技术等是新技术；云计算、高铁等则是新工具。

那些依靠技术创新获取市场竞争优势的企业，一般拥有自主知识产权和知名品牌，往往具有较强的竞争力。

如果对企业兴衰稍加留意，就会发现新兴企业都是依靠创新干起来的，而那些抱残守缺、蒙头狂奔的企业，过一段时间再看，一旦竞争力损耗殆尽，基本上也就玩完了。

我在研究企业供应链的时候发现，有相当一部分企业的竞争优势是通过创新建立起来的。比如，亚马逊、京东、拼多多的电商业务就是运用互联网技术，通过网上销售取代实体店销售，大幅扩大了市场范围，其网上销售的市场覆盖面是单一门店的几十倍乃至上万倍；鑫石管业生产用作电缆保护管道的玻纤管，其性能和钢管接近，价格却仅为钢管的三分之二；华为5G的技术性能远高于4G。这些都是创新带来的竞争优势。

创新型企业和非创新型企业在供应链规划、操作方面有较大差异，在供应链绩效方面也有很大的不同。创新型企业的供应链管理往往具有产品质量好、交付成本低、交付速度快等特点，所以客户满意度高、市场范围大、市场份额占优。

亚马逊之所以成功，主要是模式创新，尽管亚马逊也采用了新技术、新设备，也研发了新产品，但成功的主要因素则是采用了新的商业模式。

在库存管理方面，日本企业多采用精益模式、JIT模式，很多欧美电子企业采用VMI技术，海尔等企业则研究CPFR（供应链协同）技术。使用这些技术的目标无非是提高需求准确性、降低库存、提高周转、减少呆滞，这是管理或者模式的创新。

7-Eleven持续开发可口的食品、华为设计生产5G设备，这些都是产品的创新。如果具有功能优势或者成本优势，创新产品往往具有强大的竞争力。

九州通和ARDO公司采用了新设备之后，仓储效率提高了3～5倍。九州通在早期就采用了自动化仓库，按照九州通北京仓库的业务量，如果换成人工的普通仓库，至少需要4倍的库容和10倍的人工，那就成为人海战术了，成本会直接增加几倍，基本上也就没有什么竞争力了。

2011年，我在欧洲考察时看了比利时ARDO公司管理的40万立方米的冷库。那么大的冷库，里面却一个人都没有，全自动化操作。如果换成一般的仓库，至少需要500人，而按照欧洲的人工标准，每年至少需要1.5亿元的人工成本。使用自动化仓库新技术进行管理，这笔费用就省了。

互联网技术和物联网技术都是很好的技术创新。2013年，我在力拓的一个供应商处工作时发现，所有的货物都使用了 RFID 技术，实现了产品出库和入库的信息收集自动化，之前需要 20 个人的工作量，现在只需要 1 个人就可以了。

2015 年，我辅导一家企业实现仓库管理信息化。原来需要 65 个人才能管理的仓库，改善之后只需要 5 个人，库存准确率从 99% 提到 100%，效率提高了 40%。这就是信息化技术或者说数字化供应链的巨大作用。

要做好供应链，需要借助创新，企业才能领先。那些供应链做得好的企业有一个共同的优点，就是持续革新——说穿了，就是持续使用新模式、应用新技术、借助新工具。新模式、新技术、新工具会不断帮助企业形成新的竞争力。

创新型企业的十大特征

诊断一家企业的管理水平或者供应链管理水平，需要了解这家企业的创新能力。或者说，了解这家企业的创新能力之后，就能确定它是不是一家创新型企业。

英国的弗里曼（Christopher Freeman）列举了创新型企业的十大特征：

（1）企业内部研究与开发能力相当强；

（2）从事基础研究或相近的研究；

（3）利用专利保护自己，与竞争对手讨价还价；

（4）企业规模足够大，能长期高额资助 R&D（研究与开发）；

（5）研制周期比竞争对手短；

（6）愿意冒风险；

（7）较早且富有想象地确定一个潜在市场；

（8）关注潜在市场，努力培养、帮助用户；

（9）有着高效的协调研究与开发、生产和销售的企业家精神；

（10）与客户和科学界保持密切联系。

如果拿这个标准对标我们的企业，会发现真正在做创新的企业很少。这个现状一方面反映了我们的供应链存在问题，另一方面也反映了在改善供应链管理方面，我们面临着巨大机遇。

第二篇

解读供应链

知其然，知其所以然

- 价值链和供应链
- 模型和要素
- SCOR模型
- S&OP模型
- 定位和定价
- 需求和交付
- 矛盾和约束
- 物畅其流和加快周转
- 精益：消除浪费和创造价值
- 技术进步
- 管理创新
- 人才和技能

001

纲举目张：供应链的基本架构

无论是供应链管理还是供应链规划，都需要了解供应链的架构。SCOR模型简洁地展示了供应链的架构：1 条链、2 个关系、3 个实体、5 项功能，以及实施路径。如果纯粹从这几个角度分析供应链：1 条链就是供应链；2 个关系是指供求关系的两端，一端是需求，另一端是供给；3 个实体分别指供应商、公司和客户；5 项功能是指采购、生产、配送、退货、计划。

对于整个企业的管理来讲，这些内容可能未必全面、精确和到位，所以我在自己的供应链诊断和优化模型中增加了 4 个“流”（订单流、物流、资金流、信息流）和 6 项相关功能（营销、广告、渠道、设计、预测、销售）。这就是基于 SCOR 模型的供应链结构（图 2－1）。简便起见，我也经常称之为“供应链的 123456”。

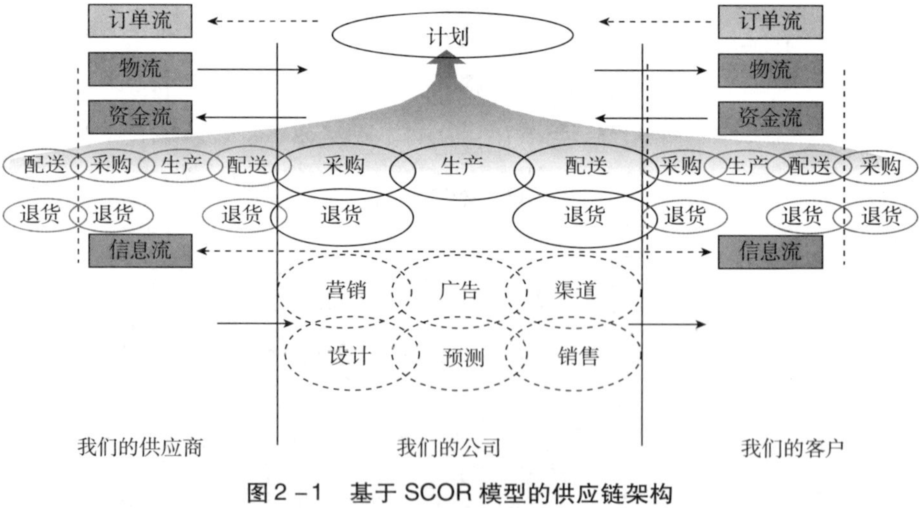

图 2－1　基于 SCOR 模型的供应链架构

使用这个模型分析企业供应链的时候，需要把前后左右都看看，才会比较全，不会犯孤立主义的错误。

供应链是指围绕核心企业，从配套零件开始，制成中间产品以及最终产品，最后经由销售网络把产品送到消费者手中，将供应商、制造商、分销商直到最终用户连成一个整体的功能网链。

从商业模式上来看，供应链是指一个整体的产品交付价值链，供应链管理内容涵盖面广，流程纷繁复杂。

但是，管理的目的就是需要把复杂的问题简单化，把难度高的问题容易化，这样才好解决。所以，分析和管理复杂的问题最好用简单的方法，这就是以简驭繁。

供应链的3个实体包括我们自己的公司、我们的供应商及其上游供应商、我们的客户及其下游客户。管理的功能包括配送、生产、采购、退货、计划等。管理的内容包括客流、物流、信息流、资金流。管理的核心是通过高效的计划实现供应链的高效和协同。

供应链的核心是增值，希望每一个环节都能有效地为商业交付增值，主要包括三个指标，即提高产品质量、降低交付成本、提高交付速度。其中，采购、生产、配送是供应链的基本环节。

至于退货，不论是我们退货给供应商还是客户退货给我们，都是我们不得不面对的事实。

由于社会分工和专业化，每家企业往往都有大量的合作伙伴，包括供应商、供应商的供应商以及客户、客户的客户。因此，企业和企业之间的竞争已经不是单独两家企业之间的竞争，而变成了两条供应链的竞争。比如，小米和戴尔的竞争是小米及其供应商及渠道和戴尔及其供应商及渠道的竞争，是两条“供应链大龙”之间的缠绕打斗。一旦任何一方出现自身管理不善、供应商没有优势、渠道没有优势的情况，都会造成企业的竞争力下降。

所以，优势的企业组合、优势的供应商和优势的销售渠道一并形成供应链高效协同，才能真正使企业具备竞争优势。

为什么我在图2-1的架构中加入了产品设计呢？这是因为设计是一个

重要的供应链关联模块。

SCOR 基本模型的主要功能是采购、生产、配送、退货、计划。在 SCOR 基本模型中，对产品规划和产品设计没有讲太多，但并不是说 SCOR 模型不重视产品规划和产品设计——相反，产品规划和产品设计是供应链管理中极其重要的内容：做什么产品、用何种工艺、用哪些技术，这是做供应链规划时首先需要考虑的问题，可以说是企业的核心战略。产品落后、技术落后、工艺落后都有可能导致投资失败，所以产品规划是供应链的重中之重。但是，供应链主要的研究对象毕竟是物流和物料，而产品设计和产品规划是供应链的前端，所以，SCOR 模型本着简化、简明、聚焦的原则，并没有直接把产品设计和产品规划列入供应链的基本功能中。

渠道和销售对于供应链也是极其重要的，尤其是快消品，需求可能一直存在，从某种程度上来说可能还在持续增长，但是传统模式下渠道的销量会越来越少，新渠道的销量会越来越多。

这就是渠道货量的结构性变化。

这是新技术和新应用的作用，是趋势使然。如果跟不上时代的技术和趋势，就会失去时代的照顾。

这听起来多少有点像大润发的故事——赢了对手，输了时代。

营销和广告看似和供应链没有直接关系，实际上对供应链规划和运营影响很大，比如拼多多采用的就是“流量驱动供应链”。所谓流量，其实就是广告和营销。应该如何销售，应该具备哪些产能，应该备有哪些库存，应该如何补货，应该如何组织供应链，这些都和营销及广告有着巨大关系。

预测是供应链管理非常重要的一环，需求是需要预测的：不是在这个环节预测，就是在那个环节预测；不是在 A 公司预测，就是在 B 公司预测；不是在成品方面需要预测，就是在原材料方面需要预测。有些人认为协同得好的供应链可以不需要预测，这是不可能的——协同得好，固然可以减少预测的不确定性和降低预测的偏差，但对于端到端的供应链而言，还是需要预测。

供应链协同主要是为了实现三个目标：整体价值最大化、整体效率最优化、整体成本最小化。这三个目标所表述的侧重点不同，企业可以根据自己的实际情况进行取舍。而只有整体优化供应链，才能达到这样的目标。

结合 SCOR 模型，企业可以对自身的供应链功能做分析，即分析研发、设计、营销、销售、采购、生产、配送、退货、计划的主要内容，大致就可以得出 SCOR 模型的扩展模式（图 2 –2）。如果我们希望全面地分析供应链，就需要分析这些要素。

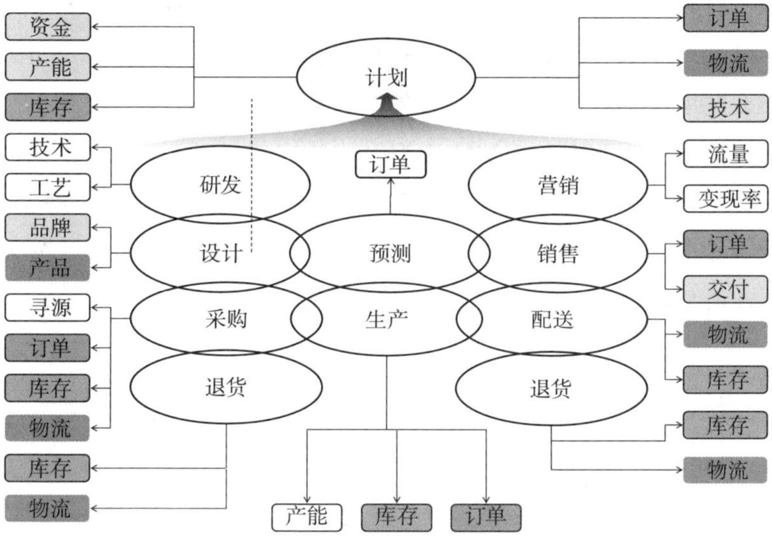

图 2 –2 SCOR 模型的扩展模式

002

共享生产计划：从价值链到集成供应链

为社会创造价值是大部分企业实现赚钱目标的途径。如果企业能为社会创造很好的价值，那么它一定有市场；如果企业能够创造独一无二的价值，整个世界都会为它敞开大门。

迈克尔·波特认为，企业的价值创造是通过一系列活动构成的，这些活动包括设计、采购、生产、销售、发送等，所有这些活动可以用一个价值链表示。

这些活动可分为基本活动和辅助活动两类：基本活动包括采购、内部后勤、生产作业、外部后勤、市场和销售、服务等；而辅助活动则包括技术开发、人力资源管理和企业基础设施等。这些互不相同但又相互关联的生产经营活动构成了一个创造价值的动态过程，即价值链。

如果某一个过程不能给客户带来一定程度的价值，或者价值明显偏低，那么这个过程就被视为一种浪费。

在此需要说明两点：①波特认为采购是支持性活动，而从供应链的基本架构考虑，我认为把采购列入主要活动更加合理一些。②一般企业的价值链如图2－3所示，但这个示意图只是一个简图，没有把品牌列入其中，而品牌在价值链中实际上扮演了极为重要的角色。

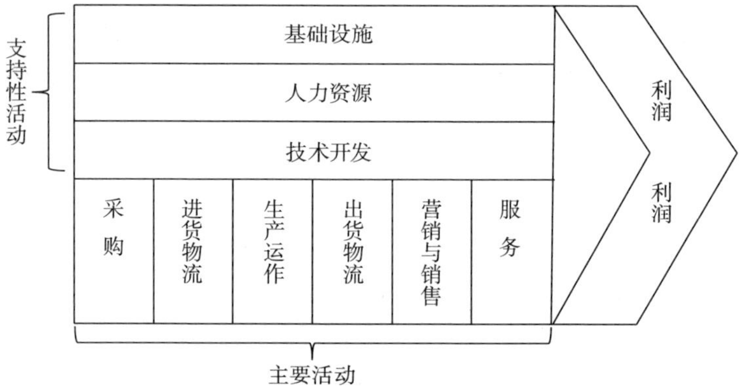

图2－3　一般企业的价值链

价值链的主要活动包括采购、进货物流、生产运作、出货物流、营销与销售、服务。

——采购涵盖了公司价值链采购端的所有活动，包括确定产品标准、寻源、定价、采购、支付、供应商管理、库存控制、批量控制、补货频率等。采购是整个供应链中极为重要的一环。

——进货物流由库存控制、收货、存储、运输、退货等组成。进货物流的货物质量、库存效率（如经济采购批量）、库存准确率、物流效率、物流准确率以及对供应商的管理会影响整个供应链的价值。

——生产运作是将原材料转换成成品的过程。生产运作的三个核心指标是质量、效率、成本，包括生产计划、订单管理、库存管理、产能管理、质量管理等要素。

——出货物流由库存控制、订单处理、存储、配送、退货等组成。出货物流的交付速度、交付质量、物流效率、物流准确率、库存效率、库存设置（安全库存）也会影响整个供应链的价值。

——营销和销售为客户提供了购买渠道和购买手段，精准的营销和促销、合理的库存、合理的服务水平、产品生命周期的管理、SKU 的规划和设置等，都是价值链上营销和销售的重要内容。

——服务包括对已售出货物的维修、安装和更换等活动，还包括库存设置、响应速度、成本管理等。

价值链的支持性活动包括基础设施、人力资源、技术开发。

——基础设施包括企业的一般管理、财务、信息系统等常规管理。从供应链的角度看，财务是业务重要的一部分，信息化系统是供应链管理的核心工具，这两项在供应链管理中扮演着极为重要的角色，也会对供应链带来很大的影响。

——人力资源的主要活动是招聘、培训、发展和薪酬活动，目的是为企业提供技能合格的人力，而人的因素往往是供应链的重要因素。

——技术开发主要指新技术的开发和应用。在供应链的任何环节中，随时都会有新技术出现：不论运用于产品、营销、库存、物流还是生产，新技术都可以大幅度提高产品性能、生产效率、交付速度、交付成本、客户体验等，所以，新技术是供应链增值的重要方法和手段。

在客户眼里，如果一项活动无法“增值”，那就是“没有价值”。

价值是一个很好的原则，细心的读者可以按照这个原则对照一下自己公司的活动：哪些有价值？哪些没有价值？比如，在仓库里来回走动才能“找货”、过多的库存、在车间“睡觉”的半成品、需要等待一天的审批、员工要靠近某个门口才能打卡等，都会影响价值。

图2－3从制造业企业的角度解读了价值链，比较宏观。为了聚焦，制造业供应链管理研究的范围往往要小一些。制造业供应链流程图（图2－4）就从供求的角度和交付的角度展示了制造业的流程和核心要素，即通过采购、生产、配送、营销等一系列活动，把库存交付到客户手中，从而实现产品的价值。

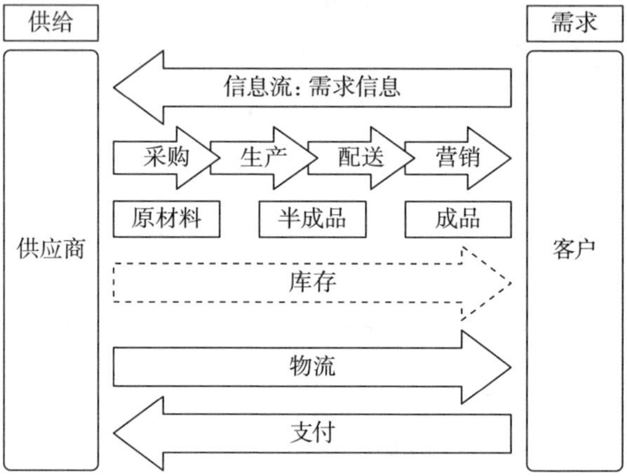

图2－4　制造业供应链流程图

不过，图2－4毕竟也是个简图，还不能清晰地表述供应链的运作细节，而S&OP基本流程图（图2－5）更为详细地描述了供应链的运作流程。S&OP是Sales and Operation的缩写，也就是销售和运作流程。

图2－5包括需求端和供给端。其中，需求端主要有4个板块，包括营销计划、渠道管理、订单管理、产品设计，其核心内容是客户、产品、渠道、计划，也就是更多客流、更多订单、更多产品、更多渠道、更完善的销售预测管理和销售计划管理。

供给端也有4个板块，包括营销策略、投资计划、采购策略、生产策略。

我在设计这个模块时，参考了PDCA模型和制造业的操作流程，其中，销售计划在供给端和需求端都有，而且放在了重要的位置，这是因为销售计划是整个供应链的龙头和驱动力。库存计划是原材料、半成品、成品的计划，MPS/MRP 是生产计划和物料需求计划，这是采购和库存的重要内容。产能设计包括设备和人力。发运计划包括物流计划、仓储计划、配送计划。业绩回顾是检查环节，即在月末或者季度末回顾总结一下整个计划。用比较流行的说法来说就是“复盘”，总结好的做法和不够好的做法，在下一个计划中进行更改。

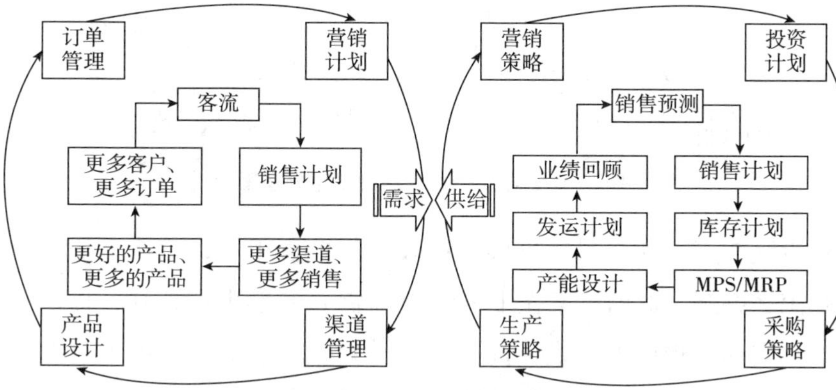

图 2－5　S&OP 基本流程图

在听供应链管理讲座或者读这类书时，我们会经常遇到“集成供应链”的说法。集成供应链指的是可以有效地实现供应链的协同，提高交付效率、降低供应链成本的供应链。

比如，我辅导某汽车零部件企业时发现一个现象：如果储存原材料的仓库不够用，他们不会简单地扩建仓库或者扩租仓库，而是通过优化供应链加快库存周转，使库存下降了 30%。这样一来，不但仓库够用了，还降低了库存风险和现金占用。

从某服装供应链的库存分布图（图 2－6）中可以看出，其整个供应链的库存周期为 125 天，但我认为这个数据保守了些，因为这个供应链不但在每个环节上都需要储备大量库存，而且在某些环节还需要重复储备库存。

如果实现了集成供应链，或者加强其供应链的协同，库存可以下降 50%，甚至更多。

如果某企业要求供应商收到订单后 2 天内送货，可是供应商的生产

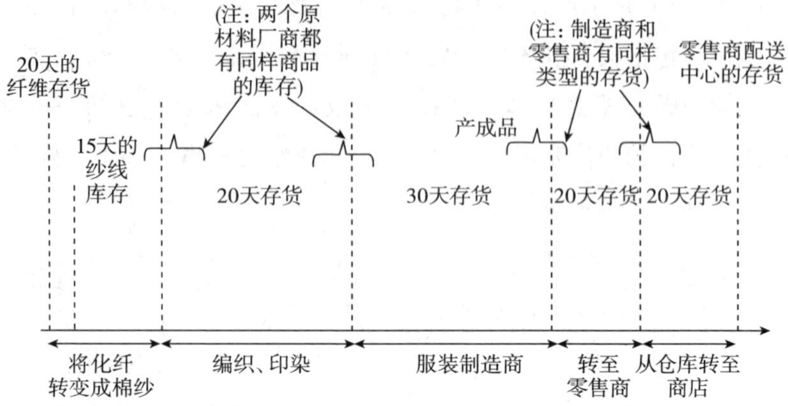

图 2-6　某服装供应链的库存分布图

周期最少是 2 天，那么，如果供应商收到订单再生产，自然不能按时交付。那怎么办呢？此时，某企业和供应商需要共享生产计划，提前一周把生产计划通知供应商，供应商按生产计划生产、配送。由于企业的订单锁定期是 5 天（5 天的生产计划不变），所以供应商有充足的时间备料和生产。

从以上这些案例可以发现，集成供应链可以提高供应链的协同效率和运作效率。

003

供应链信息化：从进销存软件到综合性 ERP 系统

在我看来，制造业和流通业的 ERP 软件大致有三类，即进销存软件、MRP/MPR II 软件和综合性 ERP 系统。

一般的贸易企业或者简单的制造业往往会采购简单的进销存软件。所谓“进销存”，是指企业管理过程中从采购（进）到销售（销）再到库存（存）的动态管理过程：“进”是指寻源、询价、采购、入库、付款等采购过程；“销”是指报价、销售、出库、收款等销售过程；“存”是指出库、领料、退货、盘点、损益、借入、借出、调拨等影响库存数量的活动。进销存软件一般包括财务模块，由于业务模式简单，财务模式比较标准化，采用一般的进销存软件就可以实现管理信息化（其实，一般的进销存软件就是小型的 ERP 软件）。

对于流通业企业，进销存包括从商品的采购（进）到入库（存）再到销售（销）的动态管理过程。流通业企业的库存往往是指成品库存。

对于工业企业，进销存包括从原材料采购（进）、入库（存）、领料加工、成品入库（存）、销售（销）的动态管理过程。工业企业的库存往往包括原材料、半成品、成品。

对于复杂的制造业，对供应链的物料需求进行计算，就需要 MRP/MRP II。

按照生产工艺划分，制造业主要分为流程型生产和离散型生产两类制造模式。流程型生产又称连续性生产，其物料会均匀地、连续地按照一定工艺顺序运动（塑料、药品、肥皂、肥料等化工业和炼油业的生产过程均属这一类型）。离散型生产的产品是由许多零部件构成的，各零件的加工装配过程彼此独立，整个产品的生产工艺是离散的，必须通过部件装配和总装配，最后才能成为成品（机械制造和电子设备制造行业的生产过程均属这一类型）。

由于这两种制造模式的供应链有较大不同，所以在信息化规划方面也有较大差异，尤其是在物料需求计算方面。其中，离散型生产需要精准的物料计算，这样就催生了 MRP（Material Requirement Planning，物料需求计划）信息系统；后来发现，只计算物料需求是不够的，还需要考虑资金、产能等要素，于是将 MRP 升级后，就有了 MRP II（Manufacturing Resourcing Planning，制造资源计划）信息系统。

无论是从 SCOR 模型的归纳来看，还是从企业的实际操作来看，计划是供应链管理的核心内容，也是企业管理的核心。所以，不论是进销存系统还是 MRP/MRP II 系统，本质上还是希望能通过管理好计划，实现最优的交付。当然，随着需求计划内容的不同，计划的形态和驱动方式也不同。比如，以销售计划为主的供应链体系基本上是通过销售驱动整个供应链的计划，以生产计划为主的供应链体系基本上是通过生产管理驱动整个供应链的计划，此外还有采购驱动计划、预测驱动计划、库存水平驱动计划等。

尽管这些计划都是供应链管理的重要内容，但是如果把信息系统仅仅用于管理供应链还是不够的，需要使其涵盖更多的管理要素，包括财务、品质、人力、成本、资产、资金等，这时候，就需要综合性 ERP 系统了（图 2 –7）。

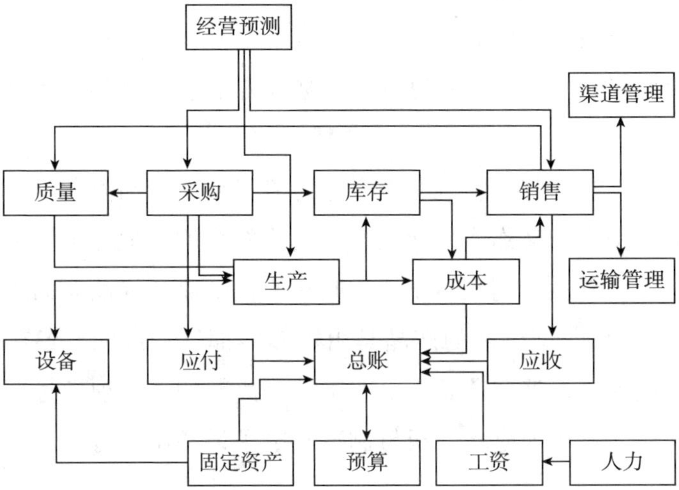

图 2 –7　综合性 ERP 系统原理

随着业务的精细化发展，各个模块都需要更加精细化的管理，这就催生了更多更加专业化的系统，比如管理生产的 MES 系统、管理供应商关系的 SRM 系统、管理客户关系的 CRM 系统、管理运输的 TMS 系统、管理仓储的 WMS 系统、自动办公的 OA 系统等。

在移动互联网和电商时代，信息化系统又有了新的特点：一些头部企业发现，优质的系统是自己的核心竞争力，依靠传统的信息系统已经没有办法实现自己需要的功能，只有向内求，转而自己研发信息系统。

京东、亚马逊等带有互联网基因的企业因为业务模式的独特性以及快速迭代的特点，其信息系统多是自己规划、自己开发的。尤其是亚马逊，为了打造自己的竞争力而设计了新的业务模式，其供应链的架构与传统的流通行业相比差别很大，其信息系统自然也和传统企业有显著不同（详见第六篇之《001 双轮驱动：亚马逊的飞轮理论》）。

004

数字化供应链：打通供应链各环节之间的信息壁垒

毋庸置疑，数字化供应链是供应链当下的重点和未来的发展方向。

一般人看到“数字化”三个字，或多或少会有点蒙，其实数字化的原理很容易理解，方法也不复杂——最为直观的应用就是电视遥控器。电视遥控器背后的逻辑就是数字化控制远程设备，输入的是数字，输出的是信号，控制的是设备。现在流行的网购，其实就是数字化采购；在网上卖货，就是数字化销售；预约网约车第二天接送，就是数字化出行计划，而且计划的还是第三方资源。

信息化做得比较好的企业，基本上都实现了 ERP 管理供应链，比如做客户管理、预测、订单、计算物料需求、做采购、备库存、排生产计划、安排订单、安排物流、供应商管理、支付管理、收账管理等，这些都是供应链管理的基础工作。ERP 系统的主要工作就是通过计划人、物、财等资源，完成这些工作。所以，从本质上看，这都是信息系统对数字化和字段化的资源进行运筹和安排。所以，凡是信息化做得好的企业，对数字化管理都不会陌生。

业界经常提到业务财务一体化，信息系统公司也往往把业务财务一体化当作卖点介绍。其实，在 ERP 系统设计之初，业务和财务本来就是一体的：一是财务的数据主要来自业务数据；二是财务只是按照财务规划对业务进行梳理，形成财务报告和财务报表，所以也可以把财务工作看成业务管理的一个专业分析。以贸易为例：接到销售订单后，需要采购；有了采购订单，就需要对外支付款项；采购到货后，需要入库单；入库之后，库存增加，财务账面资产增加，同时带来应付账款的增加；之后，产品按照销售订单出库，形成出库单；产品出库后，库存资产减少，应收账款增加。从这些业务环节可以看出，每一个环节、每一张单据都会带来财务的变化，而这些变化完全是在业务逻辑下运行的，系统只不过是流程的固化而已。

和贸易行业的进销存比较，制造行业因为有制造环节、有工艺和半成品等因素，其 ERP 系统会稍稍复杂些，但其实也只不过是增加了生产计划、物料需求计算、BOM 等模块。这些模块虽然比简单的进销存复杂一些，但只要把成本和流程梳理得清楚，厘清每个制造环节、每道加工工艺的成本，然后固化到信息系统之内，实现业务财务一体化并不难。

为什么很多企业做不到业务财务一体化呢？一是管理落后，人为地把物流、资金流、信息流分开了；二是管理需要，比如税务处理、费用处理等。

信息系统是一种工具，工具都是随着需求的变化而变化的，而需求的变化往往是由量变导致的质变。信息化也是如此：一家企业原来可能只有 1 个客户、1 家供应商、10 名员工，不需要那么复杂的信息系统；后来企业变大了，增长到 10000 个客户、1000 家供应商、2000 名员工，如果没有一个完整的系统，管理难度就会加大，管理成本会提高，因此非常需要信息系统。

常态的 ERP 系统就是按照企业的管理逻辑设定的，比如进、销、存、财务、人力等。

简单和少量的业务管理不需要数字化。只要有简单的 ERP 系统，辅助人力管理就可以了，因为业务简单、业务量小，所以可以做出正确的判断。复杂和大量的业务不是人力所能判断的，也不是简单的 ERP 系统所能解决的，这时候就需要数字化管理。像京东这样的企业，拥有几千万个 SKU、七八亿的客户，靠人计算是不行的，只能走数字化道路，让机器来运算、来指挥。

最近几年，不少电商企业在管理中演化出一个新的概念，叫“中台”。

这是一个信息系统术语，一般应用于大型企业，意思是指搭建一个灵活、快速应对变化的架构，快速实现前端的需求。当前台需求来临时，中台能快速地进行响应，从而提升研发、制造和交付的效率。

中台产生的背景是因为供应链的业务量、渠道和业务需求结构发生了巨大的变化。在电商爆发之前，ERP 系统的设计目标基本上是处理平缓订单，比如每天几百单、几千单，多一点的话，几万单；可是，电商时代来了之后，一天就要处理几百万单、几千万单，传统的 ERP 系统哪能经受这个冲击？电商的特点是“三多一少”——客户多、供应商多、订单多，时间少，传统的 ERP 系统处理不了，因此就需要对系统架构提出新的方案，来应对这种海量订单的存储和处理。另外，传统渠道往往是分销渠道，而互联网时代则是全渠道运作，有线上、线下、直销、分销、大客户、2B、2C 等各种渠道，这些渠道的管理方法自然也有所不同，这也需要重新布置信息系统架构。再就是数据分析发生了巨大的变化，不但要处理订单，还需要分析产品、供应商、客户、会员、广告、促销、物流等各种数据，传统的 ERP 系统未必能够支撑这些功能。针对这种情况，很多信息化公司制订了新的信息化架构，这就是行业中屡屡提及的中台。

良品铺子就是典型的案例：从 2014 年开始，该公司业务处在快速发展期，业务活动越来越多，营销推广也越来越频繁，因此公司在 IT 方面受到的挑战非常大。为了应对“双十一”大促活动，良品铺子需要提前 3 个月租用或者采买高性能服务器，因为涉及采购、测试、联网，造成成本很高、浪费很大。这是硬件方面面临的挑战。

软件方面也是一样：良品铺子在底层所有板块中，共有 43 个业务系统，涉及供应商、加盟商、物流、会员、营销、门店、订单、客服、财务等，系统繁杂，管理难度大，协同难度大。这是在软件方面面临的挑战。

因此，良品铺子通过阿里云和中台的协作，全力解决这两个问题。公司根据自身的业务特点，将业务中台划分为七大块，即会员、营销、商品、库存、订单、渠道、物流。他们优先启动的是会员和订单这两块，因为零售行业最核心的价值就是会员和订单；反映到前端，也是这两块的变化最大。

对于良品铺子而言，前端是销售，后端是供应链：销售往往变化很大，而供应链则相对稳定。

这就是新兴商业模式和传统商业模式的不同之处。新兴模式的营销端严重碎片化，销售很真实，销售量很大，但是批量很小、很碎片化。传统的分销商业模式是各级经销商备库存，销售的批量很大，但销售未必真实，因为库存可能滞留在渠道里。

事实上，真正的末端需求就是碎片化的，之前不能实时把握是因为没有数字化技术。随着业务量增加、业务复杂程度增加、全球化进程的加速、信息技术的进一步发展，企业的客户、供应商可遍及世界各地，如果不能解决信息不对称的问题，供应链的管理难度就会越来越大。因此，数字化供应链是行业发展的必然趋势。

数字化供应链可以将现代数字技术和供应链管理进行结合，通过数据、流程、智能算法等技术打通供应链环节之间的信息壁垒，建立高效的供应链管理流程，实现“数字驱动供应链”。

数字化供应链规划包括业务规划和数字化规划，业务规划主要包括业务流程规划和业务逻辑规划，数字化规划包括信息系统架构规划、信息采集方式规划、信息处理逻辑规划、数字驱动逻辑规划、数据挖掘和报表等。

新兴的数字技术（比如云计算、物联网、大数据、人工智能等）为传统供应链实现数字化转型创造了很好的条件。以客户需求驱动的实时在线的供应链形态，可以通过多渠道实时获取数据，实现供应链端到端可视，最大化地利用数据，为智慧决策提供依据。

许多供应链管理人士会对规划和实施数字化供应链感到恐惧，我觉得大可不必。

数字化供应链的项目规划本质上是管理的规划：

第一，数字化是“一把手工程”，是整个企业的管理变革，是推动一个企业从传统的管理方式向数字化管理方式变革，没有一把手的主导是不可能实现的。

第二，项目负责人必须是优秀的项目经理，必须是卓越的项目组织者。对于这种变革深远、管理面宽、管理纵深大的项目，非优秀的项目经理不可。

第三，需要熟悉供应链管理的人才。精通供应链管理的逻辑，精通产品规划、预测、销售、生产、采购、库存、物流、仓储、退货、支付、收款等，通过数据分析和流程分析，找到其中的规律——只有找到供应链的规律，才能驾驭供应链。

第四，需要熟悉信息化技术的人才。规划供应链的数字化，需要熟悉数字化方法和工具，比如云计算、物联网、条码技术、RFID 技术、信息化架构、网络架构等。

在我看来，数字化供应链的核心就是如何用数字化解读好供应链；直观来看，就是如何利用先进的信息技术重新架构供应链，包括研发、选品、销售、采购、生产、配送、退货等。

因此，一个负责供应链数字化规划的项目团队，需要有了解各种技术的专业人士，知道如何分析业务、如何规划流程、应该使用何种技术等。

深圳黑云是一家做模具和手机套的公司，是一家小而美的公司。老板陈总对数字化有着极高的追求，从建厂伊始就着手信息化建设。该企业自己开发了一套企业管理软件，对所有的采购、生产、销售、物流、仓储、人员、财务等，全部实现了数字化管理。

接到订单后，黑云公司的系统可以马上自动计算成本和报价。手机皮套货值本来很低，但即使只有 300 个皮套的订单，系统也能自动计算出来利润是多少。所有订单的成本和进度可以实现在线监控，可以在任何一台安装了系统的手机上查看任何一个订单的状态。

一般的制造业企业都有计划部门，因为生产计划是企业的核心工作。然而，黑云没有计划部门，而是由系统自动排计划。

任正非先生曾经在一个场合谈到过人工智能，他认为，人工技能就是“统计 + 自动化”。这个说法在逻辑上是合理的：如果机器人能够自动统计、自动决策、自动执行，机器人就可以自己工作，也就可以实现人工智能了。

如果从这个思路来看，可以得到以下公式：

智能供应链 = 数字化供应链 + 交付自动化

我看到好多智能工厂基本上都是按照这个思路设计的，那就是精准备料、精确处理订单、精确制订生产计划、自动化生产。

从趋势来看，未来的大型企业可能主要有两种：第一种是数字化原生企业，比如亚马逊、京东、美团、字节跳动等，其创立之初就是按照数字化方式规划和运营的；第二种是通过数字化实现转型的企业，比如华为、良品铺子——华为原先属于制造业，在 IBM 的辅导下实现了数字化转型；良品铺子原先属于传统零售业，通过构建新的商业模式、优化业务流程、导入 SAP 系统，最终也实现了数字化转型。

005

SCOR 模型的供应链绩效维度

SCOR 模型是个很好的供应链管理模型，主要讲了 4 方面内容，也就是人们常说的“4 个 P”：People（人）、Process（流程）、Performance（绩效）、Practice（实践）。绩效是其中的一个重点。

SCOR 模型规划了 5 个维度的绩效，包括：①可靠性；②响应能力；③柔性（灵活性）；④成本优势；⑤资产利用率。

按照通常的供应链管理要求，SCOR 模型设置了 13 项指标，并按照以上 5 个维度做了区分（表 2－1）。

表 2-1　供应链绩效表

序号	供应链管理指标	可靠性	响应能力	柔性（灵活性）	成本优势	资产利用率
1	订单完成率	√				
2	订单完好履行率	√				
3	订单完成提前期	√	√			
4	供应链响应时间		√			
5	生产的柔性			√		
6	供应链管理的总成本				√	
7	货品卖出的成本				√	
8	产品和服务的增值				√	
9	产品保证成本或退货处理成本				√	
10	增值生产率			√		
11	现金周转时间					√
12	供应库存总天数					√
13	净资产周转次数					√

以上绩效指标都有相应的公式，计算起来也不复杂。其中，生产的柔性主要是指换线速度，也就是把流水线从生产产品 A 切换到生产产品 B 的时间，是个时间指标；增值生产率主要是人均产出，也就是人效，是个收入指标或者利润指标。

实际上，SCOR 模型中列举了几百个指标，仅仅人力技能这一项就超过 200 个指标，其枯燥程度不亚于经书，如果不是爱好，一般人怕是很难深入了解。

实际工作中，我们需要这么多指标吗？根本不需要，只要抓住关键指标就行了。

比如某仓库的绩效指标——我们给客户做规划的时候，一共给出了 20 项指标（表 2-2）；客户最后自己选择时，其实只选用了 5 项指标，因为他们认为 5 项指标就可以管好业务了。

表 2-2　某仓库的绩效指标

序号	绩效指标		计算方式	考核内容
1	准确率	SKU 盘点准确率	有盘点差异的 SKU/SKU 总数	库存安全性，库存准确率
2		数量盘点准确率	差异数的绝对值之和/总在库数量	库存安全性，库存准确率
3		货值盘点准确率	差异货值的绝对值之和/总在库货值	库存安全性，库存准确率
4		拣货准确率	错误订单的拣货次数/总拣货次数（订单数）	订单的准确率
5		货位管理准确率	入货位错误的货位数/在使用的总货位数	货位管理
6		破损率	破损数量/总库存数量	破损
7	时效性	及时入库率	及时入库的订单数/总入库订单数	入库及时率
8		及时出库率	及时出库的订单数/总出库订单数	出库及时率
9		呆滞物料及时处理率	完成处理的呆滞物料/计划需要完成的呆滞物料	库存呆滞
10	成本	仓储成本（存储）	元/托盘，元/箱，元/瓶	成本管理
11		操作成本（搬运、装卸）	元/托盘，元/箱，元/瓶	成本管理
12		员工操作绩效（入库）	托盘/天	操作量
13		员工操作绩效（出库）	托盘/天	操作量
14		员工操作绩效（装车）	托盘/天	操作量
15		仓库坪效	每月托盘/货位	仓库使用率
16	资产效率	仓库使用率	托盘数/总货位数	仓库使用率
17		库存周转率	本月出库总数/（月初库存/2+月末库存/2）	库存效率
18		呆滞物料的库存量	呆滞物料的库存量（瓶数）	库存效率
19	安全和现场管理	现场 5S 管理	清扫次数，现场清洁程度	
20		仓库安全	事故次数	

再比如运输指标，林林总总也可以搞几百个，实际工作时可能几个就够了。比如，某客户选用了第三方物流，对第三方物流的考核指标只有5个（表2-3）。

表2-3　某客户管理第三方物流公司的绩效表

指标及权重	具体指标	目标值	计算公式
服务及时性	按时制单率	100%	月度周期内按时完成订单数/月度制单总数×100%
	准时起运率	≥99%	月度周期内准时开始运输的销售订单量/月度应运输的销售订单总量×100%
	准时送达率	≥98%	月度周期内运输准时到达的销售订单量/月度应运输的销售订单总量×100%
服务可靠性	运输完整到货率	≥98%	月度周期内完整、完好到货的销售订单数量/月度周期内完成运输销售订单总数×100%
	客户投诉	—	按单考核，不设目标值

供应链的每个环节都有其管理的要点，抓住要点就行了——比如，供应链中生产线的柔性的关键是换线速度或者换模具的速度（举例：换一套冲压模具的时间不可大于5分钟）。

006

多算者胜：供应链竞争力剖析

供应链的竞争力是供应链各个环节的竞争力之和，用公式来表示，即：

$$\sum_{k=1}^{n}\binom{n}{k}X = \sum X = X_1 + X_2 + X_3 + X_4 + \cdots + X_n$$

从形式上来看，供应链有两端，一端是需求，另一端是供给（图2-8）。

如果我们剖析供应链，会发现有3个主体和5个功能，它们像链条一样互相关联。首先是3个主体之间互相关联，包括供应商及其上游、客户

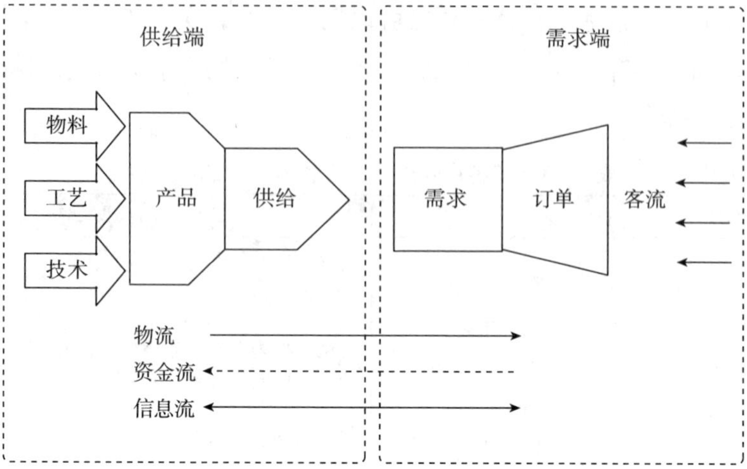

图 2-8　供应链的供需两端

及其下游以及我们自己。每个主体都有采购、生产、配送、退货、计划 5 个功能，每个环节都存在订单流、资金流、物流、信息流、技术流、工艺流。正是这些组合，构成了供应链的竞争力（图 2-9）。

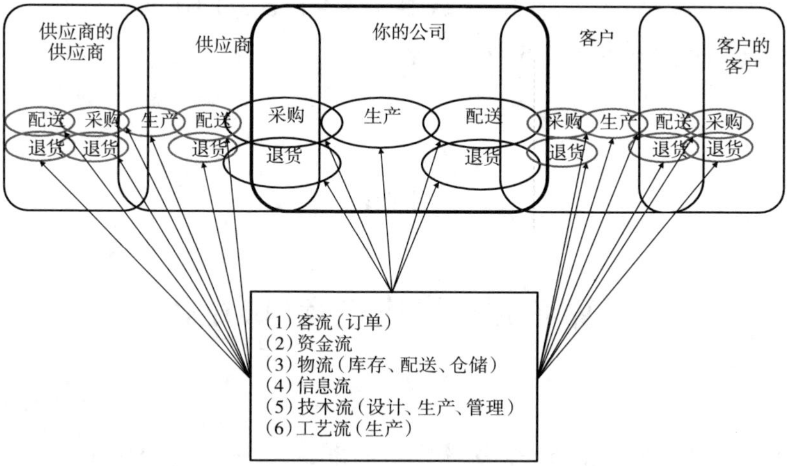

图 2-9　供应链剖析图

商流指客流和订单流。对于像京东、沃尔玛这样的零售企业而言，最重要的是客流量。由于它们前期为了建设体系而投入的成本很高，只有客流量和订单量达到一定规模，才可以分摊前期的投资，实现盈利。

营销和销售流程就像一个漏斗，首先要让人知道我们：知道我们的人越多，我们的业务机会就越多，这就是广告的作用，要广而告之。其中有一部分人会对我们感兴趣，这是我们的潜在用户——粉丝就是在电商和直播带货这个领域的潜在用户。潜在客户只要发生购买行为，就会逐渐成为我们的真正客户。经常重复购买的客户就是我们的经常性客户，通俗来说就是老客户。其中，购买金额大、频次高的客户就是大客户。一般的企业都是靠经常性客户吃饭的，自然也会很重视经常性客户。

通过潜在客户量、客流量、客户转化率、客单价这 4 个指标，就可以把市场容量和可能的营业收入计算出来。

营业收入 = 潜在客户量 × $a\%$（潜在客户转化为流量客户的比例）× $b\%$（流量客户转化为购买客户的比例）× 客单价

如果要计算回头客数量，那就需要引入复购率这个指标。

中国有 14 亿人口，理论上来说，人人都有需求，这就给电商平台提供了足够的想象空间。剩下的连续性问题就是如何把现实的人转化成潜在客户、流量客户、成交客户以及如何让客户重复性购买。既然市场在，那么剩下的就是技术性和操作性问题，所以中国的电商还存在巨大的机遇。

有了订单，就需要交付；有了交付，就需要物流——此处的物流指的是大物流，是订单交付的全过程，泛指物料的移动，包括物料的采购、加工、存储、运输等。物流决定了我们的大部分成本，如采购成本、运输成本、存储成本、人力成本、资金成本、损耗成本、退货成本等。物流如果组织不好，即使拿到订单，也不一定能赚到钱。订单交付有三个核心指标：质量、成本、交付时间，企业追求的目标就是产品质量高、成本低、交付速度快。

商业模式的本质是赚钱，好的商业模式就是以较少的资金赚较多的钱。资金是整个商业的黏结剂，商业运作就是把资金变成资产，再把资产变成资金的过程。如果这个过程中实现了增值，就赚钱了，反之就亏钱了。自从有了支付宝和微信这样的移动支付工具，资金流的操作已经解决了，剩下的其实是资金的效率和管理的问题。从财务角度看，在营业资产、收入、利润、现金流等指标中，最重要的指标就是现金流。做过老板的人都知道，如果没有钱，公司就只能关门。好的商业运作，包括供应链运作，首先要筹划好现金流。现金流量也是评价投资方案经济效益的核心指标。其基本公式为：

净现金流 = 现金流入 - 现金流出

信息流包括贯穿于供应链所有环节的信息传递，**其同时具有效率、成本、价值的功能，对于企业管理至关重要，是企业的核心竞争力。**从本质上看，京东、淘宝、拼多多这样的公司其实就是一套系统，相当于把之前的市场和赶大集搬到系统上。很多制造业和流通业企业，也通过信息流统筹管理客流、物流和资金流。

供应链传递的是产品，也包括技术和工艺，所以技术流、工艺流也贯穿于供应链的所有环节，是交付的重要组成部分。世界知识产权组织在《供发展中国家使用的许可证贸易手册》（1977 版）中给技术下了这样的定义：**“技术是制造一种产品的系统知识，所采用的一种工艺或提供的一项服务。”**

所谓工艺，就是如何把一个东西做出来。中国的制造业还有巨大的发展空间，因为我国的工业门类比较齐全，但和国际标杆比较，很多门类在技术和工艺方面还有很大的差距。有一家意大利公司的布料非常精美，畅销全球，这家公司对其所有加工环节都能实现追溯：用哪儿的棉花，在哪儿纺纱，在哪儿织布，在哪儿染色。如果你有机会看到它的工艺追溯记录，会发现棉花和纺纱都在中国，因为原材料都很便宜——但是，该公司最终织出来的布匹却很贵，原因何在？其实，其中的差异只是织法不同。不过，我们做不出来这么昂贵的布，因为我们不会人家这种织法，没有人家这种设备——这就是工艺和技术的差距。

供应链管理就是不断驱动产品增值，而工艺和技术是产品的价值所在，理所当然是供应链关注的重点。使用好的技术、好的工艺（不论是制造工艺还是物流工艺），都能有效地增加产品的竞争力。

供应链的各个环节都有效率管理，包括物料效率、库存效率、订单效率，这些效率的总和就打造出了供应链的总体竞争力——也就是说，供应链的竞争力来自每个环节的竞争力之和。

如果我们把库存和物流单独拿出来分析，用三角代表物料，用箭头代表库存，会发现物流（库存）分布在整个供应链的各个环节，同时贯穿了整个供应链的各个环节。我们通过信息指令（order，如销售订单、采购订单、工单）驱动物流和物料，组织好采购、生产、配送，完成订单交付（图 2－10）。

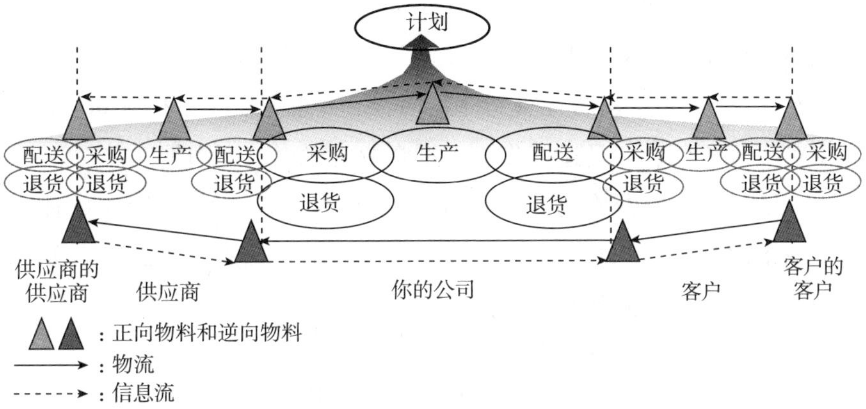

图 2－10　供应链物流示意图

供应链竞争力并不需要太大的差距：一分之差，足以决定胜负。

99 分和 100 分，从数字来看似乎相差很少，但从结果来看却很巨大：一个是第一名，另一个是第二名（甚至还可能落后于第二名）。如果只有两个人竞争，那么一个是赢家，另一个则是输家——此时，第二名其实就是最后一名。

比赛时，第一名无限荣光，第二名几乎必然内心沮丧。

高手为了取得一点点优势，往往苦练数十年。事实证明，微弱的优势也往往来之不易。

1%，看似只有一点点的优势，但是，要获取这一点点优势，往往要付出巨大的努力。有些企业（比如汽车制造业）有很多个环节，暂假定其有 1000 个环节，如果每个环节有十万分之三的优势，那么总的优势就是 3%，更何况好的企业和差的企业的优势之差远不是十万分之三那么少。所以，好的企业可以赚得盆满钵满，而差的企业则往往亏损，也就不奇怪了。

做到 100 分的人所付出的努力比得 99 分的人可能多几倍。用几倍的努力，才能换回一点点优势。

值吗？当然值！

尽管只是一点点优势，但足以决定胜负了。为了这一分的优势，我们要尽可能做好精益、做好创新、用好新技术。

高手中的高手和一般的高手，其实也就差那么一点点。

供应链也是这样的：A 企业的成本比 B 企业的成本低 1%，但是假设总成本有 8000 亿元，当 A 企业打平的时候，B 企业已经亏损了 80 亿元。

京东、沃尔玛、亚马逊等作为大型企业的代表，不都是这样吗？

供应链就像一座浮在海水中的冰山（图 2－11），大约 96% 的体积在水中，露出水面的体积只有 4% 左右——打个比方就是：我们付出了 96% 的努力，才有这 4% 的优势。

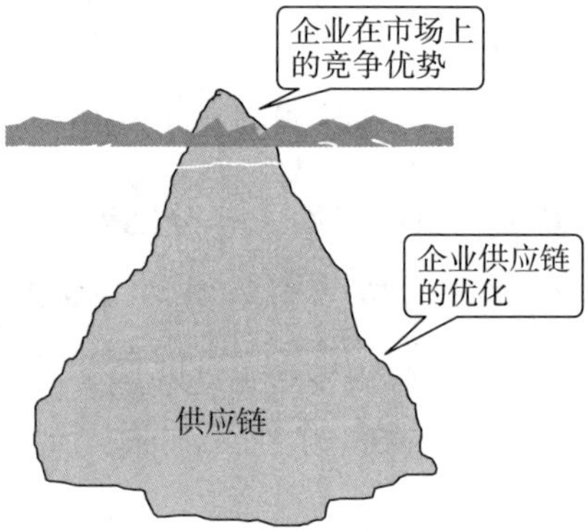

图 2－11　供应链就像一座浮在海水中的冰山

一般水平的供应链总监和高水平的供应链总监比起来，理论方面差别不会太大，但功力上一定会有一点差别，而正是这一点差别，让他们打造出了不同的供应链。功力的差异可能只有 1%，但是效果却大不相同——如果做的是 1000 亿元的项目，那结果的差异就是 10 亿元，这就是做大项目一定要用高手的原因。

007

合则两利：供应链的协同

供应链的协同就是如何管理好全局的供应链。

根据 SCOR 模型，供应链是多实体、多组织的交付网络。各实体、各组织之间的协同效率，决定了供应链的效率。

好的协同可以保证质量。如果没有好的协同，就会产生巨大的浪费。比如，订了 1 张四条腿的桌子，到货后发现一条腿是断的；订了 3 箱梨子，货到了，却发现是苹果；战事吃紧，安排一批军火上前线，结果枪到了，子弹没到；安排发给 A 客户的货，却发到了 B 客户；本来说非常缺货，加班加点突击生产完之后，客户又说不要了。诸如此类，不胜枚举。

好的协同可以降低成本。比如，某汽车零部件企业发现原材料仓库不够用之后，是不是需要扩建仓库呢？不是。经过我的辅导，优化了供应链，使该企业的库存下降了 30%，不但仓库够用了，还降低了库存风险、降低了现金占用。

好的协同可以代替资金。同样是这家汽车零部件企业，负责人经常发现资金不够用，而我们的解决方案并不是去银行贷款。因为我经过计算发现，只要缩短现金周转期（从购买材料到商品销售收回现金的天数），就可以解决这个问题。

现金周转期 = 应收账款周转期 − 应付账款周转期 + 存货周转期

通过优化账期、优化资金计划，不但能够满足供应商的账款，资金甚至还出现了富裕。

好的协同可以代替物流。有一家企业发现仓库货物很难定位，为解决这个问题，聘用了 65 名仓库保管员。其结果是无论如何提高保管员的责任心，最终效果都不好。后来，该企业上了一套 SAP 的 EWM 系统，实现了

100%的定位管理，却连一名保管员都不需要，于是把他们全部转岗了。这就是信息系统和物流操作的协同。

企业供应链的协同包括两类：一是企业上下游的供应链协同，二是企业内部的供应链协同。

假如圈A是公司采购部的工作范围，圈B是公司整个运营体系的管理范围，圈C是包括客户、供应商的供应链范围，显然，圈A<圈B<圈C。也就是说，圈C有更大的发展空间（图2－12）。

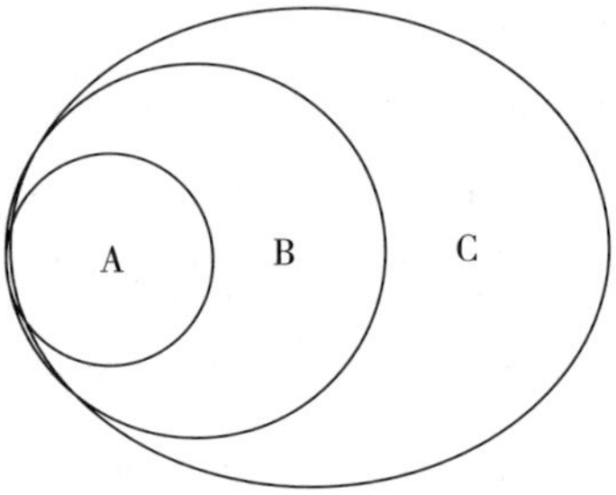

图2－12　扩大体系可以获得更大的空间

从协同效率和运营效率的关系来看，可以得出几个推论：①单点的改善有助于整体的改善；②当单点改善难以获得突破的时候，单点之间的组织改善将推动整体的改善；③在非封闭体系下，包含外延在内的组织改善效果远大于单点改善。

供应链包含三个实体群：一是我们的公司，而我们的公司可能会包括许多实体；二是供应商群，包括若干供应商及其上游供应商；三是客户群，包括若干客户及其下游客户。从表面来看，供应链管理的是我们自己的公司；但从本质上来看，供应链是通过一种协同的方式管理客户群和供应商群。供应商、客户经营的好坏都和我们息息相关：如果供应商发展得不好，或者客户经营得不好，大概率而言，我们的相关业务也不会好。

商业界和学术界普遍认为，企业越具有“合作性”（也就是协同性），取得的成就就越多，而在今天，企业内部和企业之间的合作也显得比以往任何时候都更为重要。一份关于企业和信息系统管理者的最新全球调研发现：企业在合作技术上的投入能够改进组织系统，取得4倍于投入的回报，其中采购、销售、市场以及研发是收益最多的领域（Frost and White，2009）。

协同客户及协同供应商的关系，就是企业间的协同。

中国香港的利丰公司一直致力于搭建有竞争力的供应链。为了获得更高的产品质量和更大的成本优势，利丰公司对全球资源进行整合。比如要做羊毛衫，需要采购中国新疆的羊毛，在泰国织成片（利用产地证的优势），在中国大陆缝制成羊毛衫，再到中国台湾地区的工厂染色，此外还要使用日本的拉链。整个链条下来，需要协调几十家供应商。可以说，利丰公司的生意都是“协同”出来的。

龙头企业更需要做好供应链的协同。

“保供”是供应链管理的重要工作，实现了好的协同，可以更好地“保供”。

2006年，华硕为了优化供应链而推行VMI管理，把板卡业务的加工交给OEM厂商做。但是，OEM厂商的营业规模远小于华硕，在芯片采购方面没有足够的购买量和很好的议价能力，也没有足够的资金，怎么办呢？作为供应链的链主，华硕要自己组织资金，大规模采购芯片，从源头上抓芯片供应，这样才能有保障。

快速交付是供应链的三个核心指标之一，而好的协同可以大幅缩短工期。

富士康的产品设计速度很快，普通公司3个月才能完成的设计项目，据说富士康只需要1个月，方法就是让设计团队协同工作。富士康在中国、北美洲、欧洲都设立了研发中心：中国设计师工作8小时后，把工作转给欧洲设计师；欧洲设计师工作8小时后，再把工作转给美国设计师；美国设计师工作8小时后，再把工作转给中国设计师。这就是一个部门内部的协同。

协同好企业内部各部门之间的关系，就是企业内部的协同。

又比如销售和采购的协同。在一般企业里，采购和销售分属两个部门，但是电商的速度太快了，需要快速沟通、共同负责、共同决策，所以很多电商公司设置了采销部，即把采购和销售放到同一个部门里。

韩都衣舍更为大胆，干脆把设计、采购、销售放到一个小组中，无非是为了更好地协同。一般来说，设计、销售、财务、生产、采购、物流等部门之间或多或少都有“部门墙”，虽然上层给每个部门规划了岗位职责和流程，但部门之间不可避免地有很多利益：不是僧多粥少，就是粥多僧少——少了就不够吃，自然不行；多了就吃不完，也不行。所以，部门和部门之间不是抢来抢去就是推来推去。而在协同得好的公司，扯皮少、质量好、成本低、交付快，这就是竞争力。

无论是企业内部的协同还是企业间的协同，首要的工作是梳理流程。企业间的合作，主要依据是合同。如果仔细研究合同，会发现合同是“小人”之间的约定，规定了在“最坏”的情况下怎么办（比如出现货损、没有及时到货、不能供货、事故责任等）。实际上，企业合作的目的是“往好了做”，追求“最好的情况”。所以，两家大公司之间合作时，首先需要梳理的是流程，通过流程驱动和业务管理，追求“最好的情况”，避免发生“最坏的情况”。

信息系统是管理企业间协同最好的工具，它使得整个供应链变得透明，人人都可以看得到；所有的订单、库存、物流、资金，哪些多、哪些少，都一目了然，决策起来也就不难了。

如果仔细看整个供应链的各个环节（从供应商到公司、从公司到批发商、从批发商到终端用户），2B 方面的协同往往不太理想，因为企业之间的信息系统很难做到互联互通。而电商主做 2C 端，它的协同就做得比较好，也就是终端客户在电商采购以及电商发货到终端客户这两方面协同得很好：电商的用户直接在 App 上下单，由电商在系统中直接安排快递，快递公司在系统中查看订单并安排快递单号，电商把快递单号（含条码）贴到包装上，快递公司扫码收货并全程跟踪物流信息，直到快递被用户签收。

从企业战略和供应链优化的矩阵来看，供应链协同是通过优化计划实现供应链的高效运行。典型的制造业物流战略图如图 2－13 所示。

从供应链优化模型（二维模型）来看（图 2－14），物流、信息、库

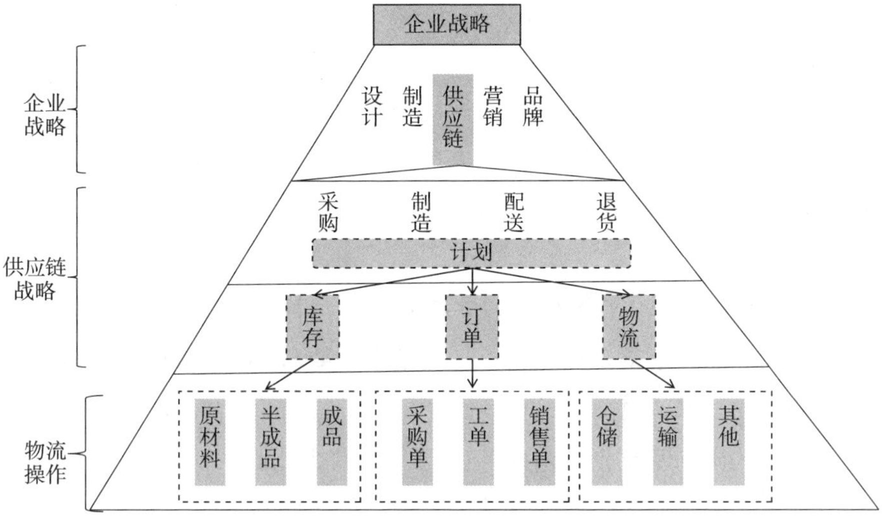

图 2-13　制造业的物流战略图

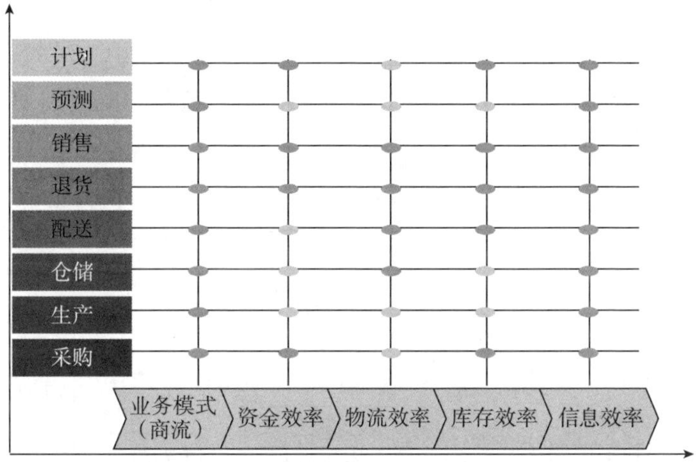

图 2-14　供应链优化模型（二维模型）

存、资金贯穿于整个供应链。优化供应链，需要整体优化计划、预测、销售、退货、配送、仓储、生产、采购等。

比如，做供应链规划时，可以用信息代替库存，用流量驱动供应链——“流量驱动供应链”是拼多多的业务模式，也是优化协同效率的典型案例。

协同的核心是计划，包括交付计划、库存计划、生产计划、采购计划、物流计划、资金计划等。计划好了，质量就好、成本就低、交付就快；计划不好，则一切反之。

一般情况下，企业很难评估需要多少产能、多少成品库存、多少原材料库存，因为需求和供给往往有很大的波动性：库存备多了，面临呆滞的风险；备少了，面临订单丢失的风险。所以，多了和少了都不行，最好是"刚刚好"。

在这个世界上，"刚刚好"的事看似巧合，其实往往都是精妙的安排。如果要把供应链计划得"刚刚好"，自然也需要精妙的安排了；而能够做出精妙安排的，都是高手。

供应链的协同既有企业内部的协同，也有企业间的协同。由于涉及多个部门乃至多个企业的合作，这就需要很高的协同水平。

从协作模型来看，协作流程和协作内容并不复杂，管理效果往往取决于管理的精细程度。在这方面，海尔空调的采购、生产、销售就做得很到位（图2-15）。

如果要做好生产计划和交付计划，就需要知道客户需求；如果要做好销售和预测，让生产计划和交付计划执行得好，就需要安排好库存和采购。所以，要想做好销售和预测，既要计划得好，也要执行得好。

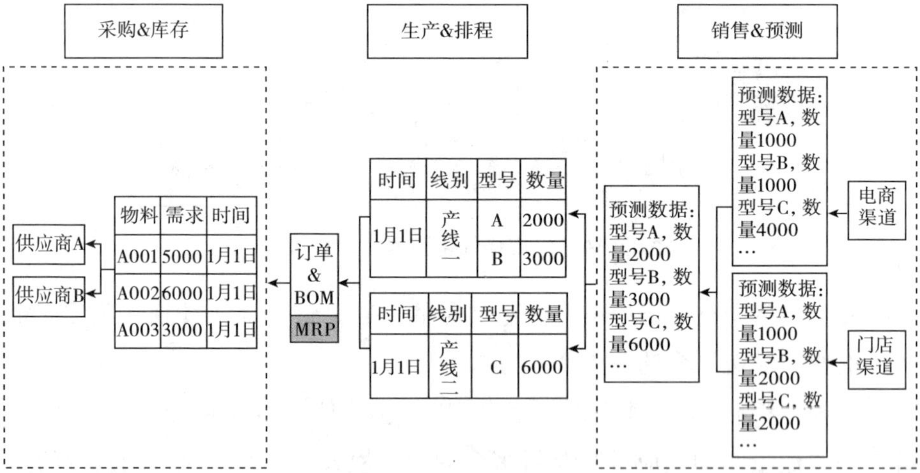

图2-15　海尔空调的协作流程和协作内容

海尔要求销售员按照门店和产品型号做需求预测，也就是细化时间、门店、型号、数量。细化到数量，销售指标就有了着落；细化到型号和时间，物料计划和生产计划就会很精准；细化到门店，就解决了物流计划的问题。

比如，电商渠道的某门店在第23周需要A产品1000台，线下渠道的某门店在第23周需要A产品1000台，两个渠道合起来就是2000台。因此，第23周的需求预测就是2000台。

有了型号，结合BOM和MRP，就可以计算出物料需求计划。

有了需求时间、型号、数量，就可以安排生产计划。排产时，从第23周往前算，加上生产时间和物流时间，就是排产时间。

有了排产时间，再考虑采购周期、质检周期等的时间，就可以安排采购和库存了。

供应商有了订单或者计划，就可以安排物料排产和交付。

通过信息化等手段把这些信息共享，实现共同计划，实现高效供应链，也就是供应链协同。

供应链协同看起来是个很简单的事，实际做起来则很不简单。一般情况下，协同的供应链不需要太多库存，然而大部分企业往往有大量的库存。

为什么会出现这种情况呢？因为有很多不确定性和特定的要素：

——需求往往是波动的，不仅需求波动，伴随着需求的波动还会有价格波动；

——供给往往是波动的，包括供给量和价格；

——有些需求方有话语权，要求供应商备货；

——有些供应商更有话语权，要求客户备货；

——有些需求具有季节性，比如春节的礼物、端午节的粽子、情人节的鲜花等；

——有些供应具有季节性，比如有些农产品是一季收、四季用；

——物流并不总是一帆风顺的，一帆风顺往往是美好的愿望；

——很多时候，变化往往比计划快。

正是因为有这些要素，供应链协同变得更加重要。企业要降本增效、提升竞争力，一定要在协同上做足功夫。

信息和程序

普通人眼中的东西，在程序员眼中就是信息。

普通人眼中的一个人、一个工具、一件货物，在程序员眼中其实都是信息。有了这种思维，信息化或者数字化也就不难理解了。

在系统“眼”中，自己才是主宰，才是“人”：系统安排一切，而人只是一台待调用的机器或者一段待调用的程序而已。货物或工具都有自己的编码，就像人的身份证一样，也有带有其特性的数据（比如货值、重量、尺寸等）。一旦这些编码之类的数据被接入系统，系统便可以按照规则赋予的职能对其进行调用。

所以，只要认知得当，万物皆可信息化、数据化。

换言之，普通人眼中的业务操作，在程序员眼中其实都是程序的调用或者数据的调用。

比如，安排一个人 A 把箱子 B 从 X 仓库搬到 Y 仓库，在程序员眼中，就是调用一个程序 A 把一个数据 B 从程序 X 转移到程序 Y 中——就这么简单！

产品是数据、单据是数据，设备是程序、人是程序、供应商是程序、客户是程序——信息化的规划，无非是如何定义数据、定义程序，如何调用数据、调用程序。

仅此而已！

008

京东论剑：关键是“O”还是“S”

2019 年，我给京东供应链高阶培训班授课时，Z 老师给我讲了一个故事：

刘强东曾经问高层一个问题：京东的竞争力的核心是什么？有的说是“以销售为核心的竞争力”，有的说是“以供应链为核心的竞争力”。负责零售的总裁坚持“以销售为核心的竞争力”，刘强东坚持“以供应链为核心的竞争力”，双方僵持不下，最后决定在高层之间投票——结果，刘强东输了。

销售和运作是企业的两个核心。

我们经常用S&OP模型来研究供应链：S就是Sales，指销售；OP就是Operation，即运作，也就是供应链。所以，S&OP模型可以翻译为“销售运作参考模型”。

从S&OP模型来看，供应链和销售都极为重要。供应链和销售是一个圆上首尾链接的两部分（图2－16），原则上是不能分开说事的。销售和供应链像极了战争的前线和后勤：前线的任务是打仗，后勤的任务是做好弹药供给。二者一旦脱节，前线必输无疑，而后勤也会变得没有价值。所以，《孙子兵法》云：“是故军无辎重则亡，无粮食则亡，无委积则亡。”意思是：部队如果没有辎重就不能生存，没有粮食供应就不能生存，没有战略物资储备就无以生存。从S&OP模型来看企业，也是如此：一方面要挖掘和创造需求，一方面要准备足够的供给，也是首尾必须链接。

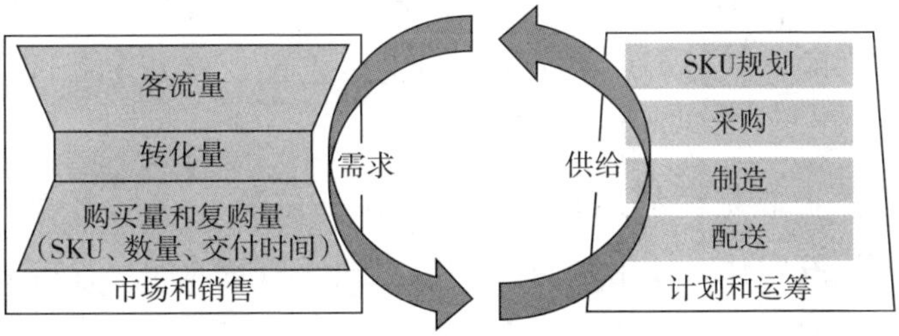

图2－16 需求和供给是同一个圆上首尾链接的两段弧线

毋庸置疑的是：凡是有核心技术的企业，往往更加注重供应链，因为产品并不愁卖。而凡是以拼缝和销售为主业的企业，往往更加注重销售，因为如果卖不掉货，一切都是白搭。

稻盛和夫在其著作《管理与会计》中也讲了类似的问题，那就是“利润是销售出来的，还是制造出来的”？他旗帜鲜明地讲述了自己的观点：

“利润是制造出来的。”原因很简单：销售只能在市场价格接受的范围内销售产品；如果没有制造出来利润，那么销售无论如何也无法卖出来利润。也就是说，只要制造出来利润，谁卖都一样。

这种商业观点本来就不是严格的数学推理，并没有绝对的对错，所以自然也有许多人不信服稻盛和夫的观点。但是，如果这些人好好研究京瓷的产品和运营方式，他们就会信服稻盛和夫的观点。

我有一个客户做的是汽车设备。他们的供应商大部分是 VMI 供货（供应商管理库存），也就是供应商先把货放在他的工厂，上线之后，过 90 天再支付货款，商务条款和支付条款都有些苛刻。这个客户也购买京瓷的点火塞，而京瓷的产品不但价格高出市场同类产品 60%，而且要先付款。即便是这样，京瓷也不承诺立即发货，往往过一段时间才发货。也就是说，我们向京瓷买东西，要遵守京瓷的规则，而不是京瓷遵守我们的规则。为什么呢？因为京瓷点火塞是高科技产品，真的不愁卖。京瓷的利润就是研发和制造出来的，客户往往要自动找上门来，产品黏性又高，无论谁销售，结果都是一样的，销售真的没有那么重要。这可能也是高科技企业的特点。

所以，从实践的角度来看，稻盛和夫的话是有一定道理的。那么，他的话是不是放之四海而皆准呢？是不是适合所有的商业环境呢？肯定不是！稻盛和夫的话只适合那些与其在理念、产品、经营上相同或者相近的企业。

还有一类企业是纯粹的销售企业，尤其是那些“二道贩子”式的企业——本来就没有什么技术含量，甚至也缺乏管理水平，全靠赚差价。如果没有销售，那真的就什么都没有了。

京东是互联网时代的零售企业，面向全球客户，客流量巨大，只要价格足够有竞争力，产品根本不愁卖。所以，刘强东认为供应链管理是其竞争力的核心，因为供应链管理水平决定了产品的成本：如果供应链管理水平足够高，产品成本就会足够低，京东就会有定价权和竞争力。从这个角度看，供应链的确是其核心竞争力。

至于做销售的人，则往往看重的是业绩，追求销售技巧，从上到下都喜欢用业绩说话，看到销售数字在增长，心里就有底气。大多数企业也往往用业绩考核销售，如果你说你重视的是供应链，他当然不愿意接茬，因为他们坚持认为的“销售是企业的核心竞争力”也有充分理由。

从长远来看，企业管理的关键还是管理能力。能力包括招式和功力：销售更多的是招式，很容易被模仿；而供应链主要是功力，是一点一滴练出来的，很难模仿。

我解读的企业核心竞争力是竞争对手难以模仿和企及的能力，所以，我认为功力才是企业的核心竞争力。只要价格足够低，把东西卖出去很容易；但是，如果要求把东西卖出去还能赚钱，那就很难——因为这不但要求价格低，还要求成本低。如何做到成本低呢？那就要靠好的供应链！这就是供应链的重要性所在。

所以，我赞成刘强东的观点：对于京东这种流通型企业来说，供应链管理应该更重要一些。

009

定位优势：谁的地盘谁做主

“定位”这个词竟然有2000多年的历史了：《韩非子·扬权》中就提到了“审名以定位，明分以辨类”。可见，在当时，“定位”的意思就是通过标识区分“我”和别人。因为“我”和别人不同，所以客户会找到“我”，而不是找到别人。不谋而合的是，著名营销大师杰克·特劳特在其著作《与众不同：极度竞争时代的生存之道》中指出，在竞争对手如云的情况下，企业必须找到一种方式令自己与众不同。换言之，创造一种与众不同的价值，是成功的定位策略的基础。

要清晰地告诉顾客，应该购买你的产品而不是别人的产品。这种“与众不同”就是我们经常说的战略的“差异化”，这种“差异化”就是企业自己划定的地盘。企业就像人一样，只有在自己的地盘上，说话才硬气。

没有定位的企业很容易陷入同质化竞争，即使做出来产品，也未必能够赚到钱。

产品定位就是企业做什么产品或者服务，这里的产品或服务指的是企业的业务，比如华为做手机、京东做零售、西贝做餐饮、美团做生鲜电商、优衣库做服装，都是找对了产品定位。

优衣库、无印良品、雅戈尔都做衬衣，但在材质、价格、款式等方面有明显不同，让专业人士进行对比，一定会发现差异很大，这就是定位不同。因为定位不同，所以其采用的材料、工艺就会不同，款式和价格自然也会有差异，利润就更不用说了。比如，某个曾经著名、现在不再著名的企业家认为：内衣和衬衣都是贴身穿的，我能做内衣，自然也能做衬衣。结果，这让他亏得一塌糊涂，其中有很多原因，不了解定位就是原因之一。

既然产品存在不同，其对应的供应链也有独特性和差异性，所以就需要围绕着业务定位和产品定位量身打造供应链。这就是供应链的定位。

供应链的定位可以从 4 个维度考虑，那就是质量、成本、交付时间、服务。现在流行的好工作标准是“钱多、活少、离家近、福利好”，和上述 4 个维度接近。质量和成本比较容易理解，要取得竞争力，无非是做好两个方面：一是有好的质量还有低的价格，二是有低的价格竟然有好的质量。交付时间主要是指速度快，或者能够按照计划交付。至于服务，则不可一概而论，要看提供的是什么样的产品和服务，比如卖家电的负责上门安装、卖服装的提供无理由退货、超市负责送货上门等，这都是定位。

我曾经和一个企业家探讨过服装行业的战略。我对服装业是外行，除了知道穿衣服，在其他方面基本上是“小白”，所以问的问题也很白：“优衣库、无印良品、ZARA 发展得都很好，我们不能学学吗?”

他回答：“短时间内，我们没有那么强的研发能力，也打造不了那么好的供应链。”

由此可见，看懂业务模式不难，看懂产品也不难，难的是研发能力和供应链。

因此，供应链是公司定位和产品定位最终落地的管理和操作，也是企业极其重要的战略。

田老师红烧肉做快餐做得风生水起，我和李文明先生谈起田老师红烧肉的供应链策略时，他说："能在这个价位上做到这么好的质量，怕是只有这家公司了。"这就是产品的定位，包含两个核心要素——成本和质量。当然，这也是供应链的定位。

2019 年，我辅导一家快消品公司，帮助优化其物流成本。在寻源的时候，我发现有些物流公司在特定的货物重量区间有价格优势（比如有些物流公司运送 10 ~ 50 千克的货物有运费价格优势，有些则擅长运送 0 ~ 20 千克或 50 千克以上的货物），这就是物流公司定位的不同。定位不同，需要的资源也不同：那些对 50 千克以上的货物有运送价格优势的物流供应商需要配备搬运专业的装卸设备，而运送 0 ~ 20 千克的货物就不需要，人工搬运就可以了。

目前，中国已经是世界第二大经济体，市场已经足够大，同时又是全球最大的供应商，任何细分的领域都有巨大的生意机会。要获得这些生意，就需要精准地定位，然后在这个定位上打造竞争优势和竞争力。不但要做好产品研发、业务模式规划，更需要卓越的供应链。

010

定价权：价格到底谁说了算

企业的目标都是赚钱，在市场经济环境中，要想赚钱就要做产品和卖产品，就需要给产品定价格。定多少合适呢？是高一些好，还是低一些好？会不会定得太高或太低呢？这就是定价权。

定价权是指公司对其产品价格的制定拥有主动权，凭借公司的某种优势，可以掌握产品定价而保持自己的某种竞争优势。

定价高而不失其市场份额，定价低而不失其利润率，这就是定价优势，或者说定价权。

定价权主要涉及三个指标：产品价格、市场份额、利润率。也就是说，要想掌握定价权，那么就需要：产品价格有竞争力，无论是高价还是低价，都会被市场广泛接受；占有有影响力的市场份额；利润率在同行间保持领先水平。比如，高端白酒是奢侈品，那么茅台可以凭借品牌优势定高价，可以多赚钱；钢铁是周期性产品，在市场不好时，德龙钢铁凭借供应链优势可以定低价，从而保证市场份额。

一般情况下，企业有 4 种能力影响定价，那就是资源、技术、品牌、供应链。以供应链为竞争力的企业，其定价能力取决于供应链的效率。

许多企业具有资源优势，比如神华拥有煤炭资源，中石油拥有石油资源，洋山港有大港口，北京首都国际机场有丰富的客流，力拓、必和必拓、淡水河谷有铁矿石资源等，这些都是资源优势。占有资源优势的企业可以凭借资源优势给产品定价。因为有一定的垄断性优势，定价往往比较高，利润也比较丰厚。

茅台、LV 这些具有品牌优势的企业也可以定高价。一瓶白酒几千元、一个 LV 包几十万元都有人争着买，就是因为品牌的作用。在此不再赘述。

华为的 5G 产品、波音的飞机、苹果的手机和恒瑞的药品价格也很高，这是因为技术的垄断性。这些产品具有与众不同的功能，而其他公司因为没有这个技术，所以没有这些功能。

有些企业没有竞争对手，或者竞争对手较弱，企业就有垄断性定价权，想定多高，自己说了算。

但是，大部分企业没有这个优势，因为大部分企业都有竞争对手，所以定价一定要合理。企业为了获得更大的市场，最常见的手法就是降低价格。但是，如果价格太低，就会失去利润，实现不了赚钱的目标；如果价格太高，那就失去了价格优势，很容易丢失市场。所以，如果企业希望既能获得市场、又能赚取利润，就要合理地定价。

社会上大部分产品的资源、技术、品牌的垄断性并不强，大多数产品都是有替代品的，所以大部分企业都存在竞争对手。因此，大部分企业的竞争力来自其管理效率和管理水平——对于制造业和流通业而言，也就是供应链的管理水平。

对于某些大宗商品，比如粗钢和铜，其定价权往往掌握在运营效率最高的企业手中。比如，在河北唐山、邢台，德龙钢铁的定价权比较强，这是因为德龙钢铁的库存效率和生产效率很高，并且只追求适度的利润。由于炼钢的成本主要来自矿石、焦炭、能耗、人工、折旧等，其中铁矿石是钢铁的重要原材料，在粗钢中所占成本较大，而德龙钢铁以现货定价的方式采购矿石，所以如果铁矿石价格上涨，则炼钢成本也会随之上涨。不过，由于中国钢铁产能严重过剩，所以钢铁价格受制于市场需求，不可以随随便便涨价——如果涨价，产品就有可能卖不出去。德龙钢铁能够基于现货市场的原材料价格定价，得益于精益管理带来的成本优势。在一般情况下，德龙钢铁的价格略低于市场价格；但当铁矿石价格大幅上涨时，德龙会先知先觉，其成品成本也会略高于市场价格，这时候，德龙就会制定略高于市场价格的产品价格，但是并不会因此而影响销售。因为经销商知道，如果德龙钢铁涨价，其他钢厂也会涨价，而且涨得会更高。

金田铜业也是如此。该企业主要做铜加工，用废铜做铜材，不炒期货，也不大量囤货，规规矩矩地从现货市场买原材料，抓好自己的制造效率和供应链效率，随行就市定价，企业做得很稳健，效益很好。

定价，往往是企业要在某个价位上保持竞争优势。对于技术含量不高的产品而言，定价往往取决于市场；而能否赚钱，则往往取决于企业的管理水平。

企业的管理做好了，供应链管理做好了，企业就有定价能力。如果我们的利润是2%，而竞争对手没有利润了，那么市场早晚都是我们的——因为竞争对手老亏钱，怎么可能长期支撑下去呢？

稻盛和夫在其著作《经营与会计》中讲述了精益管理的重要作用：增加销售额的同时，不是增加费用，而是保持费用不变；可能的话，还要降低费用。这句话的意思就是要管理好供应链。实际上，销售增长和成本降低之间具有互相驱动的作用：降低成本、定价合理，才能有利于销售；增加销售、分摊费用，才有利于降低成本（图2－17）。

因此，供应链的目标之一就是：建立产品的竞争壁垒，保持产品在某个价位上的竞争优势。

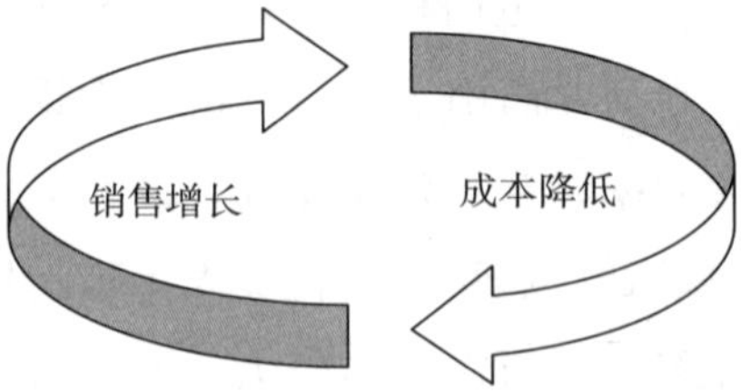

图2－17　销售管理和成本管理相互驱动

鸡蛋也不是随便定价的

2015年，我在济南的一个小餐馆吃饭，要了一碗粥，一个菜，一个鸡蛋（鸡蛋2.5元一个）。

这时候，老板恰好端着一大盆鸡蛋从我身边走过。

我问："这么多鸡蛋，能赚好多钱吧？"

老板回答："鸡蛋不怎么赚钱。"

我很疑惑："市面的一个鸡蛋不到1元，你都卖到2.5元了，怎么还不赚钱？"

老板说："你算算！鲜鸡蛋、燃气、房租、人工，都是成本。如果再不小心打碎几个，这盆鸡蛋，能赚几个钱？"

我仔细想了想，还真是这个道理。

我又问："怎么不提价呢？"

老板："哎呀，价格不是我们定的。"

我："什么？鸡蛋卖多少钱，不都是你们自己说了算吗？"

老板："是我们说了算，但还要参考周边的店。维护我们生意的是经常来吃饭的客人，也就是常客，常客对价格都是很敏感的，多一毛钱他们都知道。我们周边很多店价格都差不多，如果我们定高了，常客就会去别的店吃饭。到时候，不但没人来吃鸡蛋，也没人来吃饭了。"

我真是被上了一课，原来鸡蛋也不是随便定价的！

定价低了，没有利润；定价高了，就卖不出去；做不好，还要亏钱。要是一不小心，摔了一盆，那就亏大了，可能卖一周的鸡蛋都挣不回来本钱。卖个鸡蛋，还有这么大风险！

难怪稻盛和夫说："定价即经营。""定价太低，没有利润；定价太高，只有库存。"

011

把账算清楚：供应链的财务指标

供应链最终要完成的指标是财务指标。

从财务指标上来看，一家好的公司无非资产质量好、盈利好、现金流好，这也是三张财务报表的核心内容。

无论是多大规模的公司，都有三张财务报表——资产负债表、利润表、现金流量表。

资产负债表主要是告诉我们公司的资产负债情况：有多少家底？是穷还是富？自己有多少钱？欠了别人多少钱？

利润表主要是告诉我们公司的损益情况（或者说赚钱情况）：公司收入多少？成本多少？利润多少？

现金流量表主要告诉我们公司的资金情况：收进来多少现金？付出去多少现金？现金余额是多少？

许多人问我：供应链有哪些指标？

这要看企业的具体情况。但是，如果一家公司属于制造业或者流通业，并且供应链管理或者说物料管理是其盈利能力的主要来源，那么财务的指标自然也是供应链的核心指标，比如资产、负债、收入、成本、利润、现金流入、现金流出。

其他指标可以根据上述指标推算出来，比如总资产回报率、净资产回报率、毛利率、净利率、净现金流等。

往下推演，那就是运作绩效，比如资产负债率、资产周转率、创新能力（技术能力或议价能力等）。

继续推演，那就是操作绩效，以资产周转率为例，包括库存周转率、设备使用周转率、资金使用周转率。

再往下推演，通过库存周转率可以分析库存供货天数，通过资金使用周转率可以分析应付账款周期、应收账款周期、库存供货天数等。

如果基于库存周转率继续推演，就可以对物料进行分类，比如成品、半成品、原材料。

如果基于成品周转率继续推演，还可以对成品进行 ABC 分析、EIQ 分析，就会发现库存和订单之间的规律，也就更容易找到优化库存的方法。

细分、再细分，通过不断细分，我们就会发现如何通过改善业务操作来改善财务绩效。

那么，如何让财务报表好看呢？

从财务角度来看，做生意是为了赚钱，所以业务的终极目标是财务报表好看，这就需要赚钱多、账上的钱多，换成财务语言就是利润好、现金流好。一般情况下，对于制造业和流通业而言，主要考虑三个指标：利润、现金流和资产质量。

如果想让财务报表好看，也无非优化这三个指标。

（1）利润好：①提高营业额；②降低成本（比率）；③降低税费（比率）。

营业利润 = 营业收入 − 营业成本 − 营业费用 − 管理费用 −
财务费用 − 营业税金及附加 − 资产减值损失 +
公允价值变动收益（+/−）+ 投资收益（+/−）

（2）现金流好：①降低资金占用；②降低资金成本（比率）。

现金流 = 现金流入 − 现金流出

现金流管理的主要作用在于保证生产经营资金的安全，缩短现金循环周期，提高资金使用效率。包括：①存货周转期的管理：降低库存，减少物料呆滞，加快存货周转；②现金回收期的管理：加速现金的回收，鼓励客户提前付款，加强对逾期货款的管理，缩短现金的回收期；③付款周期的管理：保持企业信誉，适当管理向外支付款项的周期（并不是越长越好，如果支付过迟，会损害与供应商的关系）。

（3）资产质量好：优质资产一般是指资产收益率高、交易方便、变现能力强的资产。所以，需要弄清楚公司的哪些资产是优质资产。

那么，哪个财务指标最重要？

每次给学员授课，我总会问学员一个问题：公司的哪个指标是最重要的？这时候，我得到的回答往往五花八门：市场排名、市场占有率、利润、利润率、资产、收入、现金流……

如果让大家做选择题，在收入、利润、现金流中选一个，则选择每个选项的学员基本上各占三分之一：中层员工往往选择利润，高层员工往往选择收入，企业家或者老板往往选择现金流（因为他们深知现金流的重要性）。

事实上，现金流也确实是最重要的指标。

企业倒闭的原因很多，最直接的原因往往是账上没钱了。

企业要想营业利润好，就需要提高收入或者降低费用。

一般情况下，更高的营业收入可以更好地分摊成本，所以企业要尽可能地扩大营业收入。通过以下 3 个公式，可以计算出企业的营业收入。

公式一：

$$收入 = 订单量 \times 客单价$$

其中：订单量 = 客流量 × 客户转化率。

根据该公式，企业首先需要有客流量，企业之所以要做广告、推销，目的是引来潜在客户的关注，引来客流；其中部分客流会转化成客户，发生购买行为，这就是客户转化，客户转化的比例则称为转化率。关注转化率，要考虑新老客户，考虑会员管理的绩效，还要考虑复购率指标。

所以，单纯从销售的角度看，如果希望更多销售，就需要更多的客流、更高的转化率、更高的单价和更高的复购率。

公式二：

收入＝产品数×产品单价×购买次数

所以，从产品的角度看，如果希望实现更多销售，就需要更多的产品、更高的价格和更好的体验。

公式三：

在市场容量一定的情况下，企业之间的竞争就会变成存量市场的竞争，这时候，竞争往往会变得白热化。在这种情况下，竞争策略就变成了对市场份额的抢夺，适用的公式就会变成

收入＝市场总份额×市场占有率

现金流的计算公式：

净现金流＝现金流入－现金流出

资金是企业的重要资源。在企业经营的过程中，资金不断地流入流出，留下来的钱就是净现金流。从时间的角度来看，影响现金流的主要因素是账期。比如，每天流进来 1 万元，每 2 天流出去 1 万元，那么一个月下来（按照 30 天计算）则是：

净现金流＝30×1－30÷2×1＝15（万元）

至于对企业资产质量的评估，一般情况下用净资产回报率这个指标。当然，这个指标只是表象，还需要考虑企业的业务模式、技术含量等长远价值。合理的资产配置可以创造更高的企业竞争力，产生更好的盈利能力。

账上有利润，“兜里”没有钱

有些企业会有一个很奇怪的现象：账上明明有利润，“兜里”（账户里）就是没有钱。

A 企业的老板问了我一个问题：孔老师，我这个公司每年账上有 3000 万元利润，可是我每年还需要给企业补贴 1000 万元现金，这是怎么回事？

我诊断了一下，原因很简单：这个企业每年的呆滞库存和应收账款都在增加，每年产生几千万元的呆滞库存。这么多呆滞库存把利润都吃掉了。

其实，呆滞库存不光会吃掉利润：因为账上有利润，所以每年还要交税。但对于呆滞库存来说，用又没处用，扔又舍不得，占着那么大仓库，还要补贴仓库租金。

现实中，这样实实在在的例子不是个案，可以说比比皆是。

稻盛和夫早年经营京瓷公司时也碰到了这个状况：因为账上有利润，税务局便来收税，但是公司其实没有钱，只有一堆库存，还卖不掉；只好忍痛报废，砸了。

经营企业就是为了赚钱，相对于账面的虚假利润来说，白花花的现金流更重要。A 企业的问题其实就是没有把账算清楚。

012

客户总是心太急：供应链和物流的基本矛盾

一、供应链的基本矛盾

供应链有供应链的矛盾，就像任何事物都有其矛盾一样。矛盾是随着时间、空间而演化的，也就是说，在不同阶段，矛盾的重点不同。那么，当下供应链的基本矛盾是什么呢？我认为，从时间的角度来看，是供应链的运作周期大于合同交货期的矛盾。

客户要货的时间往往比较短，而生产的时间往往又比较长。

客户往往着急，一下单就要货。可是，产品哪能一下子就做出来？化用一句经典的歌词就是“你总是心太急”。

比如，华为基站的生产方式是 ATO（assembling to order，按订单组装），生产流程比较长，包括原材料采购、部件生产、成品组装。由于每单合同的配置均不同，不能提前生产整机，很难按照超市模式供应，所以其供应链运作周期大约是 3.5 个月。可是，为了抢夺市场，合同交付期往往是 0.5 个月（图 2－18）。

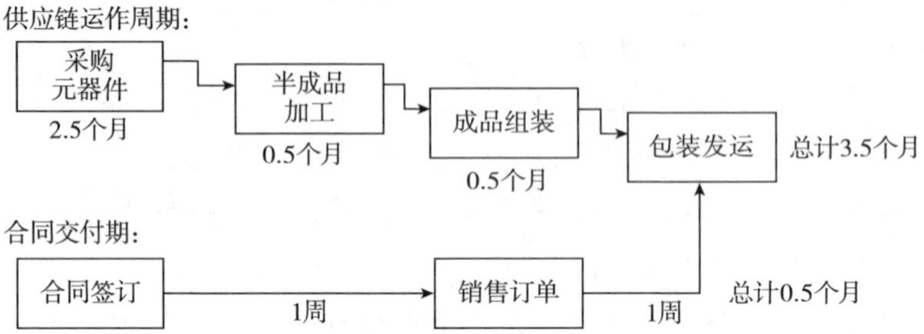

图 2－18 供应链运作周期和合同交付期

这就如同贾谊在《论积贮疏》中所讲的“生之有时，而用之亡度，则物力必屈”，意思是生产东西有时节的限制，需要时间，而如果消费东西却没有限度，那么物资一定会匮乏。

从供应链的角度来看，需求的速度往往很快。一般情况下，需求时间要远远小于供给的时间，产能、库存、物流等供应链要素都有这个矛盾，筹备需要的时间长，而消耗得却很快。

所以，如果计划不好，要么丢单，要么库存过剩，结果都会带来损失；而要做到刚好，则非常不容易。这是供应链的难处，也是供应链的精妙之处。

二、物流的基本矛盾

2002 年，我在香港科技大学参加供应链培训时，徐宁教授讲了物流的基本矛盾：信息流太快，而物流太慢。

在蒸汽机发明之前没有这个问题：送货也是马车，送信也是马车。现在不行了，信息流的送达用不了一秒钟，而物流的送达则可能要花几天、几周、几个月。

信息流往往提前于物流，因为信息流是字节（bit）的组合，极轻，容易送达；物流是原子（atom）的组合，较重，不容易传达。随着技术的进步，信息传递的速度越来越快：马车时代、蒸汽机时代、电气化时代、互联网时代，一代更比一代快；随着技术的进步，物流也在加快，但和信息流相比还是慢了很多。

以现在的技术来看，即使在未来很长的一个时期，信息流太快而物流太慢的矛盾仍然会是物流的主要矛盾。

我们做供应链或者物流，就是要面对这些矛盾，解决和化解这些矛盾。

013

牛鞭效应：供求信息的扭曲

“牛鞭效应”是指供应链的需求变异随着供应链链条的延伸而逐级放大的现象。

信息流从最终客户端逐级向原始供应商端传递时，因为无法有效地实现信息共享，使得信息因为被扭曲而逐级放大，会导致需求信息出现越来越大的波动。这种波动性放大最终会导致库存大幅升高、生产不平衡加剧，使订单交付难度加大。为此，企业不得不以加大库存、增加产能、增加加班时间、紧急生产等方式来应对，而这又大幅增加了企业的成本。

这种信息被扭曲放大的现象在图形上很像一根甩起的牛鞭，因此被形象地称为“牛鞭效应”。如果管理不好牛鞭效应，由于高库存和产能不均衡，企业的盈利能力和竞争力就会大打折扣。

2002 年，我在香港科技大学参加供应链培训时，徐宁教授总结了 4 个形成牛鞭效应的原因：订单批量、价格波动、前置期长、不准确的市场预测。

许多企业为了获得价格优势，往往会下大批量订单。大批量订单容易获得价格优势和成本优势，包括获得好的折扣、降低运输成本、下订单的成本，等等；但同时会带来库存成本偏高、库存呆滞、占用仓储面积、占用资金等不利因素。

许多企业往往在低价时大量购买，以便获得低价优势。实际上，对于像石油、铁矿石这样的大宗商品而言，很少有人能够精准地预测价格走势。我认识几个老板，原来都囤积过矿石，最终因为赔了很多钱而终止了矿石贸易业务。相反，德龙集团年产钢3000万吨，并没有囤积矿石或者投资矿山，而是直接从现货市场购买矿石，然后加快库存周转，利润反而比那些囤积矿石的钢厂要好很多。

前置期长是导致需求变异的重要因素：采购、生产、运输、检验的前置期越长，需求变异越大。中国至欧洲的海运需要40天左右，一般的农产品需要4到8个月才能收获，所以，我们很容易理解采购、生产、运输的长前置期。

可能有人会问：检验时间会很长吗？会的。我辅导的某制药公司，其原材料需要6个月才能检出结果。可以说，长前置期自然加剧了需求的波动性。

不准确的市场预测也是导致需求变异的重要因素。只要是预测，就会有不确定性。一条供应链存在许多个环节、许多个供应商、许多个客户，他们都在预测下游客户的需求，其准确性可想而知。

"牛鞭效应"是当下制造业和流通业中普遍存在的问题，这个问题不仅对库存影响很大，对物流影响同样很大。

零售商的需求，往往相对稳定；到了批发商那里，就开始把需求放大；到了经销商那里，还会继续放大；到了工厂那里，需求就已经变得过大了（图2-19）。

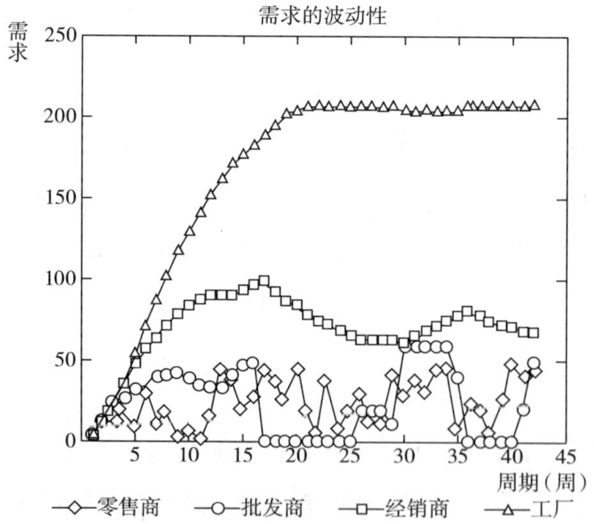

图2-19 牛鞭效应

“尿不湿”的牛鞭效应

宝洁公司（P&G）在研究“尿不湿”的市场需求时发现，该产品的零售数量是相当稳定的，波动性并不大。但在考察分销中心的订货情况时，却发现波动性明显增大了。

进一步研究后发现，零售商为了保证订货量及时可得并且适应顾客需求增量的变化，通常会将预测订货量作一定放大后向批发商订货。

批发商出于同样的考虑，也会在汇总零售商订货量的基础上再作一定的放大后向销售中心订货。

这样，虽然顾客需求量并没有大的波动，但经过零售商和批发商的订货放大后，订货量就一级一级地放大了。

真正有价值的时效并不长

1998年，在英国举办的供应链管理专题会议上，一位与会者提及他的公司在生产、供应环节有这样的现象：从购进原材料，经过生产加工，再将产品配送到最终销售商，需要150天时间。虽然消费者买到这样的商品后并没有感觉到不好，而且所有的中间环节也都按照他们原本的最优效率运转着，但是这位管理者做了一个数据对比后感到非常惊愕：他的产品生产加工的整个过程仅仅占用了150天中的45分钟。

为什么供应链条被拖得这么长，而真正最有价值的只有45分钟？大部分时效被如何浪费掉了呢？

这就与“牛鞭效应”有关。这是市场营销中普遍存在的高风险现象，会导致库存升高、交付成本升高、产品呆滞升高、交付率降低。

要管理好牛鞭效应，就需要测量牛鞭效应的影响。一般情况下，人们用波动性来衡量牛鞭效应的影响，用标准方差测量波动性的大小。

需求的波动量和需求量是不同的指标，且有本质的区别。需求量很小但波动性很大的需求，其管理难度远大于需求量很大但波动性很小的需求。举个例子，如果每天都需要1000件某商品，则备货就比较容易；如果今天需求10件，明天需求100件，备货难度反而大（表2-4）。

表2-4 需求的标准方差

需求	第1周	第2周	第3周	第4周	第5周	第6周	标准方差
需求1	1000	990	1010	899	1020	1050	47
需求2	10	100	20	99	80	150	48

需求1远大于需求2，但需求2的波动却大于需求1——也就是说，管理需求2比管理需求1更难一些。

我在为一家快消品公司做改善时就遇到了这样的问题。通过对不同渠道的出货数据进行分析，我测算出了牛鞭效应波动系数的特点：越是远离末端需求的环节，需求的波动性越大。我们对制造商（A）、总经销（B）、销售渠道（C）三个点的出货波动做了分析。

该企业的产品为全渠道销售。在分析其产品在某商超（也就是图2-20中的销售渠道）的销售数据时，发现标准偏差和需求平均值的比率只有7.6%——我们姑且称该数据为波动系数。数据显示，终端需求是比较平稳的（表2-5）。

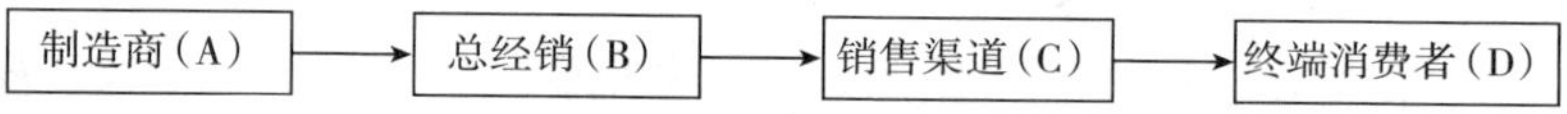

图2-20 快消品的流向渠道

表2-5 商超的需求数据

月份	1	2	3	4	5	6	7	8	标准偏差	平均值	标准偏差/平均值
销售	7078	8167	8257	6791	6898	7302	7113	7193	556	7350	7.6%

随后，我开始分析总经销商向销售渠道的出货数据，发现波动系数上升为24%（表2-6）。

表 2 -6　总经销向销售渠道的出货数据

月份	1	2	3	4	5	6	7	8	9	标准偏差	平均值	标准偏差/平均值
销量	17406	8964	20950	19865	21843	21550	13752	18268	21917	4392	18280	24%

我又对制造商向总经销商的出货做了统计分析，发现波动系数上升为35%（表2 -7）。

表 2 -7　制造商向总经销商的出货数据

月份	1	2	3	4	5	6	7	8	9	标准偏差	平均值	标准偏差/平均值
销量	34030	29297	27381	24800	23114	32136	15740	13112	9745	8116	23262	35%

即便像牙膏这样几乎没有季节性的产品，牛鞭效应的波动也并不小；对于季节性的衣服和食品来说，牛鞭效应的影响就太大了。

大批量订单是造成牛鞭效应的原因之一（图 2 -21）。

当每周需求都是 102 的时候，如果按照方案 1 的方式备货（大批量订单），则需求的标准偏差为46，采购的标准偏差为 122，牛鞭效应放大倍数为2. 62；如果按照方案 2 的方式备货（小批量订单），则需求的标准偏差为46，采购的标准偏差为45，牛鞭效应放大倍数为0. 97。

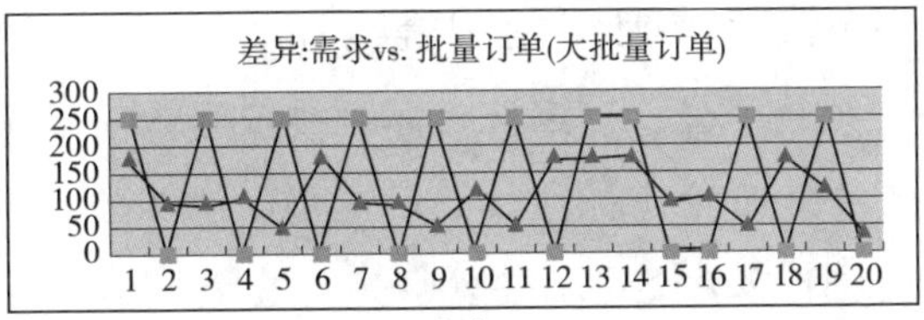

需求	102
STD DEV @1	46
STD DEV @2	122
牛鞭效应放大倍数	2.62

方案1

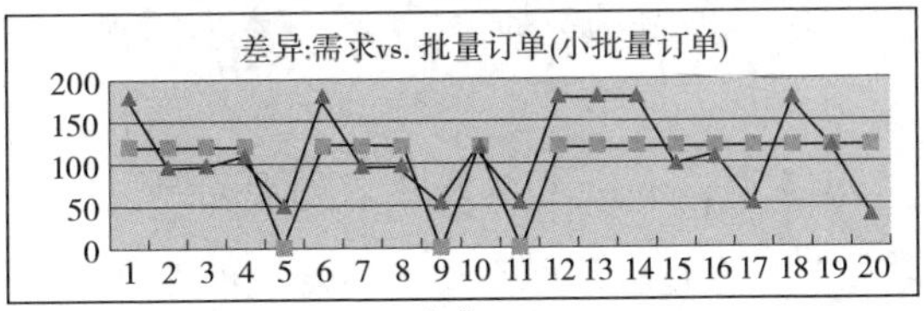

需求	102
STD DEV @1	46
STD DEV @2	45
牛鞭效应放大倍数	0.97

方案2

—▲— 需求　—■— 订单

图 2 -21　牛鞭效应数据分析

因此，牛鞭效应是供应链管理中普遍存在的现象，研究并管理好牛鞭效应是供应链管理人士的必修课。要管理好牛鞭效应，就需要狠抓真实需求和供应链协同。

所谓真实需求，就是客户需要的真实货量，其中包括各个实体需求的真实货量以及各个实体的各个环节需求的真实货量。

由于种种原因（比如担心断货、担心库存不够、担心质量不合格、担心物流不靠谱，等等），出于安全考虑，各个环节的负责人往往都会在实际需求的基础上加一些富余量，但后来可能会发现富余量竟然比实际需求量还要大。

专业的供应链管理者可以用刚好的库存做出来刚好的订单。如果存在过多的冗余库存和大量没有按照承诺完成的订单，那就是需求管理的失败，也是供应链管理的失败。不少人有和面的经验（但更多的可能是教训）：高水平的人可以把水的量和面的量配合得刚刚好（也可以说 BOM 准确率高），水平差的人则不行：往往是面多了加水，水多了加面，很少有刚好的时候，最后面越和越多，像极了企业的高库存。

供应链管理要有全局思想和精益管理思想，做好协同，做好计划。不仅要考虑自己，还要考虑供应商和供应商的供应商，以及客户和客户的客户。

供应链总监巧破资金困境

2020 年初，新冠肺炎疫情暴发，一家汽车零部件公司因为资金管理不善而出现了资金断流。面对危机，该公司不得不向其客户求援。我的一位朋友卢先生在其客户公司担任供应链总监。

卢先生检查了一下这家公司的库存、生产计划、采购计划，发现了三个问题：

（1）在这家公司备的库存中，有很多不是他近期要用的；

（2）在这家公司计划生产的库存中，也有很多不是他近期要用的；

（3）在这家公司计划采购的库存中，又有很多不是他近期要用的。

最终发现，这些在库库存、计划生产的库存、待采购的库存中，有40%的库存不是他近期需要的。也就是说，这家汽车零部件公司并不是现在就需要很多资金。

为什么会出现这种状况呢？因为这家公司的管理和计划能力很弱，只是按照客户的历史数据备货，但由于和客户的沟通很少，所备的货中有不少并不是客户需要的。但是，这些库存却占用了大量的资金，适值疫情防控期间，资金自然更紧张。

卢先生告诉该公司，可以降低哪些库存，可以取消哪些生产，可以延迟哪些采购，并辅导该公司加强计划管理、加速库存周转、降低呆滞物料。这家公司根据卢先生的计划重新计算了一下资金需求，竟然发现资金够用了。

014

物畅其流：提高供应链的周转效率

从制造业和流通业的形式上来看，主要是三个对象关系在相互转换：首先，把资金转换成库存；然后，通过物流把库存交付到客户手中，把库存转换成资金；最后，再把资金转换成库存。如此持续循环，不断完成订单交付（图2－22）。

这儿提到的物流是指大物流，泛指库存流动，包括加工、运输、存储等交付方式。

在保持产品质量不变的情况下，如何提高供应链的运作效率呢？加快周转。

以库存周转率这个参数为例：如果原来的库存周转率为10次，目标是做到10亿元的销售额：假设物料成本占销售额的80%，则需要8000万元

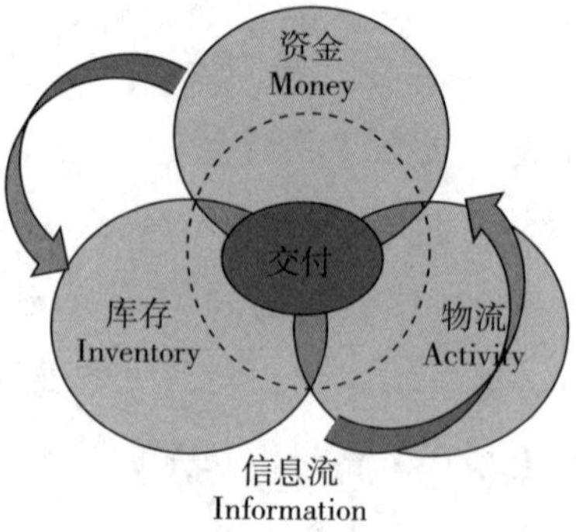

图 2-22 供应链交付示意图

的库存；如果周转率提高 15%，达到 11.5 次，则只需要 7000 万元的库存就可以。

从现金流上来看也是这样：好的供应链可以降低对现金的依赖，以少的现金做多的生意。

库存资金占用 = 销售额 × 物料成本比率 ÷ 库存周转率

因此，在销售额和物料成本占比不变的情况下，要降低库存资金占用，需要提高存货周转率，加快库存周转。

经营现金需求 = 库存占用资金 ÷ 库存供应天数 × 现金周转周期

要降低经营现金的需求，就需要减少现金周转的周期。现金周转周期公式为：

现金周转周期 = 应收账款周期 + 库存供应天数 − 应付账款周期

如果库存供应天数不变、应付账款周期不变，那么降低应收账款的周期可以提高现金周转周期，所以要加快应收账款的周转。

好的项目都需要好的策划、好的计划、精细化管理。如果要提高周转效率，自然需要精密地计划，找到原来计划中的漏洞，加以弥补。这就需要物畅其流。此处的物流，主要指物料的周转：库存周转快，则库存占用少；资金周转快，则资金占用少。

从成本会计的角度看“物畅其流”

从成本会计的角度来看，制造业企业的利润也来自周转：通过采购，先把资金转换成资产（比如人工、水电、物料、厂房、设备等）；然后，通过生产把资产转变成可以销售的产品；再把产品销售掉，转变成收入，也就是资金（其中一部分资金就是利润）。

如果要创造更多的利润，一方面要减少人工、物料、能耗的浪费，另一方面要加快物料的周转和固定资产的周转。这就是物畅其流（图2－23）。

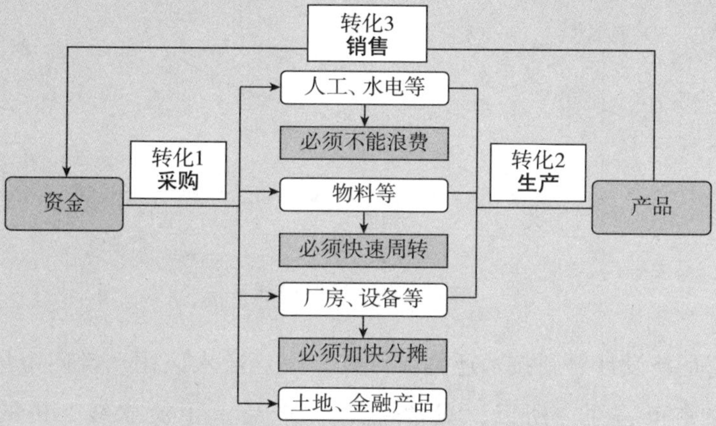

图2－23 精益管理的成本会计示意图

015

唯快不破：加速资产周转

我们会经常听到有人说微笑曲线，却很少听到有人说武藏曲线。其实，武藏曲线才更符合制造业和流通业的特点。

业界经常讲的微笑曲线，是指在某些产业（比如 IT 产业）的上游、中游、下游，越接近曲线的两端（左侧的研发、核心技术、知识产权，右侧的品牌行销与服务等），其所能创造出来的附加价值也越高，其利润曲线就会上扬。而微笑曲线下沉的中间地带，则代表组装、制造等附加价值最低的领域。

在注重研发和销售的产业链中，微笑曲线两端上扬，附加值更多体现在两端，处于中间的制造环节附加值最低——这个原理没有错，几乎大部分产业规律都是如此。所以，很多企业不停地研究新科技，不停地研发新产品，不停地创造新技术，从而保持其产业的竞争优势（图 2 –24）。

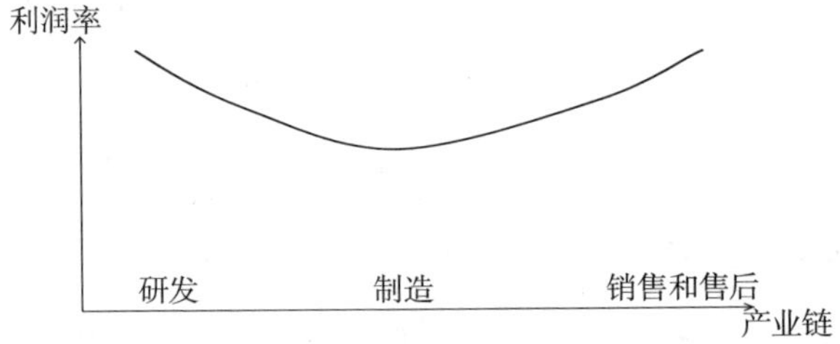

图 2 –24　微笑曲线

无论是新设计、新技术还是新科技，一旦投入应用、投向市场，就再也没有保密可言了。所以，我常说：“产品上了流水线，拼的就是供应链。”

原因就是：尽管也会有技术的保护和专利的保护，但技术和专利总是会被超越和迭代。

但是，事情总有例外。日本在第二次世界大战之后建立了全球的竞争优势，凭借的基础恰恰是被美国抛弃的制造业。而武藏曲线原理恰好有效地解释了这个现象。

武藏曲线由日本索尼（Sony）中村研究所的所长中村末广所创。该研究所对日本制造业的调查发现，在制造业的业务流程中，组装、制造阶段的流程有较高的利润，而零件、材料以及销售、服务的利润反而较低。

如此一来，若以利润高低为纵轴，以业务流程为横轴，将上述的调查结果绘成曲线，可以得到一个“左右位低、中间位高”的曲线，即武藏曲线。这一曲线与另一个知名理论——微笑曲线——在特性表现上全然相反。

根据武藏曲线，只要掌握好市场的变化和供应链两个要素，就可以创造巨大的利润，即一方面通过掌握市场的变化而确定出最佳的出货，另一方面对材料和零部件进行最佳采购和制造。通过这两方面的组合，就可以减少库存，从而改善收益。这就如同日本“剑圣”宫本武藏所创造的“二刀流”剑术，所以将此曲线命名为“武藏曲线”。

武藏曲线的特点是精准采购、精准制造、精准销售加快库存的周转。即使毛利很低，只要周转速度足够快，也可以创造很高的利润（图2－25）。

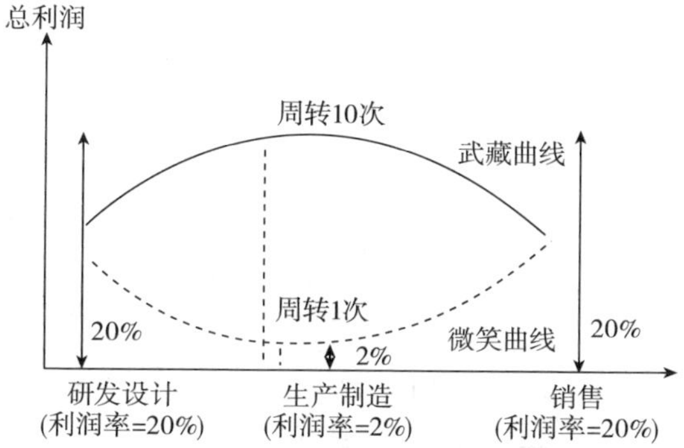

图2－25　武藏曲线与微笑曲线

比如，假设研发设计的利润是20%，销售的利润也是20%，而生产制造的利润只有2%，显然，设计研发和销售的利润远远大于生产制造的利润。这就是图2－25中的微笑曲线。

中村末广的研究却显示，虽然制造业的利润确实单薄，但制造业有庞大的规模，有大量的库存管理和资产管理。如果能提高效率、加快周转，则每年周转次数可以达到十几次，总的利润也是20%多，并不少于研发端和销售端。这就是图2－25中的武藏曲线。

如果建模型做数据计算，也可以发现供应链和物流改善对企业降本增效、建立企业竞争优势的巨大作用。

公司追求的是利润，为了扩大利润，往往寄希望于提高市场份额。但是，单纯希望提高市场份额往往有较大难度，比如要想提升10%的市场份额，对于成熟市场而言，难度就不小。但是，如果利润率是10%，资金周转一年10次，那么资金周转提升1%所获得的利润和市场销售额提升10%所获得的利润是一样的。

资金一年周转10次，提升1%就是多周转0.1次，每次利润率10%，也就是多增加1%的利润；市场销售额提高10%，就相当于多卖出去10%的产品，如果利润率为10%，也就是多增加1%的利润。

要想提高一倍的市场份额，是很难的；但要想降低10%的成本，则可以进行内部挖潜，更好做一些。实际上，如果利润率是10%，库存周转每年10次，那么其效果也是提高了1倍的市场份额，所获得的利润和降低10%的成本所获得的利润是一样的（图2－26）。

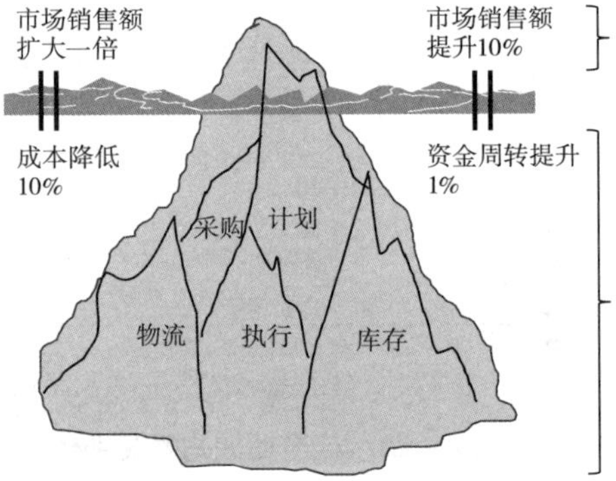

图2－26　内部挖潜效益示意图

所以，快速周转是供应链管理的一个法宝：周转越快，资金效率越高。

这从某些商业模式的运作流程上也可以看出来，比如：西贝莜面村门店的翻台率平均每天可以达到6次，如果平均每台消费150元，一张桌子一天可以产生900元收入；如果有30张桌子，每天的收入就是27000元；一年下来，就接近1000万元。日本的7-Eleven便利店是全世界最大的连锁便利商店集团，据说该集团所有的店都赚钱，盈利能力极好，其窍门之一就是加快周转。拿北京的7-Eleven便利店来说，一般的超市一天配送一次或者两天配送一次，而他们却可以每天配送5次，其冷藏食品每天配送3次（表2－8）。

表 2－8　北京的 7-Eleven 便利店配送时间表

序号	配送时间	配送货物		
1	20：00	常温		冷藏
2	13：00			冷藏
3	11：00			冷藏
4	00：00		冷冻	

7-Eleven 便利店不仅配送次数多，为了充分利用空间，他们还把货架做了充分利用：一个货位，上午卖早餐，中午卖咖啡，晚上卖小吃。同一个小货位，一天都要“摆三次摊”，你说人家周转快不快，坪效好不好，效率高不高？

每当看到其他连锁品牌便利店整整摆了一排货架的方便面，我心里就会叹一口气：哎呀，方便面公司的公关工作做得真好，让超市舍得拿那么贵的货架给它做广告，也不知道收了多少广告费。

好几次都替他们着急，真想告诉他们：“货架是用来卖货的，不是给方便面公司做广告的，晓得不？”

深圳的钱大妈生鲜连锁不卖隔夜肉，早上进货，当天卖完，每天周转一次，一年周转 365 次，效率是不是很高？

有些资产，尽管价值不是很好，但周转次数多了也会形成很高的收入。中国有五六家物流、快递上市公司，就是靠小订单快速周转发展起来的。

物流公司的资源包括车辆、堆场、人力、资金等，要赚钱，就需要让资产快速周转。

在“核心资产”有限的情况下，“周转次数”就变成了决定性因素。

如果做仓库仅仅靠租金，能赚的钱往往不多，物流公司主要赚出入库操作的钱，所以仓库存储的货量周转要快。只有这样，仓库、设备、人力就会快速周转。

运输也是一样，同样的车辆和里程，组织得好可以运 4 趟，组织得不好只能运 3 趟，少了 25% 的产出。这对公司和员工的绩效影响都很大。

中国就是靠制造发展成为一个经济大国的，日本也是一样。

中国靠制造业起家和其他国家还有些不同：欧洲、美国、日本在发展中都曾经有过掠夺和殖民，但中国没有，我们的发展很干净、很彻底。中国通过制造赚取利润，虽然利润很薄，但是人民勤劳、制造量大、一角一角地赚钱，打造出了世界第二大经济体。

没有其他的诀窍——虽然利润薄，但是周转快。

外卖“单王”：赚钱靠的是“核心资产”快速周转

网上流传着一个故事：郑州一个快递小哥吕国强，做外卖配送做到了外卖的“单王”！一年20000多单，每月2000多单，连续3年成为郑州外卖行业的“单王”。他凭此平均一个月收入12000多元，2019年全年赚了13万余元，3年赚了40多万元，央视财经频道还对其做了报道。

为了能在最短的时间内抢到订单，吕国强特意配备了2部手机、3辆电动车、4块充电宝，每天除了五六个小时的睡觉时间，其余时间都是“待机”状态。

这个快递小哥纯粹是靠物流赚钱的。他赚钱的方式很简单，就是让自己的“核心资产”——也就是他自己——快速周转：一天100多单，每接一单就周转1次，每天周转100多次。

“做物流赚钱，就要保证核心资产的快速周转。”

资产要周转得快，需要管理好OEE指标（详见第四篇之《013 设备管理：说说OEE指标》），提高资产的可用性、表现性和质量指数。

快递小哥的OEE指标抓得很好：首先，他准备了2部手机、3辆电动车、4块充电宝，保证自己这个“核心资产”可用；其次，尽可能地接单，保证“核心资产”的表现性；最后，确保每个订单尽快交付，不招致投诉，保证了质量指数。

016

消除浪费：省下来的钱就是利润

提高供应链效率的核心之一是减少浪费。

“浪费”是个新词——中国古代使用“徒费”一词，就是白白消耗、没做成事的意思，和“浪费”意思接近。浪费，是指对资源的不合理使用。

中国古代就有“奢侈之费，甚于天灾”的说法，可见古人老早就认识到了浪费的危害极大。我国有 14 亿人口，任何微小的浪费，最后都能汇成一个巨大的天文数字——每人浪费 1 元钱，就是 14 亿元。

英国皇家物流与运输学会在《生产计划》一书中对浪费的定义是：任何不能增加产品价值的时间、物料、设备和空间运用。

时间、空间、物料、设备都是资源，使用了资源而没有产生价值就是浪费，可见，这个定义已经开始引入“度量”的概念。

在制造业企业的运营中，有很多普遍存在的浪费来源。工厂中最为常见的浪费主要有八大类，分别是：产品不良、加工浪费、动作浪费、搬运浪费、库存浪费、制造过多、等待浪费、管理浪费。

（1）产品不良、修理的浪费：指由于出现不良品需要进行处置的时间、人力、物力上的浪费，以及由此造成的相关损失。这类浪费包括：材料、设备、人员、工时、耽误出货、影响企业信誉等。这类浪费表现非常明显。

（2）加工的浪费：也叫过分加工的浪费，一是多余的加工，例如加工精度过高造成资源浪费；二是消耗了多余的作业时间、设备、能耗、物料消耗。

（3）动作的浪费：常见的动作浪费包括空闲、作业动作过大、左右手交换、步行过多、转身的角度太大、不必要的伸背或弯腰等，这些动作的浪费造成了时间和体力上的不必要消耗。

（4）搬运的浪费：如果某种搬运是一种不产生附加价值的动作，那就属于浪费。搬运的浪费包括放置、堆积、移动等动作，主要浪费空间、时间、人力和工具等。

（5）库存的浪费：适量的库存是必要的，过量库存则是巨大的浪费（有人把过量库存形容为“万恶之源”，并不为过）。过量的库存掩盖了很多问题，包括故障、不良品、计划有误、产能浪费等。

（6）过量制造的浪费：过量制造会带来很多问题，包括消耗物料、占用人力、占用产能、占用资金、占用仓储资源等。

（7）等待的浪费：无论是设备不能工作还是人员不能工作，都会造成等待的浪费。其原因包括：原料供应中断、作业不平衡、计划安排不当等。比如，换线时间就是等待的浪费，如果不同品种之间的切换时间是1小时，一条生产线一天切换8个机种，那就一件产品也生产不出来。这虽然是个极端的例子，却形象地说明了等待浪费的问题。

（8）管理的浪费：管理浪费是由于事先管理不到位而造成了问题，导致事后需要处理问题而带来的浪费。科学的管理应该是事先具有预见性、事中加强管理和控制，这样就可以在很大程度上减少管理的浪费。管理的浪费不容小觑，我经常听到对某些管理人员的调侃，比如“兢兢业业犯错误”“一个单子要审两天”等，这都是典型的管理浪费。

如何发现和改善这些浪费呢?

通过矩阵分析、技术分析、标杆分析，可以发现整个运作体系中的浪费。矩阵分析是列出需要分析的二维矩阵，横向是产品不良、加工浪费、动作浪费、搬运浪费、库存浪费、制造过多、等待浪费、管理浪费，纵向则是计划、采购、生产、配送、销售、退货、仓储、运输等（图2－27）。如果工艺较长，则可以在纵向上多设几个参数，比如车间一加工、车间二加工等。

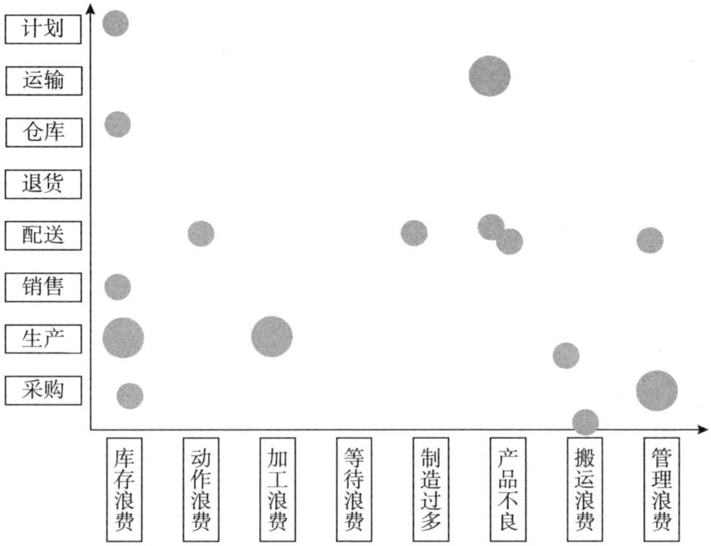

图2-27 浪费的矩阵分析

餐饮浪费有几何

我经常参加应酬。稍稍有些规模的应酬场面，如果点了饺子，到最后散场的时候，盘里往往剩3到4个。一般来说，一盘饺子有10到12个，这么一算，浪费就达到了30%左右。

017

高科技更需要供应链：产品上了流水线，拼的就是供应链

即使是高科技产品，没有好的供应链也是玩不转的。

有些高科技产品（比如芯片），因为更新换代很快，对供应链的要求

反而更高。

我辅导过一家高科技企业，其产品确实是高科技，属于绝密的高顶尖武器。不过，我辅导的是民用产品部分，保密性并没有那么强。

在和企业管理层讨论供应链的时候，有些领导觉得他们做的是高科技产品，有特殊情况，供应链效率不高是情有可原的。

比如，他们的产品需要使用防静电包装，车间的洁净度要求极高，设备还需要防震等。

我分析了一下，觉得这些要求并不特殊。不同的企业有不同的产品，其供应链本来就是不同的。流通业有流通业的特点，制造业有制造业的特点，服务业有服务业的特点，任何企业的供应链都有其独特的特点，高科技行业自然也不例外。我们做企业供应链的管理和规划，不就是要管理好这些特点吗？

所以，企业不能因为有行业特点就觉得做不好供应链情有可原。

绝大多数供应链是有竞争的：如果技术含量高，面临的竞争可能少一些；如果技术含量低，面临的竞争可能多一些。技术含量越低，竞争可能就越激烈。

因为企业是在竞争的环境下经营的，所以，判断企业的好坏还是要看运营指标。如果企业的报表不是很光鲜，比如毛利不高、营收有限、人均产出不多、竞争对手不少……就算是高科技产品，也还是面临着很大的竞争压力。要多赚钱，就只能把成本省下来，把效率提上去，管理好物料、管理好资金、管理好物流，这不就是供应链管理吗？

华为做的是全球顶尖的高科技，为什么还那么重视供应链？因为里面有钱可赚——就算是高科技，做不好也没钱赚。大部分企业的产品技术含量可能远远比不上华为，所以，做好供应链管理更是理所当然的事情。

其实，很多所谓的高科技产品也都是工人做出来的。我发现，很多生产线岗位并不需要工人有多高的学历，大部分只要初中甚至小学学历就能胜任。就像中国的高楼大厦，那么“高大上”，还不是建筑工人盖出来的？实际上，许多建筑工人文化水平都不高。

产品上了流水线，拼的就是供应链。就算是高科技也不能例外。

018

用钱要恰当：说说供应链金融

“金融”这个词往往很唬人，一说金融就让人感觉“高大上”。

“金融”这个词的字面意思不太好理解，如果把它换成“融金”（融来金子），可能就好懂一些了，却会让人觉得有些拗口；如果换成“融钱”，大家基本上就都明白了；如果再简单一些，换成“弄钱”，估计没人不知道——谁没有弄过钱呢?

我有一个朋友的孩子是学金融的。有一次，我跟朋友聊起来金融这个专业，我说：“倒腾钱啊！”这个朋友连连否认，说：“不是倒腾钱，是和企业做大生意，和银行做大生意，和金融机构做大生意……”言下之意，好像觉得说“倒腾钱”有些 low，不够“高大上”。我赶紧笑了笑说：“啊，我不太懂这个，隔行如隔山嘛。理解错了，理解错了！”朋友也笑了笑，因为“不知者不怪”，也就原谅了我这个外行人，继续讲金融如何“高大上”。

其实呢，做金融无非就是做“钱”的生意，说到底就是“倒腾钱”。至于是不是“高大上”，全看做什么、怎么做、多大规模、多大利润，还有是不是合法……

李书福通过融资收购了沃尔沃，那确实是个“高大上”的生意——钱多、事难、离家远，一般人干不了。但是，在网上分期付款买个手机，本质上其实也是通过融资做采购，几乎人人可以做，确实算不上“高大上”。

银行就是卖“钱”的，做纯粹的“钱”的生意；制造业和流通业不像银行，主要是做“非钱”的生意，比如制造产品、买卖产品等。所以，金融对于一般的制造业和流通业企业的作用无非两个：一是让企业的资金流不要断，一旦企业资金流断裂，企业就面临死掉的危险；二是让企业的资金成本不要偏高，如果企业资金成本偏高，企业的利润就少了。简言之，一是不要缺钱，二是要有便宜的钱。

至于供应链金融，实际上就是使用供应链各环节中可转化成资金的要素进行融资，合理分配各个节点的资金流动性，解决企业的资金短缺或者降低供应链的财务成本（也就是企业的资金成本），从而提高企业的经营效率和经营效益。

何为“供应链各环节中可转化成资金的要素”呢？

各环节，包括采购、生产、销售、配送等；可转换成资金的要素，包括资信、库存、订单、应收账款、设备、设施等。

具体来讲，一是把不是钱的东西换成钱，比如用库存质押融资、用股票抵押融资、用信用抵押融资；二是把长钱换成短钱，比如用远期的应收账款融资等（图2－28）。

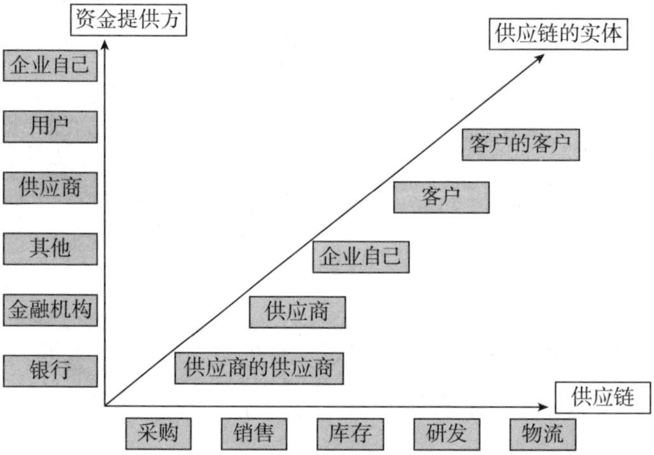

图2－28　供应链各环节中可转化成资金的要素

图2－28可以把实体、功能、资金来源说清楚，简言之，就是谁为谁在哪个环节以什么条件提供融资。比如，银行为供应商在采购环节以库存为抵押提供融资；企业以自己的股票为抵押向银行申请融资；A银行为B企业的供应商提供贷款，B企业为其供应商提供担保；A银行为C企业的客户提供贷款，该贷款用于C企业的客户向C企业采购产品；A银行为C企业提供贷款，C企业用其库存作为抵押，再由D物流公司监管库存，而

D 物流公司只有同时收到 A 银行和 C 企业的发货指令时才可以发货。诸如此类，都是供应链金融的范畴。

再以国际采购为例：A 企业向美国的 B 企业采购 2 万吨铝材，B 企业需要先支付货款，而 A 企业又缺乏现金，但有 4 万吨铝材的库存。A 企业便可以这 4 万吨铝材的库存作为抵押，向银行或者其他金融机构贷款。

也有些企业用运输工具抵押贷款，比如车辆、集装箱、生产设备等。

好的企业往往是不缺钱的，即使偶尔缺钱，也会有银行送上门来。大部分缺钱的企业往往资质较差或者经营困难，银行为这类企业提供贷款，承担的风险自然不低。

我见过不少所谓的供应链公司。其实这些公司最初就是物流公司或者是贸易公司，觉得做基础业务太辛苦，就想赚容易的钱，赚那些不用出力气或者不用那么辛苦经营的钱，而最简单的就是向外借贷。可是，它们自己又没有钱，怎么办呢？于是就使用银行授信。

这种业务风险极高。

对于提供资金的一方来说，关键是如何控制风险。

控制风险的方法其实比较简单，一方面是持有资金，捏在自己手里，别贷出去；另一方面是持有抵押物，且抵押物能保持其价值。提供资金的机构，无论是银行、金融机构还是供应链公司，主要的风险都是贷款方还不上贷款，同时贷款方的抵押物也没有了或者抵押物严重贬值了——通俗的说法就是“鸡飞蛋打”。

贷款方的抵押物没有了，这种情况是很常见的，原因无非是抵押物的监管方私下放货或者偷梁换柱。相关的具体案例往往都有传奇色彩。

那些卖银行授信的供应链公司少有不倒账的，倒的也往往不是小账，因为小账不值得倒（就算是倒了，也不值得说）。2003 年，某家进出口公司给一家卖显示器的公司提供授信，3000 万元被骗走；2004 年，还是这家公司，又被骗了 5000 万元。2006 年，某快递公司给一家做手机的公司提供资金，被骗 6000 万元。2010 年，天津某公司给一家做煤炭的公司提供资金，被骗 4000 万元；差不多同年，还是这家公司，又因为同样的业务被骗 5000 万元。深圳某供应链公司为煤炭做托盘业务（就是做贸易中间的某个环节)，被骗 8000 万元……

抵押物严重贬值也很常见，比如碰上股票大跌、房价大跌、煤炭价格大跌、铜价大跌等，如果抵押物恰好是这类商品，也会出现融资风险。某公司某年投资 5 亿元，锁定价格买入澳大利亚的远期铁矿石，碰巧赶上现货价格大跌，5 亿元人民币血本无归。在老板看来，是运气不好，碰巧赶上了。其实，从概率的角度看，这种风险太普遍了，赶不上才是碰巧，赶上是一定的，只是时间早晚的问题。

大部分贷款企业还不上款并不是出于主观恶意，而是确实出现了经营困难。但也有一部分骗子企业，其贷款伊始就是个骗局：一旦猎物入网，一开始还能按时支付本金和利息；直到资金敛得足够多便开始收网。等资金提供者发现上当后，公司已经人去楼空，或者人还在、钱没了。

大部分所谓的供应链公司其实不具备风险管控的能力，远没有银行那么严谨的流程和经验。银行都经常倒账，何况那些所谓的供应链公司呢?

对有些制造业企业和流通业企业来说，表面上看起来赚的是产品的钱；如果仔细分析其业务模式，背后赚的其实是金融的钱，主要是供应链金融的钱。

拿某供应链上市公司 A 来说，主要业务就是通过贸易介入产业链。比如，A 公司通过零部件贸易介入 B 手机制造公司和 C 零部件制造公司的手机产业链之后，最初由 B 公司向 C 公司采购手机零部件；由于 B 公司给 C 公司的账期较长，导致 C 公司现金流紧张，A 公司觉得有了给 C 公司提供供应链融资的机会，于是就介入了 B 和 C 的供应链；如此一来，A 公司就成为 B 公司和 C 公司供应链上的一个中间环节，向 C 公司采购零部件卖给 B 公司，再为 C 公司提供融资，同时赚取利润。

电商平台也是如此。大多数电商平台都有分期付款业务，一台价值 12000 元的电脑，分 12 期付款，每月 1000 元，消费者付款的压力就会很小。这种业务属于消费融资，在某种程度上也可以看成供应链融资。因为电商平台的资金介入，供应商扩大了销售，加速了供应链运转。贷款购车更是如此。

由此可见，资金是产业链的血液；如果没有了资金，供应链就转不动了。

供应链是产业链的具体运作，是产业链诸多环节的整合，所以，金融可以渗透到供应链的各个环节，激发出供应链的容量、效率。从这个角度来看，供应链金融有巨大的想象空间和操作空间。

019

信用就是钱：资信是供应链的竞争力

资信好的公司的供应链，在现金流、盈利能力、质量、成本和交付速度上要优于资信不好的公司。这个道理看似显而易见，但要深刻理解其实质，倒也不太容易。

资信越高，供应链成本越低。

资信好的企业，银行愿意提供银行贷款和授信额度、客户愿意提供较长的应收账款周期、供应商愿意提供长的应付账款周期，供应商愿意投入研发费、模具费、材料费，自然，其供应链成本就低。反观那些资信不好的企业，事事都要求人，每一分钱都要自己投，不但成本高，现金需求也大，推高了供应链成本，也就降低了企业的竞争力。

资信越差，现金流和利润也会越差。

我曾经辅导过一家机械设备制造企业，其规模已经是“巨无霸”级别，在行业内做到了全球第一名，营业收入超过1000亿元。总经理对企业的资信看得极重，对任何影响资信的指标，他都很关注，包括收入增长、毛利增长、应收账款管理、应付账款管理、商票按时支付等。

我问：“为什么这么关注资信?”

他说：“我们处在一个竞争非常激烈的行业，虽然规模很大，但是毛利很低，净利只有不到4%。但我们贷了200亿元，一旦资信出现问题，导致银行撤销贷款，现金流马上就会断掉，对我们的打击是灾难性的。即使银行不撤贷，哪怕只是提高 2% 的利息，我们的利润就有可能下降 50%。所以，必须保证企业的资信，否则就保不住现金流和利润。”

据说，国务院总理李克强考察商业银行时，发现贷款利率普遍在 6% 以上。而多方面的调查数据表明，企业平均利润目前只有 5%，扣除财务费用之后，企业就亏钱了。你看，企业资信有多重要？

有些企业拖了供应商的钱不给，拖了银行的贷款不还，短期看起来有些好处，长期来看则是自己给自己挖坑：供应商一定会把资金成本以更高的费率加到货物价格中；银行如果遇到资金不足，也会首先给这样的企业断贷。如果处在这样的营商环境中，企业很难健康发展。

020

不可忽视的常识：你必须保证资金富裕

做咨询的这些年里，我接触了很多企业。不少企业老板会问我一个问题：“我的企业面临巨大的资金压力，现金流濒临断裂（甚至已经断裂了），我该怎么办？”还有一次，我给一个总裁班讲课，一共不到 20 个人，其中 5 个人是想通过听课为自己的企业融资的。分析这些企业的财务状况之后，我发现其现金流极其紧张，基本上是拆了东墙补西墙，寅吃卯粮，有些甚至连最基本的现金储备都没有。

每当讲课时，我就告诫企业家：做企业就像过日子，过日子必须储备足够的粮食：一日无粮，就要挨饿。所以，做企业必须有足够的现金流，一旦现金流断裂，企业就会面临风险。

有些老板会对我的说法不以为然，认为我说的话根本就不能解决他的问题，认为我说的是废话。甚至有些老板还反驳：“我就是因为缺钱才来听课的！我来，就是想听你讲讲怎么解决这个问题。”搞得我也一愣一愣的！说实在话，我还真的不知道怎么解决他的问题——缺钱，应该找银行解决。

直到后来，我看了稻盛和夫先生写的一篇关于听松下幸之助先生演讲的文章，才知道这原来是一个国际化的问题。而且不光我不知道这个问题怎么解决，松下幸之助也不见得知道怎么解决。

稻盛和夫年轻时听过松下幸之助的一次演讲，让他印象很深。那是一次有关“水库式经营”的演讲。京瓷公司创业之初，稻盛和夫在经营方面还不在行，很希望学到成功经营者的经营秘诀。恰好，他得到了一次机会，去参加被称为“经营之神”的松下幸之助的演讲，于是就很想知道松下先生究竟是用什么思想来经营和管理企业的。

在演讲中，松下幸之助提到：经济景气的时候，不要以为经济会一直这样好下去，要考虑经济不景气的时候该怎么办。所以，在财务上有余裕的时候，就要注意储备，就像水库蓄水一样。大量降雨时，如果任由雨水全部流入河里，河水泛滥，就会引发洪水、招致大灾；如果将河水存进水库，根据需要放流，那么就不仅能控制洪水泛滥，干旱时还可以防止河水断流。这样，雨水就得到了有效利用。所谓“水库式经营”，就是将治水的方法应用于经营。经营企业，随时要为经济不景气做好储备。这就是他演讲的主题。

演讲结束后，松下幸之助开始回答听众的问题。有人提问：“先生所讲，就是经营必须有余裕，我理解了。但是这层意思，松下先生即使不讲，我们中小企业经营者也都明白。正因为我们做不到这一点，才感到苦恼。怎样才能让经营有余裕？如果不教我们具体的方法，我们很难办。”

提问中，夹着那么一丝抗议的味道。

这时，松下幸之助露出了相当困惑的表情。他沉默片刻，仿佛自言自语道：“不，你不想可不行啊。”言罢，再次沉默。

大家以为他答非所问，听众们一时失笑。但是，在那一瞬间，稻盛和夫却像受到电击一样，一种震撼让他感到醍醐灌顶。

“不，你不想可不行啊。”松下幸之助这句话中饱含了万种思量，深深地打动了稻盛和夫。

松下幸之助的这句话想传递的意思应该是这样的：你说你也想让自己的经营有余裕，但是怎样做才能使经营有余裕，方法千差万别。一定有适合你的企业的做法，所以“我”无法教你。但是，经营绝对要有余裕！你必须自己认真去想、去思考，这种思考是一切的开始。

那些中小企业经营者之所以会提出“做到经营有余裕当然最好，但你不教我方法我怎么做到这一点”这样低级的问题，根本上还是认识和思考不够。如果仅仅停留在这种程度的思考，那就绝不是一个企业家应该有的思考，这家企业的高目标也是绝对不可能实现的。

经营要有余裕，经营必须余裕，你真的是这样想的吗？如果你真的这么想，有这样强烈的愿望，就会千方百计去寻找具体的方法，也一定会解决这个问题。这就是松下幸之助想说的话。

我曾经看过一个关于马斯克的节目视频。主持人问马斯克：“如果要给创业者一些鼓励的话，你希望说什么？”

马斯克说：“如果创业者需要鼓励的话，我建议他不要创业了。”

这个问话像极了松下幸之助面对的问题：“我的企业现金流不好，你怎么不教我？”

因为现金流断裂会造成企业倒闭，所以回答也只能是：“你必须保证有一个好的现金流。”虽然这听起来像是答非所问，却是正解。

021

从驱动方式看供应链分类：推动式供应链和拉动式供应链

按照供应链的驱动方式来划分，可将供应链划分为推动式供应链和拉动式供应链。

推动式供应链（Push，Make to Stock）是以制造商为核心，将产品生产建立在需求预测的基础上，并在客户订货前进行生产，产品生产出来后从分销商逐级推向顾客。

推动式供应链的不确定性很低，但提前期较长，主要生产方式是按库存生产。许多功能性（functional）产品（比如汽油、牙膏等），往往采用推动式供应链方式生产。

拉动式供应链（Pull，Make to Order）是指消费者导向或需求导向的供应链，通过销售订单启动补货要求，制造商再快速生产，并实现快速补货。许多新颖性（innovative）产品（比如汽车、手机），往往采用拉动式供应链方式生产。丰田的 JIT 生产模式（准时生产，Just in Time）就是拉动式生产。

纯粹以供应链的模式来确定供应链的先进性是错误的，其实，推动式供应链和拉动式供应链各有优缺点。

绝大部分企业采用的是推—拉组合策略。概括起来，推—拉组合策略有两种情况：一是分层次，二是分产品。所谓分层次，就是供应链的某些层次适合采用推动式策略，其余的层次适合采用拉动式策略。比如汽车行业，主机厂适合采用拉动式策略，可以不备库存；供应商则适合采用推动式策略，要备足库存，以防断线。所谓分产品，就是有些物料适合采用拉动式策略，有些物料则适合采用推动式策略。2002 年，A 公司学习戴尔公司，力推 VMI（供应商管理库存），但有足够话语权的英特尔公司当然不会响应。因此，A 公司只能自己备足 CPU 的库存，但对于自己有话语权的其他物料则大力推行 VMI，也就是让供应商乖乖备库存。

戴尔公司也是一样：其计算机的组装完全是根据最终顾客的订单进行的，属于典型的拉动式策略；但零部件是按预测进行决策的，属于推动式策略。也就是说，供应链的推动部分是在装配之前，而拉动部分则从装配开始，并按实际的顾客需求进行，是前推后拉的混合供应链策略。

家具行业备木料，服装行业备布料，先不着急做成成品，订单来了再做，都是这个道理。

1999 年，我在北京冠捷工作，工厂有两位来自中国台湾的厂长，一个主张做 JIT，一个主张做安全库存，这样中层觉得左右为难。其实中层误解他们了：主张做 JIT 的厂长，说的是用 JIT 的方式生产客户订单；主张做安全库存的厂长，说的是供应商要为冠捷备库存——二人骨子里是一样的，只不过关注的点不同：一个担心交付不了，另一个担心库存过多。

衡量供应链的好坏，不能仅仅看其模式，更为关键的是看供应链效率、看绩效。行业不同、产品不同、企业不同，其供应链也是千差万别的：格力的空调不愁卖，多做点库存又何妨？某些品牌空调卖不掉，又多做库存，占用资金、占用物料，岂不是雪上加霜？

第三篇

诊断供应链

心中有数，脚下有路

- 供应链诊断方法论
- 业务财务一体化
- 杜邦分析法
- SCOR模型
- 约束理论
- DPPP模型
- 数字化技术
- 供应链诊断案例

001

为什么要先做企业诊断

每次为企业做供应链改善或者规划之前，我总是要求先做企业诊断。尽管有些客户希望直接签署改善合同，但对于陌生的客户，我仍然坚持要先做企业诊断，并就诊断的结果和客户深度沟通，再决定是不是进行下一步的改善工作。

这么做的目的，并不是简单地向客户证明我发现了多少问题，也不完全是要展示我如何解决这些问题的能力，而是通过企业诊断来判断自己是否能够真正帮助客户解决这些问题。

企业一定是希望有所发展的，否则就不会想到请管理顾问做咨询。

企业一定是有问题的，世界上不存在没有问题的企业。有问题的企业不一定不是好企业，好企业也有问题，甚至可能比差企业更多。因为好企业需要更好的产品、更好的组织、更好的流程，面对的挑战自然也更大。

我们能不能帮助客户解决其问题？能不能帮助客户发展？这取决于我们的能力。客户的问题是一面很好的镜子，可以验证我们能力的高低。所以，在企业诊断中，审视客户的同时，也可以好好审视我们自己。此外，如果客户的问题不是我们的专业可以解决的，也只能委婉地拒绝客户。

通过企业诊断，可以了解企业的秉性。每个企业都有其秉性，都有其成长的过程和逻辑。企业之所以发展到目前的结果，一方面是外部环境的引领和约束，另一方面是内部环境的驱动和牵制，这就是辩证的认识。如果我们只看到外部环境的引领而没有看到外部环境的约束，或者如果只看到内部环境的驱动而没有看到内部环境的牵制，都是不全面的。

正是因为企业有这些秉性，才成就了企业现在的这个样子。也就是说，企业可能是听话的“乖孩子”，也可能是不太听话的“皮孩子”，但都是希望成才的“好孩子”。

企业的潜质很重要。只要企业有潜质，就一定可以被辅导，就一定可以变好。作为企业咨询师，一定要有这样坚定的信念：即使别人不看好这家企业，甚至在我们自己可能也未必看好这家企业的时候，我们还是要对企业抱有信心！这是企业咨询师需要具备的基本职业素质。

通过企业诊断，可以了解企业的期望。秉性之外，还有期望——学生能不能考出好成绩，主要靠资质和个人努力。

通过企业诊断，可以了解企业的发展态度。一个企业要发展成什么样子，从哲学的角度来看，是内因和外因共同作用的结果：外因通过内因而起作用，但是企业的发展最终取决于内因。企业想发展、想学习、想进步，企业咨询师能提供好的方法和实践，双方才能一拍即合。

企业管理往往是个慢变量，大部分项目发展注定需要假以时日，解决任何问题都需要花时间和付出精力。只要企业有了端正的态度，有合理的期望值，秉性也不错，那就可以培育。

002

三脉神剑：击穿供应链的“连环三剑”

杜邦分析法（DuPont Analysis）、SCOR 模型、精益管理（Lean）是我常用的三个诊断供应链的核心模型，联合使用这三个模型，可以有效地分析供应链的现状以及未来的改善空间。

为了能够清晰地说明供应链改善对企业的贡献，我在为企业做供应链诊断的时候，往往会用业务财务一体化的诊断模型。这个模型可以把企业各个环节的操作绩效和企业的财务指标关联起来，全面分析操作绩效对企业财务指标的影响。

比如，对某个企业而言，采购的库存管理效率提高 10%，则整个企业的净资产回报率会提升 1%，整个企业的现金流会提升 0.5%。

这个模型非常直观，非常有效地反映了供应链优化之后对企业财务指标的影响。而财务指标，不论是利润还是现金流，都是老板极为关注的。如果企业是上市公司，那就更加直观了，因为上市公司的股价往往和财务业绩挂钩。

这个业务财务一体化的诊断模型是杜邦分析法、SCOR 模型、精益管理三个模型的结合：杜邦分析法架构其上，SCOR 模型架构其下，精益管理贯穿其中，组合起来，就可以综合分析各环节的收入、成本、库存等。由于这三个模型有一定的递进关系，所以我把它们称为“连环三剑”（DSL），有时候戏称之为“三脉神剑”。

一、杜邦分析法

财务是从公司的背后看生意。要判断生意的好坏以及公司运营的好坏，最终还是要看财务分析的结果。

杜邦分析法是一种评价企业经营能力和运营质量的方法，它利用几种主要的财务比率之间的关系来综合分析企业的财务状况，可以有效地评价公司的盈利能力和股东权益回报水平，并从财务角度评价企业绩效（图 3－1）。其基本思想是将企业净资产收益率逐级分解为多项财务比率的乘积，这就有助于深入分析和比较企业的经营业绩。由于这种分析方法最早由美国杜邦公司所使用，故名杜邦分析法，也就是杜邦模型。

在杜邦分析法中，包括以下几种主要的指标关系：

（1）净资产收益率是整个分析系统的起点和核心。净资产收益率是由销售报酬率、总资产周转率和权益乘数决定的。该指标的高低反映了投资者的净资产获利能力的大小。

（2）权益乘数是资产权益率的倒数，可以表明企业的负债程度。该指标越大，企业的负债程度越高。

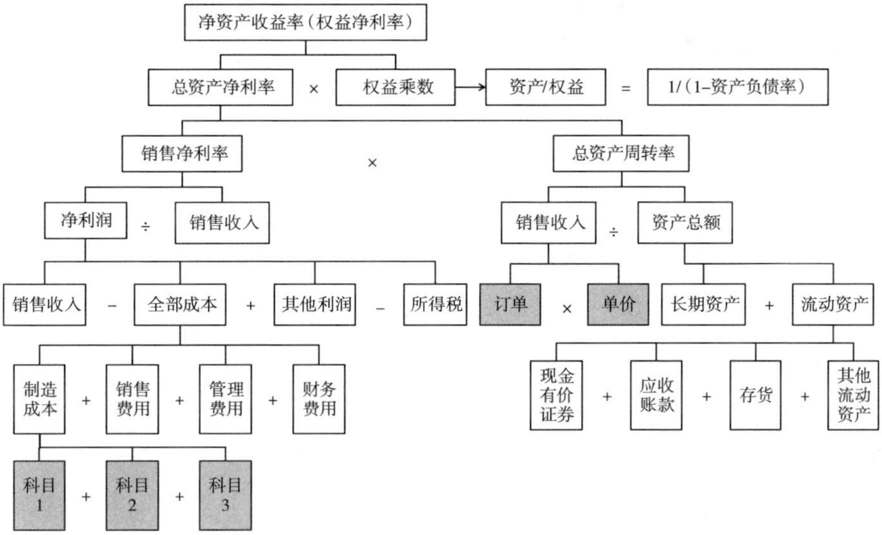

图3－1　利用杜邦分析法分析供应链的绩效

（3）总资产收益率是销售利润率和总资产周转率的乘积，是企业销售成果和资产运营的综合反映。要提高总资产收益率，就必须增加销售收入，降低资产占用额。

（4）总资产周转率反映企业资产实现销售收入的综合能力。分析时，必须结合销售收入分析企业资产结构是否合理，即流动资产和长期资产的结构比率关系。同时，还要分析流动资产周转率、存货周转率、应收账款周转率等有关资产使用效率指标，找出总资产周转率高低变化的确切原因。

总资产收益率公式：

总资产收益率＝销售净利率×总资产周转率

净资产收益率公式：

净资产收益率＝销售净利率×净资产周转率

从该公式看，企业要盈利，一方面要提高净利率，另一方面要提高净资产周转率。

销售净利率的公式：

销售净利率＝净利润÷销售收入

如果销售净利率高，一方面说明产品有定价权，另一方面说明企业成本管理得好。

总资产周转率的公式：

总资产周转率＝销售收入÷资产总额

总资产周转率可以反映企业资产实现销售收入的综合能力，资产周转的速度反映了资产的质量和资产的管理水平。

从杜邦分析法来看，企业如果要提高净资产的回报率，需要：①使用财务杠杆；②扩大销售；③降低各项成本；④降低各项费用；⑤提高资产周转；⑥优化资产结构。

值得注意的是，财务费用和财务杠杆是相矛盾的：在相同利率的条件下，如果负债增加，则财务费用必然增加。所以，要想取得一个好的净资产收益率指标，还需要平衡各项资产之间的结构。

如何用杜邦分析法分析企业的业务呢？我们以京东集团2018年财务报表为例。表中数据为模拟数据，以3000亿元的采购成本为假设数据，则净资产利润率为0.089（图3－2）。

					净资产利润率									
					0.089		0.089		100%					
					总资产净利率		权益系数		负债		净资产			
					0.03		2.62		1521		937			
销售净利率													总资产周转率	
0.02													1.65	
净利润		销售收入										销售收入		资产总额
83.46		4062										4062		2458
销售收入	-	全部成本	+	其他利润	-	所得税						长期资产		流动资产
4062		3459		?		?						1162		1296
		1.153												
采购成本	销售费用	管理费用	财务费用								有价证券	应收账款	存货	其他流动资产
3000													487	809
3000													487	
1													1	

图3－2　对财务报表的杜邦分析解读（净资产利润率为0.089）

如果资产周转提高10%，则净资产利润率提高6%，达到0.094（图3－3）。

			-		净资产利润率									
					0.094		0.089		106%					
					总资产净利率		权益系数		负债		净资产			
					0.03		2.71		1521		888.3			
销售净利率													总资产周转率	
0.02													1.69	
净利润		销售收入										销售收入		资产总额
83.46		4062										4062		2409.3
销售收入	−	全部成本	+	其他利润	−	所得税						长期资产		流动资产
4062		3459		?		?						1162		1247.3
		1.153												
采购成本	销售费用	管理费用	财务费用								有价证券	应收账款	存货	其他流动资产
3000													438.3	809
3000													487	
1													0.9	

图3－3 对财务报表的杜邦分析解读（净资产利润率为0.094）

如果采购成本下降1%，则净资产利润率提高42%，达到0.126（图3－4）。

					净资产利润率									
					0.126		0.089		142%					
					总资产净利率		权益系数		负债		净资产			
					0.05		2.62		1521		937			
销售净利率													总资产周转率	
0.03													1.65	
净利润		销售收入										销售收入		资产总额
118.05		4062										4062		2458
销售收入	−	全部成本	+	其他利润	−	所得税						长期资产		流动资产
4062		3424.41		?		?						1162		1296
		1.153												
采购成本	销售费用	管理费用	财务费用								有价证券	应收账款	存货	其他流动资产
2970													487	809
3000													487	
0.99													1	

图3－4 对财务报表的杜邦分析解读（净资产利润率为0.126）

从杜邦分析法来看，企业要有好的盈利、好的净资产收益率，一是销售收入要高，二是净利率要高，三是资产周转要快。如果要让销售净利率高，就需要把成本降下来；如果要让资产周转快，关键是加快库存周转。

杜邦分析法表面上看起来有些复杂，需要的数据也比较多，但实际上没有几个——凡是稍正规一点的企业，怎么也应该有个财务报表吧？杜邦分析中用到的主要数据都可以从财务报表中找出来，把财务报表中的数据录入上面的公式，就能计算出企业的净利率绩效和资产周转率。

企业的财务报告（主要是指三张财务报表）往往汇总大类进行统计，

这就不利于业务分析，比如人力成本占多大比例、能耗占多大比例、某种物料占多大比例。要想知道这些数量和比例是不是合理，需要分析深层次的数据；如果分析得足够细，就要分析到科目层面。

所以，科目的规划很重要，因为在精确分析各项收入和成本时，如果科目设计不合理或者不精细，有些数据就挖掘不出来。

事实上，三张财务报表只不过是这些科目在不同维度上的统计而已。比如，现金流是在现金方面的统计，利润表是收入和成本方面的统计，资产负债表是资产和负债方面的统计。

此处所讲的"统计"的含义已经比较广了，包括加减乘除甚至开方、Log之类的计算，可以将其解读为数据分析的方法。这样一来，也就不再拘束于某种特定的报表，只要能发现企业的问题、发现改善的方案，都可以列为计算的方法和工具。

沿着杜邦分析法从上往下穿透收入、成本、资产、负债、现金，梳理清楚各个科目，就可以知道各个科目的数据对于企业利润、资产质量、现金流的贡献，也就可以判断企业改善的方向和空间。

这个穿透，可以理解为从财务角度实现从上到下的穿透。

二、SCOR 模型

做企业诊断时，杜邦分析法只能从财务的角度将其看个大概，如果要详细了解供应链各个环节的绩效，还需要用到SCOR模型（详见图2-9）。

供应链有计划、采购、生产、配送、退货等功能，这些功能的每一个环节的成本都是由订单流、物料、物流、信息流、技术流、工艺流、资金流（人力、能耗、折旧、分摊）等组成的，所以，供应链的利润来自对每个环节的精细化管理。

通过SCOR模型，可以详细分析供应链每个环节的收入、成本和价值，对每个环节进行优化。

通过SCOR模型，可以有效地通过对业务的供应链进行穿透，详解其商务环节，包括产品设计、营销、销售、采购、生产、配送、仓储等环节。

三、精益管理

其实，每个客户的业务模式都有其独特性，宏观上可能相似，微观上一定会有很大差异，这就是“大同中有小异”。作为供应链规划者或操作者，关键就是要在细节方面打造出竞争力。这就需要第三个模型：精益管理（简称精益）。

精益就是如何把事情做得更好（better）。

这里讲的精益，是一种经营哲学，是一种管理思想，也是一种操作方法。

做出更好的产品是精益：苹果电脑、特斯拉汽车、微信、抖音、简书都是精益的产品。

做出更好的质量是精益：京瓷元器件、GE 发动机、恒瑞药品都是精益的结果。

做出更好的效益是精益：通过更好的媒介做更多的营销，以更低的成本获得更多的客户，是精益；以更少的物料做出更多的产品，减少浪费，也是精益。

从这些角度来看，精益实际上是如何创造更多价值。

由于精益是一种思想、一种方法论、一项工具，也是一项操作，所以，对于企业而言，精益是一种战略、一项战术，也是一项管理。可以说，精益处处为企业创造价值，对企业的支持无处不在，理应成为企业的灵魂和习惯。

精益是用一种新的做法代替旧的做法，以一种高效率的做法代替一种低效率的做法。从这个角度来看，精益是一种新的实践，是经过进化后的实践，实际上是一种创新。

理解了精益的理念，再把精益的思想和方法放到企业管理的脉络和具体操作的环节中，就可以从第三个维度解读企业的利润来源、资产质量来源、现金流来源、企业价值来源、企业竞争力来源等。

如果杜邦分析法是 Y 轴，SCOR 模型是 X 轴，那么精益管理就是 Z 轴：杜邦分析法让我们有效解读企业，SCOR 模型让我们有效解读供应链，精益管理则让我们更好地解读做法（或者说实践）。

比如，X 轴有采购、生产、销售、物流、退货等供应链要素，Y 轴有资产质量、现金流影响、利润率等财务要素，Z 轴有新模式、新技术、新实践、新工具等精益要素（图 3 –5）。

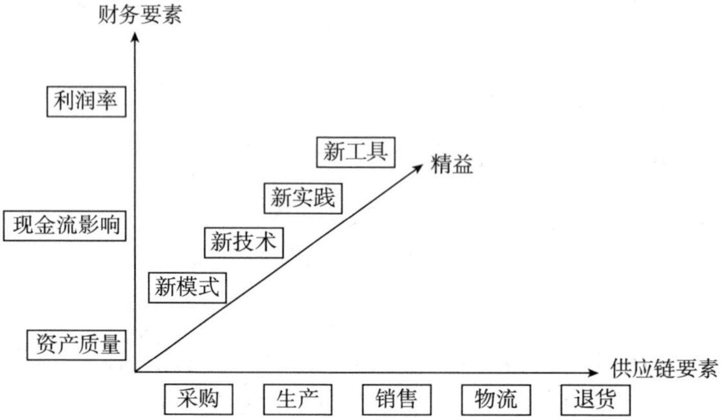

图 3 –5　解读供应链的三个维度

比如，我们用新技术的精益方法优化采购端的产品产量，可以提高 3% 的利润率，这就是业务财务一体化的思路。

有了这三个工具，再辅以各种数据和流程，用业务财务一体化的思路解读企业的经营管理、解读企业的供应链模型、解读供应链各个维度的优化，进而在生产领域、财务领域、研发领域引起变革，就可以缓缓拉开企业改善的大幕，打造出优秀的企业绩效。

003

物畅其流：如何用 SCOR 模型做流程分析

对供应链管理稍稍上心的人或许知道，SCOR 模型有 4 个 P，分别是 People（人）、Process（流程）、Performance（绩效）、Practice（实践）。

流程是 SCOR 模型核心的分析内容和规划内容之一，比如采购流程、生产流程、配送流程、退货流程、计划流程等。整个 SCOR 模型其实就是围绕着流程层层展开的，有助于我们从广度和深度两个方面仔细研讨每个流程所需要的人的技能、流程的环节、绩效指标、“最佳实践”的做法等（图 3－6）。

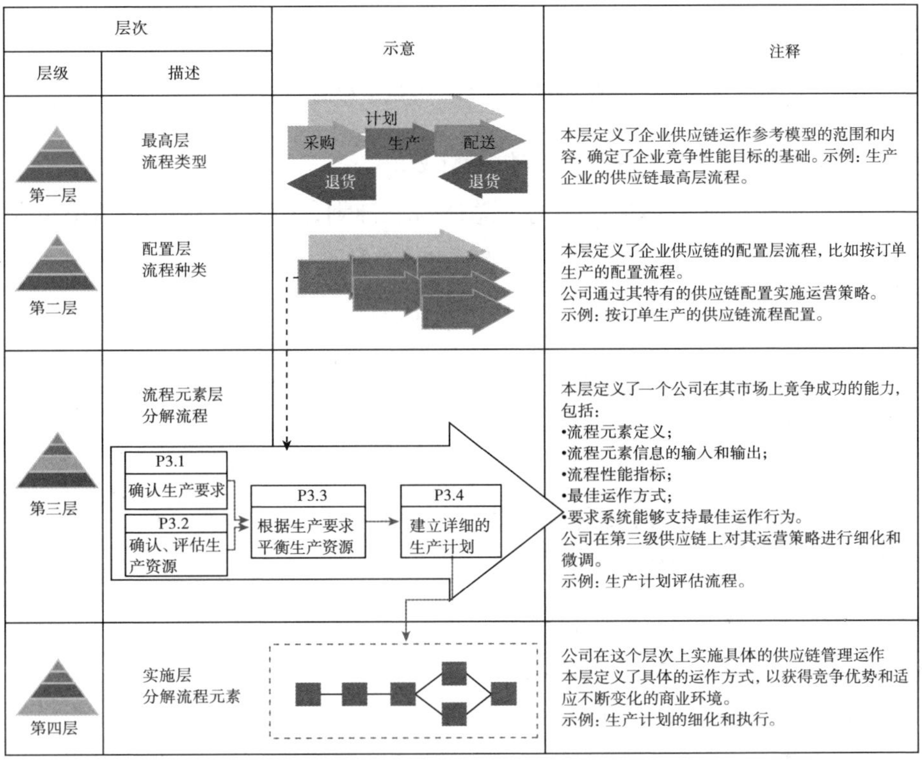

图 3－6　SCOR 模型流程分解示意图

一、SCOR 模型的基本层

SCOR 模型的第一层是基本层，也是最高层，主要描述流程类型。

本层流程主要包括 5 个环节，即计划、采购、生产、配送、退货；涉及 3 个主体，即企业自己、供应商、客户。由这 3 个主体可以继续向两端延伸：从供应商往上游延伸，就是供应商的供应商；从客户往下游延伸，就是客户的客户（图 3－7）。如果要理顺供应链的流程，可以沿着这个思路逐条梳理，比如本公司的生产流程、客户的采购流程、供应商的退货流程等。

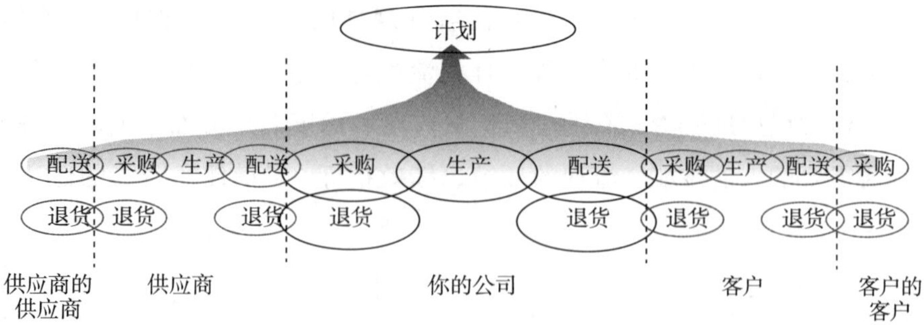

图 3－7　SCOR 模型示意图

（1）计划。包括需求计划和供给计划。

——评估企业整体生产能力、总体需求计划，针对产品与分销渠道制订分销计划、库存计划以及生产计划、物料计划。

——制订制造或采购决策、供应链结构设计、长期生产能力与资源规划。

——产品生命周期的决定、新产品导入管理、老产品退出管理、产品线的管理等。

——制订基础设施计划等。

（2）采购。主要包括寻源、认证、谈判、合约、订单、库存、物流、支付、品质管理等内容。

——寻源是寻找合适的供应商。

——认证是对供应商的评估。

——谈判和合约是必要的商务环节。

——后续的订单、库存、物流、支付、品质管理主要是指采购执行环节。

企业需要评估每项采购业务的合理性，审慎地规划流程，抓住流程的重点。对有些产品来说，确定价格是重点；对另一些产品来说，确定库存是重点；对其他一些产品来说，确定交付时间是重点。比如，对于空调来说，安装是重要环节；对于飞机翼盒来说，装卸是重要环节（比如空客320 的机翼，卸车是非常严谨的工艺，一对机翼的卸车就需要半天时间）。

（3）生产。主要包括生产运作和生产支持。

——生产运作：包括申请及领取物料、产品制造和测试、包装出货等；工程变更、生产计划管理、生产状况掌握、产品质量管理、现场生产进度制订、生产能力计划、现场设备管理等也属于生产运作。

——生产支持：包括在制品运输、在制品库存管理等。

（4）配送。包括订单管理、仓储管理、运输安装管理、配送支持。

——订单管理：包括订单输入、报价、客户资料维护、订单分配、产品价格资料维护、应收账款管理、收款与开具发票等。

——仓储管理：包括存储、拣货、包装、标签、运送。

——运输安装管理：包括运输方式安排、运费管理、货品安装安排、安装与试运行。

——配送支持：包括配送渠道的决策制订、配送存货管理、配送品质掌握等。

（5）退货（略）。

二、SCOR 模型的配置层

SCOR 模型的第二层是配置层，主要是按照不同的业务模式配置不同的业务流程。比如，有些企业是按照订单生产，有些企业是按照库存生产，有些企业是定制生产，还有些企业可能没有生产（比如商超、电商等流通业企业），配置出来的供应链模型自然是有差异的（图 3 –8）。

假设山东的 A 公司要生产一批电子产品，需要从欧洲和其他地区的原材料供应商那里购买原材料，在山东生产产品，存在上海的仓库，并配送到上海的经销商手中，则用泳道型的 SCOR 模型就可以清晰表明 3 个实体、5 个功能的供应链特点（图 3 –9）。其中：S1 为按照库存生产采购，S2 为按照订单生产采购；M1 为按照库存生产，M2 为按照订单生产；D1 为配送库存产品，D2 为配送订单产品；P1 为计划供应链，P2 为计划采购，P3 为计划生产，P4 为计划配送）。

每个企业的流程都是该企业的实践，也就是做法。这种做法往往是企业的竞争力（甚至核心竞争力）的一部分。企业的流程是差不多的（大同小异），可是为什么企业的经营结果往往有很大差别呢？就是因为做法的不同，在细微之处的不同。所以，流程的核心作用在“小异”上，而不是

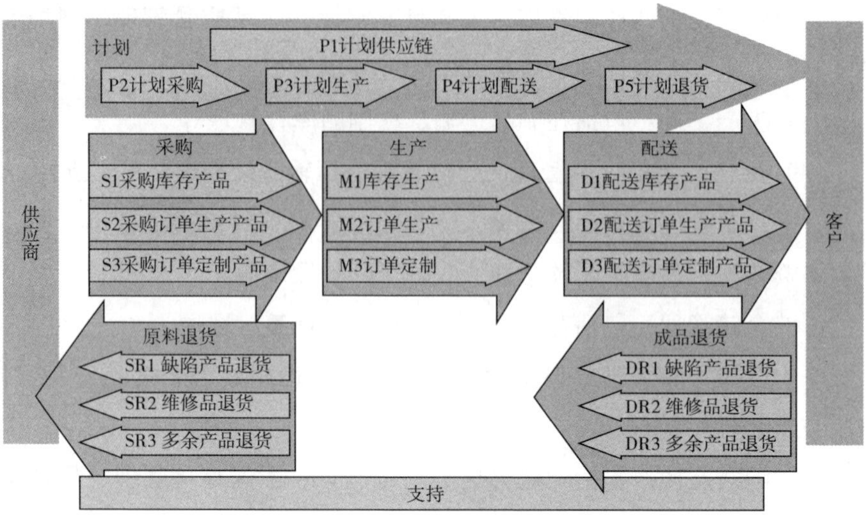

图 3－8　SCOR 模型的配置层

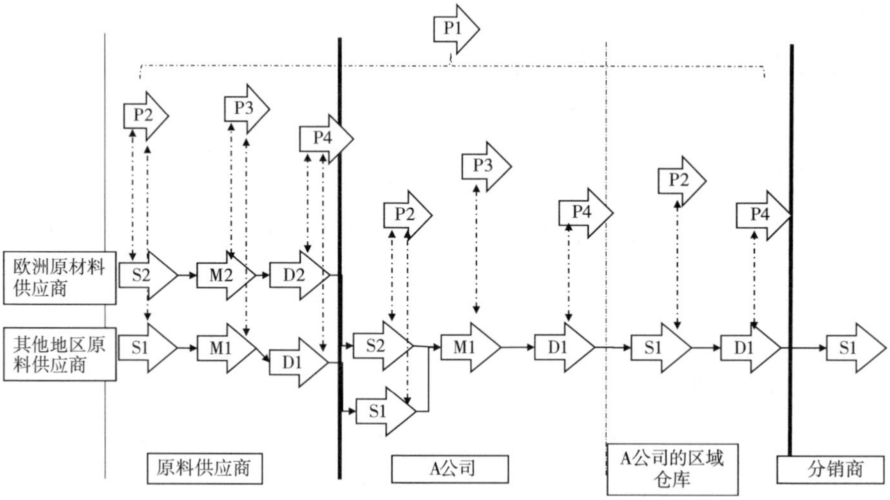

图 3－9　A 公司的泳道型 SCOR 模型

在"大同"上。

根据我的判断，企业流程中往往只有 5% 是核心流程，而这 5% 的核心流程或许成就了企业 90% 的价值。所以，梳理流程时，需要抓住核心流程以及核心流程的核心要素，这是企业流程制订中最重要、最有价值也最难梳理的一部分。

三、SCOR 模型的流程元素层

SCOR 模型的第三层是流程元素层，主要定义了一个公司在市场上竞争成功的能力，包括：流程元素定义、流程元素信息的输入和输出、流程性能指标、最佳运作方式、哪些地方适用等。比如，分析 A 公司的流程就是：S1 按照库存采购流程，D1 按照库存配送流程，P2 计划采购，P3 计划制造，P4 计划配送（图 3－10）。

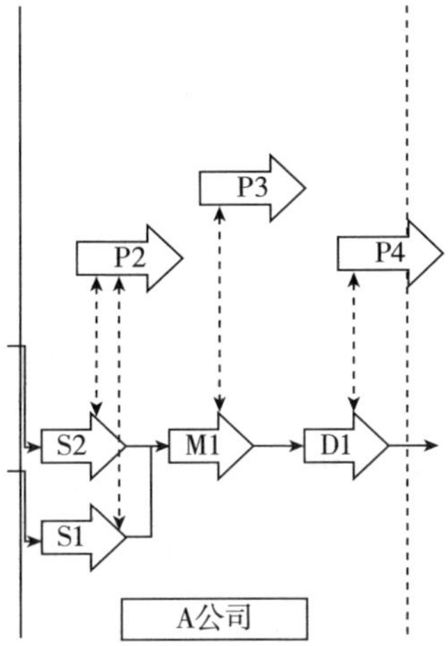

图 3－10　SCOR 模型流程的流程元素层

如果对“P3 计划制造”做进一步分析，则会有 P3. 1、P3. 2、P3. 3、P3. 4 共 4 个流程（图 3－11）。

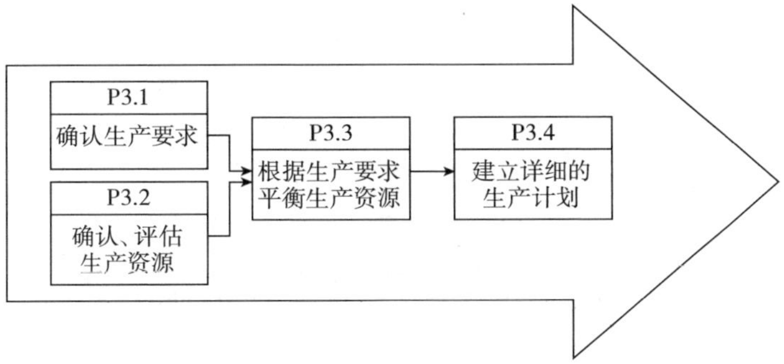

图 3－11　A 公司的“P3 计划制造”流程

如果在图 3－9 中加入绩效指标，则可以更加清晰地表述流程和绩效之间的关系（图 3－12）。

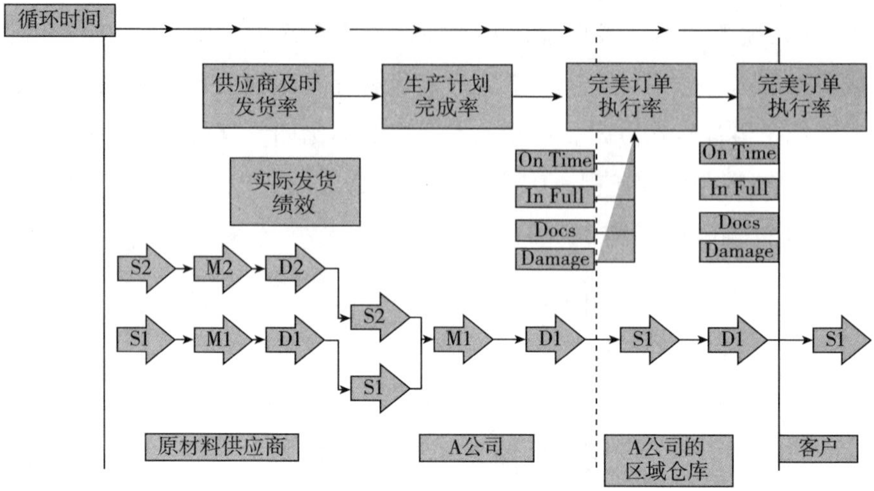

图 3－12　A 公司的 SCOR 模型流程的绩效指标

四、SCOR 模型的实施层

SCOR 模型的第四层是实施层，主要定义了具体的运作方式，以获得竞争优势和适应不断变化的商业环境。本层流程基本上可以达到实际操作的程度，在此不再赘述。

SCOR 模型是一种全面的、系统的供应链管理模型，它为我们提供了全面、系统地思考供应链的方法，也是企业探讨供应链的标准语言，值得大家认真看看。

004

精益求精：管理供应链要有精益的理念

精益就是把事情越做越好。从生意的角度来看，企业为了获得更大的竞争优势，不得不把事情做得越来越好；从产品的角度来看，为了把产品做得更有价值，企业也要不断优化管理和技术。这就是精益。

从投资的角度来看，精益就是以小的投资换来大的收益。

从库存的角度来看，精益就是以少的库存产生多的产出。

不论生产还是流通，都是由一系列的活动构成的，这些活动的组合其实就是流程。

流程是完成一件事情的一系列活动的总和，不同的流程所产出的产品质量、成本、交付速度是不同的，而好的流程所产出的产品具有质量好、成本低、速度快等优点。从流程的角度来看，精益是一种通过改变流程而产生更大收益的方法。从生产和流通的角度来看，就是以更少的库存产生更多的产出。

《精益思想》的作者詹姆斯·沃麦克担任过丹纳赫公司的首席执行官，从事精益工作多年。他用精益的方法改善了企业、孵化了企业。他曾经说过：**“我做的精益工作越多，我就越明白：在创造价值的过程中，简单的变化就可以创造巨大的收益。”**

在《精益思想》一书中，有一个通过降低库存改善企业管理的经典案例。

1982 年初，我（詹姆斯·沃麦克）第一次加入通用公司总经理的队伍，成为高强度石英灯的经理。为了降低库存，我们采用了一种简单的可视系统——看板卡——来标识我们需要的东西。

石英管是最贵重的小部件。在 3 个月的时间里，我部门里这些部件的库存周期从原来的 40 天降为 3 天，而且一直保持在 3 天。看板系统不仅使我的库存减少了 93%，破损率也下来了，次品率也一样，生产力提高了，生产周期缩短了。客户服务也有了改善。

适逢 1982 年美国经济衰退，我们的销售额下降了 20%。即使如此，由于库存的减少，我们仍然实现了比较好的现金流。

高层管理者需要有精益管理的追求和思想。事实上，从管理的结果来看，总有企业的管理比我们好，即使我们已经做得很好，哪怕做到了全球第一名，但在某些环节也一定有企业做得比我们好，这就是我们学习的榜样。即使没有企业比我们做得好，我们自己天天进步，也会让今天比昨天好。作为企业的高层管理者，拥有精益管理的理念应该是基本素养。

但实际上，往往不是人人都有精益思想，大部分人都是按照经验干活的，改变传统的工作方式往往会让人觉得很痛苦。

詹姆斯·沃麦克还在书中描述了大野耐一第一次到昭和铸造厂时对昭和制造厂的判断。

大野一上来就断言：如果改为小批量生产，而且只是生产下一步生产步骤所要求的东西，就有可能把一般零件的库存量从3个月减少到几天，产品进入市场的时间因而也可以减少为目前水平的几分之一。他说，这样就可以使劳动生产率提高一倍，使目前生产所需的工作场地面积削减一半，而且这些改进可以在资金投入为零的情况下迅速完成。

那么，工人的态度是什么呢？

然而，昭和的工人对此却表示完全怀疑和抵制。这些工人大多是已经干了多年的铸造工人，他们完全"知道"，若他们加倍苦干，这些目标也许可能实现，否则根本实现不了。

生产管理人员的看法稍有不同。例如，仍在为与大野的初次相遇而懊恼的工厂经理川部认为，适合产量大的汽车工业的生产方法，对产量小的铸造生产和锅炉生产来说是不适用的。

尽管工人持有怀疑态度，而且几乎每道工序都有与大野看法不同的人，但是采纳大野的建议后，在不到一个星期的时间里，却实现了所有的工作场地减半、在制品库存减少95%、人工减半、蛇形管的生产时间缩短95%（此外，质量也得到了显著的改善）。与改革所产生的效益相比，所用的投资和时间是微不足道的。

作为一个供应链咨询师，在我20多年的咨询生涯中，也有类似的改变传统工作方式的案例，比如物流成本降低40%、库存降低60%、仓库保管员减少95%等。

自然，做这些改善，对于企业和企业的所有者来说，从利益的角度来看都是好的，但是对有些人来说却未必是好事。比如，对于有些管理者而言，因为资源少了，管理难度加大，就需要更加努力和小心——如果家里有一大缸米，够半个月用，做米饭就不愁有没有"库存"的问题；如果只有一天的“库存”，就需要安排好米的使用，一不小心，就可能断顿了。**人人都喜欢资源多一些，这样管起来容易，躺着也能把活做好，但实际上企业往往跑着跑着却还落伍了。**对有些员工而言，自己会的技能不多，如果这个岗位没有了，可能还需要重新找工作，所以即使明知道可以改善得更好，还是不愿意做；那些计件的员工则认识得更清楚：原来每小时做10件产品、每件产品工时费1元，如果改成每小时做20件，就变成每件工时费只有0.5元了——不但辛苦，收益也不会增加，所以更喜欢“磨洋工”的方式。

这像极了我经常说的一句话：**资源没有管理，一定会被滥用。**

所以，好的企业都有其管理机制（比如阿米巴模式、合伙人机制等），鼓励管理创新，鼓励员工精益，和员工分享精益所节省出来的成本。

供应链管理是商流、物流、资金流、信息流的综合管理，有大量的流程和操作，组织管理得好，可以让交付质量好、成本低、速度快。因此，做供应链管理尤其需要精益理念。

005

灰尘厚度理论：笤帚不到的地方，灰尘的厚度应该是差不多的

企业供应链各环节的管理水平往往是比较均衡的，也就是说：如果管得好，往往所有环节都好；如果管得不好，也往往所有环节都不好。**这样就像家里一样：笤帚不到的地方，灰尘的厚度应该是差不多的。**

灰尘往往是公平的，不会厚此薄彼。

我曾经辅导过一家医药企业。在诊断的阶段，我发现其采购业务主要有三项内容：包材、快递、药材。从数据上来看，成本都有很大的下降空间。

包材的成本下降空间大约是25%，这个数据已经通过寻源、招标确认过了。

快递的成本下降空间可以达到25%，也可以通过数据分析和标杆分析确定。

在分析药材数据时，虽然也发现成本有下降空间，却难以在短时间内确认这个空间是否合理。也就是说，通过数据分析，我发现药材有20%的成本下降空间，但由于存在质量这个未定因素，还不能确认这个空间是否真的存在。因为对于管理咨询师而言，确认中药质量的好坏是一件比较难的事情；或者直白地说，我们不能确认便宜的中药和贵的中药具有相同的质量。所以，即使找到便宜的药，以我的经验，也不能确定它可以替代贵的药——尽管按照标准这些药都是合格的。

助理问我："孔老师，您觉得药品存在20%的成本节省空间吗？"

我看了他一眼，说："按照常理，在一个房子里，笤帚不到的地方，灰尘的厚度应该是差不多的，所以我认为药品仍然有20%的成本节省空间，只是我们需要进一步论证而已。或者说，需要找个明白人问问。"

汇报的时候，该企业的董事长看了我们的数据，自信地说："孔老师的数据已经把事情说清楚了，我们可以调整策略，用A公司的产品代替B公司的产品，用C公司的产品代替D公司的产品，成本会下降20%左右，而且质量不会有影响。采购部接下来就可以做这个事情了。"

果然不出我们所料，药材成本也可以节省20%多。

后来，那个助理又问我："孔老师，'笤帚不到的地方，灰尘的厚度应该是差不多的'，这是个什么理论？"

我笑了笑："就是灰尘厚度理论。"

供应链管理更是如此：基于管理理念、管理体系、管理团队、管理水平的差异，如果好，往往都好；如果差，也往往都差。很少存在那种大面积很差，却在某个方面极好的情况。

一、履霜坚冰至：深藏的呆滞物料

我辅导一家制药企业时，通过看现场标签发现了一些呆滞物料，通过库龄测算发现了不少呆滞物料，通过需求分析又发现了很多呆滞物料。随着分析的不断细致和深入，发现的问题越来越多。

不仅发现了该企业存在各种各样的物料呆滞问题，我还摸清了造成这一现象的种类繁多的原因。

这很像被淤泥堵塞的泉水——如果水都渗到淤泥的下边，那么清淤之后，水会更多。

这更像易经坤卦的爻辞“履霜坚冰至”，说的是中国北方天气的变化：如果天气开始变冷，感觉到脚下有霜了，用不了多久，就可能结冰了。也就是说，如果你觉得冷了，接下来还会更冷。

物料呆滞往往不容易处理。如果到超市看看，冷冻食品（比如速冻饺子）的库龄都很长。湾仔码头做得好一些，库龄（当下的时间减去出厂日期）是3~4个月，三全食品的库龄是5~6个月：这两个品牌算是好的，其他品牌的产品库龄更长。

速冻饺子的供应链很短，加工速度和物流速度都很快。从经营的角度来看，过多的库存和过长的库龄都是浪费：既浪费了资金，又浪费了库存，还浪费了空间，消费者如果看到生产日期太早，客户体验也不太好。一不小心，还容易造成保质期过期。

既然有呆滞，清理一下不就行了吗？

哪有那么简单！

采购、生产、存储、运输、退货、检验、测试、设计等诸多环节可以产生呆滞，质量、库存、订单等诸多原因也可以产生呆滞。**呆滞是生生不息的：管得好，少一些；管得差，多一些；管得再差一些，那就更多了。**

企业要想清理呆滞库存往往不那么容易。有一次，我帮一家汽车设备企业清理成品呆滞，整整花了8个月的时间。所以，冰冻三尺，非一日之寒；同样，化冻三尺，亦非一日之暖。

二、麻雀指数：趣谈物料呆滞

仓库里如果有太多呆滞物料就会很难管理：一方面，呆滞物料占用了太多资源，包括仓库容积、货位、盘点等；另一方面，呆滞物料还浪费了资金和物料，如果不处理就不会产生价值，成本反而会越来越高。所以，呆滞物料处理得越早越好。

那么，怎么发现呆滞物料呢？有如下几个办法。

（1）看需求：有些专用物料，没有销售订单或者销售订单被取消，就变成呆滞物料甚至呆死物料了。根据需求判断呆滞是最直观的方法。

（2）看供货天数：物料的 DOS（Days of Supply）是指物料的供货天数，就是可供销售或者生产多少天。比如，如果一种物料正常的供货天数是 20 天，正常库存也是 20 天，某天突然发现它可以供 100 天了，如果没有战略性采购等特殊原因，其十有八九是呆滞了。

（3）ERP 系统的库龄分析：所谓库龄，就是货物在仓库“睡觉”的时间。ERP 系统中往往都有库龄分析，比如 0～30 天、30～60 天等，这些参数可以根据实际情况设定。如果库龄太长，一定是呆滞。

（4）根据库存周转率分析：有些企业的 ERP 系统中没有这么精细的数据，但两个数据总是有的，就是库存和一年的销售量（库存的数量）。用销售量除以库存，便可以得出库存周转率：库存周转率越慢，呆滞的可能性就越大。

（5）看生产日期：如果企业连这些数据也没有，或者因诊断时间太短而来不及看这些数据，还有一个更加简单的办法，就是直接看库存的生产日期，根据生产日期大致判断库龄。

（6）灰尘指数：如果产品上连生产日期也没有，怎么判断呢？看灰尘的厚度。尽管这有些调侃的意味，但确实有效：仓库中存放的物料上会堆积灰尘，物料呆滞得越久，灰尘越厚。南方的灰尘少些，北方的灰尘多些，但只要存放时间足够长（也就是呆滞了），灰尘都不会少。

（7）麻雀指数：有时候，判断一个企业运行的好坏，看看门口的麻雀数量就知道。工厂门口是人来人往的地方，麻雀也会经常光顾：有时候是一两只，吃点面包屑；有时候是一群，聚聚餐。如果门口繁忙，麻雀就少；相反，如果门前冷落，麻雀就多。统计一下每天门口麻雀的聚集数量，大致也可以判断一个工厂的经营状况。我称之为“麻雀指数”。

读者看了这个词，估计会发明出更多的指数，比如工厂门口的垃圾指数、员工笑脸指数、食堂的苍蝇指数、吃喝指数等。看看这些指数，企业管理水平如何，就会八九不离十。

有时候，不论是收购企业还是帮助企业做改善，或是想看看竞争对手的管理水平，都需要诊断企业的供应链管理水平。库存呆滞率是供应链管理水平的重要指标之一。如果掌握这些技巧，只要在企业走一圈，就知道得差不多了。

发现了呆滞物料，怎么处理呢？一般有如下几个办法。

——退货：从哪儿来的，回哪儿去（当然，还要看和供应商的协议）；

——换货：自己既然消化不了，可以请供应商帮忙，找找其他的客户；

——以高代低：把贵的东西当便宜的用了，总比放着没用强；

——降价：库存太大，只能薄利多销，能卖出去就好；

——够本就卖：总比干放着亏钱强；

——给钱就卖：能换成钱总比报废强；

——报废：如果实在没招了，就只能报废。如果任由呆滞物料占着仓库，就会浪费钱，所以报废总比白占着仓库强。

呆滞物料往往很难处理，最好是不要产生；一旦产生了，那就要尽快处理，越早越好。

短保临期产品怎么处理

在便利蜂负责精益的姜雨英老师说：短保临期品目前是零售业的一大难点，除了折价销售，没有更好的办法。可以通过两个阶段进行处理：

第一个阶段：只要单位边际贡献≥0，就卖；

第二个阶段：给钱就卖。

006

业财分析：供应链的业务财务一体化

最近几年，我经常听到“业务财务一体化”的话题，尤其是很多软件公司经常借这个话题建议客户上个什么软件可以实现业务财务一体化。许多老板也往往被这个“高大上”的词吸引，希望上了软件后，业务就顺了，财务也顺了，数据也对了，报表也快了。实际上，是这么回事吗？

按理说，只要能够明显提高企业的管理水平和管理绩效，让产出大于投入，企业上个软件系统没什么不可以理解的。

我不太理解的是，一般的ERP软件其实就是按照业务财务一体化的逻辑来规划的，大部分企业也上了ERP系统，但是绝大部分企业并没有实现业务财务一体化，这是为什么呢？真的是软件的问题吗？在我看来，当然不是。

从业务的角度来看，公司主要有三个指标：盈利能力、资产效率、现金水平。盈利能力主要指利润：

利润=收入-成本-税金

如何看资产质量好不好呢？主要看投入了多少资产，产生了多少回报，就是资产回报率：

净资产回报率=利润÷净资产

利润好，资产回报率也高，但是钱不在自己口袋里，公司老是缺资金，也不行。这就需要好的现金流：

现金流=资金流入-资金流出

财务的三张表（利润表、资产负债表、现金流）对应的正是这三个指标。这是业务逻辑和财务逻辑的共同点，但是，二者也有不同点：

（1）业务上往往分开统计，便于考核，比如总产量、总销量、总成本、库存量、应收账款、应付账款、回款比例、人均产出等。

（2）财务上往往汇总计算，便于出报告和报表。财务为了能够精准出报表，在年度规划时会把不同的费用规划为不同的科目。科目实际上就是分类，先分好类，然后汇总起来才方便。分析业务时，就可以通过选取不同的费用科目，确定处理费用的方式。

无论财务还是业务，数据来源都是一样的，流程和方法也基本类似。从这个角度来看，业务财务一体化是顺理成章的，是很简单的事。

看起来这么简单的事，为什么很多企业做不到呢？主要是 4 个原因：①流程不够流畅；②管理不够精细；③调账的需要；④信息系统不支持。

20 年前，我服务过一家物流企业。老板经常说：我们知道赚了多少钱，也知道就是这些业务赚的；但是，不知道哪些业务赚了哪些钱。

中国大部分企业的经营都与之类似：企业亏钱还是赚钱，是清楚的；但是，细分到订单、客户、产品，就不一定清楚了——从流程管理的角度来看，说到底还是一笔糊涂账。

业务财务一体化思路就是要厘清这种糊涂账，在流程设计上同时兼顾业务需求和财务需求，把企业经营中的三大主要流程——业务流程、财务会计流程、管理流程——进行有机融合，建立基于业务事件驱动的财务一体化信息处理流程，实时处理财务数据和业务数据。

当业务事件发生时，信息系统利用事件驱动来记录业务，按业务和财务信息处理规则，自动解析出企业的财务结果和业务结果。这种方式能最大限度地实现数据共享，实时实现高效的业务和财务管理。

所以，实现业务财务一体化，首先要理顺流程，包括：①业务流程；②财务会计流程；③财务流程和业务流程的衔接；④实现实时信息驱动和实时报表管理。

只要流程理顺了，理论上来说，企业在任何时间点都可以做业务报表，也可以做财务报表。也应该可以判断一单业务是不是赚钱，赚了多少钱。

之所以在一个时间段结束后才出业务报表和财务报表，是因为统计和分析需要耗费时间；之所以不能判断一单业务赚了多少钱，是因为不知道它需要分摊哪些费用以及怎么分摊。出现这种情况，一方面是量变决定质变的结果，因为数量太大了，所以统计有困难；另一方面是业务数据和业务逻辑的问题（比如不知道分摊哪些、不知道如何分摊），这是管理不够精细造成的。

有些老板指着一车刚刚出厂的货车说，这车货一出厂，我就知道赚了多少钱。“一车货物出厂”包含了很多业务和财务信息，而财务报表和业务报表无非是要对这些数据（比如收入、物料成本、加工成本、物流成本、管理成本、销售成本和财务成本等）进行统计和分析。

$$利润=\begin{matrix}收入-物料成本-加工成本-物流成本-\\管理费用-销售费用-财务费用-其他\end{matrix}$$

$$\begin{matrix}单个订单\\的利润\end{matrix}=\begin{matrix}订单收入-所分摊的成本费用（加工成本+物流成本+\\管理费用+销售费用+财务费用+其他）\end{matrix}$$

要计算加工成本或者管理成本，需要有体系化的成本核算方法。成本核算方法是指将企业在生产经营过程中发生的各种耗费按照一定的对象进行分配和归集，以计算总成本和单位成本的方法。

原材料的成本比较好计量，无非是采购成本、人力成本、物流成本等的总和，但半成品、成品涉及的加工环节颇多，**要想精准地进行计量，就需要精细化的财务科目和完整的成本会计体系，并将这些体系编入信息系统的运算中。**

财务统计的基础数据是科目，业务统计的基础数据也是科目。如果要区分不同的成本，用不同的分摊方法，就需要将其放到不同的科目中，所以科目需要足够精细。

有了科目，还需要完成成本会计体系，规定如何计算、如何分摊。

如果信息系统知道这些数据并且知道处理的逻辑，系统瞬间可以完成运算，自然也可以出来报表，包括成本分析和盈利分析。这样一来，业务的数据、财务的数据、每个订单的数据也就都有了，看起来并不复杂。

实际上，这些数据看似简单，但企业管理如果不够精细，往往就没有这些数据。这就是企业出财务报表需要很长时间而且不精确的原因。

至于第三条，调账是大部分公司优化税务的一种方式，大部分公司都有一小部分重要工作不能写在标准的流程中，在此不做赘述。

如果以上三条都做好了，才轮到第四个主角上场，这就是信息系统。信息系统是非常好的工具，其处理信息的速度、精确度和低成本远非常人能比。

但是，信息系统毕竟是个工具，所有的工具无一例外都需要有工作环境，而流程清晰和精细化管理就是信息系统的工作环境。有了好的工作环境之后，工具才能发挥最大的作用；如果不具备好的工作环境，工具是不能发挥作用的。就像汽车需要公路，羊肠小道开不了汽车，所以，如果企业流程混乱，管理粗糙，上了系统也不能实现业务信息化，更不用说财务信息化了。

007

唯快不破：供应链的快速诊断

对于咨询而言，速度是一个很重要的指标。好的咨询师都有快速发现问题、快速解决问题的能力，服务客户的水平也高，客户获得的先机也多。其实，即使企业有问题，只要能够快速解决，也就没有什么太大的问题了。

就像周星驰的电影《功夫》中的一句台词那样：“天下武功，无坚不破，唯快不破。”

咨询是一个很讲究效率和逻辑的专业，所以咨询师必须做到这三点：①告诉客户什么是对的，什么是错的，错了多少；②为什么是这样；③怎么解决问题。

企业往往需要快速解决问题，希望短时间内有答案，最好马上就有答案。

有没有这个可能呢？在两种情况下，这个可能是有的。一是咨询师是这个领域的专家，对这个领域的情况很熟悉，甚至能熟悉到数字指标。有些业务参数或者数据，对于普通人来说是变量，对他们来说却是常数。比如，在 7-Eleven 工作过的员工，到了一般的便利店会发现很多问题，这是因为 7-Eleven 的管理水平远高于一般的便利店。二是咨询师有完善的方法论和快速计算方法，可以通过公式和数字证明自己的判断。

囿于经历的局限性，大部分人不太可能熟悉太多的行业。但是，经过训练的咨询师可以掌握完善的方法论和快速计算方法，可以很快拿出有效的证据证明自己判断的准确性和有效性。

好的诊断往往有两个特点：快和准。快，是指诊断的速度快；准，是指得出的结论准。

实际诊断时，只要有两个条件就可以得出结论了，那就是标准和数据。标准是我们需要对照的标杆，以合格率为例，如果业界通行的合格率是 96%，而我们的合格率是 95%，那就显然低于业界标准，这就是结论。

“准”是比较容易解决的，因为数据总是可以算出来，标杆也比较容易找到，可以参考标杆企业的数据。比如在煤炭行业，可以很方便地计算每吨的运费、人工成本和能耗等。企业的成本也可以统计和计算，再用我们自己的数据去对照标杆企业的数据，自然会找出差距。

这个方法说起来很容易，但真正到了企业，做起来就没有那么容易了——尤其是对咨询师而言。咨询师进入一家新企业，自然缺乏在这家企业的工作经历，认识和体会很少，而且企业给咨询师的时间往往很短（专业的咨询师是按时收费的，很贵），企业的数据往往不是现成的，那么能否在短时间内得出一个相对准确的结论呢？也就是说，如何才能快呢？

这就需要方法和技巧，数据分析就是其中一个方法，有些小实验的数据可以证明大问题——比如，费米曾经用纸片计算出原子弹当量。1945 年 7 月 16 日，第一颗原子弹在新墨西哥州的沙漠引爆，40 秒后，试爆现场附近的科学家感受到了冲击波的气浪。此时，费米伸手向空中洒了一把碎纸片，这些纸片最终落在他身后 2.5 米的地方。根据这个“实验数据”，费米估算出这颗原子弹的爆炸威力相当于 1 万吨 TNT，而后来仪器测到的数值大约是 1.7 万吨 TNT。原子弹爆炸成功的标准就是爆炸威力超过 1 万吨

TNT，所以费米只用了几分钟就判断出来原子弹爆炸成功了。

兵无常势、水无常形，数据分析并没有固定招式，关键是发现问题或找到解决问题的办法。一般的诊断无非证实或证伪：证伪往往比证实要容易一些，因为只要发现一项不符合要求，就可以证伪了，而证实则需要证明所有的项都符合要求。

我经常用自己的方法——互证。互证就是利用系统的自有逻辑证明系统中数据的偏差和错误——也就是说，利用企业自己的数据证明自己的问题。

通常情况下，我需要用数据说明企业的问题。由于企业有其自身具体情况，和外部对照并不见得很合理（有时候，连我们自己也不知道外部是什么样子），这时我就会用互证法，用企业自己的数据说明企业自己的问题。

比如，我为某企业分析其物流成本时，发现其运输成本从 0.25 元/吨·千米到 1.47 元/吨·千米不等。之所以这样，是因为物流条件（距离、货量、时效、订单的稳定性、客户收货的条件等）不同。但总有些情况是相近的，这样就可以比较了。比如，我发现从山东到武汉和从山东到南昌这两条线路在各方面的条件都很接近，但成本差异较大，自然就会怀疑这其中必然有问题。

又比如，我辅导重庆一家汽车设备制造企业时，观察过工人换模具。同样一套模具，有些工人需要 15 分钟，有些工人需要 45 分钟——把问题指出来之后，工人自己就明白自己的工作效率有提升空间了。

现场往往是混乱的，咨询师的高明之处就是**在混乱之中发现能够厘清混乱状况的逻辑**（find logic from chaos）。如果要快，就需要练就火眼金睛的能力，所以关键不是招式，而是功力。有些高手在现场看一眼就明白了，还有些高手甚至看都不用看，你只要告诉他是什么行业、什么产品、什么规模，他直接就能说出来有什么问题。因为对这个行业，他已经研究透了。

快速地诊断和咨询，往往是无招胜有招。

降成本，有时候看一眼就够

我曾经诊断过一家企业的成品配送成本。该企业的设备需要从北京配送到青岛、济南、徐州、西安等地，设备重量和尺寸与一个中等尺寸的微波炉差不多。物流经理把报表给我之后，我看了一眼，默算了一下，说："你的成本差不多可以再节省25%。"

经理微微有些吃惊。我估计他心里想的是：你才来我公司半个小时，这么快就知道了？

于是，我便接着解释："这个价格单是供应商自己报的，供应商对他的成本自然很清楚，肯定要赚钱才做；如果亏钱，供应商是不会做的。"

运输的成本取决于运输环境、运输条件、运输资源、运输时效、运输量等因素；北京到济南的运输环境、运输条件、运输资源都好于北京到青岛。如果运输时效接近，到济南的运输量就肯定比到青岛大——无论如何，北京到济南的价格比北京到青岛的价格要便宜。可实际上呢？我们看看数据：

——北京到青岛的距离：660千米；

——北京到青岛的单价（台）：24.5元/台；

——北京到青岛的单价（台·千米）：0.037元/台·千米。

——北京到济南的距离：430千米；

——北京到济南的单价（台）：29元/台；

——北京到济南的单价（台·千米）：0.0674元/台·千米。

按每台单价计算：济南比青岛高18%；

按台·千米单价计算：济南比青岛高81%。

就算是按照青岛的价格和供应商谈判，最保守来说也能降18%，再考虑其他因素，折中一下，我认为降25%应该是合理的。后来，经过成本优化后，该企业北京到济南的物流成本降幅真的超过了25%。

高手和“低手”之间，差的是质量和速度。“低手”永远没有高手做得那么好，也永远没有高手做得那么快。

这种差距，从表面上来看是经验多少的问题，但从本质上来看则是种属的问题。技能高和技能低的两类人在某个领域有巨大的区别，以至于我们不得不把他们划分成两类。因为即使不这样划分，他们自己也会发展成两类人，只不过是迟早的问题。

这就像电影《教父》中的一句台词：**花半秒钟就看透事物本质的人，和花一辈子都看不清事物本质的人，注定是截然不同的命运。**

高手，就是能够用很短的时间看透事物本质的人，会处处争取主动，抢得先机。而如果花很长时间也不能看透事物的本质，则只能处处被动，落在后手，疲于应付。假以时日，差距便会越来越大。这便是量变带来质变的另一个例子。

008

价值分析：提高产品的功能增加价值

企业经营活动的目标是为社会创造价值，供应链的目标就是为企业创造价值。所有供应链的活动和行为，其实都可以用价值评估。所以，价值分析也是供应链管理的一个方法论。

价值分析是拉里·迈尔斯（Larry Miles）发明的一种不断改进的方法论，是一种以最小成本提供必要的功能，并获得较大价值的科学方法。价值分析的目标，是在不降低产品质量的情况下，通过降低产品或服务的成本来增加价值；或者在不增加成本的情况下，通过提高产品的功能来增加价值。

其公式是：

$$V\text{（价值）}=F\text{（功能）}/C\text{（成本）}$$

基于上述公式和定义就可以得出价值分析的方法：一是降低成本，二是提高功能的质量或数量。

另一个价值公式是：

客户价值 =（质量 × 服务）/（成本 × 响应时间）

乍看起来，这个公式很好计算，但真要计算起来就有难度了。所以，可以把这个公式的要素拆解开，看看哪些是正向影响的要素，哪些是逆向影响的要素。比如，质量和服务就是正向影响的要素，质量越好、服务越好，则价值越大；成本和响应时间则是逆向影响的要素，成本越高、响应时间越长，则价值越小。

从价值公式来看，如果想提高客户价值，则需要：

（1）改进质量：包括满足客户需求、适应市场需求、整合或者修正影响质量的流程、降低产品差异化以便降低产品难度、避免浪费以便降低产品成本、持续改进以便提升质量；

（2）改善服务：包括提高对客户的支持、提高产品服务、提高产品支持、满足客户需求灵活性、适应市场变化；

（3）降低成本：包括降低设计和工程方面的成本、降低质量保证方面的成本、降低物料的成本、降低库存、加速库存周转、降低配送成本、降低行政成本；

（4）缩短时间：包括缩短产品上市时间、缩短交付时间、重视交货的概念、重视市场的反应。

我本人经常用的公式是：

$$V=f(r)$$

V 即 Value，也就是价值；

f 即 function，是数学中的函数；

r 即 resource，也就是资源。

该公式的意思是配置或者占用资源所创造的价值。

此处的资源是指人力、物力、资金等，也就是投入，而价值则是产出。人力可以用人力成本度量，物力可以用货值度量，资金可以用资金金额度量——说到底，这三者都可以用货币度量。

所以，好的供应链，产出 > 投入，且产出投入比大、产出投入比高，即［（产出 - 投入）/投入］的数值大。

好的生意就是以少的投入获得多的产出，在确保产出多的情况下优化成本。大部分制造业和流通业的成本都聚集在供应链上，因此，从供应链的角度来看，价值分析的方法之一就是优化供应链。而优化供应链，要以解剖供应链为基础（图 3 - 13）。

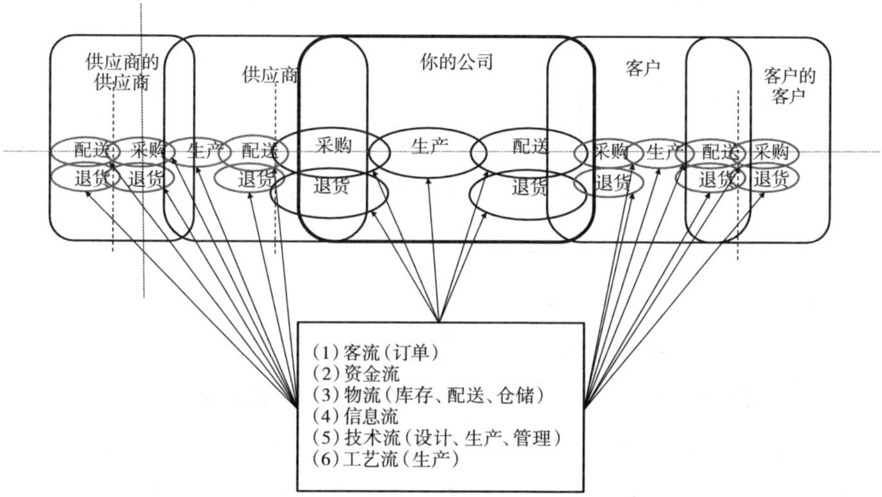

图 3 - 13　供应链解剖模型

009

约束理论：解除供应链的约束

TOC（Theory of Constraints），中文译为“约束理论”或“瓶颈理论”，是以色列物理学家、企业管理顾问高德拉特（Eliyahu M. Goldratt）博士创立的一个管理理论（图 3 - 14 ）。

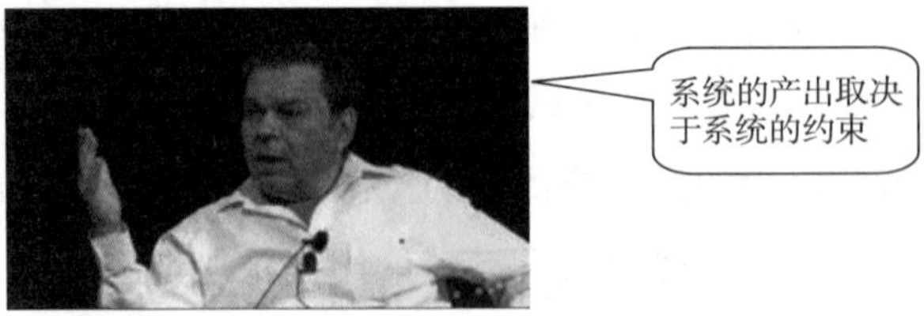

图 3－14　高德拉特博士和他的约束理论

约束理论的大致内容是：

（1）企业目标往往都很明确，就是现在和未来都赚钱。

（2）分析企业时，需要把企业看作一个系统，需要从整体效益出发考虑问题。

（3）有效产出是衡量系统业绩和效果的主要指标。

（4）妨碍企业实现整体目标的因素都是约束。如果要改善系统，实现更多的有效产出，就需要改善约束。

（5）改善约束的方法是把约束拿掉，或者增加缓冲。

高德拉特博士用约束理论辅导企业，取得了巨大的成就。

对于制造业和流通业，约束理论通过改善系统、优化生产计划、平衡物流量来改善企业的有效产出、利润、现金流，主要方法如下：

（1）约束资源的容量决定企业的最大物流量。

（2）在瓶颈前要保留物料储备缓冲，以保证充分利用瓶颈资源，实现最大的有效产出。

（3）必须按照瓶颈工序的物流量来控制瓶颈工序前面工序的物料投放量。

（4）按同一节拍控制在制品流量，以保持在均衡的物料流动条件下进行生产。

（5）对于瓶颈工序前的非制约工序，可以用倒排计划；对于瓶颈工序，用顺排计划；对于后续工序，按瓶颈工序的节拍组织生产。

系统最终的产出将受到系统内最薄弱环节的限制。换言之，任何一个链条的牢固程度取决于它最薄弱的环节（图 3－15）。

英国供应链管理专家马丁·克里斯托弗（Martin Christopher）在 1992 年指出：21 世纪的竞争不再是企业和企业之间的竞争，而是供应链和供应

图 3－15　链条的牢固程度取决于最薄弱的环节

链之间的竞争。

因此，如果我们的供应商有质量缺陷或者供货短板，也一定会成为我们的缺陷和短板，这也符合约束理论。

一个系统往往既有优点，也有缺点。好的系统，就是在优点和缺点之间寻找一个平衡。

凡是系统，必有约束。约束制约着系统的发展：解决了约束 A，还有约束 B；不断解决约束，系统就不断发展壮大。这就是公司成长的过程。

供应链的链条往往比较长，环节比较多，所以约束可能出现在某几个环节，比如采购、库存、销售、质量、资金、人力、系统等。

2006 年，我给戴尔公司做项目，发现它只有两个分拨仓，一个在北京，一个在厦门。当时，我建议他们在河南开一个分拨仓，他们说开不了，原因是系统不支持，这就是约束。

诊断一个企业，需要先梳理企业的约束，不仅要梳理表面的约束，还要梳理深层次的约束。比如，有个客户感觉仓库总是不够用，就不停地建新仓库，结果还是不够用。所以，对他来说仓库就是个约束。后来我帮他深度诊断了一下，发现仓库中的物料太多，但效率不高，有些物料的库龄已经超过 3 个月——既然 3 个月都用不着，为什么要这么早运过来呢？后来，我根据他的订单需求制订了库存计划，和供应商计划好了送货频次，要求其根据需求送货，小批量、多批次送货。结果显而易见：库存下降了一半，仓库也够用了。

还有一次，我和柳工的一位高管讨论中国企业的国际化问题。柳工在国际化方面做得很成功，不论是开拓国际市场、在国外建工厂还是收购国外企业，都做得风生水起。我问他：“在供应链方面，应该注意哪些因素？”他说：“主要是三件事：供应链的核心资源、供应链的安全性、供应链的本地化。”

首先是核心资源。柳工主要做工程机械，发动机、传动部件、液压件、智能系统都是他们的核心资源：没有这些资源，产品是做不出来的；离开这些资源，企业也生存不下去。所以，中国企业千方百计地要争夺这样的资源，才能够生存。其次是供应链的安全性，主要是核心零部件的安全性。最后是本地化。对于工程机械来讲，如果零部件由全球供应，安全性和成本都很难保障，将供应链本地化后则既可以保证交付，也可以降低成本。

其实，仔细分析一下，表面上看起来的物料瓶颈实际上是核心资源方面的瓶颈，而之所以在核心资源方面存在瓶颈，其实是研发和制造方面的差距，也就是制造和研发方面的瓶颈。

如何分析系统的约束呢？①分析系统，梳理流程；②计算各个环节的产能和需要的产出；③找出约束，评价约束对产出的影响；④制订优化的方案。

通过增加缓冲弥补约束的不足

如图 3－16 所示，4 个环节的产出分别是 20、80、70、70。由于其采用的是串联工艺，那么，总产出只能是瓶颈工序的产出，所以总产能是 20。如果要扩大产能，需要在瓶颈环节增加缓冲，释放约束，在三道工序上分别增加 60、10、10 的缓冲，则产能增加至 80。

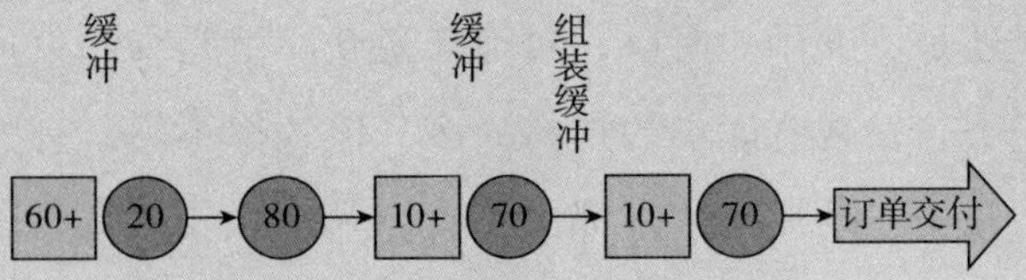

图 3－16　增加缓冲以释放约束

图 3－17 是约束理论的财务模型。企业的目标就是赚取更多的利润，从财务的角度来看，就是更多的利润、更好的投资收益、更好的现金流。为实现这一目标，可以有三条途径：增加有效产出（T，即 Throughput），降低库存（I，即 Inventory），控制运营费用（OE，即 Operation Expenses）。

$$利润 = 收入 - 费用$$

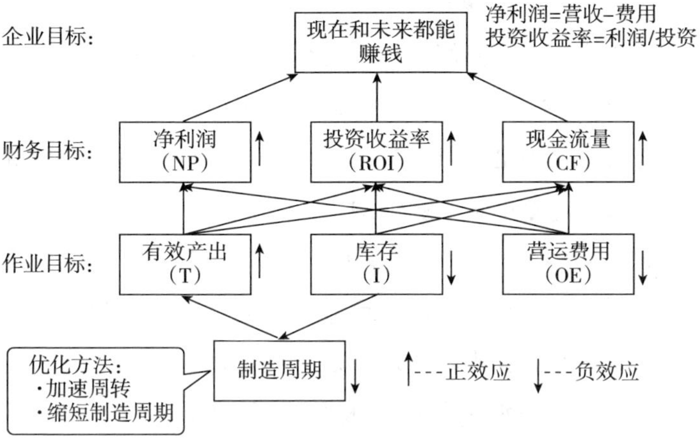

图3-17　约束理论的财务模型

在这三条途径中，降低库存和控制运营费用会碰到最低减少到0的限制，而对于通过增加有效产出来赚取更多利润的可能性，则是无穷无尽的。这就是企业要不停地扩大销售的原因。

库存占用了很多资源（包括资金、物料、仓库容积等），也容易造成物料呆滞，所以，库存是少了好，而不是多了好。

销售收入与库存周转次数成正相关：

$$销售收入 = 库存 \times 库存周转次数（n）$$

所以，如果要在减少库存的同时增加销售收入，那就需要加快库存周转次数，这也就是我们前面讲过的快速周转。

既然“利润=收入-费用”，当销售价格确定后，利润的高低就取决于费用的大小。所以，要提高利润，就需要降低费用。

$$净资产收益率 = 利润/净资产 \times 100\%$$

要提高净资产收益率，就需要提高利润，减少资产投入，这就要扩大销售、提高毛利、降低库存，这看似矛盾，实际上不然，关键还是管理质量和加速周转。大家看看包子铺的生意就知道了：假设一个10平方米的小包子铺门外排10米长队，另一个100平方米的包子铺里面只有1个客人，那么前者的生意肯定比后者强多了。

现金流也是财务的一个重要指标：

净现金流 = 现金流入 − 现金流出

现金流入是客人付给我们的钱，现金流出是我们付给供应商的钱，货物有入、存、出三种状态，对应的现金则是应付账款、库存资金占用、应收账款。好的商业关系是应付账款多、应收账款少、库存占用资金少。库存待在我们自家的仓库里是不赚钱的。

现金循环周期 = 存货周期 + 应收账款周期 − 应付账款周期

如果我们希望现金快速周转，也就是现金循环周期越短越好，就需要降低存货周期、降低应收账款周期、延长应付账款周期。市场经济下的企业都在博弈：越是管理水平和技术水平低下（low）的企业，越是在客户和供应商两边都没有话语权，自然会导致存货周期长、应收账款周期长、应付账期短，如此一来，反而需要更多的现金，乃至需要向银行贷款；但由于企业资质一般，贷款利息高，资金成本自然也高。这种企业就像陷在淤泥中的人，好不容易艰难地拔出一条腿，却发现另一条腿陷得更深了。

细心的读者会发现，如果现金循环周期是负的呢？

那就恭喜你了，你就有了一个无本万利的生意——不信的话你就算算看。

010

数据分析：唯数据可以量化供应链

一、数据是说明问题的唯一方式

我认为，**数据是说明问题的唯一方式**（Data is not another way to describe a matter, it is the only way），因为数据可以很简单、很直观地用量化的方式说明问题。

数据就是和业务相关的信息（bit 的集合），包括数字（digit）、字段

(field) 及其组合。

数据分析就是用适当的方法（Function，函数）对数据进行分类和统计。

在给企业做咨询的过程中，我做得最多、最重要的事情是数据分析。为什么如此重视数据分析呢？因为管理的奥秘在数据里，决策的依据在数据里。

我经常说两句话：

——“If we cant measure it, it doesnt exist.（一个事物，如果我们不能对它进行测量，那么它就不存在）.”

——“For enterprise, if no data, it means no management.（对于企业而言，如果没有数据，那就没有管理）.”

第一句话是布林布朗在《TED Talks：演讲的力量》演讲中提到的，这句话还有一种译法：如果你没法对它进行测量，它就不真实。毋庸置疑，每个人对这句话的看法有见仁见智的成分，但当我阅读了爱因斯坦提出的通过日食可以测量光子的偏转角度理论并得到了照片证实后，我便惊诧于这句话的哲理性。

第二句话是我说的。实际上，对企业而言，数据管理的粗细程度就是企业管理的精细程度。有数据就是管理，没有数据则是讲道理——出现一个麻烦之后，如果你拿着数据去跟责任人交流，告知其应如何改善，那么他大概率会心悦诚服地接受；而如果你没有数据，只是就这个麻烦造成的不良后果一味地去指责他，那么他很可能会情绪反弹。

稻盛和夫在其著作《经营与会计》中提到：企业长期持续发展，需要经营者不断做出正确的经营判断，因为只有基于正确的经营判断，才能采取正确而坚决的行动，才能把企业经营得有声有色。要做到这一点，需要坚持两条基本原则：

——经营者必须具备正确地判断事物的基准；

——经营者必须通过具体的数字正确而及时地掌握企业的真实情况。

稻盛和夫认为，经营者管理企业就像飞行员驾驶飞机，企业经营的数字可以比喻为飞机驾驶舱仪表盘上的数字，能起到重要的导向作用，指引经营者正确无误地到达指定目的地。

由此可见，作为“经营之神”的稻盛和夫极为重视数据分析，且把数据分析作为企业经营的两个基本原则之一。

数据中含有商机，数据分析成就了“如家”。如家快捷酒店是经济型酒店的典范，“如家”的诞生，就是数据挖掘的结果。

携程旅行网于1999年成立，主业是订酒店、订机票、订旅行，他们通过多年的业务沉淀积累了大量的数据。经数据分析发现，在某些地段、某些时间段、一定价格范围内，有大量的客户需求不能得到满足，利润丰厚。挖掘出“快捷酒店赚钱”这个事实后，他们决定自己开酒店。于是，如家快捷酒店大获成功。

2006年10月26日，如家快捷酒店正式在美国纳斯达克挂牌上市，这是沈南鹏和他的创业团队于2003年将携程旅行网带上纳斯达克后，第二次带领企业登陆纳斯达克。

就企业的战略而言，眼光和胆略固然重要，但眼光也好，胆略也罢，或多或少都有赌博的成分。数据分析就不一样了，就如同打牌的人通过对各方出牌的分析，基本可以判定队友和对手的牌，甚至能够猜出底牌。所以，不需要把牌出完，基本上输赢已定。

数据的积累、分类、挖掘具有重要价值。物流和供应链的每一个环节、每一件物料、每一个动作都蕴含着大量的数据，这些数据对于我们规划、优化、改善供应链具有重大意义。

2014年，我辅导一个广州客户改善供应链。经过数据分析后，我提出了按照SKU的分布规划货位的方案，解决了货物在仓库中频繁搬倒的问题，提高拣货效率40%以上。老板感叹道：“这个仓库的规划，我们说这么规划，客户说那么规划，谁也说服不了谁。为了证明自己专业，只有靠吵架。其实，有了数据，谁看都一样，还吵什么架？”

2015年，我为一个客户做仓库规划时，苦苦思索，不得其解。当我静下心来，仔细梳理数据，使用ABC方法对库存进行分析后竟然豁然开朗，不禁感悟道：“当感觉缺乏思路时，再回头看看数据，方向就在其中。”

无论是从事供应链改善还是供应链规划，数据分析都极为重要。对供应链管理者而言，掌握足够的数据分析方法和工具极为重要。

我从事的咨询工作往往具有很大的挑战性，因为服务的企业各种各样，差异化很大，客户往往给了你短暂的诊断时间，就需要给董事长或者总经理讲清楚问题，还需要给出有效的方案。

企业的董事长或者总经理往往是最了解企业的人，可以说对企业了如指掌，而咨询师才是真正的“外人”。这相当于进入一个自己陌生而别人熟悉的领域，而且还要在这个领域给别人当老师——自然，当好这个老师不容易。

我的方法很简单，那就是快速分析数据，通过数据模型进行数据挖掘和分析，搞清楚 D&F（Data & Fact，也就是数据和事实）。当我们做出来的东西是用数据说明的事实，问题就清楚了。

数据分析很重要：数据中有真相，数据中有问题，数据中有规律，数据中有解决问题的方案。

高手一般都有数据分析模型和相应的分析标杆，这儿要一点数据，那儿要一点数据，输入模型，快速运算一下，结果就出来了。

做咨询，就要吃百家饭，要服务很多行业。有些朋友很诧异，问我：“你怎么懂这么多行业?”

我回答：“我不懂这些行业。”

他更诧异了：“这些企业的总经理都是行业顶尖的专家，你如果不懂，那你是怎么和他们交流的?”

我一笑：“用数据啊！我给企业高管讲的就是分析他们供应链运营和管理的数据，数据有大有小，很容易比较，而且谁都能看得懂。”

二、数据分析的目的是发现量变带来质变的规律

什么是问题？从数据的角度来看，问题就是某个事物的数量超过了某个标准：

——对我们不利的事物多了就是问题，少了就不是问题。

——对我们有利的事物少了就是问题，多了就不是问题。

比如，一个企业经营不好，如果是利润的问题，无非是营业收入少了或者营业成本高了。一个企业的团队不稳定，无非是带有负面情绪的人多

了，或者带有正面情绪的人少了。

我们分析问题，往往会按照事物不同的程度确定问题的严重性。比如，当事情出现轻微的不好苗头的时候，还只是事件。对于事件，只要正常管理就可以（比如员工偶尔迟到，这是常有的事）。当不好的苗头变大，就会变成问题（比如员工经常迟到，就是个问题）。如果问题进一步发展，就会成为危机（比如大量员工大规模迟到，就是危机）。如果危机处理不好，就是灾难（比如大量员工大规模迟到且持续时间长，公司自然就倒闭了，这就是灾难）。

所以，问题往往是量变带来的质变，管理也是。

三、分类可以涵盖数据分析

数据分析就是用适当的方法对数据进行分类和统计。

现在比较流行的一个词是“数据挖掘”。所谓数据挖掘，在我看来，其实就是数据分析——从根上来看，也就是对数据进行分类和统计。数据分类，就是按照某种规则或者按照某个公式把数据分成不同的种类，从而发现不同的事项或者问题。我们经常用的一些词（比如筛选、排序、关联数据等），其实就是按照不同的规则对数据进行分类。

——筛选是按照某种筛选规则把数据挑出来，是分类；

——排序是按照某种次序或秩序把数据排出来，也是分类；

——关联是按照某种关联公式把数据的关系找出来，还是分类。

仅用“分类”一词，就可以把整个数据挖掘涵盖了。

四、次序也可以涵盖数据分析

其实，次序也可以涵盖数据挖掘的全部内容。我们之所以没有发现一些问题，是因为它们混在一堆数据里。如果它们能排着队走出来，那所有的问题就变得显而易见了。

——排序是按照某种能够发现问题的规则把问题排出来；

——筛选是按照某种能够发现问题的规则把问题筛出来；

——关联数据是某种能够发现问题的规则找出问题的关联关系。

所以，次序也是一个重要的逻辑概念。通过设定合理的次序，或者设定合理的公式，也可以做好数据挖掘。

五、筛选和关联

我觉得，“筛选”“关联”这两个词也可以涵盖数据挖掘的方法，只不过要赋予它们新的内涵和外延。

任正非有句话是这么说的：“人工智能就是统计加上自动化。”我认为很贴切。其实，统计就是数据分析，通过统计自动发现规划，通过规律制订决策；而自动化就是机器按照指令自动完成工作。

六、数据分析的分类、矩阵分析、漏斗模型和相关性分析

数据主要来自数据规划和信息系统的数据库，数据分析的逻辑千变万化，分类、矩阵分析、漏斗模型和相关性分析是几种主要的方式。

1. 分类

客户要分类：市场营销学中有一个非常重要的概念叫 Customer Segmentation（顾客分层），其实就是分类。由于年龄、收入与性别等因素的不同，人与人之间存在着不一样的生理需求与心理需求。需求不一样的消费者，就组成了不同的细分市场。针对不同的细分市场，产品也会有不同的定位。所以，分类是精准营销的前提。

物料要分类：可以根据货值高低、紧缺程度、供货远近、加工次序等进行分类。

供应商要分类：可以根据供应商的议价能力、竞争能力、供货远近等进行分类。

加工工序要分类：可以根据工序的重要程度、工序的产能进行分类。

工作任务要分类：可以根据重要性进行分类，也可以根据时间序列进行分类。

分类能把复杂、混乱的事情梳理出脉络（find the logic from chaos），逐个分析，各个击破。

ABC 分析就是分类的一个方法。

2. 矩阵分析

矩阵分析是分类的一个延伸，是在两个变量上的分类，也就是在两个

方向上同时分类。

当存在两个可量化的关键维度时，分别将其设成 X 轴与 Y 轴，这样就会得到 4 个象限。

当我们面临很多任务时，哪个才是值得我们花时间去解决的呢？矩阵分析可以帮助我们解决这个问题。比如，按照重要性和紧急性两个维度分类：重要和紧急的任务自然要先安排，而既不重要也不紧急的任务自然要排到最后。

说到矩阵分析，最著名的莫过于波士顿管理咨询的产品矩阵模型（BCG Matrix）了（图 3－18）。

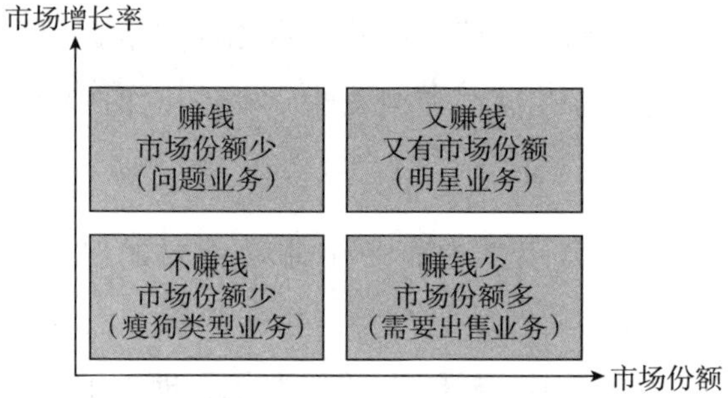

图 3－18　波士顿管理咨询的产品矩阵模型

波士顿管理咨询的产品矩阵模型其实就是个矩阵分析。所以，当你发现存在两个可量化的关键指标时，就可以将其试试做成一个矩阵。

比如，按照货值高低和货量周转速度两个指标分析库存，自然就会发现那些货值高、周转快的货物才是我们关注的重点。

是否可以将其做成三个变量的延伸呢？当然可以——比如，根据市场份额、增长速度、产品毛利三个变量，就可以做出一个立体空间中的矩阵（图 3－19）。

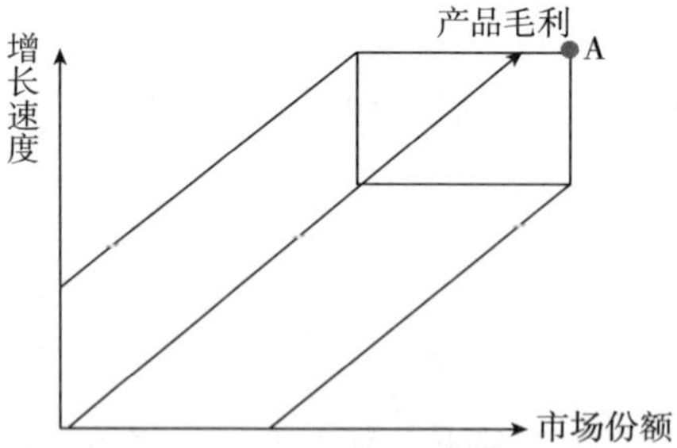

图 3－19　三个变量的矩阵分析

3. 漏斗模型

漏斗的每一层都有一定的容量，越往下，容量越小。而层与层之间的比例，就是转化率。

以提高销售收入为例：客流分层分别为潜在客户数、客户数、重复购买客户数、客单价。所以，要提高收入，原理很简单，就是把每一层的容量都扩大，或者提高转化率。

2018 年，我辅导一家连锁药店做精细化管理，就用漏斗模型列出了一个收入公式：

$$药店收入 = 订单数 \times 客单价$$

如果进一步细化，就是：

$$药店收入 = 流量 \times 流量转化率 \times 客单价 \times （1 + 复购率）$$

如果要增加药店收入，就可以从四个方面着手：一是要增大客流量，让更多的人知道门店、来到门店；二是要增大客流量的转化率，让更多的人发生购买行为；三是要提高每个顾客购买的金额；四是要增加客人重复购买的次数。

4. 相关性分析

相关关系的核心是两个变量之间的数值关系。虽然事物之间有千丝万缕的关系，但细分起来，常见的相关关系也不外乎 4 种（图 3－20）：

（1）正相关：X 数量越多，Y 数量越多（比如：$Y = X$）；

（2）负相关：X 数量越多，Y 数量越少（比如：$Y = -X$）；

（3）不相关：X 数量与 Y 数量无关（此时，函数关系不明显）；

（4）非线性相关：某一范围内，X 数量越多，Y 数量越多；超过某一个拐点后，X 数量越多，Y 数量越少（比如：$Y = -X^2 + X$）。

维克多在其著作《大数据时代》第四章中提到：在大数据时代，相关关系大放异彩，通过相关关系，我们可以比以前更容易、更快捷、更清楚地分析事物。

无论是物流分析、物料分析，还是订单分析、账单分析（付款账单、收款账单），其实都可以进行量化分析。一般的企业都使用信息化系统，

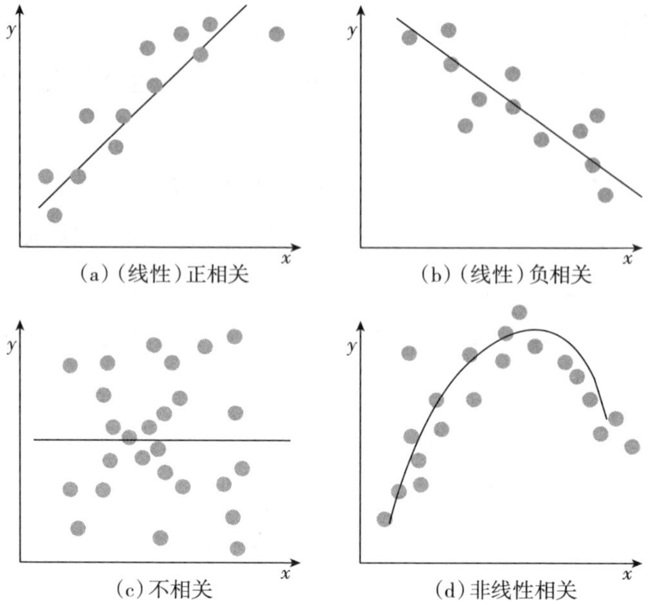

图 3-20 常见的 4 种相关关系

从系统中引出单据并对其进行矩阵分析或者 LOOKUP 分析，都可以发现很多关联性。

一个优秀的咨询师，要相信数据，对数据有信念，相信数据能够解决问题。

一般的企业往往管理混乱。混乱是公司的常态，但是，再乱的公司也有数据。在混沌和混乱的数据中，往往反映着管理的问题。只要对现有的数据做足够的收集和正确的处理，一定可以拼出来完整的业务（图 3-21）。

图 3-21 拼接完整业务

供应链诊断 + 数据分析 = 解决方案

2018 年，我在 A 公司做供应链诊断。A 公司是一家做快消品营销的企业，其某产品的营销在国内排第二名，市场、品牌都做得很好。

A 公司的总裁为了工作顺利，把他的秘书派给了我，协助我的工作。通过 20 天的诊断，我发现了 50 多个问题，涉及 2000 万元的改善空间。这全部是经过数据计算出来的，通过数据，所有人都可以看得出来这个改善的空间。秘书很诧异，对我说："孔老师，我觉得您进我们公司那天，就知道我们公司的问题了。您这段时间不停地做数据分析，只不过是佐证您的判断而已。"

她说对了一半：我知道这个公司存在问题，但并不知道问题是什么、问题有多少、问题有多大、改善难度有多大。通过诊断，通过数据分析，我就把这三个事情搞清楚了。

我在辅导 J 企业时，由于每次去的时间只有 2 天，时间太短，无法做全面系统的诊断，所以每次都是公司安排任务，比如这次看看采购，下次看看生产，再下次看看销售等。每次诊断，不论诊断哪个板块，都能发现问题，发现有足够价值的改善空间。其实，道理也不复杂：供应链是个整体，如果有问题，往往方方面面都会存在问题。而数据分析就像用筛子筛问题，一过筛，问题自然就出来了。

011

多算者胜：B 公司的订单数据分析

做投资的人，首要的技能是判断一个公司是否有投资价值。那么，怎么判断一个公司的投资价值呢？

L 先生是一位专业投资人，经常分析项目的投资价值，其中就包括供应链分析。2018 年，我陪他分析一个中药企业的盈利情况，整个过程只用了一个工作日，就把项目盈利情况分析得很清楚。

企业一般都会对投资公司开放数据，企业的 ERP 系统中都有翔实的业务数据，尤其是订单数据和成本数据。

L 先生先请这家药企按照要求提供销售订单数据（表 3－1）。

表 3－1　销售订单表

价税合计	供应商	客户	物料编码	品名	等级	单位	实发数量	成本单价	含税单价

一般企业的 ERP 系统都可以输出订单汇总报表（表 3－2）。

表 3-2　销售订单及成本表

日期	单据编号	客户	物料编码	品名	等级	单位	实发数量（个）	成本单价（元）	含税单价（元）	价税合计（元）	毛利率（%）	毛利（元）	供应商
2016/4/1	XSCKD160494	医院	14001005	北沙参	一等	瓶	486	13	18.2	8845.2	29%	2527.2	A 公司
2016/4/1	XSCKD160495	卫生站	14006207	山药	一等	袋	5	11	12	60	8%	5	B 公司
2016/4/1	XSCKD160496	诊所	14000602	枸杞子	二等	kg	0.3	70	78	23.4	10%	2.4	A 公司
2016/4/1	XSCKD160497	药店	14000802	蒸陈皮	一等	kg	5	13.5	18	90	25%	22.5	C 公司
2016/4/1	XSCKD160498	卫生站	14006207	山药	一等	袋	6	11	15	90	27%	24	B 公司
2016/4/1	XSCKD160499	诊所	14000602	枸杞子	二等	kg	6	70	78	468	10%	48	A 公司
2016/4/1	XSCKD160488	药店	14000802	蒸陈皮	一等	kg	9	13.5	18	162	25%	40.5	C 公司
2016/4/1	XSCKD160489	卫生站	14006207	山药	一等	袋	7	11	12	84	8%	7	B 公司
2016/4/1	XSCKD160477	诊所	14000602	枸杞子	二等	kg	9	70	78	702	10%	72	A 公司
2016/4/1	XSCKD1604956	药店	14000802	蒸陈皮	一等	kg	7	13.5	18	126	25%	31.5	C 公司

细心的读者可以发现：不同产品的毛利不同；如果毛利低，就需要销量大、周转快才能赚钱。

有了这张表，就可以对数据进行几个维度的透视，比如，分析哪些客户买了哪些产品，毛利多少（表3－3）。

表3－3　客户产品的毛利透视　　单位：元

	北沙参	枸杞子	山药	蒸陈皮	（空白）	总计
医院	2527.2					2527.2
卫生站			36			36
药店				94.5		94.5
诊所		122.4				122.4
（空白）						
总计	2527.2	122.4	36	94.5		2780.1

又如，还可以分析客户采购产品的次数以及产品被采购的次数（表3－4）。

表3－4　客户购买产品的次数　　单位：次

	北沙参	枸杞子	山药	蒸陈皮	（空白）	总计
医院	1					1
卫生站			3			3
药店				3		3
诊所		3				3
（空白）						
总计	1	3	3	3		10

再如，分析客户采购了哪些供应商的哪些产品，毛利多少（表3－5）。

表3－5　供应商产品的毛利分析　　单位：元

	北沙参	枸杞子	山药	蒸陈皮	（空白）	总计
A供应商	2527.2	122.4				2649.6
B供应商			36			36
C供应商				94.5		94.5
（空白）						
总计	2527.2	122.4	36	94.5		2780.1

最后，还要分析哪些客户使用了哪些供应商，有多少毛利（表3－6）。

表 3-6 客户使用供应商的毛利分析 单位：元

	A 供应商	B 供应商	C 供应商	（空白）	总计
医院	2527.2				2527.2
卫生站		36			36
药店			94.5		94.5
诊所	122.4				122.4
（空白）					
总计	2649.6	36	94.5		2780.1

当然，上述表格所呈现的分析还处在较浅层面，但如果有几万、几十万、几千万、几亿个订单，就需要多设几个参数，那么数据中就包含着巨大的规律了。其中包括哪些产品赚钱、哪些客户赚钱、哪些供应商赚钱，如果再考虑时间要素、季节要素、地域要素、政策要素、行业趋势等，就可以很详细地分析企业盈利情况、产品盈利情况、客户重要性、供应商的依存度、收入和毛利的季节性关系、收入和毛利的地域性关系等。

通过一系列的分析，L 先生基本上确认了这家企业的盈利前景。

熟悉 Excel 软件的读者可能会发现，这不就是其中的透视图吗？是的，这就是数据的透视。通过数据透视，就可以发现数据的趋势和关联关系。工具很简单，只不过 L 先生在里面加入了自己的商业逻辑。

012

寻找规律：供应链的相关性分析

供应链的“相关性”是我自创的概念，是指通过研究供应链各要素之间的关联关系，找到解决问题的要素和方法。这里的要素，是指供应商、客户、产品、物料、物流、仓储、资金、产线、研发等。这里的关联，是指要素之间的互相影响，尤其是那些影响了绩效的要素是我们重点研究的对象。比如，哪些客户需要哪些产品，这些产品在哪几条生产线上生产，生产这些产品需要哪些物料，这些物料有哪些供应商可以提供，这些物料分别放在哪些仓库的哪些货位等，这就是供应链要素之间的关联性。分析清楚这些相关性，对于规划产品、规划供应链、管理供应链至关重要。

比如客户和产品之间的 ABC－XYZ 分析：可以将产品按照盈利水平、销量分为 A 级、B 级和 C 级，也可以将客户按照盈利水平、销量分为 X 型、Y 型和 Z 型。现在，我们可以分析 ABC 和 XYZ 之间的关联关系；根据这种结构性分析，就可以发现客户需求的特点以及货物供给的特点。

Excel 软件的透视分析可以很好地分析这个问题，只需要把过去几个月甚至几年的数据拉出来，做两个变量的透视，然后再排序，或者进行 LOOKUP（查找）操作，就可以发现其相关性。

比如，要想分析哪些客户买了哪些产品，就可以做相关性分析。其步骤是：

（1）从系统中引出所有销售订单（图 3－22，即从 ERP 系统中导出销售订单）。

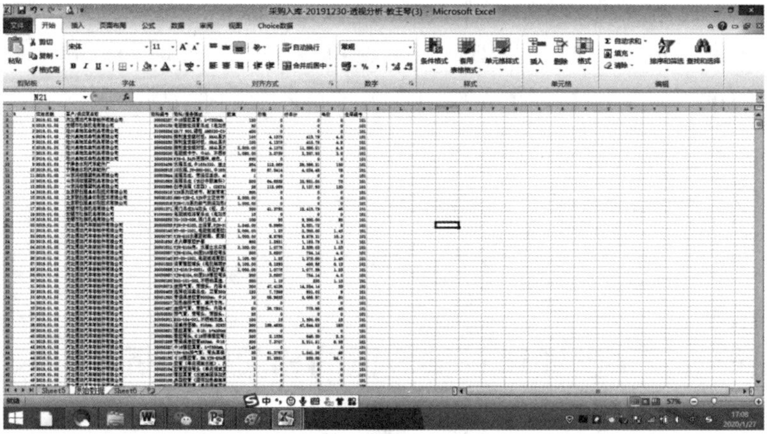

图 3－22　从 ERP 系统中导出的销售订单

（2）对表格做透视分析（横向为客户，纵向为产品）；

（3）对客户做 ABC 分析（从大到小横向排序）；

（4）做产品做 ABC 分析（从大到小纵向排序）。

如此便可发现，销售量最多的产品和客户集中在 Excel 表格中的左上方（图 3 – 23）。

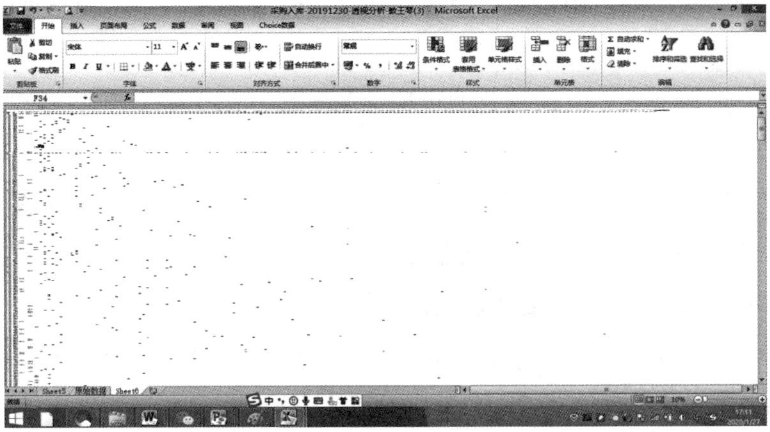

图 3 – 23　产品和客户分布图

通过分析，便可发现客户、订单、产品的关联性，发现其中的规律；有了规律，规划供应链时就方便多了。

013

流程分析：管理过程，创造价值

想要做好供应链管理，必须学会做流程分析。

一、什么是流程?

“流程”这个词，天天被人挂在嘴上。但如果有人猛然一问，反而不好回答。大部分人会说：“流程就是……就是流程啊！”

流程能够指导企业管理，必须有准确的定义。业界人士对流程的定义虽然不尽相同，但如果相互参照，便可得出流程的要义。

先看看 ISO 9000 对流程的定义：业务流程是一组将输入转化为输出的

相互关联或相互作用的活动。

相比 ISO 9000 对流程的定义，T. H. 达文波特对流程的定义更加清晰：业务流程是一系列结构化的可测量的活动集合，并为特定的市场或特定的顾客产生特定的输出。

达文波特加入了“结构化的可测量的活动”的字眼，已经有了绩效管理的概念。

肯尼斯·C. 劳顿在其著作《管理信息系统》中描述了业务流程：业务流程是“以提供有价值的产品或服务为中心而进行的一系列业务工作的组织和协调方式”，“业务流程是指以提供有价值的产品或者服务所需要的一系列业务活动的集合，这些业务活动由物流、信息流和业务流程参与者之间的知识支持”，“业务流程也指企业组织协调工作、信息、知识的特定方式”。

关于流程对管理的影响，劳顿说得非常直接：“企业的业绩表现在很大程度上取决于其业务流程设计和运行的好坏。如果企业的业务流程使该企业能够比其竞争对手更创新或更具有执行力，那么这样的业务流程就可以成为企业竞争优势的源泉。”“同样，如果这些业务流程基于陈旧过时的工作方式，妨碍了企业的响应能力和效率，业务流程也可能成为企业的累赘。”

劳顿是信息系统专家，也是流程规划专家，他对流程的描述已经非常到位和深刻，不需要我再狗尾续貂了。

再看看 H. J. 约翰逊对流程的定义：业务流程是把输入转化为输出的一系列相关活动的结合，它增加输入的价值，并创造出对接受者更为有效的输出。

约翰逊在对流程的定义中明确提出了流程增值的要求，并提出了“流程对结果负责、对接受者负责”的要求。

再看看2位咨询大师迈克尔·哈默（Michael Hammer）与詹姆斯·A. 钱皮（James A. Champy）对业务流程（Business Process）的经典定义：我们定义某一组活动为一个业务流程，这组活动有一个或多个输入，输出一个或多个结果，这些结果对客户来说是一种增值。简言之，业务流程是企业中一系列创造价值的活动的组合。

在给流程下定义时，这是一种以终为始的方法，即把绩效的观点加入流程中，要成为流程中的环节就必须创造价值，这就是以价值为导向的流程定义。

我很喜欢这两位咨询大师对流程的定义，其核心是管理过程、创造价值。

所谓流程优化，就是把需要管的管到位，把没有用的去掉。

我在辅导企业的过程中经常强调：凡是没有管到位的过程或者环节，都需要增加管控；凡是没有价值的过程或者环节，都直接取消。取消流程、取消岗位，多多少少需要做一点小"手术"，但"手术"之后，企业会更健康。

企业就和人体一样，有些肉是多余的——比如息肉，看起来也是肉，碰一下还挺疼，其实是多余的，对健康没有好处；忍一忍，一刀下去就没了。企业也是如此，"手术"后会比原来更健康。

企业要保持健康，就不能有太多的赘肉。赘肉需要长期锻炼才能去掉，所以企业要多"运动"，经常做精益管理，经常做绩效改善。慢慢地，企业会越来越精益、越来越健康。

二、如何诊断流程并做流程分析

1. 分析流程是不是畅通

管理不到位的公司，往往没有办法做到流程畅通，比如 BOM 不准，发现 MRP 跑出来的物料不全，或者出现了错误；库存不准确，账实不符，拣货的时候发现没货；入库时，发现库容不足；拣货时，明明看着有库存，却找不到货物；财务和业务对不上账；公司和客户对不上账；公司和供应商对不上账。还有些公司没有书面流程，工作都是靠车间主任随时安排。

奔驰是全球著名公司，在人们心目中应该问题很少，流程通畅，实际未必。我给奔驰的一位学员讲课讲了 2 天，少说也说到了 50 多个问题。这位学员说："孔老师，你说的问题，我们全有。"既然连奔驰都这样，普通公司的问题可想而知。

2. 分析流程是不是有保障

流程的保障能力是企业应对风险和意外的能力，对于能否按时交付极为重要。

有些仓库管理中，虽然有几千个 SKU，却没有货位管理，全靠员工把它记在脑子里；员工一休假，别人就找不到货了——这就是没有保障。而如果因为供应商没有及时到货，所以不能及时给客户发货，也属于没有保障。

流程保障能力来自对资源的掌握，比如能干的员工、充足的设备、丰富的资源等。但如果仅仅凭丰富的资源来保障流程，那就太奢侈了。流程保障更重要的能力来自企业的管理水平和调度能力（例如：围棋游戏，都是一人一步，为什么高手总是赢？因为他的资源调度得好）。

物流管理其实就是对物流资源的调度，本质就是尽可能以少的资源完成多的任务。

我有一次辅导一家铁路货站，发现火车车皮够、卸货能力够、运输车辆也够，但就是不能按时完成任务。经过仔细分析，我发现他们在车辆调度、资源管理方面存在不少问题，其实就是流程管理不到位。经过重新调度后，资源没变，还是那些人、还是那些车、还是那条铁路、还是那些吊装设备，却可以按时完成任务了。

3. 分析流程是不是高效

在流程通畅和保障的基础上，就可以诊断流程是否高效。

要想知道流程是否高效，有三个分析标准：①是否增值（如果没有增值，显然是冗余）；②是否存在浪费（如果存在浪费，就有改善空间）；③对比标杆（如果标杆的成本更低、效率更高、质量更好，那就要好好检查一下）。

管理既是技术，也是艺术，我很欣赏那些优秀的管理者——他们总能举重若轻地解决问题，就像打仗一样，总能以少胜多、以弱胜强，化腐朽为神奇。

对流程的另类看法

有一位老板这么定义流程：在不确定性中寻找相对确定性，也就是最佳实现路径。

慈晓雷先生是某著名造纸企业的总经理。有一次开会讨论起管理和流程，他说："管理就是把不确定性变成确定性，流程就是把不确定性的东西通过管理确定下来。"

这两位老板的话如出一辙：企业管理，就是要处理很多不确定性。他们对流程的定义都强调要解决企业管理中的不确定性，颇有玄机。

我在辅导一家连锁药店时，该企业老板认为有好多战略方向。我深知做事容易、成事很难，便写了一段话给他：

由于外部环境的残酷和内部资源的局限，企业管理的路径并不宽敞，也没有太多选择。大多数时候，往往只有一条小道，而且在悬崖边上，道阻且险，需小心翼翼侧身通过。不走，就没有路；走不好，摔下去，后果更糟。那些认为有多条康庄大道可选的建议，往往没有认识到问题的实质。

所以，如果要做出真正高效的流程框架，必须有很高的管理境界和管理水平。

014

流程设计不好，要么造成企业浪费，要么造成企业撕裂

2015 年，我辅导一家国企做流程梳理。诊断时，我发现该公司效率浪费极其严重：一张入库单总共四联，涉及三个部门，每个部门都要录一遍，人多、活多、效率差；活儿干个没完，账却还是对不起来。

还有一个企业要求各个部门自己单独制订流程，结果各部门制订出来的流程都是对别人的要求多，对自己的要求少，一有事就扯皮推诿，吵得不可开交。

如果流程设计不好，要么造成企业浪费，要么造成企业撕裂。企业浪费，就是费人、费时、费钱、费料；企业撕裂，就是部门之间相互抱怨，

不但工作做不好，人际关系也紧张。

流程是有级别的，有集团流程、公司流程、部门流程、岗位流程、环节流程等。梳理流程的组织需要有相关的权限：集团流程需要拥有集团权限的组织梳理，公司流程需要拥有公司权限的组织梳理。低权限组织很难梳理高权限组织的流程：一是压根做不了主；二是很容易形成本位主义，即先为自己的部门捞点好处。

流程往往有专业性，想当然地去做流程梳理往往会有问题——尤其是涉及专业、财务、信息化等方面的事宜，如果不了解其中的逻辑，梳理起来往往有困难，也很难一矢中的。所以，流程梳理团队往往需要跨部门组织，需要专业人员的参与。

大部分企业的流程设计和主导往往有一个核心部门，由该部门负责组织所有的其他部门，共同讨论制订流程；一旦定下来，大家也都会遵守。

最好的流程可以实现 3 个核心要素紧密吻合，物流、信息流、资金流一一对应、实时一致，事事有人管、人人都管事（图 3 -24）。

图 3 -24　最好的流程

差一些的流程，要么磕磕绊绊，要么可能断掉，反正需要时时盯着（图 3 -25）。

图 3 -25　差一些的流程

还有些企业的流程，有的濒临断裂，看着就怪危险的，有的干脆已经断裂了（图 3 – 26）。

图 3 – 26　危险的流程

015

事情总能一分为二：说说 IF – THEN – ELSE 逻辑

流程是企业管理规划的重要内容，信息化系统的作用之一就是把流程固化到系统当中，所以流程规划是信息化规划极为重要的内容。

流程规划，就是要说清楚一件事情该怎么做。不论企业的业务多么复杂，通过流程规划，都可以指导员工把事情说清楚、把事情做对。

我看过一些企业的流程图，写了一大堆，却很难把事情说明白，乱得就像蜘蛛网——如果听到我这么比喻，蜘蛛都可能会不高兴，会抗议，会说“我的网可不乱”！其实，蜘蛛是对的：蜘蛛网只是密，但并不乱。如果你仔细看蜘蛛网的结构，就会知道它能做到“纲举目张”，网的结构简单，逻辑也很清楚。

流程是用来指导人做事的，乱了怎么行呢？

规划流程一定要简洁、清楚，这样才能易学、有效。

规划信息系统的流程就更加重要了。信息系统不是人，只能按照系统给它定的规则进行判断；如果流程模糊或者错误，那结果就不会正确。

要想规划好信息系统的流程，就需要有信息化思维和流程思维。此处所谓的信息化思维，就是通过信息系统按照给定的规则对信息进行分析、判断和处理的思维方式——也就是说，人要按照系统的工作方式去工作（通俗来说，就是人要模仿系统）。此处所谓的业务流程，是把一个或多个输入（活动）通过一定的次序转化为对客户有价值的输出（活动）的过程。

信息化思维最简单的就是“是”和“非”的判断，也就是“1”和“0”的判断，就是一分为二地解决问题——一次解决不了，那就再细分，直到全部解决为止。这有点像编程中的 IF – THEN – ELSE 逻辑。

比如，一个袋子里面有三个黑球和一个白球，每次只能摸出一个球，直到摸出白球为止。如果让机器人来操作，应该如何编程呢？

01 取出一个球

02 if 这个球是白色

03 then 结束

04 else（如果这个球不是白色）

05 取出第二个球

06 if 这个球是白色

07 then 结束

08 else（如果这个球还不是白色）

09 取出第三个球

…………

以此类推，直到取出白色的球为止。

IF – THEN – ELSE 逻辑，就是把事情一分为二：如果找到答案，就结束；如果找不到，那就继续一分为二，直到找到答案为止。即使一些很复杂的业务，通过一分为二的方式也可以写出来简单的流程。因为这样的流程比较简单，所以也容易实现信息化编程。

用 IF－THEN－ELSE 逻辑分解复杂的流程，笨是笨了些，很多时候却是有效的。

016

关键的流程和关键的流程方面

事物有主要矛盾和次要矛盾，主要矛盾中还有主要的矛盾方面和次要的矛盾方面。流程也是一样，有关键流程和非关键流程，关键流程中又有关键的流程方面和非关键的流程方面。

按照“二八原则”，关键流程大约占总流程的 20%，只要梳理好了关键流程，就可以解决大部分问题，即大约 80% 的问题。关键流程中有很多方面，其中有 20% 是关键的流程方面。只有解决了关键的流程方面，就可以解决大部分流程问题，即解决了 20% 的关键的流程方面，就可以解决关键流程中 80% 的问题。

按照该模型计算，解决 4% 的关键流程的关键方面，就可以解决 64% 的流程问题。

高德拉特博士在他的书中也提到，只有 3% ～5% 的流程是企业的关键流程。这个数据和上述理论极其接近。

所以，只要找到关键流程和关键的流程方面，就可以解决大部分的流程问题。

在所有的流程中，对业务活动起决定性影响的流程称为关键流程。一般情况下，容易形成“瓶颈”的流程都是关键流程。

关键的流程方面也称为流程关键点或者流程关键因素，是指在流程的诸多构成要素中，对流程的运作起决定性影响的要素——没有它，流程就难以运作。关键的流程方面一般包括如下几个因素：①对客户满意度有重大影响；②对交付成本有重大影响；③对回报率有重要影响；④占用资源量多；⑤与核心业务关系密切等。

比如，炼铁行业最重要的原材料是矿石和焦炭，最重要的设备是高炉。如果要获得更好的回报率，那就是矿石要周转得快，高炉要不停地炼。所以库存周转率和高炉的产能利用率是很重要的 KPI 指标。

又如，在建筑施工过程中，混凝土的输送就是流程的关键要素：送得太早，混凝土容易凝固，车辆要等候，既会影响混凝土的质量，又会影响运送的效率；而送得太晚，会让施工单位出现停工待料的情形，影响施工进度。因此，需要把握恰到好处的送货时间。

电商订单出仓也是一样的道理：需要在快递车辆到达之前把货物备好，既能及时交付，也不会压车。

分析供应链的流程，要抓住重要的流程控制点。

就供应链而言，DP 点（Decoupling Point）是重要的流程控制点（图 3－27）。DP 点也称切入点，可以理解为订单切入点，也可以理解为业务切入点。

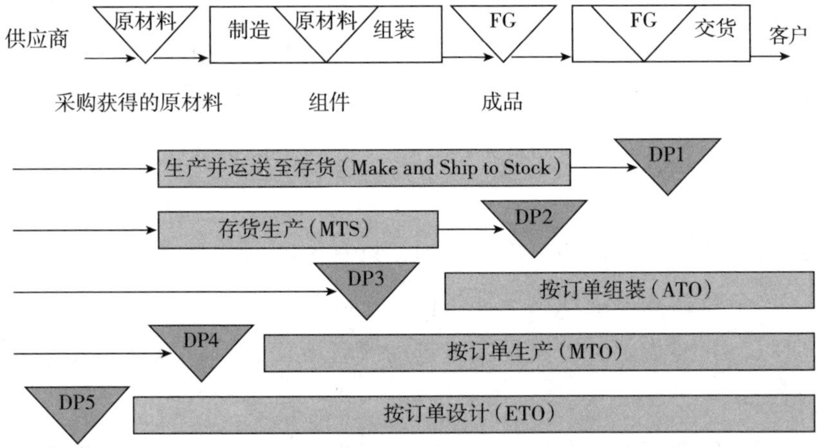

图 3－27　供应链的核心流程控制点

——按照订单设计（Engineering to Order，ETO）的供应链，其业务切入点是供应商的原材料设计，比如航母甲板的交付、2008 年北京奥运会前鸟巢的交付。

按订单生产的供应链，其业务切入点是供应商的原材料备货（比如飞机生产，既要有订单，又要全套物料）。

——按库存生产的供应链，其业务切入点是足够的原材料备货（比如汽油生产，只要有产能和材料就可以）。

——按配送至仓库的供应链，其业务切入点是到客户仓库（比如汽车零部件供应商提供的 JIT 服务）。

一般情况下，DP 点就是流程的关键控制点。关键指标也往往在这个位置，比如及时交付率、齐套率等。

对于企业而言，核心的流程并不多，关键的指标也不多。由于业务上的差异，每个企业的关键流程和关键的流程方面并不一样，这要因地制宜、具体分析。

对于关键流程和关键的流程方面，要舍得投入。

有时候，打仗的准备工作比打仗本身更重要：该炸碉堡了，发现没有炸药包；枪来了，发现子弹没来。这都是准备工作不足。保证关键流程和关键流程方面没有失误是很不容易的事情，需要做大量的准备工作。只有确保每个流程都没有失误，核心流程才不会失误。

017

绩效分析：好的企业都非常关注实时绩效

绩效，从字面意思分析，就是绩与效的组合——绩，就是业绩；效，就是效率、效果。绩效是指组织或个人的工作结果，可以简单地理解为业绩和效果。

业绩体现企业的利润目标以及与利润目标相关的工作，比如营业收入和利润——与利润相关的工作包括客户开发、市场开发等，体现了企业管理的结果。做企业有点像下棋，需要走好每一步。围棋很讲究每一步的效率，任何一步棋的效率落后了，则整体效率就会落后。企业也是一样，需要关注每一步的效率。

效率就是做事的速度和准确度，体现了企业管理的过程水平。绩效管理的对象是人，而人和机器最大的区别是人有情感，所以既要管过程，也要管结果。

对于流通业而言，供应链的效率几乎就是整个公司的效率，即

流通业的效率＝供应链的效率

对于制造业而言，则还要考虑研发效率和制造效率，即

制造业的效率＝供应链的效率＋研发效率＋制造效率

分析供应链的好坏，看看绩效指标就很直观，比如收入、成本、毛利率、净利率、及时交付率、库存周转率、物料呆滞率等。通过绩效计算或者行业对标，可以找到绩效的差距，这也是改进绩效的机遇。

设计绩效结构和绩效指标一定要有利于公司的发展，有利于保障公司整体利益、激发员工积极性。所以，绩效设计要根据业务特点而定，一般来说，规划看长期绩效，运营看中期绩效，操作看实时绩效。比如规划工厂和流水线，一定要做好长远规划，看长期绩效（比如3～5年收回投资）；运营一个项目，比如导入一个新客户，要看中期绩效（比如判断月度、季度或者年度的盈亏）；而操作则要看实时绩效，一旦出了差错，管理人员应该马上知道，马上改正。

好的企业，都非常关注实时绩效。所谓实时绩效，就是当下操作质量的好坏。出了问题，可以马上知道、马上解决。这就需要组织的神经末梢非常敏感，能够实时地发现问题，并反映出来。

2006年，我在泰科集团工作。当时，泰科集团在世界500强中排第35位。对于每天录入的订单，系统都会自动核对，当天晚上就有反馈，几乎没有犯错的机会。我是订单管理岗，每天的工作当天就考核完了，没有什么季度考核、年度考核。

有些企业规划了计件工资的岗位，员工每天做多少活儿，信息系统都有计数，当天就可以计算工资和奖金。

2017年，我观看了某铜业公司的一个大约4000平方米的仓库，仓库

里有几千个 SKU，全部是铜阀门、铜螺栓之类的产品。我问：“盘点准确率是多少？”库管答：“100%。”我很惊讶：“怎么可能？”他自豪地说：“为什么不可能？少一个都要我们自己赔的！”我赶紧不说话了——人家制定的绩效指标很严，管理更严，而且能做到。

现在有些企业，一到季度考核，就让员工写报告、互相评价，完全是扯远了。做供应链的都很忙，哪有这闲工夫？绩效考核，考核了半天，真正的工作结果反而涉及得很少，这就是既不懂业务，也不懂管理。

现在好多企业动辄学习国外的先进绩效考核办法，其实没有那么复杂。中国在三皇五帝时代就已经有绩效考核了。据说尧传位给舜的时候，就对舜说：“女（汝）谋事至而言可绩。”意思是说，你谋划的事情都成了，说过的话也都能兑现，是个靠谱的人。

这就是典型的绩效考核。

018

绩效管理：绩效考核要遵循人之本性

我在某企业做精益管理项目的时候，发现退货率很高，退货订单数大约占销售订单数的 8%，占货物金额的 5% 左右，远远超过行业标准，浪费非常大。

在这之前，出现这种浪费是没有人负责的，因为公司没有一个管理机制和管理办法：销售把责任推给物流部门、制造部门和客户；物流部门把责任推给第三方物流公司和客户不收货；而制造部门则把责任推给原材料和第三方物流的运作水平。就这么一来二去，好像每个损失都是可以理解的。

另外，你如果指责我的问题，我一定指责你的问题，所以，大家最好相安无事，否则谁的日子都不好过。这就是体制化公司的特点，好像互相之间都有把柄在对方手里，谁也不能拿谁怎么样。

企业管理最怕这种情况：业务一锅糊涂粥，财务一本糊涂账。

后来，我为该企业厘清了退货成本，修改了考核体系，解决了这个问题。

首先，我准确地计算出了退货的成本：①运输：广东省内，取值1元/千克；广东省外，根据不同区域的价格而定。②包装材料成本：4元/包裹。③出入库人员成本费率：0.30元/千克。④财务成本：3元/订单。⑤物料损耗：按照销售价格而定。⑥其他浪费：按实际发生。

有了这个清单，再辅助信息系统设置、管理流程、管理制度、岗位职责，对于每一件退货，都可以马上精确计算出损失金额，知道原因和责任归属部门。比如，一个5千克的广东省内的退货包裹，造成的浪费是21.59元。

其次，对退货原因进行分类：哪个部门造成的退货，退货损失都会归集到相应的部门，并进行考核。如此一来，退货率下降了70%。

人往往都是这样：浪费别人的钱的时候不太有感觉，而花自己的钱的时候，就心疼了。花自己的钱给自己办事，钱花得少，事办得好；花别人的钱给别人办事，事未必办好，钱未必少花（图3-28）。

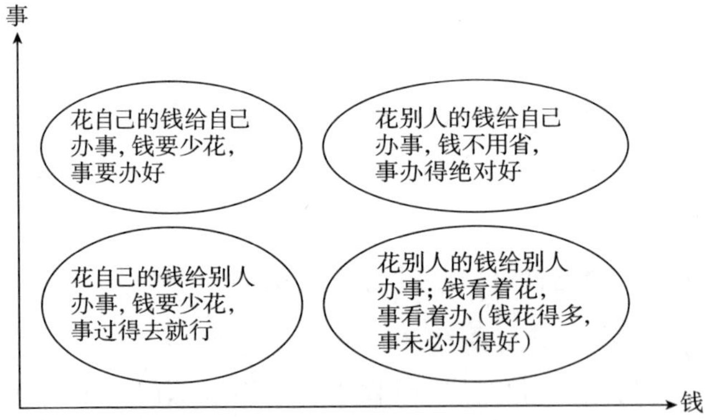

图3-28　花钱和办事的关联关系

019

绩效设计：药店精细化管理绩效设计

2018 年，我辅导过一家有 130 家连锁药店的零售企业。我发现，连锁药店有几个特点：①供应链链条很短，基本上就是采购 + 仓储 + 销售。②竞争很激烈，珠海算是三线城市，在比较旺的地段，两家医药门店之间的距离不过 50 米，有些竞争对手的门店居然就开在对门和隔壁。③市场狭窄，每个门店大约覆盖 2200 人。药店门店和餐馆不同，餐馆还可以指望顾客“慕名而来”，而药店门店不存在这个优势。那么，连锁药店有这么多“劣势”，其壁垒来自哪里？

来自药店销售端的精细化管理。

药店要在同等硬实力条件下提高销售，其本质要求在于对客户的需求进行精细而全面的管理。

满足客户需求的核心在于可及性、经济性、安全性：可及性是可以让客户知道、用到药店的产品和服务，这取决于门店的位置和库存；经济性是让客户用得起、买得起，这取决于价格和营销；安全性是确保客户体验好，用了还想再用，这取决于产品和服务。只要满足了客户的这三点需求，就能够成功抢占流量，从而实现零售端收入的持续增长。

药店收入 = 流量 × 流量转化率 × 客单价 × （1 + 复购率）

流量，即客流量，包括入店客流量、知道门店的客户流量、网上进入门店的客户流量。

流量转化率，是指发生购买行为的客户所占的比例（购买客户数/入店客户数）。

客单价（per customer transaction），是指商场（电商）中每位顾客所购买商品的平均金额，亦即平均交易金额。

从量化指标来看：

流量量化指标的重要影响因素在于选址。选址成功，能决定药店 70% 以上的成功率，其背后是人的选址经验。评价选址的量化指标是租效比和关店率。**评价网店流量的量化指标主要是网店的导流能力。**

流量转化率的量化指标分别对应四大影响因素，即品种品类、价格制定、营销推广和区域布局。**评价流量转化率的量化指标是毛利率、人效和同店增长率。**

复购率的影响因素在于“人+服务”：“人”是指综合前两条以满足客户需求；“服务”是指良好的服务体验。**评价复购率的量化指标是活跃会员数、购买频次。**

兴业证券的分析师建立了一个药店收入端精细化管理分析框架（图 3－29），值得参考。

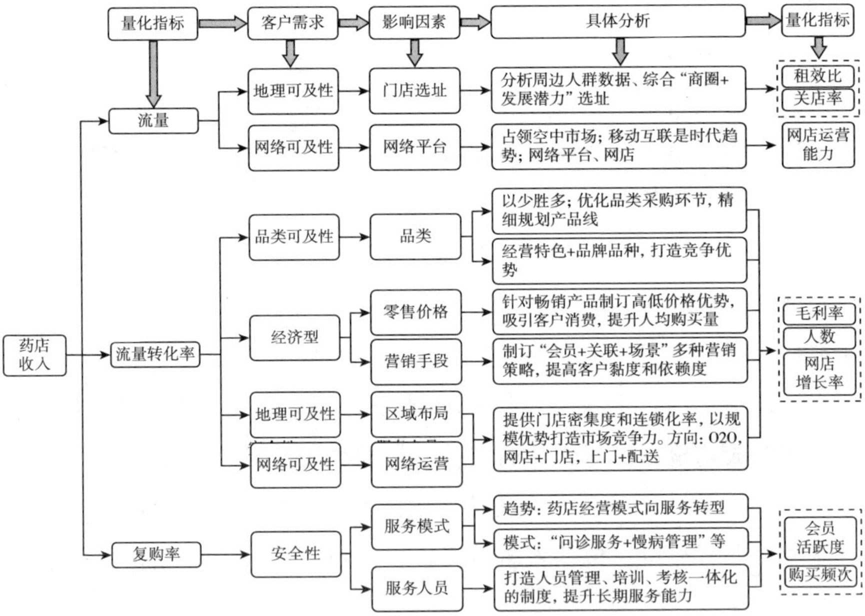

图 3－29　药店收入端精细化管理分析框架①

① 参考资料：兴业证券研究报告《深度量化分析：什么是药店的精细化管理》；分析师：徐佳嘉，孙媛媛；发布时间：2018 年 5 月 31 日；发布媒体：兴证医药健康搜狐号。

020

用利特尔法则分析节拍和在制品库存

生产管理中，往往会碰到生产节拍慢和在制品数量多的问题：生产节拍慢，会影响产能和交付速度；在制品数量多，则会占用大量资金和库存。二者都是不利因素，对此，利特尔法则（Little's Law）为我们提供了一个有效的分析方法。

利特尔法则是一个有关生产周期与在制品关系的简单数学公式，是麻省理工学院斯隆商学院教授约翰·利特尔（John Little）提出的。

利特尔法则的定义是：在一个稳定的系统中，系统中物体的平均数量（L）等于物体到达系统的平均速度（λ）和物体在系统中停留的平均时间（W）的乘积，即：

$$L = \lambda W$$

举例：假如物体从左向右移动（图 3－30）的平均速度是 2 个/分钟（λ），物体在系统中的平均等待时间是 5 分钟（W），则系统中的物体数量平均是 10 个（L）。

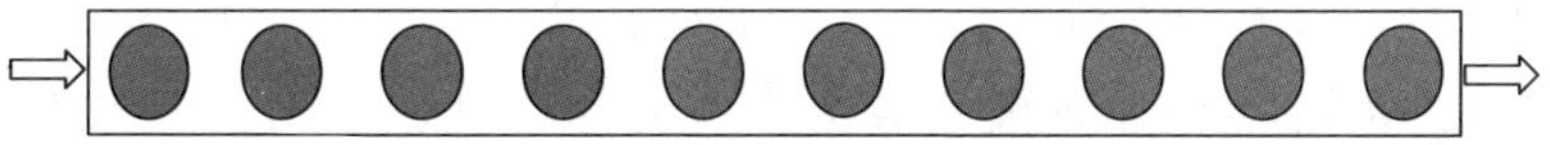

图 3－30　物体移动示意图

可用代数式表达如下：

$$L(10) = \lambda(2) \times W(5)$$

如果将这个公式变换一下，可得

$$W = L/\lambda$$

也就是说，如果要缩短进入系统的时间（比如缩短生产周期），利特尔法则指出了方向：一是提高速度（λ），二是压缩在制品数量（L）。其中，缩短生产周期的最有效方法就是压缩在制品数量。

如果要加快生产的节拍呢？

速度（λ）= 在制品数量（L）/停留的平均时间（W）

在在制品数量一定的情况下，停留的时间越短，则速度越快。

这就是为什么工厂要将几台单体设备连线生产的原因。在制品也称为半成品，既然是半成品，为什么要着急做出来呢？尤其是那些存放了半个月甚至几个月的半成品，从利特尔法则的角度来看，那就是巨大的浪费。

如果采用利特尔法则，既可以分析如何扩大产能，也可以分析如何减少在制品数量，缩短生产前置期，对于精益生产很有帮助。

2019 年，我考察了两家生产同一种产品的印刷企业。其中 A 公司将 4 套设备连成一条流水线，把纸板直接印成产品。我掐了一下表，生产一件产品耗时 0.3 秒。B 公司将 4 套设备放在不同的地方，物料需要频繁搬运，各个设备的节拍不同，每个设备前面都放了一大堆物料，要想掐表计算一下还真不容易，最终我估算其生产一件产品大致耗时 2 秒。也就是说，A 公司的效率是 B 公司的 7 倍。

为什么效率会差这么大呢？用利特尔法则来分析，很容易得出结果：B 公司的车间有两个问题，一是生产线中的在制品太多，二是在制品在生产线中待的时间太长。

从这个角度看，那些有大量在制品的作业往往是灾难性的，不但需要大量的物料，还需要大量的时间，产生双重浪费。而那些流畅的流水线作业和流畅的流程性作业则极具成本竞争力和速度竞争力，因为物料投下去，不需要太大的物流浪费和库存占用浪费，成品就做出来了。

021

信息化赋能：企业数字化水平分析

第一篇提到，信息化是某些企业的竞争力，其实，信息化也是供应链的核心竞争力之一。对于大多数制造业和流通业企业而言，信息化水平往往会极大地影响供应链管理。因此，我们在诊断企业供应链管理水平时，往往会把对供应链信息化水平的诊断放在极其重要的位置。

信息系统的作用是帮助企业省时、省人、省钱，助力企业管理，或者说得“高大上”一点，就是给企业赋能。

省时就是缩短时间。以财务为例，A 公司在没有上信息化系统之前，出年报要 60 天；上了信息系统后，15 天就够了。深圳黑云科技公司主要生产模具和手机皮套，基本上实现了企业管理数字化，当天就可以出具公司整体财务报告，几乎没有偏差。

对于销售而言，信息系统可以帮助企业实现快速获客，快速成交。

对于生产来说，MES 系统可以更加严谨地安排生产计划和管理生产，并实时统计生产绩效。

对于采购来说，通过 SRM 系统管理采购，寻源、招标、采购的速度和数量都可以大幅度提高。

至于物料需求计算需要的 MRP 系统，运输管理需要的 TMS 系统，仓储管理需要的 WMS 系统，以及办公管理需要的 OA 系统等，都可以助力企业发展。

企业要上什么系统，需要根据具体业务的复杂程度和管理难度而定。如果业务复杂，而且消耗大量人力物力，经过评估发现使用系统后能够大幅提高效率、降低成本，那自然要上；至于上哪个模块，则需要根据业务的具体需求而定。

因此，评估和方案都很重要。

诊断企业的信息化水平，可以从两个维度分析：横向维度为信息化水平，纵向维度为业务管理（图3－31）。

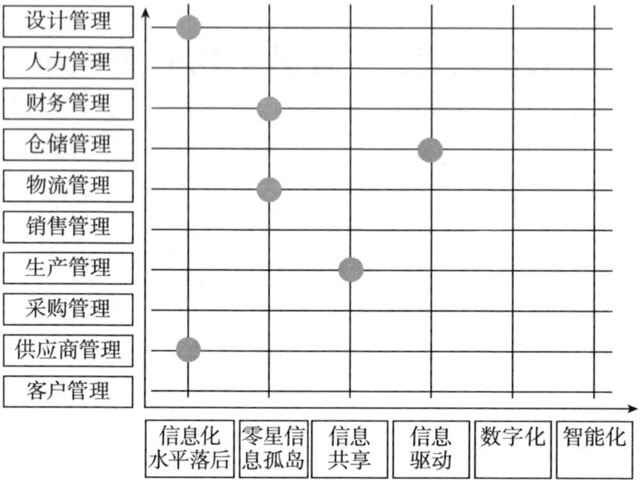

图3－31　供应链信息化诊断模型

一、横向维度分析

横向维度可以分为6个阶段：信息化水平落后、零星信息孤岛、信息共享、信息驱动、数字化、智能化。

（1）信息化水平落后阶段：完全没有信息化系统。

（2）零星信息孤岛阶段：只有财务系统等零星的信息化模块，且模块之间并无互联互通。

（3）信息共享阶段：信息化业务模块比较全面，且信息之间共享充分。

（4）信息驱动阶段：业务逻辑和业务流程由信息系统管理，且业务逻辑清晰，业务流程通畅。

（5）数字化阶段：信息化相对完备，企业的流程、绩效基本实现了数字化，并能实现实时数字管理。

（6）智能化阶段：业务逻辑、业务流程和生产设备可实现自动统计和分析，操作可实现自动化，可以实现自动决策、自动执行、自动管理。

信息系统处在智能化阶段的企业，其业务由是系统自动驱动管理的，比如便利蜂。

大部分人认为便利蜂是个普通的超市，其实便利蜂把自己定义为一个数字化企业。便利蜂门店的库存管理、订单管理、补货管理（甚至什么时候热几份米饭）都是系统安排店员在做，是系统在管理人，而不是人在管理系统。

二、纵向维度分析

纵向维度可以根据业务的具体功能定义，比如研发管理、供应商管理、客户管理、采购管理、生产管理、销售管理、物流管理、仓储管理、财务管理、人力管理等。

（1）对于连锁店来说，客户是其核心资产，所以连锁店的会员管理至关重要。

（2）对于离散型制造企业来说，物料计算系统（MRP）很关键。

（3）对于大部分企业来说，财务都很重要，自然是重要的信息系统模块。

（4）至于仓储、物流、采购、销售，都是重要的业务模块。

三、诊断的标准

至于诊断的标准，可以采用两种方式：一是现有的技术水平和管理水平可以达到的高度（技术水平是信息化和设备设施水平，管理水平则是企业的人才技能和管理标准化的程度），二是对标标杆企业。

所以，咨询师需要对行业、技术、管理、标杆都熟悉才可以。

分析时，可以从宏观和微观两个角度进行：宏观上，可以看看重要业务板块是否有合适的信息系统（假如运输是企业的重要业务，管理却比较混乱，而上运输信息系统后可以解决这些问题，就可以建议企业上运输管理系统）；微观上，可以分析具体的业务系统是否完善（比如 ERP 系统中 BOM 模块的准确性、基础数据的准确性、业务逻辑的准确性等）。

四、诊断的流程

（1）精准分析企业的业务模式；

（2）精准分析企业的业务场景或者作业场景；

（3）精准分析企业的组织架构与岗位职责；

（4）精准分析企业的业务流程，包括分析现状、分析问题；

（5）分析现有的先进技术、数字化技术，尤其是那些和企业现状相吻合的技术；

（6）制订符合企业特点的数字化解决方案。

022

从基础数据到人工智能：数字化水平的四个境界

2002 年，我在香港科技大学参加美国总统轮船公司安排的供应链培训班，授课人是徐宁教授，学员是美国总统轮船公司亚洲区 7 个国家和地区的经理。

徐教授讲了供应链数字化的三个阶段：第一阶段是拥有基本的数据和管理，第二阶段是实现信息共享，第三阶段是实现信息驱动（IT Driven）。

当时，还没有现在的人工智能、大数据、物联网等概念。如果徐教授现在讲授这门课，估计要加上第四阶段——人工智能。

所谓“拥有基本的数据和管理”，简单来说，就是要有个基础的 ERP 系统，有个系统就比没有系统强。即使这个系统还不是那么完善，也会有基础数据[①]和基本业务数据[②]。如果需要，管理者就可以比较全面地从系统中导出数据，也可以初步实现用系统管理业务。

一般的员工都会抱怨系统很烂——那是从员工自身的角度来看的。作为一个管理者或者一个企业拥有者，却不可以这么看这个问题，一定要认

① 系统的基础数据指客户数据库、供应商数据库、员工数据库、产品数据库、财务科目等基本信息，这类信息需要预先录入系统。

② 系统的业务数据指订单、库存等，这类信息是随着业务的发生而在系统中生成的数据。

识到系统的价值。

所谓信息共享，就是系统中有价值的信息会实时地共享给相关方，避免信息不对称或者形成“信息孤岛”。初级的 ERP 系统、一般的 OA 系统就是这类系统。

所谓信息驱动，是指系统指挥员工工作、系统自主地管理业务，这已经是比较高级的信息系统了。比如，订单来了之后，如果有库存，系统自动拣货、包装、配送；如果没有库存，系统自动排产等。

值得一提的是，大部分电商企业都在交付端基本上实现了信息驱动，之前需要人工安排的工作（比如通过关键字段精准投放广告）①，现在则可以由系统自动接单、自动分配拣货任务。然后，拣货员根据系统订单拣货、核对、包装，快递公司完成收货，客户完成签收等，都可以通过系统驱动自动完成。

我估计，京东、阿里巴巴、美团、字节跳动等互联网企业早就开始用大数据分析和管理业务了。便利蜂已经实现了系统自动排计划②。从这个角度来看，互联网企业已经部分实现了人工智能供应链。

023

上系统为什么不容易成

信息系统是先进的技术和工具，对于制造业和流通业极为重要。上了信息系统的企业，其业务管理水平都会有不同程度的提高。但是，大多数

① 互联网宣传的一种方式。比如，根据“钢笔”这一关键词将广告精准地推送给办公室男性人群，这就是精投广告、直投广告等。

② 便利蜂自称是一家数据公司，由系统管理库存和补货，包括什么时间热几份米饭都是系统自动安排的，操作员按照系统的安排操作即可。如果加热的米饭出现了缺货或者冗余，不是操作员的责任。

企业的信息化系统并没有发挥出应有的效力，有些企业的信息系统功能甚至只用了不到10%。

之所以出现这种情况，主要有两方面的原因：

一是供方和需方之间的矛盾。供方和需方的要求并不相同，在信息化设计之初，信息化公司所设计的产品希望尽可能满足更多的需求，希望尽可能满足更多的客户，需要让系统变得复杂化和标准化。因为客户越多、越复杂，也就需要系统越标准；而需方使用系统是为了满足自己的业务需求，希望系统个性化、简单化。供方的标准化无法满足需方的个性化，供方的复杂化也无法满足需方的简单化，这是矛盾之一。

二是业务逻辑和流程优化。优化管理流程，就是梳理如何管理企业，这涉及管理的顶层架构，难度极大：掌握权力的人可能不知道怎么优化，而外部顾问和内部顾问往往没有这个功力和权力。所以，内部人员在梳理过程中往往会朝着对自己有利的方向去梳理，而外部顾问则往往会朝着减少自己工作量的方向去梳理。由于任何个性化的优化都需要修改信息系统标准化的缺陷，到了交付阶段就会费时费力，信息化公司一般不会采纳。

一般企业的业务逻辑往往存在缺陷，这是由企业的条件和当时所处的环境所决定的，比如没有专业人才、规模不够、市场需求不高、监管不严等。信息化公司所规划的信息系统往往也会有缺陷：一是对于新技术的应用更新不及时，二是不适合具体客户的业务逻辑。

所以，企业上信息化系统，需要同时优化两个体系：一是公司的管理体系，二是信息化系统的业务逻辑。因此，先提高公司的管理水平，再通过信息系统赋能，或许是行得通的一条路。

企业上信息化系统，关键是核心流程和核心逻辑，只要把这两块抓好就可以了。其实，核心业务逻辑并没有太大的变化，核心流程所占的比重也并不多。

最近30年，随着技术的进步，供应链信息化的工具一直在变化，比如条码化、互联网、云计算、物联网、大数据等，但业务的逻辑并没有实质性的改变，仍然是研发、采购、生产、营销、销售、物流、支付等。

高德拉特博士出版了一本供应链管理方面的畅销书《仍然不足够》。

在本书的前言中，高德拉特提到：“企业30%的流程需要删除”“实际使用的流程，大概只有5%”“2%的流程需要修改，也正是这2%，真正构建了企业的核心流程，构建了企业的竞争力”。我倒是觉得，这些说法和我对供应链信息化的认识很一致。

榜样的力量是无穷的，所以要多学习一下业界的标杆。

企业上信息化系统，是一个推陈出新的管理蜕变。凡是成功的企业，都找到了一条适合自己的路子，避开了很多坑，或许也填了很多坑，这都是宝贵的经验。我强烈建议企业的信息化总监或者总经理——最好是老板——一定要亲自看看你所在行业的10个最先进的信息系统，看看它们的“最佳实践”，一定会受到启发。

从表象看信息化

从表象来看，企业信息化是通过信息系统对业务进行管理，也就是通过系统管理企业流程。信息系统是一个计算机程序，而计算机程序所能做的是按照程序的规则调用数据和程序（一段程序），完成运算。从这个角度看，所谓信息化规划，实际上就是要按照信息系统能够做到的逻辑对业务进行规划。

在没有信息化之前，这些管理都是通过人实现的，通过人管理人来实现，或者通过人管理设备来实现；有了信息化之后，就可以通过信息系统管理人或者设备来实现。所以，信息化的目标就是在可以实现标准化操作的领域，通过低成本的信息系统取代高成本的人。

024

榜样的力量：说说标杆分析

对于绝大多数企业而言，总是有比它们做得更好的公司——做得好的就是榜样，做到最好的就是标杆。

标杆管理是竞争分析过程的一部分，标杆分析实际上就是看看好的企业是怎么做的，最好的做法是什么，或者说“最佳实践”是什么。我们跟着学，也就是“me too”，目的是节省摸索和试错的时间。

标杆可以作为检测和改善公司竞争力的一种有效手段。标杆管理并不限于瞄准同类行业，可以瞄准在一些业务过程中表现卓越的任何公司，包括业务模式、管理模式、管理流程、财务指标，瞄准的可以是一项技术，或者一个工具。

一、常见的标杆

1. 竞争者管理标杆

主要指行业中的龙头企业或者翘楚。比如，华为是国产手机标杆，苹果是全球手机标杆，美的是家电标杆，玖龙是造纸标杆，德龙钢铁是钢铁标杆等。

2. 过程标杆管理

某个公司在某个过程做得极为优秀，则该过程可以设定为标杆。比如，华为是供应链管理标杆（当然，也是研发的标杆），福耀是汽车玻璃生产标杆，湾仔码头是冷冻食品生产标杆等。

3. 客户标杆

此处是指客户的期望值。比如，宝马公司希望福耀公司研究如何能够使玻璃实现液晶屏的功能。

4. 财务标杆

此处是指标杆企业的投资回报率、毛利率、库存周转率等。比如，罗森的坪效是80～100元/平方米/天，而一般的便利店是20～50元/平方米/天。那么，罗森就是便利店行业的财务标杆。

二、标杆管理流程

一般情况下，实行标杆管理需要以下流程。

1. 确定管理对象

确定管理对象之后，就要对这个对象进行测量和分析。

一是对现有的管理对象进行测量，比如，测量供应链指标，包括新产品开发速度、产品成本、产品质量、及时交付率、产能利用率、库存周转率、资金周转率、现金循环周期、投资回报率等。

二是对现有职能进行分析，比如，研发、采购、生产、销售、配送、仓储、财务等。此外，还可以进一步用指标分析各职能的效率，比如仓库的及时入库率、及时出库率、拣货准确率、盘点准确率、人均拣货订单行数等。

2. 确定合理的标杆

所谓合理的标杆，也就是通常说的“最佳实践”，一定要寻找那些和自己的业务在逻辑上或者管理上相近的实践。

有人会问：哪儿有标杆？其实，这个问题不难回答：三人行必有我师，总是有人比我们做得好；做得好，就值得我们学，这就是标杆。

如果寻找行业的标杆，一般就是行业的第一名和第二名。行业前两名都比较显眼，很容易找到。

竞争对手往往也是我们重点研究的对象，即使它们不是标杆，也要当成标杆进行研究，毕竟你的生意都是被它们抢走的。

有些公司在职能方面有好的实践，也可以作为标杆，比如7-Eleven便利店的研发和物流。7-Eleven便利店的一个优势就是不停地研发新产品、不停地优化物流，不论电商对线下冲击多么猛烈，人家的营业收入和利润还是一直在快速增长。

此外，有些公司在某些方面有好的实践，比如生产的 JIT 模式、供应链的 VMI 模式等；有些公司在某些方面采用了新技术，比如机器人技术、物联网技术等。

3. 确定和标杆之间的差距

通过对照，找出我们和标杆的指标差距，分析差距存在的原因。

你公司的绩效指标和标杆公司的绩效指标之间的差距可以通过以下公式进行计算：

绩效指标差距 = 1 − 你公司的绩效/标杆绩效

4. 研究“最佳实践”的逻辑和操作

需要研究最佳实践者如何取得了这些成果，使用了什么方法、什么工具、什么机制，研究这些操作和成果的内在逻辑。这项研究的关键是“最佳实践”的成功要素。

5. 从“最佳实践”抽取能够在本企业落地的要素和方法

限于企业自身的条件和诸多约束要素，学习者不可能完全照搬照抄。需要研究出一条适合自己企业的新的“最佳实践”的路子。

6. 对“最佳实践”进行进化的复制

一方面，进一步优化“最佳实践”，使之适合本公司的业务情况和业务逻辑；另一方面，进一步修正自己公司的管理、流程和操作。这就是“定制”和“塑身”。

“定制”就是量身定制一套适合自身的“衣服”，“塑身”就是使自己的身材苗条，**因为没有苗条的身材就穿不上苗条的衣服**。对企业而言，“塑身”就是修正自己的管理和流程，使之达到高效的管理水平。

标杆实施的三张表（表 3 − 7、表 3 − 8、表 3 − 9）是很实用的工具，读者可以了解一下。

表 3-7　绩效差距分析表

项目	你公司的业务绩效	标杆的业务绩效	绩效差距公式	绩效差距	备注
拣货速度	5 秒/行订单	3 秒/行订单	1-3/5	40%	

表 3-8　差距原因分析表

序号	操作	你公司的操作	标杆的操作	绩效差距公式	绩效差距	备注
1	拣货设备	人工	流水线			
2	货架设备	普通货架	自动化存储			
3	缺货率	5%	1%			
4	人数	100	50			
5	流程	较严谨	严谨			
6	现场管理	较严谨	严谨			

表 3-9　措施表

序号	操作	原方案	新方案	原绩效指标	新绩效指标	带来的收入
1	拣货设备					
2	货架设备					
3	人数					
4	流程改变					
5	信息化投入					
6	现场管理					

025

问中有知：多问“是什么”和“为什么”

世界上不存在没有问题的企业：企业一定有问题，小企业有小问题，大企业有大问题，管理得好的企业有问题，管理得差的企业更有问题。

从主观认识论和客观实践论两个角度来看，世界上不存在没有人知道的问题。

因为没有人知道，可能也就不是问题了，就跟“解决不了的问题也不是问题”是一样的。

有问题，一定有人知道，只不过要看是谁知道。尤其是那些显而易见的问题，企业自己的人一般都知道；而咨询师作为一个“外人”往往不知道问题在哪儿，需要多问，多找几个人问问，往往可以问出来，这就是访谈。

咨询师需要知道哪些是问题，哪些不是问题，问题的标准是什么。这就是咨询师的专业能力。

为了方便诊断，我建了一个供应链的诊断表，有 200 多个问题，包括研发、设计、营销、预测、销售、配送、生产、采购、退货、库存、物流、信息化、财务等。每接手一个新项目，我就用这些问题清单给企业过筛，看看主要存在什么问题（比如库存偏高、物流速度慢、生产节拍慢、资产管理不善等）。通过参观现场和数据分析，可以发现企业的大部分问题。还有一部分问题（比如客户关系、供应商关系、人的问题等）并不是那么显而易见的，这也需要多问。

咨询师诊断企业，非常类似于大夫为病人问诊，应该知道该看什么、该问什么。诊断供应链的问题，可以沿着供应链的脉络去问；如果不熟悉供应链的脉络，可以看一下 SCOR 模型。

抓住重点询问，就可以找到主要问题，如果进一步梳理，基本上就可以找到供应链的大部分问题。

询问不仅可以帮我们找到问题，也可以帮我们找到原因和方案。

日本人做精益管理，不仅要找到问题，还要找到原因——不是浅层次的原因，而是根本上的原因。他们往往采用“5 个为什么”的方法来挖掘问题实质的原因。比如，针对设备产能利用率不高这个问题，可以这样发问：

（1）为什么产能利用率不高？因为设备经常损坏。

（2）哪些设备零件？传动系统。

（3）为什么传动系统经常损坏？备件质量达不到。

（4）为什么质量不过关？因为工作负荷超过寿命周期。

原因找到了，自然也就有方案了，比如重新设计备件、提高备件质量或者及时更换备件。

企业如果有问题，不可能没有人知道。至于企业认为不认为这是个问题，那就另当别论。比如，九州通营业额高达几百亿元，在仓库盘点中差几十元都会认为是个问题；而有些企业营业额只有几亿元，在仓库盘点中差了几十万元，即使员工和老板也都知道，但都认为问题不大。

如果你是一个供应链专家，那就不一样了，你可以精准地判断这个问题的严重程度，可以参考大致的行业标准和标杆，告诉客户这个问题的性质和严重程度。如果建立了合适的模型，有相应的数据，甚至可以以数据的方式可以告诉客户改善之后的收益（比如每年节省1000万元）。

每一个问题都有其特殊性，都不是凭空冒出来的，都有其来龙去脉。多问问，一定可以接近真相。好的问题会帮助我们很快找到答案：只要问题足够精准，可以很快发现问题；如果技能足够纯熟，也可以很快找到解决方案。

026

分析矩阵：分析供应链的“九宫魔方”

我做诊断和分析的时候总结了“三个三”：使用3个分析方法，数据、流程、绩效（也就是数据分析、流程分析、绩效分析）；研究3个对象，资金、物流、物料（目的是分析资金、物流、物料的效率）；对比3项指标，质量、成本、交付（要求是质量好、成本低、交付速度快）。

从立体图上来看，这有点像一个“九宫魔方”（图3－32）。转动魔方，把企业的问题挖掘出来，就可以找到改善的方案。比如：

（1）资金成本的数据分析；

（2）物料成本的数据分析；

（3）物流成本的数据分析；

（4）物料交付的绩效分析；

（5）物流交付的流程分析；

（6）物流交付的质量分析；

（7）物流交付的绩效分析；

…… ……

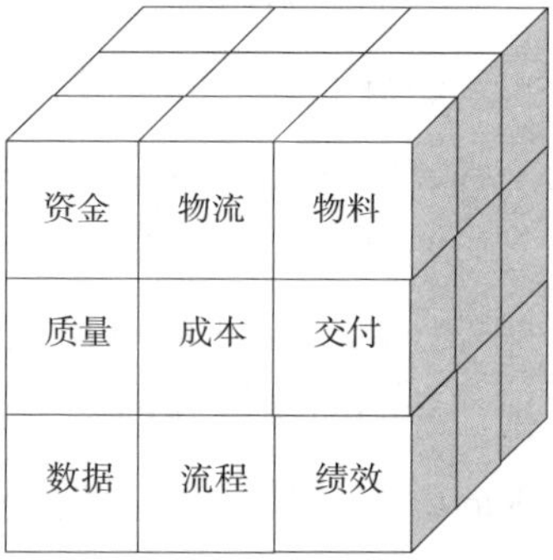

图 3-32　供应链诊断的九宫魔方

027

DPPP 模型：数据、流程、绩效、实践

DPPP 是我自己研发的一个供应链诊断模型。D 是指 Data（数据），第一个 P 是指 Process（流程），第二个 P 是指 Performance（绩效），第三个 P 是指 Practice（实践）。该模型以创造价值为核心，从数据、流程、绩效、实践 4 个方面分析企业的供应链业务，分析的主要内容是基础数据（系统）、订单、库存、物流（图 3-33）。

在 DPPP 供应链分析模型（一维）（图 3-34）中：数据分析主要分析

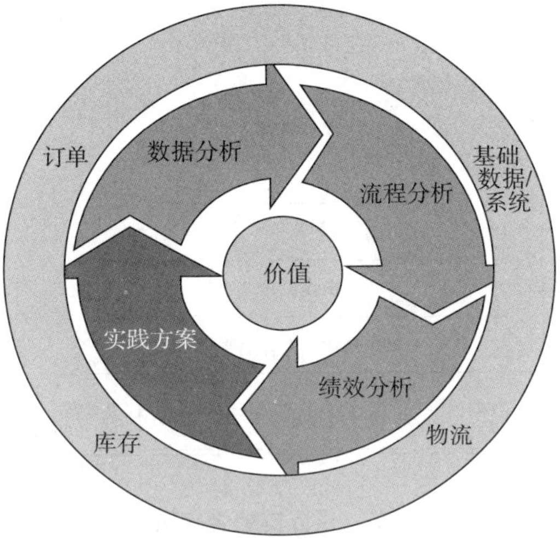

图 3-33　DPPP 模型

SKU 和操作量；流程分析主要分析流程是否通畅、是否有保障、是否高效；绩效分析主要分析操作准确率和操作效率；解决方案主要包括 4 个方面：定义问题、分析问题、计算差距、解决问题。此处解决问题的方案实际上是一种做法，是一种计划或者方案的落地，所以，用 Practice 更加适合。

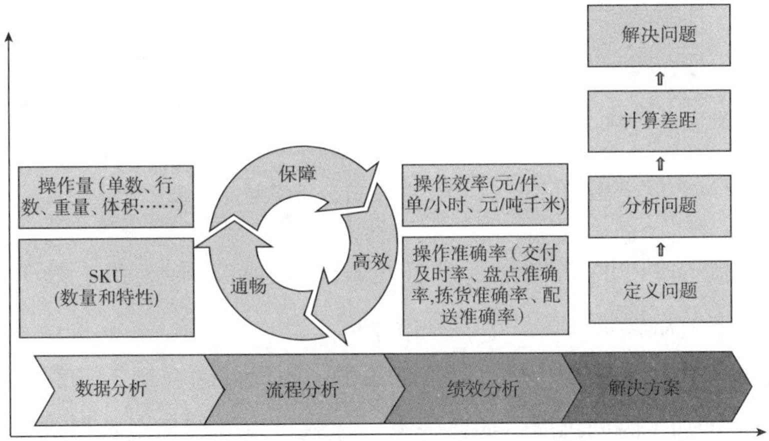

图 3-34　DPPP 供应链分析模型（一维）

从战略落地的角度来看，对供应链的分析更像一个金字塔模型（图 3-35），最顶端自然是业务模式（就是企业靠什么赚钱），再往下走分别是供应链战略、物流和库存策略、操作流程，最后是基于动作和库存的管理。

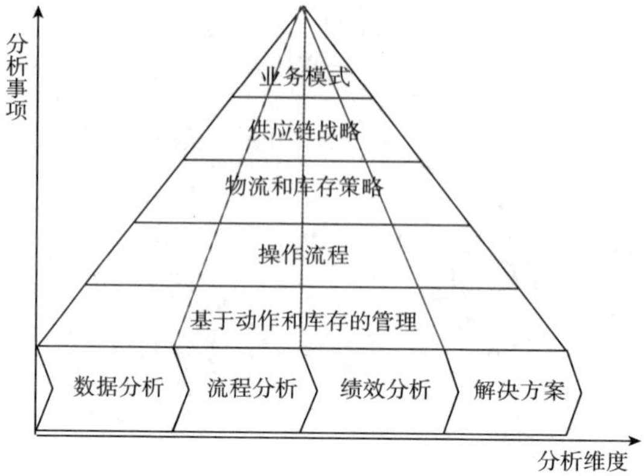

图3－35　供应链的金字塔分析

如果把DPPP供应链分析模型做成二维的（图3－36），则更容易理解。比如，你可以通过这个模型分析配送的数据、配送的流程、配送的绩效、生产的流程、生产的绩效等。

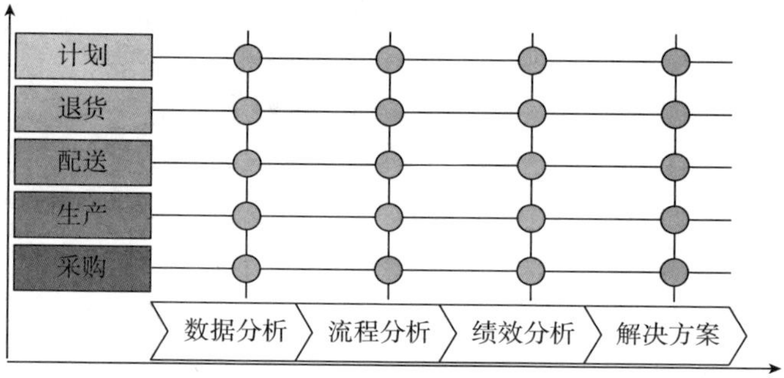

图3－36　DPPP供应链分析模型（二维）

自然，DPPP供应链分析模型也可以做成三维模型（图3－37）。图3－37中的点就是配送订单的数据分析。

如果要把供应链分析模型做成四维的，也没问题（图3－38）。在四维模型中，增加了时间维度，如此一来，你就可以参照历史数据进行同比分析或者环比分析。

分析供应链要有针对性：不同的行业、不同的功能、不同的对象，其供应链特点有所不同。上述分类为我们提供了一个分析问题的模式，尽管

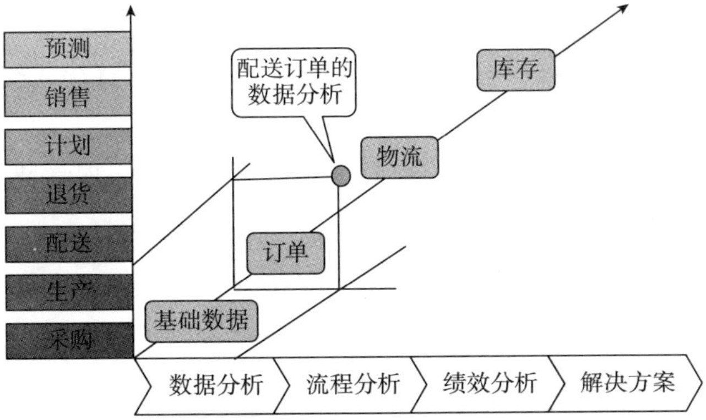

图 3 -37　DPPP 供应链分析模型（三维）

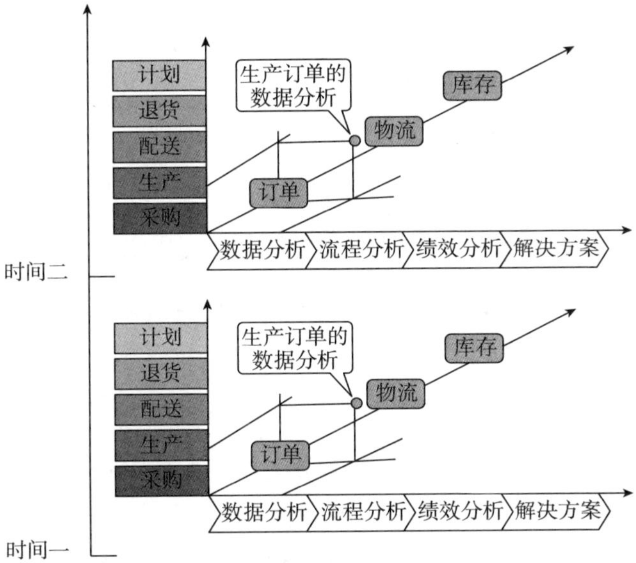

图 3 -38　DPPP 供应链分析模型（四维）

分类的细节未必完全符合逻辑，但仍然是一个有效、有用的参考模式。

从行业来看，有制造业、流通业；流通业中，有线下销售、线上销售、物流公司等。

供应链是一个立体的矩阵，仅仅分析投资回报率、交付率是不够的，必须把其模式和效率分析到骨子里，做细节分析，才能找出问题。通过供应链解剖模型（图 3 -39），就可以对特定行业、特定功能的特定对象进行详细分析。比如，X 轴主要是功能分析，包括销售、制造、采购、退货、设计等；Y 轴主要是行业分析，包括制造业、流通业、电商体系等；Z 轴主要是对象分析，包括库存、物流、资金、产品等。

比如，在图 3 – 39 中，A 点分析的是电商企业的库存管理，B 点分析的是采购流程中的资金管理。

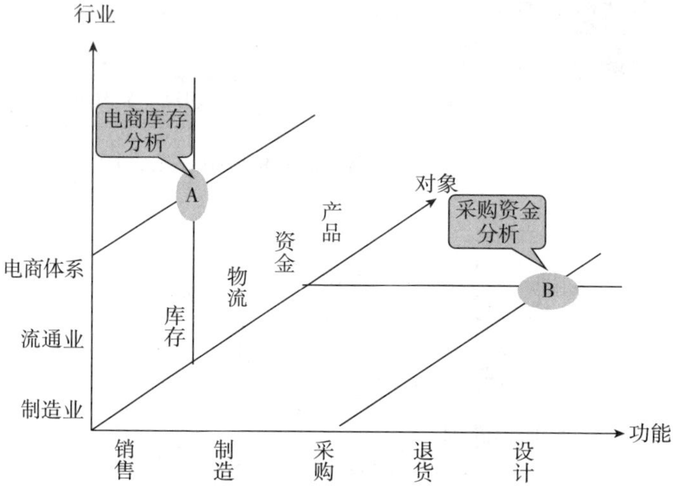

图 3 – 39　供应链解剖模型

028

“12345”：供应链诊断的五项内容

一般情况下，供应链诊断的内容主要包括五项：1 套报表、2 个架构、3 个实体、4 项数据、5 个流程。

一、1 套报表

1 套报表，即财务报表。

财务报表包括资产负债表、损益表、现金流量表。财务报表中包含了供应链的绩效。许多重要的供应链绩效指标（比如收入、毛利、净利、现金流等），都可以从表中直接看出来。比如，要想了解周转率等绩效指标，可以通过数据分析计算，从资产负债表中选取库存数据，从收入表中选取销售物料的成本数据，用成本数据除以库存数据，即可大致计算库存周转率（尽管不太精确，但足以反映问题）。至于计算现金循环周期等指标，则需要参考公司的财务数据。

如果是上市公司，财务报表是公开的，可以通过公开数据分析供应链绩效，做大致的评估。

二、2 个架构

2 个架构，即组织架构和信息化架构。

组织架构包括组织架构和岗位职责：组织架构是否合理，是否有效地覆盖了供应链的工作内容？岗位职责是否有效地定义了业务的分工，是否有效地定义了岗位的绩效？

诊断组织架构时，需要结合流程，关注流程的可靠性、流畅性、高效性。

信息化架构包括信息化设置、信息化模块、信息化逻辑、信息化流程等。

三、3 个实体

供应链主要有 3 个实体：企业自己，供应商及其上游的供应商，客户及其下游的客户。每一个实体都包括其各自的主业、主要竞争力、所处行业地位等。

四、4 项数据

（1）SKU 基本数据：包括产品基本数据、BOM 数据、供应商数据、客户数据。

（2）库存数据：包括库存结构和库存数量。

（3）订单数据：包括销售订单数据、采购订单数据、工单数据。

（4）物流数据：包括仓储数据（主要包括入库、出库、拣货）和运输数据（主要包括运量和路线）。

五、5个流程

（1）预测和计划流程：预测包括渠道预测、市场需求预测、产品预测、销售预测等；计划包括经营计划、销售计划、资金计划、库存计划等。

（2）寻源采购流程：包括确定物料标准、寻源、认证、招标、比价、合同、采购、支付、供应商管理等。

（3）销售管理流程：包括流量管理、客户管理、订单管理、交付管理、应收管理等。

（4）物流操作流程：包括仓储操作流程、运输操作流程、业务操作流程等。

（5）生产流程：会包含的内容较多，需要根据企业的实际情况确定，包括排计划、产能管理、工单管理等。

实际分析时，一般考虑4个P的维度：Process（流程），Performance（绩效），Practices（实践），People（人的技能）。这样一来，就可以对某个模块在4个维度上做分析。比如，要分析某公司采购的寻源模块，可以分析寻源的流程、绩效、实践（做法）和人的技能4个维度。其中，流程的作用是把如何做业务说清楚；绩效的作用是把做得好坏说清楚；实践主要包括两个方面：一是用何种技术，二是学习好的企业是怎么做的（也就是学技术、学标杆）；人的作用无须赘言——无论说得多么清楚，学得多么好，最终还是要落实到人身上，也就是落实到人的技能的提高上。

029

生产节拍：优化节拍，产能提升10%

在生产管理中，经常需要计算产能，比如一天能搬运多少个集装箱、多少个托盘、多少吨货等。海港码头一天能卸几艘船，火车站一天能卸几列车皮等，这都是产能数据。产能是服务能力和交付能力的重要指标。

一般情况下，

产能 = 总时间/循环时间

循环时间（cycle time）是指完成一项任务所需要的时间。比如，上架一个托盘，需要叉起托盘、行走至货位、举起托盘、把托盘送进货位、放下托盘、撤回货叉6个动作，这6个动作的时间总和，就是一个托盘上架的循环时间。

循环时间可以通过掐表或者看设备参数进行计算。对于物流循环时间来说，只要把物流动作拆分得足够细，就可以精确计算循环时间和相应的成本。

生产节拍往往也存在结构性问题，这些结构性问题会浪费产能，影响绩效。

我在辅导某汽车设备工厂时拍了一张生产线的照片：一条生产线上的十几个员工，有的背着手干活，有的用一只手干活，有的用两只手干活。为什么呢？因为各环节的节拍时间不同：有的工序忙，有的工序闲。用员工的话说就是：忙的忙死，闲的闲死。

图3－40就是一个生产线布置图，共有14道工序，其中1～11道工序在生产线上。

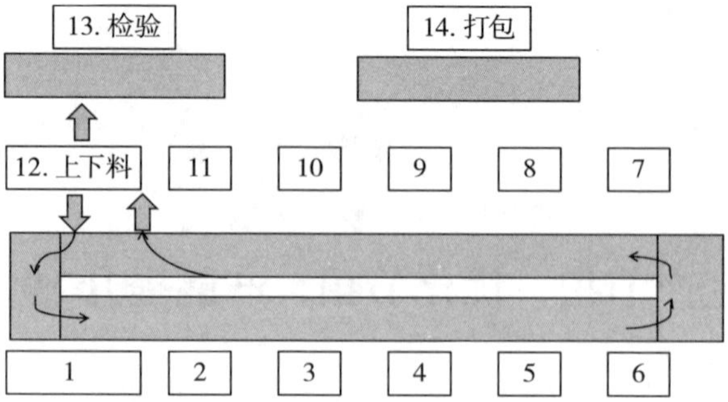

图 3 –40　生产线布置图

生产线上的这 11 道工序，每道工序的节拍如图 3 –41 所示。

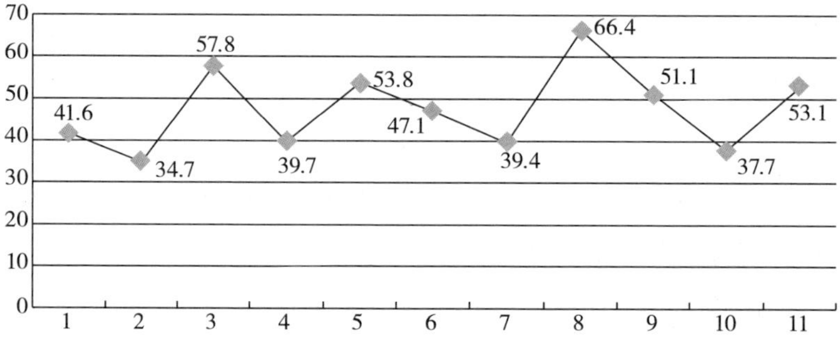

图 3 –41　工序分析图

从图 3 –41 可以看出，第八道工序是瓶颈工序。如果第八道工序的效率提高 10%，则整条流水线的产能提高 10%。这就是 TOC 理论的内容：瓶颈工序提高 10% 的产能，则整个系统提高 10% 的产能。经过调整后，产能果然增加了 10%。

030

牵牛要牵牛鼻子：抓住主要矛盾和主要的矛盾方面

任何复杂事物，都存在着“关键的少数和一般的多数”这一规律。事物越是复杂，数量越大，这一规律便越是显著。供应链规划和管理也是如此，如果分不清主次，眉毛胡子一把抓，捡了芝麻，丢了西瓜，其效率和效益不可能高。而如果能分清主次，抓住主要对象，却一定可以事半功倍。

如何抓住“关键的少数”呢？可以用 ABC 分类法。

ABC 分类法是一种分类管理法，又称帕累托分析法、柏拉图分析法、主次因分析法，也有人称之为“80/20 规则”。ABC 分类法实际是由意大利经济学家维尔弗雷多・帕累托所首创的。1879 年，帕累托在研究个人收入的分布状态时，发现少数人的收入占全部收入的大部分，而多数人的收入却只占全部收入的一小部分。他将这一关系用图表示出来，就是著名的帕累托图。其实，帕累托图并不仅限于分析收入结构，其应用非常广泛。比如，在仓储行业，可以用它来分析货物价值和 SKU 数量的关系（图 3－42）。

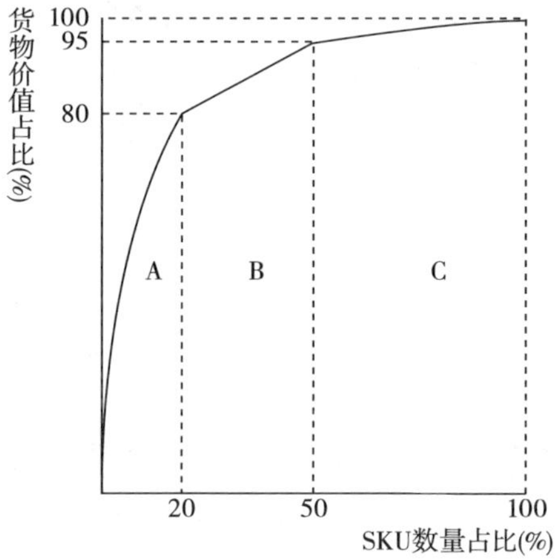

图 3－42　货物价值和 SKU 数量的帕累托图

后来，帕累托分析法被不断应用于管理的各个方面。1951 年，管理学家戴克（H. F. Dickie）将其应用于库存管理，把被分析的对象分成 A、B、C 三类，并将其命名为 ABC 分类法。

ABC 分类法的特点是既能集中精力抓住重点问题进行管理，又能兼顾一般问题，从而用最少的人力、物力、财力实现最好的经济效益。

它是以某一具体事项为对象进行数量分析，以该对象的各个组成部分与总体的比重为依据，按比重大小的顺序排列，并根据一定的比重或累计比重标准，将各组成部分分为 A、B、C 三类：A 类是管理的重点对象（或特别重要库存），B 类是管理的次重点对象（或一般重要库存），C 类是管理的一般对象（或不重要库存）。管理时分清主次，则能大大提高效率和效益。

在规划和分析供应链时，为了抓住重点，很有必要分析“关键的少数和一般的多数”。分析对象主要是四大类：①产品，此处主要指 SKU；②订单，包括销售订单、采购订单、工单、拣货单、发货单等；③库存；④物流。ABC 分类法可以帮助我们从数据中找到规律、找到重点，而规律正是规划供应链时需要的业务逻辑。

用 ABC 分类法管理物料和物流，关键是按品种和占用资金多少进行分类，划分重点对象、次重点对象和一般对象。

A 类：数量占总数的 10% ~20%，价值占总数的 70% ~85% 的物料定为 A 类进行管理。要做到严格控制，努力降低库存，定期订货。

B 类：数量占总数的 20% ~30%，价值占总数的 10% ~20% 的物料定为 B 类进行管理。要做到适当控制。

C 类：数量占总数的 50% ~70%，价值占总数的 5% ~10% 的物料定为 C 类进行管理。要做到简单控制。

ABC 分类法是个方法论，要活学活用。比如：对于订单，可以按照紧急程度做 ABC 分析，调整生产进度；对于配送，可以按照紧急程度做 ABC 分析，调度配送资源；对于库存，可以按照紧急程度和重要程度做 ABC 分析，安排库存资源；对于资金，可以按照紧急程度和重要程度做 ABC 分析，制订收付款节奏。

有问题是供应链的常态，没有问题反而不正常。做供应链管理，不就是不停地给自己找问题，然后不停地解决问题吗？我们找客户、打单，不就是给自己找问题，找麻烦吗？

很多时候，看似纷繁复杂、困难重重的问题，其实，只要抓住了主要矛盾或主要的矛盾方面，就抓住了问题的实质，任何问题都不难解决。

毛泽东与《矛盾论》

毛泽东在《矛盾论》中指出：“矛盾存在于一切事物发展的过程中，矛盾贯穿于每一事物发展过程的始终，这是矛盾的普遍性和绝对性。”

“在复杂的事物的发展过程中，有许多的矛盾存在，其中必有一种是主要的矛盾，由于它的存在和发展规定或影响着其他矛盾的存在和发展。”

通俗来讲，尽管矛盾很多，但80%的问题来自20%的矛盾。这就是说：“不能把过程中所有的矛盾平均看待，必须把它们区别为主要的和次要的两类，着重于捉住主要的矛盾。”“无论什么矛盾，矛盾的诸方面，其发展是不平衡的。有时候似乎势均力敌，然而这只是暂时的和相对的情形，基本的形态则是不平衡。”所以，只要有矛盾，迟早会分出主要矛盾和次要矛盾。

矛盾是普遍的，但解决矛盾需要了解矛盾的特殊性，那就是“主要的矛盾和主要的矛盾方面”。

同理，在矛盾中，有主要方面和次要方面，主要矛盾中80%的问题来自20%主要的矛盾方面。

所以，只要抓住了20%的主要的矛盾方面，就可以解决主要矛盾，也可以解决问题了。

从经验数字来看：只要解决了4%的主要的矛盾方面，就可以解决64%的问题。

图3－43是某汽车总装线项目订单出货量分析，这些数据中包括拣货的规划。从数据分析的结果来看：①13.9%的订单数占了84.9%的出货量，是不是很符合“只要抓住了20%（该案例中的数据还不到20%）的主要的矛盾方面，就可以解决主要矛盾”？②4.3%的出货量占了68.5%的订单数，是不是很符合“解决了4%的主要的矛盾方面，就解决了64%的问题”？

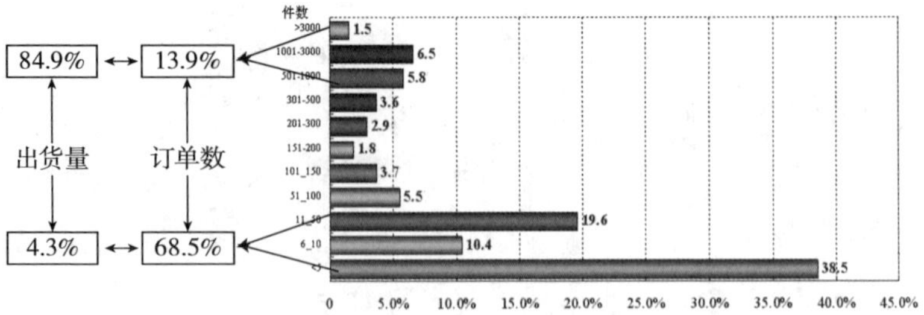

图 3－43　某汽车总装线项目订单出货量分析

031

成品呆滞分析：A 企业成品呆滞库存分析过程

在分析某企业的成品呆滞库存时，我采用下述方法做数据分析，颇为有效。

（1）从 ERP 系统中导出销售订单；

（2）在 Excel 表格中，通过透视图功能，把销售订单合并，形成年度销售量；

（3）从 ERP 系统中导出成品库存；

（4）在销售量表格中，运用 LOOKUP 函数导入成品库存（即同一个 SKU 中，既有年度销售量，也有库存量）；

（5）用销售量除以库存，计算周转次数；

（6）如果把周转次数在 5 次以下设为呆滞，则可以通过周转次数判断呆滞率；

（7）现场询问，确认是否呆滞，确认呆滞原因；

（8）呆滞的原因有很多，比如做多了、质量问题、客户取消订单、客户延迟发货等。

该方法根据 ERP 系统中的实际订单数据和库存数据进行数据挖掘、对比和分析，发现问题非常精准。

该方法也可以分析原材料库存、半成品库存的呆滞状况。

032

顾此也不可失彼：物流成本下降 85%，盈利反而减少 60%

之前，我辅导过一个跨境电商客户。老板问我："孔老师，我们的业务模式是从国内采购，运输到欧洲销售。刚开始采用空运，后来发现海运费用只有陆运的六分之一，就改用海运，却发现利润大幅下降，而现金需求则大幅上涨。这是怎么回事？"

经过调研，我了解到，该企业为此投入资金大约 7000 万元，毛利率大概为 30%。如果以 7000 万元作为一个批次：如果选择空运，则每批次物流费用约为 420 万元，在途库存天数是 7 天，在欧洲的在库库存天数是 20 天；如果改成海运，则每批次物流费用为 70 万元，在途库存天数是 50 天，在库库存天数也是 20 天。

经过对比可以发现，虽然海运比空运的成本便宜很多，但海运增加了在途库存时间，从本质上来看，就是增加了库存周转天数，反而大大降低了资金效率和库存效率。同样是投入 7000 万元，如果使用空运，每年盈利约 2.45 亿元，海运则只有 1.06 亿元左右（表 3-10）。

表 3-10 空运和海运盈利能力表

运输方式	空运	海运	说明
投入资金（万元）	7000	7000	
毛利率	30%	30%	
运输费用占营业额的比例	6%	1%	
每批次物流费用（万元）	420	70	
每批利润（万元）	1680	2030	投入资金×毛利率－运费
运输时间（天）	7	50	
在途库存天数（天）	7	50	

续表

运输方式	空运	海运	说明
在库库存天数（天）	20	20	销售周期
合计库存天数（天）	27	70	
周转次数（次）	14.6	5.2	365/库存天数
每年利润（万元）	24528	10585	周转次数×每次的利润

如果使用海运，也要求达到2.45亿元的利润指标，那就需要1.96亿元资金才可以。

这就解释了老板的困惑：为什么陆运改为海运后，不但利润大幅下降，而且现金需求大幅上涨？

就是这么回事。

苹果公司为什么选择空运

苹果公司的iPhone和iPad都是通过航空运输的，原因竟然是时效性和成本都好。苹果公司选择空运，一方面是希望能够把产品在第一时间送到消费者手中，另一方面是空运的实际资金成本其实要低于海运。

从美国到中国，海运需要30天，而空运只需要15个小时。从运输成本来看，以一加仑汽油4美元计算：如果选择海运，每台iPhone和iPad的运输成本为1美分；而如果选择空运，那么每台设备的运输成本将达到50美分。

那苹果公司为何还要多花50倍的价钱选择空运呢？这是因为，苹果公司需要在货物运输的过程中承担资金成本。如果选择海运，从发货到零售商拿到货，其间有30天的运输时间，而苹果公司将为此承担30天的海运成本，导致其必须放弃手中大量现金所带来的利息。

我们以月为单位计算：银行的利息约为0.25%/月，一部iPhone的售价为600美元左右，因此其每月的利息成本就是1.5美元（600×0.25%）。如果按苹果公司可以拿到50%的利润计算，这部分的成本就是0.75美元。大型公司的资金成本一般在9%左右，再加上0.75美元的利息成本，如果苹果公司选择海运，那么其承担的额外成本将在3美元左右。

因此，虽然海运的直接成本远低于空运，但是从资金成本的角度考虑，苹果公司选择空运无疑是更明智的。

033

有备则无患：应急预案和灾难恢复能力

供应链最难应对的事情可能就是如何应对不确定性。企业会遇到各种各样的风险和意外是众所周知的，所以，企业碰到意外这件事并不意外。

加强防范确实可以减少意外发生的频率，只是无论一个企业怎么防范，都不可能保证供应链永远不出意外或者不遭遇灾难，因为许多意外是由不确定性原因造成的，比如断电、水灾、火灾、爆炸、疫情等（甚至连苏伊士运河也会偶尔堵塞）。企业遇到灾难的概率都是差不多的，但企业需要多长时间从灾难中恢复过来，差别却很大：有些企业需要 3 个月，有些企业可能只需要 3 天，这就很考验企业的灾难恢复能力。

对于大部分企业来说，在检查其灾难恢复能力时，灾难恢复时间是一个很直观也很重要的管理指标。

古人云：有备则无患，意思是只要做了足够的准备，就不会有太大的祸患。这里说的“准备”其实就是我们经常提到的应急预案。

应急预案指面对突发事件（如自然灾害、特大事故及人为破坏）的应急管理、指挥、救援计划等。我给不少有规模的外企做物流方案时，其中有一道必做题就是应急预案。因为面临的风险不同、环境不同、机制不同、条件不同，每个企业的应急预案也是不同的，大致应该包括如下一些内容：

（1）完善的应急组织管理指挥系统。应急预案中最简单也最重要的是指挥系统，包括组织架构、职责，总指挥、副总指挥等主要责任人的名单、联系电话等。

（2）对可能发生的意外做必要的甄别。企业必须对可能发生的意外做必要的甄别，有针对性地做必要的准备。这类工作可以参考相关的法律法规、认证体系。

(3) 建立应急救援保障体系。根据企业的规模和业务特点，参考相关法律法规和认证要求，建立应急救援保障体系。

(4) 备灾的保障供应体系。根据企业的规模和业务特点，建立备灾的保障供应体系，包括备库存、备资金、投保险等。

(5) 组建综合救援的应急队伍。组建综合救援的应急队伍，并定期进行训练，比如消防演习等。

企业面临的意外林林总总，各不相同，需要抓住重点。比如，供应商断供（无奈或者恶意）、客户毁约、员工大面积离职、重要设备出现故障、断电、断水、断气、资金链断裂、交通意外、货物被盗、火灾、水灾、服务器故障、网线断网……每个企业面临问题的重点不同，其应急预案的重点也各不相同。所以，企业在制订应急预案的时候，不能简单参考别的企业，也就是没法“抄作业”。但是，只要绷紧这根弦，拥有一个基本的管理体系，也就不会有太大偏差。

有些资源需要备份成长期积累，比如供应商资源。苹果公司一直用两家电源线供应商，联想公司也一直用两家硬盘供应商、两家主板供应商，主要原因就是考虑保供、质量等方面的意外。又比如，A 公司的一个供应商觉得自己是唯一供应商，突然要求 A 公司提前支付货款，否则断供；没承想，A 公司马上签约另一家供应商，只用 36 小时就做出了模具，恢复了生产。这就是 A 公司平时做好资源储备的回报。

也有些意外事件，只要加强管理就可以避免，比如企业数据备份、服务器备份和维护、重要设备的维护，等等。

第四篇

优化供应链

用精益打造竞争优势

- 精益管理
- 精益生产
- 资金运筹
- 单品规划
- 库存改善
- 全渠道物流优化
- OEE指标
- 卡拉杰克矩阵

001

精益求精：精益是供应链管理的第一要义

精益，就是精益管理，也就是创造价值和消除浪费。

企业的目标是赚钱，赚钱就需要创造价值。从企业经营的公式（利润＝收入－成本）来看，如果要赚取更多的钱，就需要提高收入，降低成本，而成本中最需要减少或者消灭的就是浪费。所以，精益管理的核心要点首先是减少浪费。

什么是浪费？企业往往有哪些浪费？如何消除浪费？这是我们做供应链优化时需要思考和解决的问题。

所谓浪费，就是指不能创造价值的活动。

在《精益思想》（Lean Thinking）一书中，阿尔特为在线模公司实施精益管理，把各项工作分为三类：①创造价值的工作（即线模公司把自己工作的成本传递至用户的能力）；②不创造价值但目前属于业务需要的工作；③不创造价值且不需要的工作。如果按照这个划分标准，我估计有些公司的人要被裁掉一半。

浪费分为直观的浪费和非直观的浪费。直观的浪费看得见、摸得着、易于测量，比如库存、物流、资金、人力等；非直观的浪费则不太容易看见，比如流程的浪费、决策的浪费。

在非直观的浪费中，最大的浪费往往是思想创造的浪费。

人的思想，尤其是企业高层的管理思想，具有极其重要的引领作用和标杆作用。如果没有高层的眼光、原则、追求，企业是不可能做出精益的。

人的思想可以创造很大的价值，如果不用，就可惜了。但是，很多人懒得学习、懒得思考，从某种角度来看，就是浪费。

在本篇中，我们主要讨论直观的浪费——这都是看得见摸得着的，包括资金、人力、物力、能耗、时间、工艺、技术等，减少其在设计、采购、生产、配送、退货等供应链环节中的种种浪费。

精益就是减掉肥肉、消除虚弱，保持健康的体魄，成为运动健将。而运动健将往往是敏捷和健壮的代名词。

企业做到精益、保持精益、持续精益，就会不断提高供应链的竞争优势。

002

精益首先是一种思想：优化秩序，维持熵减

从社会和员工的角度来看，一家被社会和员工认可的企业，其目标应该是为社会创造价值、为生活创造美好，同时摒弃坏的东西；从企业家的角度来看，就是要做比别人更好的产品或服务，利润更好、竞争力更高。因此，精益首先是企业家的一种追求，那就是追求更好（有点像陈道明代言的一则广告：更好——没有止境）。因为追求更好，所以要用各种各样的方法做到更好，这就需要重新审视我们的理论、方法论、做法，重新审视我们的流程、管理，挖空心思消灭浪费，想方设法创造价值，这就是精益思想（Lean Thinking）。从这个角度来看，精益首先是一种思想，一种新的管理思维，是一种对管理和经营的认识和追求。

精益思想首先要从高层产生，从领导层开始转变思维，这是精益能够成功的驱动力。熵是一个物理学术语，用来表示一个系统“内在的混乱程度”。熵增是从混乱走向更混乱，熵减则反之。从秩序的角度来看，企业要发展，管理必须越来越有秩序，必须做“熵减”，而精益就是一个优化秩序的过程，是熵减的过程。维持熵减，需要外部驱动力，需要持续的能量注入。如果得不到高层的重视和支持，熵减的实施过程就会缺乏驱动

力，难免会出现懈怠。一旦走向熵增，重新回到混乱，所累积的精益成果就会土崩瓦解。

追求长期效果是精益的原则之一。在企业中，某些团体则往往会关注短期效果，有时候甚至“拆了东墙补西墙”，不惜牺牲长期的、大的收益来满足短期的、小的收益，以显示改善的业绩，实则是揠苗助长、剜肉补疮，临时好看，后果更糟。所以，一旦启动精益管理改善，领导层绝不可以置身事外，任凭下属折腾，而要躬身入局，看看自己的思想、原则是不是在改善过程中得到了遵守和坚持。

启动精益改善的企业往往会请咨询顾问，所以，好的咨询顾问首先要有精益思想。

我不敢恭维某些传统公司的咨询顾问——他们拿走你的数据，改头换面一番，再做成漂亮的幻灯片报告给你看（却没产生实际效益），然后向你要一笔巨额的咨询费。就像我服务的一家客户的总经理说的那样：“顾问看了看我们的表，然后告诉我们几点了。”

真正的精益顾问是思想和行动的结合者，既是思考者，也是实践者。他们会把思想注入你的团队，并亲自动手训练你的团队，撸起袖子与你的改善团队一起工作，通过思想和行动帮助你的公司改变和成长。

精益思想会让你的团队变得有追求；拥有精益思想的管理者会变成自我驱动型的管理者，他们会自觉使用新技术和新模式，寻找可以改善的空间和可以减少的浪费，孜孜不倦地为公司创造价值。

基础员工对于公司的操作极为熟悉，也承担了公司里大部分的基层工作。如果基础员工都能拥有精益思想和理念，那将会是一种推动公司进步的巨大力量，公司将无时无刻不在进步，真的可以说是无往而不胜了。

003

靡不有初，鲜克有终：精益是企业一辈子的事情

《诗经·大雅·荡》中有句话：靡不有初，鲜克有终。这句话说的是大部分人做事往往都有一个良好的开端，却很少有人能够坚持到底，获得一个好的结果。用简单的话说就是：很多人善始，很少人善终。

创业也好，企业管理也好，往往也是这个样子：创业之初，往往自律；一旦有点眉目了，就会翘尾巴。不少企业管理者也很容易犯这个毛病：刚开始乱哄哄的；开展了一段时间的精益，有点样子了，就开始对外宣传、安排参观，反而忽略了精益的持续性和长期性；做到最后，所谓的精益可能就只剩下了墙上的标语。

每当这时候，我们再看看古人“靡不有初，鲜克有终”的训诫，真是太有道理了。

我曾经辅导过一家食品行业上市企业。我给企业做完诊断后，董事长问了我一个问题：“孔老师，我们多长时间可以把精益做好？”

我还没有来得及接话，他接着问道：“3 个月？”

我有些困惑，正要回答，他又补充问道：“半年？”

这时，我已经有些惊愕了，暂时没想好怎么回答。

他有些着急：“难道需要一年？要这么长时间？”

我问：“董事长，如果我们要在业绩上追上三元食品，大概需要多长时间？”

他说：“至少要 3 年。”

我又问：“那么，君乐宝呢？”

他说：“6 年。”

我再问：“蒙牛、伊利呢？”

他说："这……它们都那么大了，怎么追得上?!"

我说："是啊，它们那么大了，也还在做精益。只要做企业，就要做精益。没有最好，只有更好，精益并没有止境。可以说，精益是一辈子的事情。"

确实如此——在一个竞争的社会中，企业要保持竞争优势，就需要时时精益、事事精益，把精益作为一种习惯和生活方式，活到老，学到老，做到老。

004

追根溯源：从根源上消除浪费

精益是通过消除浪费来创造更大的价值。从这个角度来看，如果能从根源上消除浪费，则不存在浪费，也就不用去消除浪费了。所以，通过规划，运用好的机制和技术，从根源上杜绝浪费，就是最大的精益。

有些根源上的浪费，可以通过规划机制杜绝。

国内经常见到矿泉水瓶和塑料袋，但在德国几乎看不到。有一次，我去了德国法兰克福的一个超市，发现他们不提供塑料袋，顾客要么自己带走所购买的货物，要么买昂贵的布袋子。没有塑料袋，就没有塑料袋满天飞的麻烦，也就不用安排那么多环卫工人进行清理。对矿泉水瓶，则可以用另一种管理方法：在大巴上，领队给我发了几瓶矿泉水。这家矿泉水公司要求卖矿泉水的人负责回收矿泉水瓶，一瓶水大概 6 元，退瓶时可以换回 3 元。由于大部分人的收入基本是固定的，花一分就少一分，浪费了就没了，那就谁也舍不得把瓶子扔掉，都会随手收起来，找到可以退瓶的店面去换钱。我刚开始不知道这个规矩，随手丢了 4 个矿泉水瓶。这让领队心疼得一天没吃饭，因为他要把钱赔上。此后，我每次喝了水就把瓶子装在包里，回头还给他。

在日本，很少能看到烟头。日本是露天禁烟的：偌大的公园，偌大的一家酒店，都只有一个吸烟点。吸烟者都会自觉把烟头放在垃圾桶中。马路上根本没有吸烟点，极少有人丢烟头——没有烟头，自然就不需要清理烟头了。落叶倒是天天有，不过他们也不是天天扫，可能在他们看来，落叶不是垃圾，并不会造成污染。

在没有自来水之前，大家都是挑水——不光往家里挑饮用水，还要往外挑污水，需要大量的物流工作。有了自来水和下水道之后，这些事务就都没有了。

20 年前的车间，铁屑都散在地上，还需要人清理，后来设计成由设备自动收集，再后来有人设计了传送带，把铁屑收集起来后自动传动到收集站，自动压成坨块。

有些根源上的浪费可以通过工艺和技术实现。

有些冶炼企业把矿渣做成砖，既消灭了废料存储的浪费，也消灭了逆向物流的浪费。

我之前设计电机，师傅教我用螺栓连接两个端盖和主体，这样的话，自然需要设计 2 个或者 4 个螺栓。后来，我看了德国的样机，发现人家是用压铆的方式连接，根本就不需要螺栓。好的技术、好的工艺、好的设计可以从根本上消除浪费，这也是精益。

芯片设计也是一样，原来需要几百个零件才能完成的电路，现在都集成到指甲盖大的芯片上，也就不用那么复杂的连接、焊接了。

从根源上消除浪费，需要时时研究新机制和新技术。早一步应用新技术，就会早一些提升产品质量，早一些降本增效，企业的竞争力就会强一些。

005

现金周转公式：通过库存管理优化资金效率

从经营的逻辑来看，大部分利润来自钱生钱，也就是先把钱变成资产，再通过销售把资产变成钱。所以，如果钱躺着“睡觉”，或者周转慢了，就是浪费。

从财务的角度看，企业最重要的指标是现金流。公司倒闭的最直接原因是什么？现金流断了，公司没钱了。

所以，现金流是企业的血液，血液流光了，企业也就撑不下去了。不论做什么生意，都要想方设法保住现金流。现金流要好，就需要尽可能以少的现金做尽可能多的业务，这就需要加快现金周转，也就是缩短现金的循环周期。

现金循环周期 = 存货周期 + 应收账款周期 − 应付账款周期

所以，降低存货周期（提高存货周转）、降低应收账款周期、延长应付账款周期，都可以缩短现金循环周期。

以一个订单为例。假设我们要采购 100 万元的货物，供应商给我们的账期是 15 天；货物放在我们的仓库里 10 天，卖出去后，客户再过 10 天才向我们支付货款 120 万元。那么，我们需要多少资金呢？需要占用资金多少天？

第 1 天，我们拿到供应商的 100 万元货物；

第 10 天，我们把货物卖出去；

第 15 天，我们需要给供应商付款（注意，此时我们还没有收到客户支付的货款，所以需要资金 100 万元，比如向银行贷款 100 万元）；

第 20 天，我们收到客户支付的货款 120 万元。此时，我们有了对外支付的资金，可以归还银行的 100 万元贷款，还能剩余一部分利润。

整个资金的循环周期就是：10 + 10 - 15 = 5（天）。

供应链管理与库存控制专家程晓华在其著作《制造业全面库存管理》中设计了一个制造业现金流的计算表格，对于计算制造业现金需求和现金循环周期很有价值。比如，假设销售额为 1 亿元，应收账款周期为 60 天，物料成本为 75%，应付账款为 50 天。如果库存周转率为每年 8 次，则库存供应天数为 36 天，现金需求约为 1146 万元（图 4 - 1）。

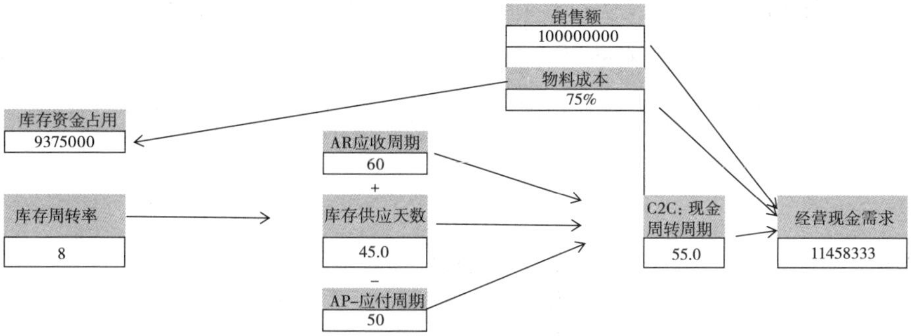

(1) 库存资金占用=销售额×物料成本÷库存周转率
(2) 库存供货天数=365÷库存周转率
(3) 现金周期=应收账款周期+库存供应天数-应付账款周期
(4) 经营现金需求=库存占用资金÷库存供应天数×现金周转周期

图 4 - 1　经营现金需求和库存周转、账期之间的关系（库存周转率：8 次/年）

如果库存周转率为每年 12 次，则现金需求约为 833 万元，节省现金 313 万元（图 4 - 2）。

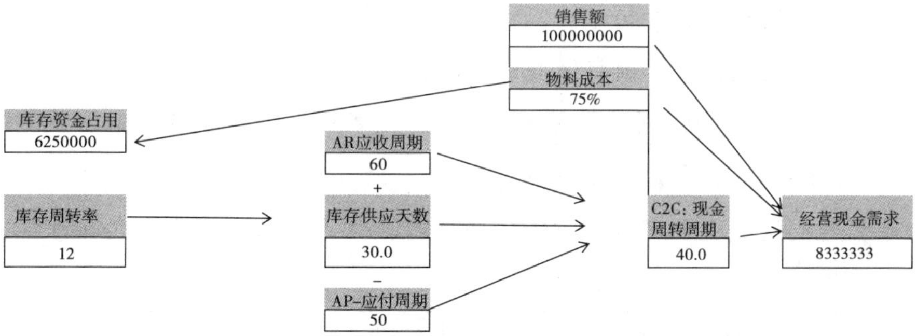

图 4 - 2　经营现金需求和库存周转、账期之间的关系（库存周转率：12 次/年）

图 4 –1 和图 4 –2 引发了我的一个思考：如果我是一位老板，要招聘一名供应链总监，来了两个候选人，我就会给他们出这道题：假设我的业务模式就是这样的，请您来做供应链总监，请帮我算算需要多少资金。

候选人 A 评估了一下，认为库存可以周转 8 次，回答："老板，大约需要 1200 万元。"候选人 B 也评估了一下，认为库存周转可以达到 12 次，回答："老板，850 万元就够。"那么，我一定选 B，因为他至少可以帮助我节省 300 万元现金。随着业务的增长，如果营收做到 10 亿元、100 亿元，那就能节省 3500 万元、3. 5 亿元——光凭这一点，就很有价值。

如果一位供应链总监能够在成本基本不变的情况下，把库存周转率从 8 次加快到 12 次，节省几千万元现金，大幅提升企业的效率，就很了不起。

006

资金运筹：不是资金不够用，而是计划没做好

运筹，是指决策者对资源进行统筹安排，找到最优解决方案，达到最佳管理效果。简言之，运筹就是研究如何以少的资源完成多的任务。

就供应链而言，所谓资源，就是资金、库存、人力、设备等；所谓任务，就是交付货物、资金等。以较少的库存满足较多的交付，以较少的资金满足较多的支付，这就是供应链的精妙运筹。

我为 A 公司做咨询时，老板问我："孔老师，供应商老是抱怨我们的付款，您帮我们看看是怎么回事?"

从他们的流程上来看，对供应商的付款并不复杂，基本上是按账期支付（图 4 –3）。

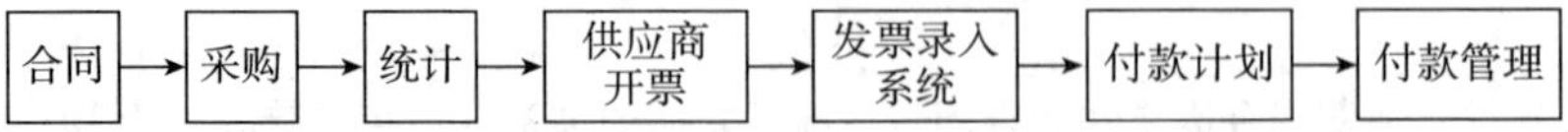

图 4 –3　A 公司的支付流程

我对客户回款、供应商开票、给供应商付款这三类数据（图4－4）进行了分析，发现了两个很有意思的规律：①回款数据远大于付款数据，这意味着回款可以覆盖公司的运营成本和给供应商付款，对外支付应该不是问题。②凡是安排供应商开的发票，基本上都支付了。

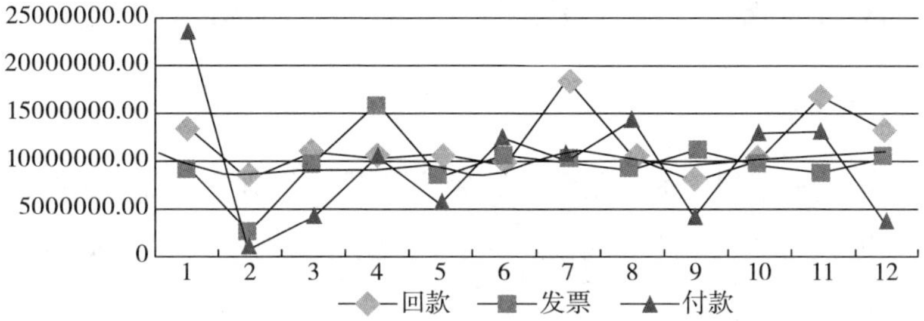

图4－4　A公司的回款和支付情况

那么，问题出在哪儿呢？

主要出在内部管理中：一是管理不到位，二是运筹不合理。

后来，这家企业根据我的建议，把对外支付做了调整：把原来放在采购部门的支付管理调整到财务部门，并制订了严谨的资金计划和对外支付流程。此后，供应商不再需要催款，每月都会收到货款——一句话，按计划和规则支付。这样一来，供应商每月都会收到稳定的现金，问题也就解决了。

供应商也是需要吃饭的，也要解决资金问题。只要有相对稳定的现金流，他们心里就踏实。如果供应商不需要催款就能拿到货款，其运营成本就比较低。

有时候就是这样：缺钱，可能不是钱的问题，而是管钱方式的问题。或者换种说法：不是资金不够用，而是计划不够好。

这就是运筹的精妙之处。

007

单品规划：给 A 公司的 SKU 规划和管理建议

A 公司是一家快消品贸易公司，销售牙膏、牙刷等产品，全渠道销售。所谓全渠道，就是无论什么渠道（线上、线下，规模大、规模小），只要能销售出产品就行。

应 A 公司的邀请，我对其 SKU 规划和管理做了一次分析，并对其 SKU 的规划和管理提出了建议。以下就是建议的核心内容。

SKU 规划极为重要，是供应链中最重要的规划之一。

SKU 规划对于销售和盈利有巨大影响。SKU 规划错了，要么销售不好，要么成本偏高，甚至会造成卖得越多对企业的盈利影响越大的情况。

如果 SKU 规划不合理，会带来销售和供应链的问题（比如销售效果不佳、仓库拣货效率差、仓库包装工作量大、包材浪费多等）。

一、SKU 的库存占比分析

本小节分析了现有 SKU 数量、SKU 库存结构、SKU 销售结构。

通过对 A 公司的 SKU 进行 ABC 分析，得到数据如下：

——总 SKU 数：345 个；

——占总库存 1%（含 1%）以下的 SKU 数：319 个；

——占总库存 1% ~2%（含 2%）的 SKU 数：11 个；

——占总库存 2% ~3%（含 3%）的 SKU 数：6 个；

——占总库存 3% ~9% 的 SKU 数：9 个。

于是，我得出结论：

——13% 的 SKU 占据了 90% 的库存量；

——促销装的 SKU 数占总 SKU 数的 65%。

二、SKU 的库存绩效分析

本小节通过 7 个绩效指标评估 SKU 的库存绩效，包括存货周转率、缺货率、呆滞率、动销率、库龄、毛利率和净利率。

1. 存货周转率分析

对 A 公司的 55 个单品的存货周转率进行分析之后，从数据分析来看，其库存周转率在 0.18 ~ 39.85，有明显的缺货风险和呆滞风险。有些 SKU 的库存很大、周转很慢，说明 A 公司的 SKU 结构有很大问题。

2. 缺货和呆滞分析

根据库存周转率，可对库存的缺货和呆滞进行大致分析。由于产品的采购周期是 4 个月，所以年周转率低于 3 就可以视为呆滞；反过来，如果年周转率大于 10，则只有 36 天库存，如果管理不好就会有缺货风险。

经过数据分析，我发现，A 公司的 SKU 中，大约三分之一有呆滞风险、三分之一有缺货风险，另外三分之一周转正常。

3. 呆滞管理

呆滞库存是指没有需求的库存或者有需求但库龄过长的库存。

呆滞物料吞噬利润，占用现金。做库存规划时，一是要避免呆滞，二是出现呆滞后要及时处理。

由于 A 公司的 SKU 中的三分之一有呆滞风险，所以，我建议其制定了《呆滞物料管理制度》。

4. 断货风险分析

理论上讲，在一定的采购前置期内，如果库存周转率过高，就容易出现断货。考虑到 A 公司每月到货 15 次左右，每周到货 3 ~ 4 次，应该根据淡旺季需求的不同，保持合理的安全库存。

通过对现有库存的周转率进行分析，发现其大约有 38% 的 SKU 有潜在的断货风险。这关键要看管理能力：如果管理得好，可能不断货；如果管理跟不上，就可能会断货。

所以，我建议 A 公司需要根据销售预测、库存、在库库存、已下的采购订单等数据，制订合理的采购计划。

5. SKU 动销率分析

动销率 = 某个阶段有销售的 SKU 数/SKU 总数

动销率反映了 SKU 销售的活跃程度，动销率越大，说明 SKU 规划得越好。

通过系统数据分析，截至 2019 年 6 月份，A 公司的 SKU 共有 1336 个，其中 2019 年 6 月没有动销的 SKU 数为 1001 个，有动销的为 335 个，动销率为 25%，说明 75% 的 SKU 在 6 月份没有销售。

通过系统数据挖掘，截至 2019 年 6 月份，发现有库存无销售的 SKU 数为 172 个，有库存的 SKU 数是 345 个，动销率为 50%，说明 50% 的 SKU 在当月没有销售。

6. 库龄分析

库龄就是库存在仓库里“睡觉”的时间：库龄越短，周转速度就越快，供应链绩效就越好；库龄越长，库存效率就越差，容易出现库存呆滞。

库龄是分析库存效率的重要指标。

根据库存周转率 4 来计算，平均库龄大约是 90 天。基本上是一个采购周期，库龄偏高 20% ~30%。

当时，A 公司的系统中没有库龄分析功能，这是系统设计的缺陷，后期设置系统时应修正这个缺陷。

结论：A 公司的 SKU 存在严重的结构性问题，呆滞和缺货风险并存：①库存居高不下，占用大量现金；②仓库已经爆仓了，但仍然面临缺货风险。

7. 毛利率和净利率

如果产品净利率低于零，就需要考虑是否要提高价格或淘汰该产品。如果产品净利率很低而毛利率很高，则需要考虑如何降低管理成本。

三、规划 SKU 的原则

做好 SKU 规划，需要遵守如下原则：

1. 适销对路

所谓适销对路，就是所规划的 SKU 可以实现销售多、盈利多，断货少、呆滞少。

销售多，要求所规划的 SKU 适合市场需求；盈利多，要求所规划的 SKU 具有较高的盈利能力。

SKU 的盈利 = 定价 - 成本

成本包含货品、包材、耗材、加工（组装、包装）、物流（运输）、仓储、退货等，如果要保持合理的盈利能力，需要定价合理、成本合理，运用精益管理的手段，持续优化成本。

规划 SKU 时，还需要遵循断货少、呆滞少的原则。在规划促销、活动的过程中，需要考虑公司现有的库存和产能，做到库存平衡和产能平衡，避免断货和呆滞。

2. 生命周期

必须加强对产品的生命周期管理（图 4 -5）！

A 品牌的原始 SKU 生命周期长，生命周期的管理显得不重要。但促销装的生命周期往往很短，而生命周期短的产品很容易造成呆滞。

每个产品的生命周期都有不同的问题。在产品生命周期的初期（也就是开发期和导入期），经常发生的问题是供不上货或者上不去量（2019 年上半年，A 公司的产品 A 和产品 B 供货紧张就是例子）。供不上货就容易断货，上不去量就容易呆滞。在产品生命周期的中期，供应链往往是比较平稳的（A 公司的产品 C 有大量库存，而且并非出于已经预测的原因。从数据上看，这是供应商供货管理的原因，还有一部分库存则是由于 A 公司塞货造成的）。在产品生命周期的末期，很容易产生呆滞（A 公司的产品组合装有许多呆滞库存，就是这个原因）。

而在这些问题中，最严重的问题是在规划初期就产生呆滞，那是 SKU 规划错误，是灾难性的。

3. 精准定价

A 公司需要制定更加严谨的定价和成本管理方法，并针对产品、渠道的定价，设立精准的计算模型。

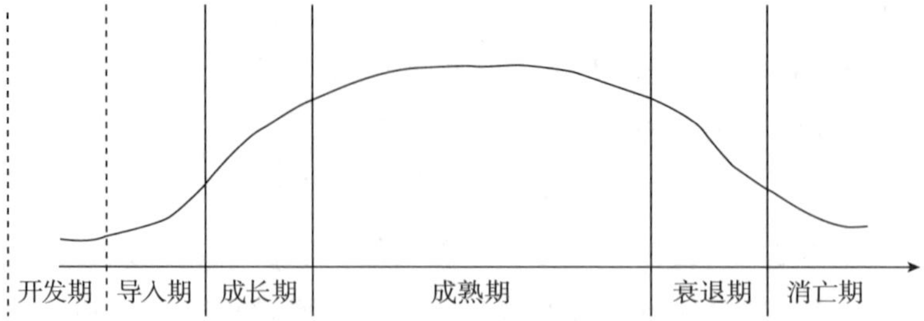

图4－5　产品生命周期

4. 以少胜多

弱小的军队如果要战胜强大的军队，只能使用以少胜多的战略。苹果公司的 iPhone 采用的就是以少胜多的 SKU 策略——如果苹果同时做 10 款手机，怕是要亏损了。

把钱变成库存很容易，把库存变成钱却很难。

对于货品来说，好的 SKU 规划就是用有限的 SKU 实现尽量多的销售，而没信心的 SKU 规划则表现为规划的 SKU 往往很多（就怕漏了），好卖的却往往很少。这种“撒芝麻盐”的思维方式，实际上是对产品、价格、渠道、促销没有信心的表现。

5. 以快制慢

备货、铺货要快，要精准；处理呆滞、处理退货也要快、要及时。如果出手时优柔寡断，收手时拖泥带水，就会贻误战机，导致出现呆滞物料。产品拖的时间越长，产品的价值就越低。

从盈利能力和库龄的关系（图4－6）可以看出，库龄越长，盈利能力越差。

6. 以精胜粗

“精”包括设计精细化和管理精细化。

设计精细化指以合理的成本达到好的设计效果。

管理精细化是指物料管理、物流管理、商务管理要精细，避免浪费。

7. 狠抓预测

SKU 的库存管理水平取决于备货和采购管理水平，采购和备货的管理

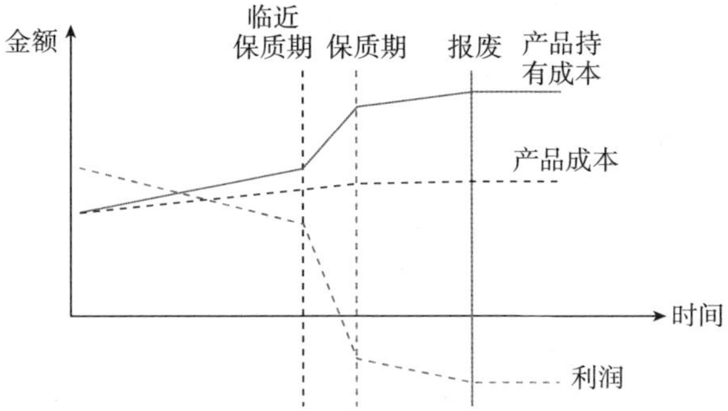

图 4-6　盈利能力和库龄的关系

水平取决于计划的管理水平，而计划的管理水平取决于预测准确率和销售执行能力。

当采购周期长而销售周期短、采购和销售也处在弱势的情况下，最好的做法就是好好预测、好好计划、好好执行。

做到精准预测，需要做好三个方面：①精细化预测，预测需要到人、到渠道、到型号；②滚动预测，比如做年度预测时可以要求每月滚动预测一次；③计划执行，要求销售对预测结果和销售执行负责任，对预测的结果和执行的结果进行考核。

8. 实时监控

加强过程管理，实时对数据进行监控，定期分析 SKU 库存和销售存在的问题，在发现小问题的时候就要及时解决，而不能等到出现了大问题才解决。比如，如果某种产品的销售量排第 2 位但库存数量排第 27 位，那么，库存计划明显不合理。

每天跟踪，就是要将滞销商品的跟踪作为电商营运和采购部门管理中每天必须关注的工作内容之一。

建议：在信息化系统中规划 SKU 管理模块。

9. 周期复盘

对 SKU 规划进行定期总结，周期复盘，总结经验和教训，形成案例，便于处理当下的问题，也便于规避后续重复性的错误。

为了保证 SKU 的科学性和准确性，增加 SKU 对顾客和市场的适应性和灵活性，需要定期进行 SKU 调整。至于具体周期，可以根据公司实际情况，每 2 个月一次或者每季度一次。

10. 善始善终

管理好新品上线。一个新产品上线很容易，但做好新产品的善后事宜往往很难。尽管 A 产品的生命周期很长，但组合装和促销装的产品生命周期却很短，需要引起 A 公司的重视。

对 SKU 形成闭环管理，处理好产品的退出、退货、呆滞、冗余。

给 A 公司提出的 SKU 管理建议

一、建立 SKU 评估标准

建议建立 4 个评估指标，包括盈利能力、销售达成率、存货周转率、动销率。

1. 盈利能力分析

之所以新建 SKU，目的就是赚钱。所以，在 SKU 规划时，首先需要规划 SKU 的毛利率和净利率；要考核 SKU 的盈利能力，可以在 SKU 运行一段时间或者项目结束时，计算该 SKU 的实际毛利率和实际净利率。

毛利率 = 毛利/收入 = （收入 - 成本）/收入

税前利润率 = 税前利润/收入 = （毛利 - 费用）/收入

净利率 = 净利/收入 = （税前利润 - 企业所得税）/收入

其中，成本包括物料成本及因采购物料所发生的成本（如关税、装卸费、运输费、通关代理费等），费用包括销售费用、管理费用、财务费用、附加费。

2. 销售达成率

销售达成率 = 实际销售数量/计划销售数量

本指标考核 SKU 是否实现了销售计划。

3. 存货周转率

存货周转率 = 年度销售额/月度平均库存

其中，年度销售额按照已经发生的月度销售额加上预测的未来月度销售额计算；月度平均库存一般取每月末的库存值，求和后取平均值。

存货周转率是考核库存效率的重要指标，建议每月分析一次存货周转率。尤其是要关注和分析周转率小于4的SKU，因为其库存供货天数已经超过了一个采购周期，比较容易出现呆滞。同时，也要关注和分析周转率超过6的SKU，因为其库存供货天数只有0.5个采购周期，比较容易出现断货。

4. 动销率

动销率=某个阶段有销售的SKU数/SKU总数

有些产品可能没有客户需求或者不再参与促销活动，是明显的呆滞产品，但通过存货周转率并不能发现。这时候，需要通过动销率这个指标来梳理和分析。比如，如果一个月没有发生动销，就有可能是呆滞，而使用动销率这个指标可以准确地把这些SKU找出来。

建议每月分析一次SKU动销率，分析没有动销的SKU。如属呆滞，则制订处理呆滞的方案。

二、进一步优化SKU规划管理制度

系统中，有库存货品SKU共530个，非货品SKU共380个。有这么多的SKU，需要一套相对完善的SKU规划管理制度。

三、进一步优化SKU规划管理流程

SKU规划涉及多个部门，包括设计、品牌、销售、供应链、仓储、物流、财务等部门。这就需要一套相对完善的流程，把各个部门的工作组织好。

四、建立预测管理机制，预测到具体的SKU

为提高库存满足率、降低呆滞库存比率，建议建立预测管理机制：

（1）预测要具体到渠道、型号、销售人员；

（2）滚动预测，每月或者每季度滚动一次；

（3）对预测进行考核，库存计划、采购计划、包材计划、人工计划都要基于预测。如果销售大于预测，就会带来额外的库存断货压力和额外的采购成本；如果销售小于预测，则会导致库存呆滞和产能浪费。基于此，建议对超出预测5%的销售额进行考核。

五、供应商管理

从数据分析来看，供应商B在交货时有很多问题，不是多交就是少交，刚好的时候很少，需要加强管理。

截至本次分析时，A公司只在到货时将相关信息录入系统，没有分析和管理供应商的及时到货率。因此，A公司需要完善采购订单管理系统，通过系统管理供应商，通过系统管理订单。

008

玩转库存：通过库存改善提升企业竞争力

在竞争日趋激烈的当下，如何提高企业竞争力一直是企业关注的焦点。但当前大部分企业还只是盯着供应链的销售端。根据我的经历和观察，对于国内大部分制造业企业和流通业企业而言，整个供应链上尚存在大量库存浪费，在库存管理效率方面有巨大的提升空间。通过改善库存，可以大幅提高效益、提升企业的竞争力。

供应链管理是流通业和制造业的核心，库存管理是供应链管理的核心之一。制造业和流通业的库存管理难度不同，但只要上了规模，难度都不小。

对于制造业（如汽车业、航空制造业）来说，其BOM结构是“多对一”：一辆汽车约有6万个零件，一架飞机约有600万个零件，所以要想组织好物料，保质保量按计划供货，需要出色的库存管理能力。

流通业也类似：一个大型超市的SKU数量可以多达几万个乃至十几万个。要将几亿甚至十几亿的库存、客户、订单管理得井然有序，确非易事。

库存包含很多种类，包括原材料、半成品、成品……所以，日本供应链专家小林俊一说："库存管理是企业经营中最重要的课题之一。"

我的解读是：库存是企业经营的矛盾：库存要么为企业赚钱，要么让企业亏钱，至于是亏是赚，全在于企业驾驭库存的能力。如果库存做对了，企业就赚钱；如果库存做得不合理，或者库存在"睡觉"，企业就要亏钱。库存是花钱（成本）买来的，如果让库存"睡觉"，不但损失利息，还需要支付仓库存储、能源消耗、人员管理的成本。时间一长，可能还会导致产品超过保质期，造成报废……

呆滞库存是指那些库龄太长的库存，即在仓库"睡觉"时间太长的库存。要做好库存改善，一方面要消除错误库存和呆滞库存，另一方面要提高库存周转率。这两个方面是相辅相成的：消除了呆滞库存，库存周转率自然提高，反之亦然，如果要提高库存周转率，自然要想方设法降低呆滞库存。

Dead Goods 直译成汉语就是"死货"，即错误库存。Dead Goods 有两种情况：已经发运出去的货，后来发现不对；产品生产出来了，后来发现不对。Dead Goods 会造成退运、补货、丢单，既影响业务，又会造成额外成本。

存货周转率（或称存货周转次数），是企业营运能力的重要指标之一，是销货成本被平均存货所除而得到的比率。存货周转率越高，企业存货资产变现能力越强，存货及占用在存货上的资金周转速度越快。

根据我的观察，在国内的制造业和流通业中，存货周转率偏低是个普遍问题。

2010年，我拜访过一家国企，该企业年产值为20亿元，利润大约为2000万元，而仓库存货竟然有8亿元，其中相当一部分是呆滞物料。改善空间之大，是可想而知的。

某大型国有航空制造企业曾经在2010年对企业物流状况做了一次调研，从供应商状况、采购管理、采购物流、生产制造、销售管理、销售物流、应收账款、客户订单8个维度评估了自己的供应链和物流效率。其中，仅就存货周转率这个指标来说，与国际同行比较发现，国际同行的存货周转率是该企业的 2.04 倍（图 4－7）。也就是说，生产同样数量的产品，比起国际同行，该企业至少需要两倍资金、两倍仓库面积、两倍管理成本。

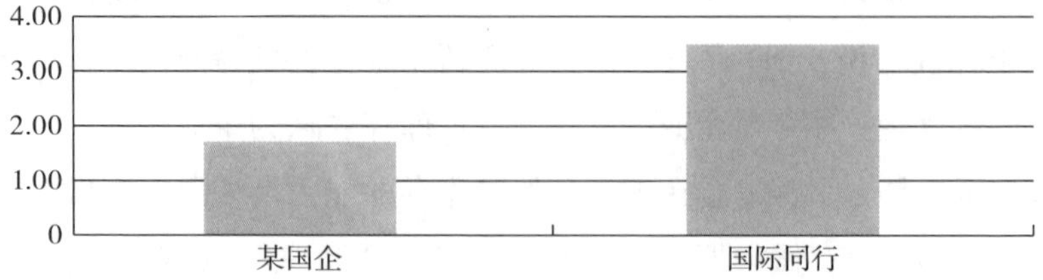

图 4－7 某国企与国际同行存货周转率比较

2014 年，我为国内某知名空调品牌做诊断时发现，其部分成品的库龄超过 90 天，这意味着准备在夏天销售的空调，只能到秋天再卖了。

服装行业也很不乐观。每次看某些服装企业的年报，都可以发现其平均库存周转率在 1 左右，不禁替老板捏把汗，真替他心疼那些整年“睡觉”的布料。

我比较过几家大型电商和商超的存货周转率，发现差异较大（表 4－1）。因为业务模式、产品、供应链战略、物流战略、运营效率都有所不同，所以供应链存货周转率的差异尤其明显。

表 4－1 存货周转率比较

公司	王府井	大商股份	首商股份	百联股份	京东	新华百货	亚马逊	永辉超市	唯品会	华联综超	苏宁
存货周转率	38.2	30.8	26.3	11.8	11.2	9.9	9.7	9	7.5	7.4	5.5
存货周转天数	9.55	11.85	13.88	30.93	32.59	36.87	37.63	40.56	48.67	49.32	66.36

注：以上数据来自相关企业年报。由于数据采样不同，结果会有差异，仅供参考。

王府井、大商和首商 3 家公司采用的是“百货＋商超”的模式，大量引入“引厂入店”模式，商家只出租店面，不购买库存（也就是说，没有卖出的库存仍然归厂家），只要营业额和利润，库存周转率指标自然很好。

而因产品和业务模式不同，传统商超和电商在库存周转率指标上存在差距。但是，通过对比，仍然可以发现改善的空间。

所以，管理好库存、消除呆滞、提高库存准确率，是管理供应链的关键。

如何发现呆滞库存呢？主要分析库存的库龄。大多数企业的信息系统有库龄分析设置，输入筛选条件，就可以自动按照库龄把库存筛选出来。库龄过长的库存，除非属于特殊的备货，就是呆滞。一旦发现呆滞，就要及时处理。

但是，对呆滞库存的处理毕竟是亡羊补牢，避免形成呆滞库存才是上策。企业宜采用适合的库存策略，包括建立健全整合型物流、采用信息化管理、优化现场管理、对物料进行 ABC 管理、建立 JIT 或者 VMI 的管理体系、制订精准半成品及成品生产计划、制订精准存货和配送计划……

2014 年，我陪同程晓华老师辅导了一家造纸企业，采用上述方法对该企业实施供应链管理优化和物流优化、优化需求与供应链管理流程、优化库存结构、提高库存周转率、提高及时出货率，在库存管理、客户交付和物流成本方面实现了突破。经过一年多的辅导，其库存周转率从 5.7 提高至 9.8，库存占压资金从 5.6 亿元降为 2.8 亿元，物流成本下降 8%，帮助客户大幅提升了盈利能力。

做完这个项目，该企业的供应链管理团队还是原来的团队，设备还是原来的设备，我们只是辅导客户应用了新的理念、方法和流程。

一个老板曾经就这个案例问我："你们不懂造纸，是怎么做到的？"

我回答："我们的专长是库存管理和物流管理。其实，就这个项目而言，所有的问题都摆在那儿，订单、库存、操作、效率、问题等就在信息系统和数据库中，在操作流程和操作现场中，只是客户没有发现而已。我们通过分析数据、分析流程、观察现场，发现了问题，看到了提升的空间，找到了改善方法，并在此基础上调整信息系统、优化流程和现场管理，加上客户也很配合，就做成了。"

小林俊一说过："如果能够在必要的时间内生产刚好必要的产品数量，并交付到必要的地点，那么就不需要库存。只要制定出这样的体制和系统，就完全可以摆脱库存。"

当然，这只是一种理想状态。但是，随着互联网经济快速发展、大数据挖掘技术进一步完善，粉丝经济、团购销售逐渐成熟，智能制造逐步实现，快速交付网络日趋形成，供应链效率也必将大幅提升。“预测即销售”这一业务模式在某些行业一定可以实现。

009

钢铁是怎样炼成的：德龙钢铁的供应链优化

在美国，从20世纪70年代到现在，钢铁行业一直被看作夕阳产业。

中国的钢铁行业也往往不被一般人看好。近几十年来，虽然钢铁行业一直快速发展，但如果仔细看其年报，往往会发现是亏一阵子、赚一阵子。原因无非两个：一是铁矿石等原材料不断涨价，二是产能过剩（也可以说是市场需求疲软）。综合来看，如果铁矿石价格大涨，钢厂亏钱；如果市场极度疲软，钢厂亏钱；如果铁矿石价格上涨的同时市场疲软，钢厂仍然赔钱。

一般的钢厂既没有供给端的定价权，也没有需求端的定价权，所以，能否赚钱要看运气和周期。大部分钢厂的年报数据，确实是这样的。

既然是这种状况，是不是钢厂就没有机会了呢？

当然不是！

澳大利亚既有铁矿也有煤炭，就是没有很大规模的钢厂；巴西也有丰富的铁矿，也不缺煤炭，同样没有像样的钢厂。所以，仅仅有资源是不够的，还需要有把资源变现的能力，这就要靠人才的经营管理能力。

德龙集团是大型民营钢铁企业集团，主要产品是粗钢，并没有很高的技术含量，但企业盈利很好，盈利能力远高于同行，在竞争如此激烈的钢铁行业中确实是一朵奇葩。他们凭的是什么呢？管理效率。

管理效率也可以看作定价能力。只要自己的运营效率在行业中最高，就可以按照自己的效率给产品定价。

钢铁的定价主要有两种，一是成本加成，二是市场定价。

如果成本加成的价格低于市场价格，企业往往会选择市场定价，不但产品可以卖得出去，而且盈利也更好；如果市场定价低于成本加成的价格，那就只能采用市场定价；如果市场定价低于成本价，那就是灾难性的后果，企业就越做越亏了。

其实，钢铁的成本就是原材料成本加加工成本。原材料成本是由市场决定的，而加工成本是企业自己可以决定的。只要管理效率在同行中处于领先位置，即使采用成本加成的方式定价，市场也能接受。

德龙就是这样：如果原材料价格上涨，计算成本后发现需要涨价才能撑得住，于是就涨价。这时候，就算定价高于市场价格，市场也能接受，因为商户知道别的钢厂早晚也要涨，而且会涨得更高。

如果原材料价格下降，可以选择两种定价方式：如果市场行情好，就随行就市，反正产品能卖出去，多赚一点也无妨；如果市场行情不好，那就降价，反正有足够的利润空间。

德龙如何保证自己的效率达到最好呢？

加快物料周转，把物料管理和物流管理做到极致。

德龙每年会采购几千万吨铁矿石，都是直接从市场上抓现货，但对物流要求极高。下完矿石采购订单后，要求矿石从码头运到工厂不得超过 10 小时，矿石从进工厂大门到进高炉不超过 4 小时。也就是说，从港口采购的矿石、运输、炼铁、炼钢、轧钢这一系列过程，如果快的话，在 24 个小时之内就可以完成。你今天在码头上看到的矿石，后天早上已经成为工地上的钢筋了。

钢铁生产毕竟有一定的垄断性，比如材料垄断、生产垄断、技术垄断、市场垄断等。钢厂需要一点一点地把钢炼出来，需要巨额投资——没有利润，就没有人投资；没有利润，也就没有人生产了。

中国钢厂使用的矿石大部分是进口的，矿石价格波动很大，约为每吨 50～180 美元。管理水平高的钢厂，在原材料价格便宜时利润更好，在原材料价格上涨时就差一些，但不至于赔钱；如果钢厂管理不善，那就不一定了：原材料价格便宜时可能会有利润，原材料价格上涨到一定程度可能就要赔钱了，如果原材料价格继续上涨可能就要巨亏。企业的目标是赚钱，如果持续亏钱，怎么可能撑得住？往往不是变卖就是关门，把市场腾出来。

从这个角度来看，只要效率高，企业就有定价权。所以，没有夕阳行业，只有夕阳技术；没有夕阳行业，只有夕阳管理。

成本还原分析法

企业如何做成本分析，如何分析成本的构成，如何分析成本的合理性，对于制造业和流通业企业都很重要。

某钢铁企业为了管理好成本，采用成本倒推表（表4-2）对成本进行还原分析，把每道工序的成本都计算得清清楚楚——耗用了多少资源，产生了多少价值，是否有浪费，一眼就可以看出来。用这种方式考核相关责任人，相信没有人会不服气，所以该方法很适合制造业和流通业企业。

这种方法很像鱼骨图分析法（图4-8），即把每道工序的成本和价值说清楚，总成本自然可以算明白。

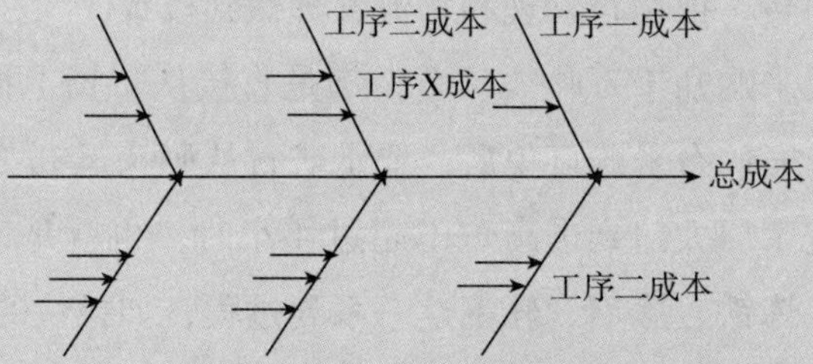

图4-8　成本分析鱼骨图

企业管理最怕一笔糊涂账和一滩浑水：如果是糊涂账，既不知道成本高低，也不知道赚钱多少；如果是浑水，不但不容易把事看明白，还容易给别人摸鱼的机会。

我相信大部分人都知道这些方法，这些方法操作起来也不难，但很少有企业做到。究其原因，还是管理能力和执行力的问题——越是容易做的东西，做好往往越不容易。这家钢铁企业年营业收入2000多亿元，就是用这样的表格在扎扎实实抓成本。

表 4－2　某钢铁企业成本倒推表

成本项目	单位	单价（元）	工序一		工序二		工序三	
			耗用量	单位成本	耗用量	单位成本	耗用量	单位成本
一、原材料								
酸性铁粉	t							
碱性铁粉	t							
外矿	t							
其他含铁料	t							
二、燃料及动力								
焦炭（毛）	t							
电费	kWh							
水	m^3							
循环水	m^3							
中水	m^3							
蒸气	t							
煤气（高炉）	m^3							
煤气（炼钢）	m^3							
三、辅助材料								
合金料								
轧辊								
化渣剂								
耐火材料								
四、工资及福利								
五、制造费用								
折旧								
机物料消耗								
其他								
大中修								
六、制造成本								

010

专业的人做专业的事：某快消品全渠道物流优化始末

我曾经辅导过一家快消品企业，负责优化其全渠道物流，最终成功大幅降低了企业物流成本。成功的原因是找到了专业的供应商，也就是找对了人——对于很多专业的事情而言，找对人才能做对事。

但是，这个过程颇费周折。之所以费周折，是因为渠道种类过多，而这些渠道的物流方式并不相同。我们前后优化了三次，前两次失败了，第三次成功了。前两次之所以失败，一是因为没有精确地解读业务逻辑，二是因为没有专业的供应商。而第三次之所以成功，恰恰是因为解决了这两个问题。

有些看起来是客观的问题，实际上却有主观的原因，是认知的问题。

什么是“没有精确地解读业务逻辑”？其实就是没有弄明白“问题究竟是什么”。

什么是“没有专业的供应商”？其实就是“不知道谁专业，谁不专业”。

用有些人的话说就是：“它认识我，我不认识它。”

一、项目背景

该企业是一家快消品分销企业，全渠道销售，覆盖全国市场，包括直营电商（B2C）、传统渠道（如屈臣氏、沃尔玛、家乐福等）、电商渠道（天猫超市、京东、零售通等）、线上经销商渠道、线下经销商渠道、各办事处的配送和各仓库之间的调拨等。

该企业使用了10多家物流公司、4家快递公司——B2C的电商业务主要用快递，其他业务用物流。

二、优化过程

1. 第一次优化

第一次优化时，我们采用了整合的策略，原因也不复杂：该企业的货量被10多家供应商瓜分，很分散，没有规模优势；整合后，我们认为只要有了规模优势，就可以集中管理、集中货量，既便于管理，也便于降低成本。

所以，我们建议该企业把所有货量全部整合起来，制作了招标书，开始招标。

出乎意料的是，新来的供应商都没有明显的价格优势。

本次项目招标失败了。

2. 第二次优化

第二次优化时，我们吸收了第一次的教训，不再撒大网招标，而是找专业供应商；不再对全部物流业务招标，而是针对配送到商超大仓的物流业务进行寻源。此时，有一家专业物流公司进入了我们的视线，经过详细的考察，我们认为这是一家专业的供应商。

合同都谈妥了，下一步就是试操作。

试操作之前，我们考察了某个城市的外包资源，突然发现这家物流公司的分包商并不专业，这是很令人费解的事情。

其实，配送商超大仓这类的物流业务，最重要的是资源对口：配送给沃尔玛，就要选服务沃尔玛的物流供应商；配送给屈臣氏，就要选服务屈臣氏的物流供应商。而配送商超大仓，需要预约、排队、签收、退货等，不像送个包裹那么简单。

我们选的供应商确实是专业的物流公司，服务过华为、联想等大公司。但是，对于配送商超大仓这种业务，它们没有做过，可能也没有见过。

每种业务都有其独特性，如果不熟悉是做不好的。有些业务可能相近或者相似，但相近和相似毕竟不是完全一样。有时候，微小的差异会造成结果的巨大变化，而企业的竞争往往就是在细微的领域为客户提供价值——谁的服务打造得好，业务就是谁的，这就是所谓的“地盘”。

不用说，第二次优化也失败了。

3. 第三次优化

经历了前两次的失败，我们知道了全渠道的复杂性：每个渠道都有其物流特性，需要的专业服务和资源各不相同。看来，通过整合物流量来寻找供应商是不太可能了，只能根据渠道特点来选择不同供应商：

——直营电商（B2C，每年300万单），需要选择合适的快递公司。

——传统渠道（屈臣氏、沃尔玛、家乐福等），需要选择有针对性的物流公司，每家都不同，有几家算几家，有几个大仓算几个大仓。

——电商渠道（天猫超市、京东、零售通等），需要选择有针对性的物流公司。

——线上经销商渠道，选择合适的物流公司。

——线下经销商渠道，选择合适的物流公司。

——各办事处的配送，选择合适的物流公司。

——各仓库之间的调拨等，选择合适的物流公司。

——仓库管理，需要选择有仓库管理能力的物流公司。

由于不同的销售渠道有不同的特点，只有具有专业能力的物流供应商才能服务好专业渠道。这就意味着需要进行分散管理，需要多家专业物流供应商分别负责不同渠道的物流业务；而不是集中管理——集中管理是错的，因为在中国，还没有覆盖这么多渠道的物流供应商，一个都没有。

找到了这个规律，就不难找到合适的物流供应商了。

我们访谈了10多家供应商，大致了解了其业务特点和供应商资源。其实，专业供应商是很好打交道的，因为不论你说什么，他们都明白，包括服务范围、服务时效、服务成本，还有做法。其中，最关键的是做法——专业供应商知道该怎么做，而不是摸着来。

这一次，我们还是采取了招标策略，不过邀请的都是专业供应商。

很快，我们就选出了能够长期合作的供应商。

关于全渠道

渠道（channel）通常指水渠、水流的通道，引入商业领域后称为“分销渠道”，引申义为商品销售路线，指经销商或代理商。厂家的商品通过这些经销商或代理商卖向不同的区域、客户，所以渠道又称“网络”。

所谓全渠道，就是抓住各种销售渠道，包括直销、分销、线上、线下、2B、2C、KA（大客户）、直播带货等。只要是能把货卖出去的路子，都可以称为渠道。所以，全渠道泛指企业能够应用的所有销售渠道。这些渠道往往有其特点，在管理实操中也需要根据这些特点打造供应链，以便更好地服务不同的客户。

011

早做计划：有计划比没有计划能够降低多少物流成本

我的前领导查尔斯（Charles）有一次在 LT 技术峰会做物流成本管理演讲时提到了一个案例：芬兰的一家公司在赫尔辛基做了一个实验，发现有计划的物流比没有计划的物流可以降低成本 40%。Charles 没有详细讲解试验的过程，但凭借专业直觉，我认为这个数据是合理的。

可以设计一个简单的模型测算一下。比如，在同一条物流线路上，计算 72 小时配送和 24 小时配送的成本区别。

城市配送成本和下列因素有关系：

（1）订单量；

（2）人力成本：包括客服、拣货员、配送员、司机、后台支持人员（IT、财务、行政）；

（3）车辆养护成本：车辆折旧、保险、维修、保养等；

（4）交通成本：油耗、路桥费、停车费等；

（5）其他成本。

如果是 72 小时配送，相对就比较宽松，车辆满载率可以达到 90%；如果是 24 小时配送，就需要加急，车辆满载率就会有不同（比如 70%）。如此一来，二者的差距就是 20%。

在订单数量、库存准备、车辆准备、人力准备等方面，72 小时配送比 24 小时配送多出来 48 个小时。在这段时间里，会有更多的订单进入配送计划，车辆安排和人力安排也会更加合理。

为了验证这个数据是否合理，我用顺丰的运价做了一次计算。一个 5 千克的包裹，从北京朝阳区快递到广州白云区，如果选择 24 小时送达，快递费为 79 元；如果选择 72 小时送达，快递费则为 46 元（图 4－9）。

图 4－9　顺丰网上快递费查询

因为使用的都是顺丰，除了时间因素，其他因素可以不考虑，计算成本下降的空间：

如果以 79 元为基数，（79－46）/79＝42%，成本节省 42%；

如果以46元为基数，(79－46)/46＝72%，成本则节省72%。

如果计划得好，安排货物在合适的时间到达，可以节省物流成本，这就是有计划的物流与没有计划的物流相比所带来的收益。在赫尔辛基所做的物流成本实验和这个顺丰的案例在本质上非常接近，应该是有道理的。

物流资源管理，在某种程度上就是成本管理：计划得好，管理得好，会节省不少费用。

如果我们做得更好一些，有计划地采购、有计划地生产、有计划地销售、有计划地管理等，供应链的成本会有很多改善空间。

很多人说："销售订单有很多问题，采购订单有很多问题，产能有很多问题，产品质量有很多问题……有这么多问题，你让我怎么做计划?!"我回答说："是啊，正是因为有这些问题，所以才需要做计划；正是因为难以管理，才需要努力管理。其实，供应链的核心能力就是计划能力，既能计划好，又能落实好，供应链就没有问题了。"

012

账目清：让盘点准确率从48%提高到99%

2013年，我接手了一个备件管理改善的项目。经过4个月的时间，我帮助客户规划了流程、建立了制度、培训了团队、调整了软件系统，辅导客户完成了一个旺季的操作，操作效率和操作质量实现了突破性的提高，绩效指标大幅提升。其中，盘点准确率从48.15%提高到99.00%，每个SKU的拣货时间从300秒降低到30秒，盘亏金额从15万元降低到不足1000元，获得了客户的高度认可。

相对于我们为客户改善了2.7亿元现金流的项目而言，这些改善的绩效可能不够显眼，但对于这个销售额只有1500万元的备件项目而言，这个改善已经比较可观了。

值得一提的是，除了货架、周转箱、周转车等必要的操作设备，客户并没有大的投入，也就是说，仅仅通过我们对客户的业务逻辑进行梳理和流程再造，就给客户创造了可观的价值。

那么，该客户的情况是什么样的？我们是如何做到的呢？

初次接触这个客户是在 2013 年 12 月。因为一个很偶然的机会，我陪朋友去看了这家主要销售进口农机的企业，王总接待了我们。可能是职业原因，我到每个企业都喜欢看看仓库，到了这家企业自然也不例外。只是那一天刚好是周日，员工不上班，我没法进入仓库，只能隔着玻璃看看。

中午吃饭时，我善意地告诉客户仓库管理可能存在两个问题。

王总问："什么问题？"

我说："一是库存盘点准确率会很差，二是拣货时可能找不到货——或者说，找货时间很长。"

王总一听，瞪大了眼睛，问："你怎么知道？"

我说："仓库的现场状况反映了管理的水平。"

王总叹了口气："不只这样，我们还丢货。"

我详细地向王总讲了仓库管理的要素、方法和工具，希望能够给王总一些启发和思路。

饭后，王总说："孔老师，我们不太熟悉物流专业。短时间内，我也学不会你说的这些东西。您这么专业，可否帮一下我们？"

此后，经过和总经理短暂的商谈，我与该公司签订了一个物流诊断改善服务协议。一般的老板往往有一股居高临下的气势，而这位总经理却从内到外都透着谦和，把团队介绍给我，就放手让我带着团队工作了。只在每天晚上 9 点左右给我打个电话，询问一下进展和困难。

经过一段时间的梳理和统计，我测算出该公司仓库的盘点准确率是 48%，盘亏 15 万元，这是很差的操作质量数据。

盘点准确率差会严重影响企业的运营效率和运营质量。正常情况下，接到客户购买备件的订单时，操作员是通过查看账上的库存余额判断有没有库存，从而确定对客户的交付承诺。如果盘点准确率差，账面和实物不符，会带来很多问题。比如说，如果仓库有货，但账上显示没有，就会造成有订单却不能卖、重复下采购单，占用资金，降低运营效率；反之，如果仓库里没货，而账上显示有货，就会造成承诺无效，影响服务质量和客户满意度。

经过初步分析，我们把改善后的仓库盘点准确率指标定为99%，把拣货的准确率也定为99%。

深度了解客户的业务后，我发现其主要有4个问题：①没有系统地规划仓库；②没有仓库管理系统（软件）；③没有对入库、拣货、分货、出库等业务逻辑建立健全的操作流程；④没有差错率等KPI指标的统计方法、分析方法、纠错方法。

针对客户存在的问题，我带着客户的操作团队，制订计划、制订方案、逐步实施。

一、仓库规划

仓库规划的要素有很多，包括仓储设备选型、区域规划、仓库标识、安全等，其中货位是仓库规划的核心之一。所谓货位，就是仓库中存放货物的位置，比如货架、货架上的周转箱以及托盘等。为了管理货位，通常既要规划货位容量，又要给货位进行编码，当货物和货位关联时，我们就可以准确地知道哪件货在哪个位置了。

这家公司的SKU数量有3000多个，因为没有货位编码，每件货物的平均找货时间是3~5分钟，应该说耗费了大量的工作时间。通俗地说，就是小区里住着3000户人家，但没有门牌号，所以找人困难；如果给每家编上门牌号，就简单多了。

经过合理规划，设立好货位、货位编码，操作员就可以凭拣货单上标识的产品编号和货位编码判断货物的位置，直接到货位上拣货，根本不需要浪费时间“找货”。我们根据现有的需求和对未来的预测规划了5000个货位，系统地进行编码，为每个SKU都设立了货位。这就解决了货物的入库逻辑和存储逻辑。

二、信息化管理

在信息化管理这个问题上，我们碰到了难题。略有仓库管理经验的人都知道，仓库内产品品种太多，如果没有信息系统是很难管理的，因为员工很难记住大量的货物、货位，更不用说频繁更新的出入库数据了。这家企业还没有对业务员进行专业化管理培训，也没有仓库管理系统。

我接手项目时，还有一个月就到业务旺季了，仓库管理系统的选型、论证、调研、流程制定、调试等都需要大量时间，显然已经来不及了。

在没有仓库管理系统、人力资源又很紧张的情况下，应对旺季的大量操作，很难实现99%的盘点准确率和99%的拣货准确率。怎么办？如何向客户交代？

我静下心来，打开了客户的财务系统。财务系统其实是一个小的ERP系统，我仔细研究其中的每一个模块，希望能找到帮助。同时，我还联系软件公司并希望得到他们的帮助，希望可以实现通过系统管理仓库的想法。但令人失望的是，软件公司回复："这个软件的设计初衷就不是管仓库的。"

无奈之际，我再次静下心来，仔细研究那个财务系统。功夫不负有心人，我发现"产品信息"一栏中有两个字段没用。如果修改这两个字段，再辅以业务逻辑梳理，基本就可以实现仓库管理的核心工作，即货位管理。

我拿着这个方案问系统管理员："能不能把这两个字段修改为货位编码？"

管理员答："可以。"

我又问："这两个字段是否与SKU直接关联？"

管理员答："是。"

我再问："如果我们设置一下表格的格式，能否把这两个字段加到《入库单》和《出库单》里？"

管理员答："可以。"

我有些兴奋："如果《出库单》和《入库单》上有货位码，仓库操作员是不是就能准确知道货物位置了？也可以直接到相应的位置取货？"

管理员也很笃定："当然可以。"

找到答案了！原来"救赎之道，就在其中"！

终于，结合仓库规划、系统、单据，我建立了一套通过系统管理仓库的方案。经过调试，方案通过了！

问题解决了——在几乎没有附加任何资源的情况下，能把问题圆满解决，算是“摘叶作刀”了。

实际上，很多企业并不缺乏资源，而是缺乏对资源的开发和利用，就像手中有青龙偃月刀，却缺乏舞动这把刀的功力。

上述事件是很多企业的缩影：大部分人在嚷嚷着降本增效的时候，很少有人能坐下来认真研究企业的业务逻辑，深入研究企业的软性管理。这是做园区项目时经常发生的情况：在讨论一个仓库或者厂房外观的时候，大家引经据典、贯通中外、滔滔不绝；可是轮到讨论内部逻辑了，一个个都噤声了。其实，就仓库而言，外部就是个壳，内部才是芯。

我们面临的另一个挑战是寒冷：哈尔滨的冬天气温能达到零下 30 多摄氏度，仓库里的温度和外面相差无几。操作员在没有保暖条件的环境下，不可能长时间地收货和分货，这样会严重影响工作效率。基于此，我建议把收货和分货安排在一个 200 平方米的有暖气的车库里，并对现场做了精细的规划。如此一来，我们就把操作面积从 1000 平方米缩小为 200 平方米。为了保证操作质量，我把每个操作动作都做了分析，制订了细化管理方案。

三、盘点管理

仓库规划和信息系统两个关键要素解决了。

一切规划完毕，紧张的旺季也到了，整个现场就像一条流水线，收货、核对、分货（有些货直接分发给客户）、上架、拣货、出库，井井有条。紧张地忙碌了 2 个月，把这个旺季赶完了之后，大家都松了一口气。

但是，盘点时，大家发现仓库准确率仍然很差！

总经理面带忧虑地说：“孔老师，差得不少。”

我说：“我们设计的流程和系统有核对功能，可以查出来有哪些操作错误。我先查查。”

我们核对了系统数据，核对了仓库操作记录，发现有 23 张分货单没有在财务系统里做出库单，金额有十几万元。也就是说，由于操作的疏忽，有些已给客户发货的清单没有录入系统，这意味着系统没有记录这些发货，财务也就没有为这些货物开发票，公司因此也不知道需要收这些账款。

问题找到后，大家都如释重负。为了避免类似事件的发生，我建议增加碰盘管理（一种盘点管理方式），其操作方式是把当天操作的产品及时做好盘点检查，及时发现差异，及时解决，不累积问题。

修正完数据后，再看盘点准确率，已经超过 99%，达到了预定的指标。在这之前，当盘点差异很大时，仓库说仓库的数据是对的，财务说财务的数据是对的，可是两个数据差距太大，无法处理。现在，两个数据都是一样的，问题自然解决了。

后期，我又对该项目跟踪服务了半年，操作团队每天发来的盘点和操作数据我都要做简要的分析，提出改进的建议。整个操作团队都变得越来越自信——倒不是因为做了什么伟大的事，而是因为把每件小事都做好了，对自己的工作心里有底。

这个项目的成功，一是因为有企业的信任和团队的努力，二是需要咨询师将心注入，深入业务的核心逻辑中，深入操作的各个细节中，厘清阻滞原因，找出核心问题，并加以解决。

很多领导、老板很注重财务管理——管理一分钱，签字一支笔。实际上，我认为管理货物比管理钱更重要，因为“货物”就是流动的“钱”，能动钱的人毕竟是少数，但是能动货的人就很多了。这么多流动的“钱”，难道不需要管好吗？遗憾的是，国内很多企业并没有重视仓储物流的管理，包括设施、人力、培训、激励等，远远没有达到基本要求。长此以往，导致物流质量不高，物流成本居高不下，也就不足为奇了。

这个项目历时 5 个月，通过反复的规划、设计、培训、检讨等，重塑了业务流程，再造了管理基因，改善了绩效指标。表面看来，整个过程纷繁复杂；其实，对于专业人员而言，从业务逻辑的角度来看，整个业务就像被树叶和污泥盖住的清泉，研究明白后，疏浚清理，自然就成溪了。

013

设备管理：说说 OEE 指标

机器或者设备是制造业或者流通业企业中效率管理和质量管理的重要因素，在“人机料法环”五大要素中排在第二位，可见其重要性。

那么，如何测量设备的效率和效益呢？

主要看综合设备效率（Overall Equipment Effectiveness，OEE）。一般情况下，每一个生产设备都有自己的理论产能——当然，要实现理论产能，前提是保证没有干扰和质量损耗。不过，实际生产中不可能没有干扰，更不可能没有质量损耗，所以实际产能总是小于理论产能。OEE 就是实际生产能力和理论产能的比率，是一个评价实际生产能力水平的指标，由可用率、表现性以及质量指数三个关键要素组成：

OEE = 可用率 × 表现指数 × 质量指数

其中：可用率 = 操作时间/计划工作时间。

设备是用来工作的，设备一旦休息就是工厂的损失。可用率就是指用实际操作时间除以合理的计划工作时间，用来评价停工所带来的损失。引起停工的任何事件（例如设备故障、原材料短缺以及生产方法的改变等不确定因素）都需要预防和避免，借此提高设备可用率。

表现指数 = 理想周期时间/实际周期时间

= 理想周期时间/（操作时间/总产量）

表现性可用来评价生产速度上的损失，也就是实际生产节拍和理想生产节拍的比率。任何导致生产不能以最大速度运行的因素（例如设备的磨损、材料的不合格以及操作人员的失误等）都会影响生产速度、延长生产周期，造成生产时间的浪费和设备浪费。

质量指数 = 良品数量/总产量

质量指数可用来评价质量上的损失，主要反映没有满足质量要求的产品所占的比重，包括返工的产品。

OEE 是一种简单实用的生产管理工具，在先进的制造业企业中已得到广泛的应用，也是企业管理的重要指标。

精益供应链需要对设备进行精细化管理，OEE 指标会让我们关注到大量供应链要素，比如员工、订单、计划、物料、设备、工艺、质量、环境保障等。如果要保证 OEE 指标，要做好 6 个方面的工作：第一，要保证员工的专业技能，提高劳动者的效力，增加生产力（无论是供应链计划、物料计划、工单管理、生产设备维护保养等，都需要专业技能）；第二，需要保持订单和计划的稳定性（频频更改订单和工单，频频更改生产计划，势必带来生产设备的浪费）；第三，保证物料充足、齐套（物料短缺或者物料不齐套也是造成停机的主要原因）；第四，设备管理也是重要要素（设备管理得好，可以降低设备故障率以及维修成本，延长设备使用寿命，自然会提高 OEE 指标）；第五，使用新工艺和稳定工艺（新工艺和工艺的稳定性可以提高 OEE 指标，通过解决工艺上的瓶颈问题，也可以提高生产力）；第六，提高产品质量，降低返修率和报废率。

014

时间就是生产力：缩短换模时间，提升产能 8%

2016 年，我在重庆辅导一家汽车钣金公司做精益生产，把换模具的时间从 40 分钟缩短到 15 分钟，最终提升产能 8%。

当时，我透过办公室的玻璃可以看到车间里正在换模具。我粗算了一下时间，换模时间耗时约 40 分钟。

如果换模时间长，那么造成的浪费就很大，包括工人工时浪费、设备产能浪费、财务核算不准等。该企业的设备每个班工作 8 小时，总时间

480 分钟，也就是说，换模时间约占总时间的 8.3%。换模具看起来是浪费了两个人工，实际上是浪费了 8.3% 的产能。

经过分析发现，换模具耗时的主要原因是定位不准，顶杆对不上，需要反复调整、核对，造成耗时太多。

于是，我组织工艺部门和技术部门进行讨论，制订了一套快速换模方案：我们在模具上修了一道定位槽，只要将槽对准机床模具台上的标志，就可以实现精准定位。由此，该企业把换模时间从 40 分钟缩短到 15 分钟，提升产能 5%。

后来我拜访了铃木工厂，发现该厂的换模速度更快，基本实现了自动化。其中，与重庆工厂相比，铃木工厂的一套冲压车体侧身钣金件的冲床的工件是其 3 倍大，设备是其 5 倍大，但铃木工厂专门为模具平台设计了轨道，实现了模具平台进出自动化、模具定位自动化、调试核对自动化，5 套模具，5 分钟搞定。

正当我沉思的时候，随行的王总说："孔老师，这不算什么，F1（世界一级方程式锦标赛）换轮胎，只用 1.5 秒。"我一听，只能更沉思不语了。

产能是时间的函数，生产线都有换线时间。

产能 = 单位时间产量 × 总时间

所以，时间是重要的产能要素，换线时间越短，产能越高，反之亦然。试想，如果每次换线时间是 1 小时，每天 8 小时，如果要换 8 次线，那就什么都干不了了——当然，这是一种极端的情况。

缩短换线时间如此重要，以至于日本在 20 世纪 50 年代专门创造了快速换模的精益工具 SMED（Single Minute Exchange of Die，快速换模，全称"60 秒即时换模"），在生产中，所有的切换和启动时间都要低于 1 分钟。

实现快速换线的核心是解决瓶颈环节的约束。

假如一条生产线的切换需要调整 10 个环节，调整的时间分别为 10 分钟、7 分钟、6 分钟、3 分钟、5 分钟、6 分钟、4 分钟、6 分钟、4 分钟、4 分钟，优化换线时需要重点解决瓶颈环节，即首先要关注耗时 10 分钟的环节，其次要关注耗时 7 分钟的环节。

管理没有止境，只要认真做，总是会越做越好。我参观过一家日本的物流企业，在我看来，他们在各方面做得都很好，已经做到极致了，但还是问了一下他们的改善目标。

负责人答："明年成本再降 1.5%。"

我不禁惊讶地问："做得这么好了，还有节省空间?"

他回答："有，年年都有指标。"

只要用心，只要努力，总是会做得更好，就像一句广告词所说的：更好——没有止境。

015

持续创新：降低采购成本的三个方法

采购有三个核心指标，即 QCD，分别指质量、成本、交付时间。降低采购成本是采购的重要指标之一。

降低采购成本的第一个方法是砍价。砍价是降低采购成本最简单的手段，初期可能有效，但仅仅靠砍价来降低成本是难以持续的。如果过度砍价，则质量和服务必然难以满足业务要求，反而会适得其反。

即使砍价，也有很多方法，比如招标、比价、竞争性谈判等。合理的砍价既可以保证采购成本具有竞争优势，也能保证采购服务对业务的支持。

降低采购成本的第二个方法是优化双方乃至多方的流程，减少供应链上的浪费（包括人力、机力、时间、空间等），实现集成供应链。

比如，共享计划可以减少缺货；共享库存可以降低库存水平，降低资金占用量（假如有两家公司，库存独立时，每家公司都需要备 1 亿元的库存；如果改为两家共享库存，则每家库存可以降至 0.7 亿元）。

集中采购和长期合作也是优化双方乃至多方流程的一种方式。2021 年，我辅导一家小家电企业优化纸箱的采购，将其供应商从 5 家降为 3 家，成本下降6.91%。其中道理也不复杂：通过减少供应商的数量，每家供应商的货量增大，既避免了库存浪费，也容易备货。

降低采购成本的第三个方法是采用新技术、新工艺、新设备、新管理模式、新业务模式。新能源汽车的运营成本远低于燃油车，这是新技术的作用；组装式建房子的速度比浇筑式快好多倍，这是新工艺的作用；永辉超市采用合伙人制度进行管理，人工效率大幅提高，这是新管理模式的作用；滴滴是中国最大的出行公司，运营着几千万辆网约车，但自己一辆车都不需要买，这是新业务模式的作用。

企业需要具有持续的创新精神，不断关注新技术、新管理模式、新业务模式。

在成熟的企业中，使用第一个方法所能降的成本是有限的，达到10%左右就已经是高手了；使用第二个方法，有可能达到20%左右；使用第三个方法，可以高达50%甚至以上，这也是我们对流程优化、新技术、新模式如此关注的原因。

国际巨头如何考察供应商

持久的优势往往需要完善的体系来保障。一个企业能做到百年老店或者做到一定规模，在管理上一定会有其独到之处，否则不太可能有这么好的成就。

比如，供应商管理对供应链管理而言是很重要的一个环节。供应商是我们的合作伙伴，其产品就是我们产品的全部或者一部分，所以供应商的选择和管理极为重要。

大部分国际巨头对供应商的考核有严格的流程，这也是保证产品质量和交付质量的重要环节。

多年前，我曾经全程参与了IBM公司对冠捷工厂的考察。那时候我20多岁，是一个初出茅庐的小伙子，第一次观摩IBM专家的工作方式，真切地感受到了国际巨头企业的严谨和专业。

1999年，我在冠捷电子工作。冠捷电子的主业是显示器制造，当时该业务规模在全球排第四名。我在资材部门负责国际物流业务，主要负责欧洲、美国市场的订单管理和物流管理。

那段时间，刚好赶上IBM公司到我们工厂做供应商寻源审查，厂长安排我做翻译。做翻译有个好处，就是可以听到两边的话，看到两边的事。审查的过程包括全流程审查、问题清单、整改、整改后回顾。虽然时间只有两天，但这些工作需要全部做完。

IBM派来的这名专家显然熟悉显示器这个行业，也熟悉整个工厂的管理流程，在工厂很仔细地看每个环节，包括实验室、仓库、生产线、检查站；研发、采购、生产、质量、物流；物料、生产设备、检测设备；作业说明书、标识、质量报告、检查清单、设备调试记录、设备检验记录、设备校正记录等。

专家花了一天的时间把整个工厂看完，总结了25个问题。当天晚上，我们组织所有的主管开会，讲解了这25个问题。对于那些经过简单修改即可合格的问题，当场就可以修改；还有一些问题，需要调整设备、流程才可以解决，需要次日完成。

次日上午，工程完成调整之后，我们向专家做了一次汇报。专家验证完之后，马上给我们负责销售的副总裁打了电话，告诉副总裁验厂通过了。整个过程非常专业、紧凑、高效。

这个案例给我留下了很深的印象。在专家的眼里，一个工厂就是他随意拆卸的一台机器：拆了之后，看看零件，如果没有问题，就再给你组装起来；如果有问题，就修好了之后再给你装起来。

在现场，我没有看到专家的检查清单，但我估计他应该有清单，只不过对业务太熟悉了，也就不用清单了。这就像资深的大夫，什么都记在脑子里了，哪有大夫边看病边翻书的？

百威啤酒就稍有些不同，百威啤酒对供应商以及供应商的供应商都会有严格的审核，和IBM不同，但他们更加注重审核清单。

百威的啤酒包装需要大量纸箱，所以百威对纸箱供应商有极为严格的认证，对供应商的供应商（也就是造纸厂）都进行了严格的认证，可见百威对于其供应链的安全性和成本管理多么严格。百威的检查清单有152项检查项目，涉及合规、质量、成本等。

从内容上可以看出来，这张清单是专门为造纸厂设计的，对于造纸厂的重要环节和关键流程都要进行检查。百威会先把清单发给供应商，凭借这张清单，供应商也就清楚了百威的关注点和要求，经常检查自己的工作，做好管理的提升和改善。

相比较而言，沃尔玛考察供应商时就没有那么严格了，大多数供应商不用现场考察，不过合同都极为苛刻：产品不好，不是退货，就是降价；凡是有风险的，就让供应商承担。这是零售业的特点：SKU数太多，而且大多数都是成品，也只能这样做。

除此之外，汽车主机厂对于供应商往往有极为严格的认证，尤其是质量管理体系的认证，有专门的国际标准——IATF 16949。食品、药品等生产厂也都有其认证标准。供应链管理专业人士需要了解这些要求，因为其对供应链的安全性、稳定性和效率都有极为重要的作用。

好的供应商，首先是选择，其次是培养。首先要选择专业的供应商，有服务能力的供应商。培养，只是为了让供应商做得更好。

克里斯托弗教授说过："企业之间的竞争已不再是一个企业和一个企业之间的竞争，而是已经发展为一个企业的供应链和其竞争对手的供应链之间的竞争。"

供应商是企业供应链一部分，是我们的手、脚。如果客户体验要求很高，供应商就是我们的脸面；如果信息化要求很高，供应商就是我们的神经末梢，甚至是我们大脑的一部分。因此，选择和培养合适的供应商至关重要。

如果供应商优秀，那么它也是企业竞争力的一部分；如果供应商不好，就拖了企业的后腿，成为削弱企业竞争力的一部分。

虽然冠捷在显示器行业已经排到全球第四位了，但是中标成为戴尔的显示器供应商之后，一开始却赔得一塌糊涂。戴尔供应链（图4－10）的销售端是直销模式，采购端是VMI模式。所谓VMI模式，就是戴尔并不给供应商下订单，而是给供应商提供生产计划，要求供应商保证不断货，断了货就按照影响产能的金额罚款，每分钟高达几千元——这可不是小数字。

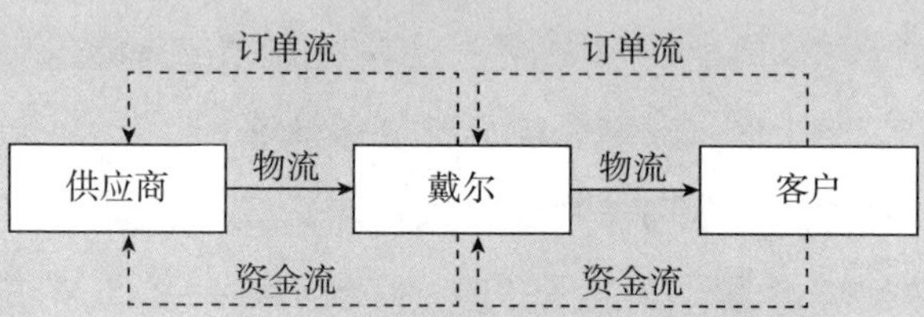

图4－10　戴尔的供应链模型

当时，虽然冠捷是专业的显示器制造商，但对于这种VMI模式完全不熟悉，而且供应链管理中存在很多问题，不是缺货，就是呆滞：一旦缺货，客户罚款；一旦呆滞，自己亏钱。所以，项目亏损是很自然的事情。

后来，冠捷花了很大的代价，请专业人才、提升管理、反复培训、反复演练，才真正驾驭了这个生意。

大约1997年，L集团的电脑市场份额已经是国内第一名。当时能生产电脑机箱的企业并不是很多，L集团的供应商是富士康和J公司。按理说，有两家没有关联关系的供应商应该可以形成充分的竞争，但实际上不是，无论怎么招标，价格都下不来。道理也不复杂：谁愿意降价？谁不愿意多赚钱？谁愿意把利润吐出来？

电脑机箱就是把钢板切片、折弯，装成框子，有什么难的？L集团决心培养自己的供应商。

L集团给J公司的两位副总经理做工作，为他们提供资金、订单，请他们建厂。几个月之后，原来的2家机箱供应商就变成4家，价格也下降了很多。

2018 年，我辅导 HQ 公司优化成品物流。HQ 是一家中药加工和分销公司，药材销售需要符合 GSP 标准，需要货票同行，比常规的物流要复杂一些。该公司的货量有限，还分配给 7 家供应商，每家的份额都不大，货量分散，谁都做不好。

了解情况后，我决定整合物流、统一服务标准（货票同行、时效）、统一报价格式（都按重量报价）、统一绩效。然后进行招标。但是，招标的时候谁都不愿意降价，不愿意多做工作，不愿意改变流程，只有少部分供应商愿意稍微降低一下价格，美其名曰“战略合作”，其实就是想多拿点份额。

大部分物流公司都是这样的：只愿意多赚钱，不愿意多干活，不愿意提高自己的水平。

只有一家潜在供应商愿意坐下来和我们细谈，包括服务范围、流程、人力、资源、绩效等，并承诺改善自己的公司，承诺按照标准完成工作。

经过 3 个月的培训，这家物流公司终于全面掌握了该业务，在服务时效（送达时间）、服务成本（物流价格）、绩效（破损、投诉等）方面都达到了要求，成为 HQ 公司的战略供应商。

该合作不但帮助了 HQ 公司，也帮助了这家物流供应商。HQ 的物流成本下降了 25%，每年节省几百万元。这家物流公司成长得也很快，不但从此有了一块盈利最好的业务，而且服务能力大幅提升，市场规模不断扩大。

培养固然重要，选择也更重要：那些正向、有追求、愿意改变、自律的供应商有培养潜质，而那些投机、懒惰的供应商则没有培养潜质。

这篇文章最早发表在知乎。发表之后，有读者询问怎么培养供应商。其实，培养供应商是双向的：一是要不断优化自己的业务需求，因为超出供应商能力的业务，供应商是没有办法做好的（比如，如果问甲方的销售部门需要什么样的配送时效，得到的回答往往是“越快越好”——别笑，我已经碰到好多次了。这样的需求，供应商是没法满足的）；二是要尽量让业务标准化（比如到一线城市的配送时效是48小时，这样要求后，供应商就可以合理配置它的资源）；三是要不断优化供应商的操作绩效，对供应商提出合理的提高物流绩效的要求，包括时效管理、流程优化、信息化优化等。

016

把账算透：纸箱成本是15元还是500元

2020年，我辅导一家家电工厂的供应链，碰到了一个项目成本核算的问题。

有一个项目需要使用3个纸箱，纸箱单价是15元，但纸箱供应商要求每个订单最少订100个，于是采购员就买回来100个纸箱，花了1500元——自然，97个纸箱就呆滞了，谁知道猴年马月才能用上？这虽然是个小事，却让我思考了很久：如果计算项目的总成本，纸箱成本按照15元/个还是按照500元/个计算？

我把这个问题发到一个供应链专业群里，群里就炸锅了，议论纷纷，持什么意见的都有，主要意见大致如下：

有人说：对老板来说，应该按100个纸箱的成本来计算项目成本，否则老板要亏钱。

也有人说：如果由老板计算，会按照500元/个计算；如果由采购人员计算，估计会按15元/个计算。

还有人说：既然客户已经制定了项目成本标准，那么只要是为该项目购买的物料，不管项目用不用得上，都应算作项目的成本——即使呆滞得到了妥善处理，或者即使这批纸箱没有造成实际损失。

有节约意识的人说：那 97 个纸箱可以卖废纸，可以抵一点成本。

当然也有人反对说：废品的价值基本可以不计。卖废品也很麻烦，不好管理。

懂得换位思考的人说：采购员是不是可以换个采购方法？跟供应商谈判，把单价提高（比如 100 元一个），理论上只要成本小于 500 元就可以，找一个平衡点。

纸箱货值不高，量也不会太大，100 个纸箱的货值也有限。如果换成芯片、手机等产品，那就不同了。某公司曾经一次性撇掉坏账 18 亿元，包括成吨的芯片、堆成山的手机，直接用压路机轧烂，还美其名曰“处理呆滞物料”。其实，它们也曾经都是白花花的“银子”，也曾经是价值十几亿元的高货值产品，只不过因为没有管理好，才变成了呆滞物料。

如果供应链管理没有做好，把本来好好的货物都报废了，真是暴殄天物。

017

术业有专攻：只有专业才可以做到物美价廉

好的供应商有个特点：既能保证产品质量，又能保证价格有竞争力——更加精确地说，是保证在某个产品质量区域的价格竞争力，或者某个价格区域的产品质量竞争力。通俗一点解释就是，产品做得这么好，竟然还这么便宜；或者说，产品都这么便宜了，质量还这么好。

2019 年，我辅导一家企业做采购管理，寻源的产品是 PET 盒，就是商店里陈列日用品的那种透明盒子，通过寻源、招标，选出来的供应商成本低、质量好、交付速度快，成本下降 40%。

这次寻源、招标、考察现场给我留下的最深刻印象是：只有专业的公司，才可以把产品做得物美价廉——也就是说，既能保证产品质量，又能保证价格有竞争力。

差的供应商往往采用成本加成法，不论浪费多少、报废多少，成本统统算到客户头上，所以也就懒得去更新工艺、设备，也舍不得用好材料。

B 供应商的管理就是如此，做产品一共用了 5 道工序，每道工序的合格率大概 99%，总的成品良率大约是 95%。由于物料在 5 道工序之间多次搬运，不但有物料的浪费，还有物流的浪费。

好的供应商往往采用市场定价法，保证产品价格在市场上的竞争力，自己想方设法降低成本，获取利润。比如，做同样的产品，A 供应商只用了 1 道工序，合格率大概 99.9%，物料只需搬运一次，物料浪费很少，几乎没有物流浪费。

仅凭这两条，相对于 B 供应商，A 供应商就已经有 5% 的成本优势了。

除了这两条直观的优势，A 供应商的高管、技术、设备、管理都很专业，而且人员素质好、企业形象好。综合下来，其竞争优势远远大于 B 供应商。

018

如何快速核查采购价格的合理性

我在知乎上创建了一个名为“供应链生态”的专栏，专门回答读者的一些问题。有人问过这样一个问题：如何快速核查采购价格的合理性？

对此，我做了如下回答：

（1）熟悉产品。这话说起来容易，做起来难：单纯认识产品容易，而做到熟悉产品、成为产品专家并不容易。

（2）熟悉产品的行情。此时此地的行情是什么？同样的产品在不同的季节和不同的地点，其价格是不一样的。

（3）如果我们自己不了解行情，那就向了解行情的人请教，往往可以得到很好的帮助。

（4）有些产品有现货，可以到现货市场问问，不难。

（5）有些产品有期货，看看行情曲线和当下价格，不难。

（6）大宗商品都有集散中心，打个电话，就可以了解很多有用的信息。

（7）在熟悉行情的基础上，再根据品质、货量、交付时间、交付难度等要素，确定合适的价格范围。品质高、货量小、着急交货、送货上门等因素都会造成供应商报价偏高，这是合理的。

（8）往往只有产品专家，才能谈出好价格。

（9）往往只有建立战略合作和长期合作关系，才会有好的价格。

（10）多找几家供应商，招标，会有更好的价格。

（11）多找几家供应商，比比价，会有更好的价格。

（12）所谓竞争性谈判，实际就是处在强势位置时进行压价。

（13）拜访一下供应商，表示出诚意，会拿到比较实在的价格。

（14）和你的同行坐坐。同行有时候也是朋友，一起喝杯咖啡，问问他（她）的价格。

（15）如果熟悉行业，计算一下成本和利润，可以得出价格——当然，这需要熟悉产品，熟悉成本计算方式。

（16）看看 ERP 系统中的历史价格。如果偏差太大，那就分析一下，会看出价格变化的差异。

（17）上网看看同类产品的价格。虽然网上的报价往往不准，但是可以参考（注意，网上的数据往往是不负责任的，什么价格都有，千万不可以根据这个价格诘难采购）。

（18）请顾问公司帮忙（注意，找专业的顾问公司）。

（19）一定要注意：价格和品质往往有一定的关联性，不要忽视品质。

（20）如果我们给客户的交付时间是有限的，那么关键就是价格合理，及时交付，而不是一味追求价格低！少挣点比丢单强多了。

（21）成本优化是持续改进的事情，要长期盯着。这很重要，但不要着急。

（22）最后一句：找靠谱的人做采购。所谓靠谱，就是诚实，智慧、专业：不诚实不行，太笨了也不行，不专业更不行。

019

卡拉杰克矩阵：物料分类的方法

如果 SKU 多、采购量大、供应商复杂，就需要重视采购策略。采购策略之一是确定物料的优先性，不同的商业需求对于采购决策具有不同的优先性。

如何根据优先级对公司的采购组合进行划分呢？彼得·卡拉杰克（Peter Kraljic）提出了一种分析工具，根据战略重要性和供应风险性这两种因素分析物料的优先性。

战略重要性是指采购物品对公司的销量、利润、成本的影响程度。例如，办公文具就属于不重要的产品，大型设备就属于重要的采购物品。

供应风险性是指供应市场的复杂性或者断货风险。这与物品供应源搜寻的难度、供应的脆弱性、供应商在市场中的相对实力等因素相关。

根据卡拉杰克矩阵分析，物料可以分为 4 类：战略物料、瓶颈物料、非关键物料和杠杆物料（图 4－11）。

战略物料往往是企业的生命线，比如生产电脑所需要的 CPU，制造手机所需要的芯片等。对于此类物料，采购方必须和供应商达成长期、共赢的战略合作关系，以控制成本，确保供货安全。

瓶颈物料的用量可能不大，可一旦缺料，风险往往较高。对于此类物料（比如专用设备、专用配件或专业性很强的咨询服务），如不能及时获

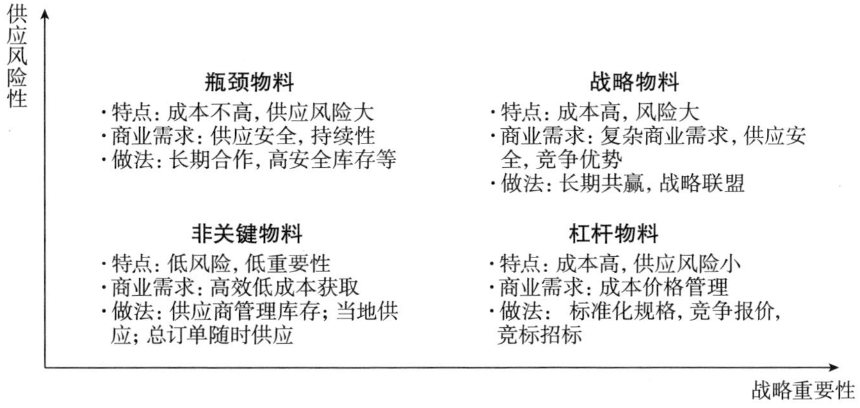

图4－11 采购物料的分类：卡拉杰克矩阵

得就会导致运作延误，需要控制好短期可持续性及供应的安全性，与供应商保持一定的关系，适当增加库存，以避免突发的短缺。

非关键物料的用量往往不大，风险往往不高，可替代品很多。对于此类物料，可以通过招标、竞价等降低采购成本。

杠杆物料的需求量大，但是可替代品也多，一般不会缺货。对于此类物料（比如面粉、白糖、普通的螺栓和螺母等），买方往往有话语权，可以采用竞争性招标、集中采购等方式降低成本。

以电脑生产商L集团为例：

——战略采购：CPU是战略物料，且只有2家供应商符合要求，成本占比30%～35%；采购方式为战略采购，也就是基本上要全力配合供应商的要求。

——竞价采购：主板、硬盘是杠杆物料，有3家以上供应商符合要求，成本占比50%～55%；采购方式为竞价采购。

——压价采购：机箱、包装箱、说明书是非关键物料，有100多家符合要求的供应商，成本占比约5%；采购方式是VMI和JIT，由供应商负责备库存，支付账期长。

尽管卡拉杰克矩阵已经把物料分成了4个等级，但在实际操作过程中仍然有很多需要深度考虑的要素。比如，有些物料可能是AA级甚至AAA级的物料（如手机芯片），有些可能是A级、B级的物料，虽不至于全面断供，但仍然有较大供应风险。

由于这些物料的性质不同，公司的采购计划、库存计划、资金筹备自然也需要灵活应对。

020

RFI、RFP、RFQ 与 RFB：招标和竞争性谈判

采购就是买东西，买东西都希望质量好、价格低、交付速度快，这是人之常情。这就需要选择合适的供应商。

一般情况下，选择供应商的方法无非两种：谈判和招标。谈判就是商量，双方达成一致后成交。招标就是采购方把采购要求在招标书中说清楚，投标方通过投标书报价，采购方择优选用。

此外还有些采购方式，比如竞争性谈判、比价、邀标、议价等，都是以上两种方式的变形或者组合。

招标是一种很好的竞价采购方式，供应商为了获得生意，往往会报出有竞争力的产品、价格、账期、交期、服务等。以苹果电源线为例：苹果公司每季度招标一次，一般会选择两家供应商中标；招标时，苹果公司一般不会要求供应商降价，但在分配订单额度时，价格低的供应商可以拿到70%的订单份额，而价格高的只能拿到30%。有两家供应商供货，既避免了供应风险，也便于降低成本。

有些采购招标比较简单，比如采购白糖基本上就寥寥几个指标，产品质量标准、采购数量、价格、交期；有些招标就比较复杂，比如建筑招标比一般的货物采购要复杂得多。

不论多么复杂的招标，往往都有标准格式和标准文档，不论是招标方还是投标方，都需要把这些文档研究明白。

供应链中比较复杂的是物流方案招标，由于涉及比较多的线路、服务

要求，有规模的外企物流方案招标往往有三类内容，即 RFI、RFP、RFQ。RFI 即 Request for Information（信息邀请函），要求供应商提供产品、质量、交付、服务等信息；RFP 即 Request for Proposal（方案邀请函），要求供应商提供项目方案，比如物流方案、规划方案等；RFQ 即 Request for Quotation（报价邀请函），要求供应商提供报价。

有些公司要求供应商分阶段提供信息，比如：要求供应商先提供 RFI；公司看了觉得还不错，然后要求提供 RFP；看着方案也还可以，再要求提供 RFQ。通过这三个文件的名字，大家可以看出来大公司招标的步骤和节奏。

很多公司也会公开招标，直接发一个 RFB，即 Request For Bidding（投标邀请函），要求供应商一次性提供全部材料，也不用分批提供了。

一般的 RFB 标书往往分为商务部分和技术部分（比如建筑招标、软件招标等），评标的时候往往先评技术标；技术标通过了，再评商务标。

为了便于投标方投标，招标方往往会制作详细的标书文件，严格要求投标方按照规定的格式、在规定的时间和地点提交文件。投标方需要认真研究标书，并按照标书的要求编制投标文件。

2006 年，作为大田集团的物流工程部经理，我组织了一次针对戴尔公司的成品物流招标，包括仓储和运输两个方面。戴尔公司在招标书中列出来 2000 多条线路，把每条线路的历史货量都说得很清楚，包括票数、重量、体积等，然后我们按照铁路运输、公路运输和空中运输分别报价。

那是个线上招标，有标准的报价格式，每家投标商只需要在价格一栏填写数字即可。戴尔公司的人员可以在后台看到每家供应商的报价，一眼就能看出来哪家供应商在哪条线路上有优势，有多大的降价空间，然后在线和供应商谈判，告诉供应商哪条线路的价格偏高了，是不是可以再降降？这种方式表面上看是招标，实际上是竞争性谈判。

第五篇

优化供应链

用新技术升级竞争维度

- 科学技术
- 产品技术
- 工艺技术
- 制造技术
- 管理技术
- 数字化技术
- 自动化技术
- 信息化技术

001

技高一筹：每个企业的供应链都值得用新技术重做一遍

改革开放40多年来，中国经济一直快速发展，其中一个非常直观也非常重要的原因就是我们快速学会了国际上的新技术，做出了有技术含量和成本竞争力的产品，占领了国内和国际市场。

从这个角度看，新技术是企业发展的重要驱动力，是保持企业成长极其重要的因素。

新技术种类繁多，涉及方方面面，包括科学技术、产品技术、工艺技术、制造技术、管理技术、数字化技术、自动化技术等。任何新技术都有可能为产业带来巨大变革，如果忽略或者轻视新技术，轻则失去利润，重则失去企业竞争力。所以，做企业的人，不可以不研究新技术，不可以不关心新技术的进步。

新技术发展的速度越来越快，可以说是日新月异。有些用新技术做出来的产品，其质量、成本、交付速度都远胜于旧技术——更有甚者，新技术还让很多神话变成了现实。

比如，在“牛郎织女”的神话中，织女要为董永赎身，地主难为织女，让她一晚上织100匹布，织女无奈，只好请6个神仙姐姐帮忙，还借来了天梭，才完成这个活儿。但是，如果用现在的纺织技术，这点货量即使放在一个中等规模纺织厂，也就几分钟的产能而已。

在《西游记》中，孙悟空一个筋斗能走九万八千里（49000千米）。如果他翻一个筋斗需要花1个小时，那么，现代技术也正在奋起直追——据报道，迄今为止人类研制的速度最快的有人驾驶飞机X-15最高速度可达6.72马赫（约合8232千米/时），和筋斗云虽然还有很大差距，但科技的进步最终会让这一差距迅速缩小。

至于神话中的“顺风耳”“千里眼”，目前来看，其技能明显落后于现代技术——现在的望远镜、卫星何止能听、能看 1000 里（500 千米）？这就是新技术的威力。

新技术的力量如此强大，从这个角度看，每个企业的供应链都值得用新技术重新做一遍。

在新技术架构的社会生态和商业生态中，只使用旧技术的企业很难生存，因为成本太高了。

本篇重点介绍三类技术对改善供应链的影响，分别是产品技术、数字化技术、自动化技术。

002

产品技术：打造独特的竞争壁垒

新技术可以做出来好东西，新技术可以大幅降低成本。而产品技术可以帮你打造独特的竞争壁垒。

客户需要的是好产品，好产品凝聚的是好的技术和工艺。

如前所述，供应链传递的是产品，也包括技术和工艺，技术流、工艺流贯穿于供应链的所有环节，是交付的重要组成部分。

同样的材料采用不同的技术，或者同样的技术采用不同的工艺，其产品价值是不同的，有时候可能是天壤之别。以技术见长的公司，其产品的技术壁垒高，产品自然会有竞争力。

木炭的基本原子是碳原子，钻石的基本原子也是碳原子。1 千克好的钻石可以值几亿元人民币，而 1 千克木炭仅值几块钱，也就能烤熟几串羊肉串。

陶瓷也是一样。景德镇是全球有名的瓷都，在那里，一个好的瓷杯可以卖几百元，价值也算不菲，但其主要价值也就是喝水、观赏。可是，日本京瓷利用其陶瓷技术可以做出全世界顶好的火花塞，指甲盖那么大一块，就可以卖 100 元人民币。

这就是工艺使然：同样的原材料，不同的工艺，其价值完全不同。

2011 年，我在德国多马根拜耳工业园的一家餐厅吃饭，这家餐厅用的是极精美的桌布，其精美令人惊叹。也许是我少见多怪，为了看这块桌布，有人会专门开车 200 千米去吃一次饭。当然，还有用纸做的行李箱、用纸做的包、用不锈钢做的肥皂等，这些都是技术使然。

有一家意大利公司的布料非常精美，价格昂贵，畅销全球。但是，如果追溯它们的工艺，会发现棉花和纱线都来自中国，材料的价格很便宜。我们之所以做不出来这么昂贵、精美的布料，是因为我们没有掌握人家的技术。

玉雕也是如此。同样一块玉，如果由普通人来雕刻，本来价值 100 万元的玉石，雕完之后，价格就变成 10 元了。如果到了名家手里，雕完之后，可能价值 1000 万元。这就是技术和工艺的作用。

一般的剪刀几十块钱一把，往往还不好卖；好的德国剪刀要几千元一把，很畅销。其实，原材料都是巴掌那么大的一块钢，但是工艺不同、技术不同，出来的产品就不同，差距还挺大。好多企业很着急，人家的东西那么好，看着很眼馋，自己就是做不出来。

做出来好产品只是一方面，另一方面还需要消费者买得起，这就需要成本优势。而新技术可以降低产品成本，使产品具备成本优势。

以 iPhone 手机和某其他品牌手机的电源插头为例（图 5 - 1）。电源插头很常见，但别看电源插头个头小，其中的技术含量却很大。苹果电源插头的体积大约是某其他品牌插头的三分之一。暂且不论其生产制造工艺，仅仅按照体积和重量来计算，iPhone 手机充电器的物流成本应该是某其他品牌手机的三分之一。所以，无论是在材料上还是在物流上，iPhone 手机充电器的成本都能大幅下降，再加上其产品质量好、售价高、销量又大，赚的钱自然就多。

这种技术对于供应链的成本优化具有无可比拟的作用。比如，要降低

图 5-1　iPhone 手机和某其他品牌手机的电源插头

30% 的物流成本，用普通的方式难度非常大，但如果能把产品的重量降低 30%，物流成本自然下降 30%，供应链成本也会下降很多。

003

工艺赋能：做好供应链管理需要组织好工艺流

我们经常会听到“工艺”这个词。我的第一份工作就是锻焊车间的工艺员，每天的工作就是把技术图纸转变成工艺图纸，工人再按照工艺图纸把产品做出来。简单来说，工艺就是如何把一个东西做出来——这里说的“东西”是指一件产品、一项服务或者一个项目，内容比较宽泛（比如，把几种物料混合起来是工艺，在车间加工钢铁零件是工艺，飞机组装是工艺，物流运输和装车是工艺，仓库的出入库操作也是工艺）。

概括来讲，工艺就是对产品进行加工或处理，最终使之成为成品的方法与过程。

工艺对于供应链有重要的赋能作用。工艺流是重要的价值流，如果要打造供应链的竞争力，绝对不可以忽视产品工艺、加工工艺、组装工艺、物流工艺。

一、产品工艺

产品工艺能决定产品性能。自从人类进入原子阶段以来，几乎所有的产品都变成了各种物料的化合或组合。大部分食品经过物理加工或者化合而成，绝大部分药物经过化合而成，几乎所有服装面料都经过了多种物料的化合，几乎所有的工具都是多种物料组合的产物。大部分药物价格昂贵的原因是配方保密，因为其他人并不知道这种组合及其比例，这就是产品组合工艺的重要性。物料组合得好，可以产生很大的价值。

二、加工工艺

加工工艺也能决定产品的性能。比如，由同样一块钢材做成的两把螺丝刀，一把淬火[①]，一把不淬火，不淬火的根本就不能用，因为这样做出来的螺丝刀太软了。1995 年，我参与调试一条意大利流水线，当时只能用进口螺丝刀拧进口螺丝。如果用国产螺丝刀拧进口螺丝，国产螺丝刀就会被“拧滑”了；如果用进口螺丝刀拧国产螺丝，国产螺丝就会被“拧滑”了。当然，现在已经没有这个问题了，但在当时，我们的工业水平确实很低。

锉刀也是一样。1995 年前后，我做钳工工作，发现国产锉刀用 3 天就不行了，进口锉刀却可以用 1 个月，这也是由于加工工艺不到位造成的。

加工工艺也决定了产品的价值。同样是沙子，如果混合了水泥，那就是混凝土，只能卖混凝土的价格；如果烧到 1500 摄氏度，就成了玻璃，可以卖到玻璃的价格；如果把硅砂进行精细加工，则可以做成芯片[②]，那就能卖到芯片的价格——比黄金还要贵很多。这就是加工工艺对产品的增值，可以使其增值几倍、几十倍乃至几万倍。

---

① 比如，铁匠打造铁器时，通常会把烧红的铁器快速放入水中，这就是淬火的过程，其作用是改变铁器的内部金属结构，大幅提高其硬度，使用寿命也可以提高数倍。更专业的解释是：钢铁热处理大致有退火、正火、淬火和回火四种基本工艺，淬火是其中应用最为广泛的一种工艺，即把钢加热到临界温度以上，保温一定时间，然后以大于临界冷却速度的速度对其进行冷却，从而获得以马氏体为主的不平衡组织的一种热处理工艺方法。

② 制作芯片的原材料是晶圆，是纯净的硅片，制作晶圆所用的 Si 来自自然界的硅砂，而我们经常看到的沙子中就有硅砂。

三、组装工艺

组装工艺看起来很简单，实则不然。

日本的发动机、德国的机床、法国的空中客车飞机和美国的波音飞机都能卖到全世界，为何不怕技术泄露？不仅仅在零件的设计、工艺方面有太多太多 Know-How（专门知识）的壁垒，在组装技术和工艺方面，还有我们根本就不知道甚至就算知道了也难以学会的 Know-How。许多人觉得组装技术和工艺可以模仿，这实在是没有见过世面的表现——很多组装技术和组装工艺其实是企业的核心工艺和核心秘密，先别说在没有看到原型技术的时候能不能模仿，就算是安排这些模仿者跟着专业师傅学个三五年，都未必能出徒。

从产业链和供应链的角度看，庞大的产业链布局更是难以模仿。一个发动机，其上下游有成千上万的小企业在支撑，这些企业也需要大量的组装技术和组装工艺。

四、物流工艺

物流工艺的概念宽泛一些。从组合的角度来看，物流规划和物流操作其实就是物流工艺的组合，存储、运输都是物流工艺，装车、卸车，装船、卸船，物料运输、物料防护等也都是物流工艺。在中国，采掘业是大行业，我看过许多露天矿和井工矿，发现煤炭开采和运输的整个过程其实就是一种物流。

供应链是通过物流驱动物料来实现交付的，所以物流工艺既影响成本，也影响效率。

既然产品工艺、生产工艺、组装工艺、物流工艺对供应链的价值巨大，那么，供应链的重要功能之一就是组织好工艺流，保证工艺和技术的增值在整个链条上更好地传递和实现。

004

中国制造：造沙子也能造出供应链优势

有些产品只要一国产，价格就是进口的二分之一、三分之一、十分之一甚至更低。

我看过一个纪录片：某数控企业成功研发了 3D 打印铸造模具用的沙子，原理很简单，就是把普通的沙子磨匀磨细。在此之前，每吨沙子要 2000 元；国产之后，成本就变成了 700 元，只有进口沙子的三分之一。

我看到很多国产的文具，比如铅笔、钢笔、本子等，质量也很不错，价格是进口文具的五分之一，甚至更低。

这就是中国制造的威力。

之前，发达国家赚中国的钱，主要靠技术垄断，因为它们会、我们不会嘛！20 世纪初，出现了一系列的“洋产品”：火柴称为“洋火”，煤油称为“洋油”，布匹称为“洋布”。现在看来，在 20 世纪 40 年代之前，中国工业体系的落后是难以想象的。

现在，中国制造为全球服务，中国开始变得很富裕，在很多技术领域（比如家电、高铁等）都实现了突破。

20 世纪 90 年代至 21 世纪初，中国主要靠制造赚钱，主要做加工贸易，主要的业务模式是“三来一补”，靠国外提供技术。中国企业现在有钱了，就开始在小到铸造用的沙子、大到大飞机的各个领域研究技术，进行技术渗透。

正如沙子的价格下降了 60%，未来飞机的价格预计也要大幅下降。中国的大飞机一旦上了规模，肯定会比波音、空中客车便宜，估计至少便宜 30%。其中，供应链管理是主要因素，主要包括 4 个方面：①物料成本低；②产能利用率高；③物料周转快；④市场需求大。

据说，何享健参观法国微波炉生产线时，只看了一眼就知道可以发大财。他说，法国人每天上班 6 个小时，每周 4 天，一周的产能是 24 小时；我们呢，每班 8 小时，每天 3 班，一天的产能就是 24 小时。同样一条流水线，我们的产能是法国人的 7 倍。

用这个干法，法国人当然干不过他了。

只要没有技术垄断、没有资源垄断，对于大部分产品而言，中国制造非常具有竞争优势。

005

竞争壁垒：信息化技术不可或缺

机械化、自动化的作用是代替劳动力，也就是人的双手；信息化或数字化的作用是代替智力，也就是人的大脑。

机械化和自动化的威力之大，想必大家都知道：飞机、火车、巨轮，以及那些移山填海、飞往火星的设备，无一不是机械化和自动化的器械。

信息化的威力也令人难以想象，比如卫星通信、人工智能等。自从计算机围棋软件战胜人类之后，计算机已经在智力游戏这个领域稳稳地获得了绝对的优势。

企业管理信息系统是企业管理的重要工具，已经或者正在成为某些企业的核心竞争力。

大部分企业都有 ERP 系统，而淘宝、拼多多、滴滴这些企业的核心就是一套系统。京东虽然有物流，其核心仍然是一套系统。如果拿掉这些企业的 ERP 系统，估计大部分企业的业务会进入瘫痪状态。像淘宝这样的企业，即使增加 10000 倍的人力，也仍然不能解决没有系统带来的不便。所以，那些依赖 ERP 系统管理的企业，一旦拿掉信息系统，其后果将是灾难性的。

006

系统神兵：信息系统是供应链的核心管理工具

在当下的信息化时代，信息系统已经成为供应链管理的神兵[①]，是供应链的核心管理工具。

信息化时代不用信息系统，等于蒸汽机时代不用蒸汽机、电力时代不用电，会严重影响供应链的效率。

信息系统是泰科公司的核心竞争力。2005 年，我在泰科公司流体控制业务板块工作（泰科当时在世界 500 强中排名第 35 位），主要接触的产品是阀门。

凡是超级大的公司，都有一个共同的特点，就是有一套维护业务体系的规则。这套规则并不能保证业务不出问题，但可以保证在业务出问题的时候及时发现问题，及时找到责任人，把问题解决。

如果没有信息化系统，就很难管理好庞大的业务。

泰科公司有几十万名客户，几千家供应商，全球采购，全球销售，且都是工业级的客户。如果没有一套完善的规则和管理系统，整个业务体系就无法运行。

我当时负责中国区的订单，使用的是一个名为 MACPAC 的系统，这是一个基于 DOS 的软件系统。对于现在绝大部分的年轻人来说，DOS 系统是陌生的，估计大部分人也想象不出那样的界面：黑屏、白字，屏幕上全是字符，工作起来很容易疲劳，界面不是很友好。

但是，这是一套非常完善的订单管理系统，管理全球业务。每年管理全球数万条订单，运行起来井井有条，包括销售订单、工程方案、采购订

① 神兵，通常是指拥有神秘之力的兵器。此类兵器通常拥有生命和思想，会自己寻找主人。

单、物流管理、财务管理、付汇管理等。

这是一套在线系统，泰科公司的全球员工都用这套系统。所有信息都在这套系统上，所有信息都是标准化的，不能有多余的信息。一旦信息少了或者错了，马上就会被发现。这套系统可以实现在一个工作日内评估工作绩效——如果我输入的订单错了，次日早上，我的主管就会发现，并找我核实、谈话。如果100单中超过3单录入出错，绩效则为不合格。系统如此关键，所以保持其正常运转至关重要。亚洲地区的系统开启时间是北京时间8：30，关闭时间是20：30。系统关闭以后就进入维护状态，新加坡的IT团队开始维护系统。

反观我们国内的大部分企业，不太重视信息系统的规划和建设，也不太注重信息系统的维护。一旦数据梳理不清或者系统停摆，才发现出了大问题，才开始试图亡羊补牢。

信息系统是快递公司的核心竞争力之一。最近几年，国内快递业发展迅猛，2019年，整个中国流转的包裹数超过500亿个，比前一年增加大概100亿个。如果没有卓越的信息化系统，这些快递公司无论如何也处理不了这么多包裹。以顺丰为例，数字化仓储是顺丰的核心竞争力之一，顺丰控股通过对仓储系统、工具、运营管理等进行升级换代，实现了仓储运营核心环节的线上化，推动运营标准化、规范化，通过数据沉淀以及运营优化，提升了公司整体的数字化运营水平、管理能力及运营效率，助力顺丰成为科技驱动的供应链服务公司。

信息化系统是某钢铁企业的核心竞争力之一。一家国内著名民营钢铁企业对于信息化流程的管理极为严格，哪怕一个很小的流程修改，也要上报到信息化副总裁。实际上，真正能有效评价业务绩效的是信息化系统和财务部门，因为信息化系统进行数据处理，财务部门建立数据处理的规则。

信息管理得好，可以代替市场、库存、资金、人力、设备、设施等。如家快捷酒店之所以成立，就是通过系统分析发现经济型酒店有巨大的市场需求；一家制造业企业通过信息系统和供应商共享库存，实现了库存下降30%的目标；一家快递公司通过和客户实现信息系统的链接，共享运单和包裹信息，节省了50%的贴签、搬倒、收货成本，这都是信息系统的巨大价值。

许多企业在研究数字化供应链，其实就是研究如何实现供应链信息化，如何搭建更加卓越的供应链信息系统。

用友集团的王文京董事长对企业数字化下的定义是：企业数字化是指基于新一代数字与智能技术的各类服务，通过网络协同、数据智能、链接资源、重组流程、赋能组织、处理交易、执行作业、融入数字经济、推进企业业务创新（研发、生产、营销、服务等）、管理变革、金融嵌入，从而转变生产经营与管理方式，实现更优品质、更强竞争优势、更高经营绩效、更可持续发展的进步过程。简言之，就是运用新一代数字与技能技术实现企业转型升级的过程。

王文京还进一步的展望："未来只会有两种企业：第一种是数字化原生企业，创立伊始就按照数字化、智能化方式运营和发展企业；第二种是通过数字化转型实现重生的企业。数字化时代，企业唯有进化，别无选择。"

百度、阿里、京东就属于上述第一种企业，一开始就是数字化企业；而良品铺子、苏宁等则是第二种企业，它们在创立之初是传统企业，后来成功地上了信息化系统，成为数字化企业。

信息化是时代给我们的赋能，是时代赋予我们的先进工具，是时代给我们的大礼。在企业的业务复杂而竞争又很激烈的情况下，如果没有好的信息化系统，企业就不可能发展良好。

凡是有一定复杂度和一定规模业务的企业，信息系统往往是企业的核心竞争力，比如京东、阿里、美团、字节跳动等具有互联网基因的企业，其核心就是一套系统；即使对于华为、小米、联想这样的传统企业来说，信息系统对企业的作用也是巨大的，如果把系统切掉，企业可能瞬间就崩溃了。

007

数字化机遇：不确定性时代里的确定性机遇

当下的时代是 VUKA 时代，这是一个不稳定（Volatile）、不确定（Uncertain）、复杂（Complex）、模糊（Ambiguous）的时代，这是一个瞬息万变、充满不确定性的时代。在这个时代里，唯一不变的可能就是变化。

既然是变化，那就有趋势。所谓趋势，就是事物发展的动向，就是向尚不明确的状态的模糊发展。如果状态是明确的，就不叫趋势了，而是现状。

未来总是要来的。即使没有预见到未来，我们也会和未来不期而遇；如果能够预见到未来，我们就要为迎接未来做准备；而如果能够创造未来，我们就会拥有未来。

未来 5 到 10 年，供应链的趋势就是数字化。

企业数字化已经成为企业的主脉，这是已经在很多企业和行业被证明了的。

过去，如果 ERP 系统有问题，对企业的影响可能不大；现在，ERP 系统一有问题，企业立马就乱了。信息系统对于数字化企业的影响巨大，甚至是致命的——像京东、阿里、美团、亚马逊之类的企业，如果断网 1 天，几十亿元甚至上百亿元的收入就没了。

如果仔细分析京东、阿里、美团、亚马逊等企业的业务模式，就会发现其业务本质和传统业务是一样的，不同之处是运用了数字化工具，也就是把线下交易转为线上交易，再通俗一些就是把超市和集市搬到网上。

如果分析那些数字化转型成功的制造业企业，也可以发现其无非是通过信息系统运筹了更多的资源，而在没有成熟的信息化系统之前，这些资源是不可能被运筹的（比如，用信息系统找到业务，用信息系统代替人，用信息代替库存，用信息代替资金，用信息管理设备，用准确和及时的信息代替模糊和延时的信息，用大量的信息代替少量的信息等）。

数字化转型成功的企业，其业务管理能力呈几何级数增长：原先用普通的管理方法能够管理 1000 个客户，已经觉得很多了；现在应用数字化系统，管理 10000 万个客户还觉得绰绰有余。这就是数字化的威力。

某些业内人士认为，数字化是趋势，也是确定的巨大机遇。

华为轮值董事长胡厚崑在 2020 年年报发布会上谈到，基于数字重构的价值链是影响企业发展的重大因素之一，受新冠肺炎疫情影响，该项变化会提前到来。

某位互联网大佬在重庆召开的智能大会上就说过："在今天所有巨大的不确定当中，有一件事是确定无疑的，那就是数字化的趋势没有改变。以前，数字化只是让一些企业活得更好，而今天则是企业活下去的关键。数字化进程本来可能需要三五十年才能完成，现在却被大大加速了，很可能缩短到一二十年。在我们面临的所有不确定当中，数字化是我们现在最确定的巨大机遇。"

"未来 10 年，最确定发展起来的一定是能够利用好数字技术，提升自身的传统行业的进步和发展的企业。"

"万物互联的时代，是一切业务数据化、一切数据业务化的时代，是供应链、制造业和服务业的全面数字化。"

"中国有全世界最大的服装生产流水线，但是未来的服装工厂接 1 万件衣服的订单，这不是能力；能接 1 件衣服的订单，才是真正的能力。"

这些观点获得了业内大部分人士的认同。数字化是未来的重要趋势，也是企业的机遇，这已经是不争的事实。

008

流程再造：说说供应链数字化规划

数字化供应链说起来并不难，尽管做起来不见得容易。

数字化供应链的流程并不复杂，只要规划好业务标准化和管理信息化这两项功能，同时运用互联网、物联网、自动化设备、大数据管理这四项工具理顺整个业务逻辑，就可以实现数字化供应链。

我们以农产品供应链为例，比如销售小麦面粉。

假设为了开办一家智能管理的农场，经过周密的运筹，我们规划了一套业务标准化、管理信息化、操作自动化的农场管理业务体系。

信息化系统自动处理来自互联网的订单，并自动排出生产计划（比如河北某地需要1000吨、山东某地需要2000吨）。自然，我们需要规划基本数据、规划流程，但就这项工作本身而言，信息化系统可以完成。

生产基地接到生产计划后，马上安排自动化生产，在农场的ERP系统中输入程序，一体化的机械设备就可以自动平地、耕地、平整、播种、施肥、埋土……这种一体化的设备已经在普及应用，大家对此不会有疑问。这个阶段，我们需要信息系统、自动化设备、农业资源和农业技术。

小麦生长可能需要喷灌，所以要设定好灌溉程序，配置好的传感器可以测量土壤的水分含量，调整喷灌的效果，由系统自动完成喷灌。这些也都有现成的设备、现成的技术，大家也不会怀疑。

小麦成熟了，自动收割、脱粒、清洗、烘干、磨成面粉、打包、贴标签、按照订单装箱，并贴上条码（或者RFID）……如果您关注农业，您会发现这些也已经是成熟技术。

我在德国就看见了类似的设备，能够准确地测量每平方米牧草的收购量，如果发现差异，可以分析绩效、追溯原因。

有了面粉，下一步就是物流配送了。按照客户订单的数量和配送位置，系统自动规划线路，并按照规划好的线路自动装车（大家注意，不需要入仓库了，入仓库其实是浪费时间、空间、人力、能耗）。自动装车的方式有很多种，可以是机器人，也可以是机械手，只要车辆标准、包装标准，通过信息化（程序）和机械手，自动装车是可以实现的。上海洋山港就是高度自动化的码头，比自动装车复杂多了。

不管车辆是自动驾驶还是人工驾驶，总之运输不是问题。车载传感器和运输系统会精准地将各项运输数据实时传到各个相关方的 ERP 系统，收货方、发货方、运输公司等都会实时做好各自的工作计划。

到了收货地点，仓库卡口的信息系统和车辆的 RFID 自动对话，确认是送货车辆后自动放行，并把订单信息和卸货计划自动发给仓库的 WMS 系统，完成自动入库。

WMS 系统安排机器人自动卸货——能自动装车，自然也能完成自动卸货。

自动卸货的操作听起来很复杂，实际却很简单，因为货物在车厢的位置是完全确定的，已经通过装车计划和 RFID 实现精准定位，而且卸货顺序也已经通过系统设定好，机器人完全可以精准卸货（如果大家还是不好建立相关概念，可以想象把面粉放在托盘上或者周转箱中）。有了标准包装，自动卸货自然就没有问题了；至于次序，一定是后卸的货先装（如果是飞翼货车，还可以三面卸货）。

机器人把货物放在传送带上，就可以直接入库了。入库之后，直接进入系统安排好的货位［凡是做过 AS/RS（自动化仓库）的，都知道这很容易实现。如果没有 AS/RS 方面的经验，可以想象一下在机场托运行李时行李是怎么上飞机的、又是怎么从飞机运到传送带上的，就明白了，因为托运行李的整个过程就是自动化的］。

如果这是您的仓库，整个订单交付就完成了。

尽管整个过程有些理想化，但理论上都可以实现。

就管理而言，工业和农业是类似的。有区别的是，工业集中化程度更高，实现数字化的方案可能还要简单些。

中国已经成为世界工厂，经济体量越来越大。

随着规模越来越大、管理难度越来越高、人工成本越来越贵，对于规模达到一定程度的企业来说，通过数字化供应链提高企业竞争力、降低企业成本是一个比较有效的手段。

企业要实现数字化供应链，需要研究好四个工具：互联网、物联网、自动化设备、大数据。

（1）互联网使业务实现了透明，互联网平台打破了企业边界，能够深化企业分工协作，实现资源最大化利用，把世界从模糊变为透明。

（2）物联网使货物变得透明。物联网、RFID 的应用让我们可以看见货物的位置和移动，把“死”的货物变成“活”的货物，以货物互联、设施互联带动物流互联，实现了物流在线和物流透明。

（3）自动化设备实现了无人化操作。在工业 4.0 工厂，机器自动工作；在物流领域，无人驾驶、无人仓储、无人配送、物流机器人等广泛应用，物流效率将大幅度提高。

（4）人工智能和大数据运算实现了数据化，实现了计划自动化，实现“业务数据化”。大数据管理的计划更加精准、管理更加优化。

企业要实现供应链数字化，生搬硬套很危险，一定要研究透自身的业务模式，理顺业务逻辑，智能化实际上是用信息系统管理企业，因此更需要清晰的业务逻辑。

009

攻坚莫畏难：一定要突破关键路径

不论是系统规划还是系统实施，在某些关键路径上总是会有些“拦路虎”。我看到不少企业在规划和实施过程中绕开了这些“拦路虎”，导致系统在后续使用时极其不顺，漏洞百出且困难重重，甚至造成了系统报废、项目失败的情况，这是很可惜的事情。

有些信息化公司为了降低规划难度和实施难度，刻意绕开关键路径，这种动机往往会造成项目夭折或者客户不满意，也容易造成项目失败，实在不足取。

其实，在信息系统规划的方法中，有一种叫关键成功因素法（Critical Success Factors，CSF），关键成功因素是指对企业成功起关键作用的因素。关键成功因素法就是通过对业务模式、流程、组织、绩效的分析，找出企业成功的关键因素，然后围绕这些关键因素来确定系统的需求，并在规划过程中借助信息系统全面解决关键要素方面存在的问题，使企业的管理更上一个台阶。

关键成功因素法主要包括如下几个步骤：

（1）全面梳理企业需要解决的问题，确定重点问题。

（2）聚焦梳理信息系统的目标，确定需要信息系统重点解决的问题。

（3）识别、梳理所有的成功因素，并确定关键因素。

（4）明确各关键成功因素的性能指标和评估指标。

（5）找到解决关键成功因素的方法和路径，清除路径上的各种拦路虎。对于关键问题，一个都不要放过。如果在规划时放过了这些问题，到了实施和验收阶段就是灾难。

（6）以此方法和路径规划系统，并贯穿全程，予以落实。

关键成功因素法其实是一种以终为始的方法，以最终需要解决的问题为工作的最根本出发点，紧紧围绕核心问题制订工作计划、工作方法、工作目标。

2013 年，我辅导一家企业进行仓库管理，仅用一个几千元的小软件就成功地规划了货位管理系统，实现了仓储信息化。2014 年，我辅导一家造纸企业实现仓储信息化，规划时难度极大，但项目团队紧紧围绕核心问题不放松，围绕核心技术加大投入，最终做成了行业标杆。

在核心问题和核心技术上多一些投入是值得的。在非核心问题上，浪费一分钱我都觉得多；在核心问题上，该花的钱一定要花到位，不能省钱。否则，前面省的钱根本填不了后面的大窟窿，得不偿失。

上系统是个大事，一定要解决关键问题、解决实质性的问题，要根除痼疾，不要隔靴搔痒，更不能做那种“丢下西瓜去捡芝麻”的事。从这个角度看，关键成功因素法是一个很好的方法论。

010

挖够土方量：信息系统容易出现的三个错误

我见过一些企业，它们在上了企业信息化之后出现了这几个问题：人员增加了；成本增加了；出错增加了；操作时间增加了；客户满意度减少了；等等。

有一家企业原本抱着减人增效的想法上系统，哪知上了系统后，人员反而增加了 10%，效率下降了 10%。老板问我对不对，我说：“肯定不对。”

老板就去问信息化实施公司到底是什么原因，谁料负责人却解释说：“这是信息化实施中必须付出的代价。”这样的答案也真是让人无语了。

企业上信息系统的目的是减人、降本、增效、减错，怎么可能适得其反呢？

出现这种情况，肯定是出错了，最大的可能是信息系统规划错了，要不然就是实施错了，再不然就是操作者使用错了。总之，如果没有这三个原因，是不可能出现错误结果的。

上信息系统不成功，首要是规划原因，大约 90% 的项目失败是因为规划错误，这是已经在业界证实了的。规划错误又有两种原因：一是没有找到合适的业务逻辑；二是梳理流程不到位，也可以说是“挖土方”不到位。

我看到不少企业上信息系统时根本没有就业务模式做规划，直接拿着软件就比画，信息化实施公司拿着标准软件往用户身上套：套不上，就开个口子；还套不上，就再开个口子；等最后套上了，一件笔挺的西装却变成了乞丐服。这样的“商务套装”，就算能穿上，也无法体现商务价值。这就是规划错误。

出现规划错误的一个原因是没有找到合适的业务逻辑。企业信息化逻辑的发现和确定需要从管理和运营两个方面来把关，这是高手的活儿，一般人干不了。任何企业，不论规模如何小或者模式如何简单，都会有其业务的独特性，这些独特性决定了它是这家企业，而不是另一家企业，更不是一家标准企业。一家企业的关键流程可能有2%的独特性，然而正是这2%的核心关键流程才成就了这个业务。要优化好这2%的流程，却很可能要修改5%～10%的信息系统内容，对于那些太喜欢用标准软件的所谓IT工程师来说，这简直是太痛苦了——他们毕竟不是高手。所以，他们的逻辑往往是：我的软件就不改了，干脆让客户去改业务吧——这像极了一句调侃：我不向山走去，山便向我走来。只是，山是不动产，一旦动了，也就不值钱了。

出现规划错误的另一个原因是梳理流程不到位，也就是“挖土方”不到位。我经常说“做项目要挖够土方量”，如果挖不够土方量就很难把流程梳理彻底，也就很容易埋下隐患。虽然隐患不大，就像在鞋里留了颗沙子，但是操作天天有，路也天天走，鞋里有沙子，路就走不快，自然就影响业务了。

发生系统实施错误，无非是在实施过程中出现了失误或者偷工减料，也就是说，有可能把业务模式和流程都厘清了，但在系统配置、系统开发、硬件设置方面出现了问题，从某种程度上来看，还是土方挖得不够（比如不愿意开发接口、用人工代替数据传输等），这都是极端错误的。

系统使用是流程执行的问题，这往往取决于企业的执行力，或者说流程的严肃性。

影响系统执行的大概有面子、利益、习惯等因素，具有一定职位的人可能不习惯或者不愿意接受新的工作方式，有些原来做惯手工工作的人突然发现计算机做得比人更好，会影响自己的利益，也会有抵触。还有，大部分人习惯了自己的做法，不愿意学习新的东西，也不愿意学习信息系统，常常把麻烦留给别人，把方便留给自己。时间一久，企业的麻烦便会越来越多。所以，一方面需要加强员工的培训，另一方面需要强化企业的执行力。

对于发生系统实施错误，可能也有人提一些其他方面的原因，比如投资不到位、人员不专业等，从另一个角度来看，也有道理。但最直观的，就是系统规划、系统实施、系统使用这三个原因。

011

良品铺子：将数智化转型进行到底

葛伟炜曾经在《商业评论》上发表过一篇很精彩的文章，叫《良品铺子：将数智化转型进行到底》。所谓“数智化转型”，实际上就是数字化转型，或者说通过数字化实现人工智能的转型。该案例对于零售业颇具借鉴意义。

良品铺子是一家集休闲食品研发、加工分装、零售服务于一体的品牌连锁运营公司，2020 年 2 月登陆 A 股，市值一度超过 300 亿元。该企业不断引进先进的经营管理思想，整合了门店、电商、第三方平台和移动端以及社交电商五大渠道，开辟了线上线下全渠道，其中包括众多实体门店、各大电商平台、App、微信商城等。

企业竞争力的搭建往往是企业不断探索、不断完善的过程。良品铺子信息系统最原始的目标，就是把钱和货管清楚。经过 12 年的努力，公司才实现了数智化转型。

2008 年，良品铺子成立才 2 年，其老板便一次性拿出全部利润 1000 万元上线了门店信息化管理系统，实现了所有门店在商品、价格、订单上的统一管理。2009 年，门店增加到 300 家时，良品铺子上线了仓库信息化管理系统，保证门店补货订单在仓库停留时间不超过 4 小时。2011 年，为了提升内部运营效率，实现精细化管理，良品铺子搭建了整个供应链信息化系统，升级了 ERP 系统。

2014 年，良品铺子投入 5000 万元与 SAP 公司和 IBM 公司合作，启动整体的信息化建设。IBM 公司运用“敏捷迭代”的方法打通了良品铺子的前台、中台和后台。此后不到 2 年，良品铺子的全渠道平台基本完成，打通前端、中端、后端，整合线上、线下的所有交易数据和顾客数据，各渠道从以前割裂的状态变成了一个信息互通的有机整体，实现了商品中心、价格中心、营销中心、会员中心、订单中心和库存中心的建设。

2017 年，良品铺子和阿里巴巴合作上线了智慧门店体系。2018 年，又上线了智能导购系统，2000 多家门店的 6300 多名导购员全部成为线上导购员。截至 2020 年 9 月底，良品铺子已经建立了智慧门店、平台电商、O2O 外卖、自营 App 等全方位的互动和销售渠道，会员近 5000 万人，月活达 800 万人。

良品铺子在底层所有板块中有 43 个业务系统，涉及供应商、加盟商、物流、会员、营销、门店、订单、客服、财务等。在这些业务系统中，业务中台的建设是重点。

为什么要建设中台呢？在我看来，主要是 4 个原因：渠道多元化、订单碎片化、交付快速化、信息实时化。就渠道而言，企业从来没有碰到如此多的渠道（线上线下的渠道多达几千个），从来没遇到过如此海量的碎片化订（每天多达几十万单），配送速度要求极快，大量的信息需要实时处理。因为这些新的变化，一般的进销存式 ERP 结构已经完全不能适用了，企业需要根据具体的业务模式搭建能够管理业务、为业务赋能的 ERP 系统，这就是良品铺子搭建中台的初衷。

良品铺子的数字化赋能包括：商品数字化、营销数字化、渠道数字化、客户数字化、供应链数字化。商品数字化包括产品信息数字化、销售信息数字化、经营思维数字化；营销数字化包括自媒体营销、互动式营销、传播式营销；渠道数字化包括线上线下融合发展、交易形式多样化、交付形式多样化；客户数字化包括会员身份统一、触点会员识别、全数据驱动服务；供应链数字化包括产品研发数据决策、消费者参与、产品质量追溯。

为了和营销系统相匹配，良品铺子搭建了高水平的物流体系。2017年，良品铺子斥资4.5亿元建了良品一号仓储基地，其中心仓采用立体库和自动化分拣系统，并在此基础上建立了快速响应的物流网络，可支撑每天20万订单的发货量。

从业务模式来看，良品铺子的核心是两个：一个是销售，另一个是供应链。

良品铺子这样的零售企业，最核心部分的就是会员和订单。反映到前端，也是这两块的变化最大，这就是销售的特点。供应链做的就是交付，良品铺子的主要操作就是如何组织好零食供应链，实现快速、安全、成本合理的交付。良品铺子的产品大多数是由供应商生产的，供货的核心还是要依托供应商，所以做好供应链数字化，就需要做好供应商管理、仓储管理、物流管理、库存管理。良品铺子将产销体系中的业务分析通过BI实现自助分析，库存周转率控制在12天之内，断货率控制在2%以下，这是非常好的供应链绩效指标。

因为有了翔实的数据，良品铺子通过智能化的销售预测为源头，拉动了整个供应链的产销协同体系，可以输出整个营销计划和供应链保障计划。据说，过去人工进行销售预测的准确率，细化到每个SKU是30%～40%，现在使用系统预测则可以达到70%以上。

有了好的预测，还需要好的交付。

良品铺子不断优化订单交付的智能路由规则，加入了各种策略和模型，分配到最优的仓库、承运商等，为用户创造最佳的体验。良品铺子在全国有几十个分仓，除了考虑匹配到仓外，还需要考虑用什么快递，考虑货品、直发、库存、最短路径、快递方式等因素。

良品铺子这个案例，可以让我们管中窥豹地看一看企业管理数字化和供应链数字化的精妙之处，看看它如何给企业赋能，如何提高企业的竞争力。

无论是从形式还是从本质上看，在供应链的智能运算方面，系统远优于人。供应链数字化是时代送给我们的礼物，用系统可以代替人，用电脑可以代替人脑，达到更智能、更高效，更有竞争力的效果。

012

WMS 系统：从仓库里挖出来的“金子”

我之前接手了一个物流咨询项目，对一家工厂的仓库管理进行改善，上了一套仓库管理系统（WMS）。经过6个月的努力，取得了很好的绩效指标：

（1）货物定位实现了100%；

（2）仓库保管人员从70人减少到5人；

（3）能耗降低了30%左右；

（4）搬倒次数减少大约50%；

（5）备货时间从原来的4小时降为0；

（6）拣货速度大幅度提高。

一、项目背景

该客户是造纸行业知名企业，中国香港上市公司，主要产品为包装纸，年产量120万吨，拥有先进的造纸设备和信息化系统。

前期调研时，发现仓库存在3个问题：①仓库保管员太多，人员成本高；②库存定位不准确，找货时间长；③货物在库内频繁搬倒，拣货成本高。

二、项目分析

管理层对这些问题认识得很清楚，对于项目需要解决的问题，也看得很准。总经理说：“我们经常到欧洲、美国、日本参观交流，它们的仓库里看不到几个人，而我们的仓库里有70个保管员。”也就是说，相对于先进的企业，这家企业的仓库人力成本偏高了。

另外，仓库的操作费用也偏高。该企业每件产品的重量在1.5～2吨，每年有120多万吨的产品要在库内操作。由于产品定位不准、叠放、堆存等原因，找一件货物平均需要搬倒 2 次左右，也就是说多了一次搬倒。

正常情况下，仓库操作只需要搬倒 1 次货物，多一次搬倒，就多一次浪费——不仅浪费了时间、人力、能耗、车耗，还影响了订单交付，造成了库存积压。

常态下，解决类似的问题，需要对仓库货物定置定位，也就是给每一个产品安排一个货位，货位的大小根据货量多少确定。

然而，在这个项目上，这种方案显然行不通，因为货物品类有 3000 多个，而且是动态存放的：今天生产某个品类 1000 件，明天可能生产另一个品类 500 件，而仓库面积有限。如果用这种方法，至少需要增加 60% 的仓库面积，这意味着要增加上千万元投资，不但不能降成本，反而大幅度增加了成本，显然不是客户想要的结果。

另外一套方案是采用自动化仓储系统（AS/RS system），自动计算货位和库存。实施这套方案，需要改造仓库、上设备、上软件，总投资也在几千万元，而且客户的仓储设施也不具备改造成自动化仓库的条件。

两个基本方案都被否定了：一个增加了成本，另一个不具备实施条件。

到了这个程度，可以说陷入僵局了。每个项目组成员心中都有淡淡的挫折感。咨询以解决问题为最终目的，如果不能解决问题，所有的工作都将前功尽弃。咨询以绩效效果为考评标准，如果没有好的绩效，咨询就没有价值。

问题解决不好，往往是方法不对路，没有找到合适的方法论。

方法论是方案的理论依据，要破解这个困局，必须有新的方案，也必须有新的方法论。

在头脑风暴过程中，有人提议：我们的仓库操作方式和集装箱堆存差不多，建议考察一下大型集装箱堆场的管理方式。

于是，我们考察了大连港集装箱堆场。

集装箱堆场需要解决的主要问题是大量堆存下的精准拣货，和纸辊的管理类似。集装箱是大批量堆存在大型码头上，随处可以看到像小山一样的集装箱垛。堆场管理，既要把集装箱有秩序地堆存在垛上，又要把需要运走的集装箱从垛中分拣出来；为了应对海关抽查等作业要求，还需要规划抽样等操作。所以，如果没有严谨的业务逻辑，操作将会相当混乱。集装箱垛的管理需要科学的规划和严谨的信息化管理，大连港集装箱堆场规划和信息化规划非常有效，整个堆场管理得井井有条。

他们用“街、贝、行、层”来定位每个集装箱在堆场中的位置，通过精准的数据和流程分析、计算拣货路径，全部操作都在信息系统的规划和控制之中。这些规划思路和信息化方法给了我们不少启示。

通过参考集装箱堆场的业务逻辑，经过进一步研究和分析，我们建立了新的纸辊定位方法论和新的纸辊管理业务逻辑。这样一来，业务模型和业务逻辑的问题就解决了。

在企业管理方面，案例很重要。爱因斯坦曾经说过：“榜样是唯一的教学方式，而不是另一种方式（Example is not another way to teach, it is the only way）。”企业的问题是相通的，我们碰到的问题别人可能也碰到过，所以，行业之间互相取经很重要。

三、项目操作

1. 按照 PFEP 规划细节

方法论、业务模型、业务逻辑只是第一步，要规划好仓库，需要按照 PFEP（Plan For Every Part，为每件货物做规划）的规则设计整个仓库，包括动线、通道、货位、流程、信息化等。

为提高拣货效率、降低搬倒次数、精准定位库存，需要为每一个种类的产品规划通道。3000 多个品项，2 万平方米的仓库，每年进出 60 万吨货物，每天进出 2000 多吨，整个项目纷繁复杂，要找到规划的规律很不容易。

但是，企业运行一定有其规律，规律几乎都藏在数据里，当我们找不到规律时，好好分析数据，规律就在其中。

在分析该企业的库存数据时，我惊讶地发现其库存结构非常符合“二八定律”，即 20% 的产品种类占了 80% 的货量，这是非常有价值的发现。产品数量级从 3000 降到 600，已经到了我们可以控制的数量级了。这意味着只要规划好600个种类的产品，就可以解决50万吨（80%）货量的搬倒问题了。

既然80%的问题已经有解了，这个项目就已经成功了一半。

经过数据分析，我们也找到了解决另外2400个品项的货位和通道规划方法。至此，规划道路上的主要障碍都已被扫清。

根据业务逻辑和数据分析，我用半个月的时间完成了80%货量的方案规划；又经过一个月的精细计算，完成了余下20%货量的方案规划。

数据分析是解决问题的最有效途径之一。供应链问题，表面看来是流程、职责、设施的问题，实际上，背后的逻辑往往是数据管理和数据驱动的问题。当感到迷茫困惑的时候，好好看看数据，救助之道就在其中。

2. 仓库现场规划和信息化系统规划

下一步的工作是现场规划和信息系统规划。基于数据分析和流程分析，我们建立了全动态管理的业务模型，动态、实时管理货位和货物，统筹管理入库、存储、理货、出库，实现货物、货位、操作的全程信息化管理。

在现场规划和信息系统设计中，我们也遇到了不少拦路虎，但团队成员坚持高质量、高标准，全力以赴解决了所有的问题。

这样规模的项目有上千个环节，一个环节做不好，整个事情就可能做不成，所以，团队凝聚力和公司执行力非常重要。这家企业的所有人员，从高层管理人员到底层员工，都非常优秀，具有很强的企业责任感，做事很认真、很踏实、锲而不舍。

3. 系统上线，项目运行

模拟测试了几轮之后，系统开始上线测试。测试比较顺利，规划的效果开始一步步展现。

原有的一个叉车前面跟着一个保管员的现象没有了，取代保管员的是一台装有来自SAP的EWM系统的随车电脑，电脑系统精准计算入库、出库、拣货、匹配订单、理货等各项操作，自动给叉车司机分配工作，叉车司机的所有工作根据信息系统提供的计划完成，精准而又井井有条。信息系统更好地完成了保管员的工作，70 多名保管员开始逐步转岗。

入库流程和出库流程都实现了当初的设计。

当产品排上生产计划时，系统就已经自动开始计算入库计划、计算使用哪些货位，仓库操作员则检查仓库货位，为入库做准备；产品下线之前，货位分配计划已经就绪；产品入库时，叉车司机根据叉车上电脑的指示，直接把货物放到指定的货位，整个入库流程就完成了。

由于库存都有精准定位，出库操作也顺利。

上系统之前，没有人精确知道仓库还有多少容量，仓库操作计划也很难做，尤其是当保管员请假时，或多或少都会出现操作混乱。现在，这一切都变得简单了，只要打开系统，能看到全方位的仓库管理图，库存、货位、空间以及出库、入库等仓库操作都一目了然。

四、项目效果

系统成功上线了。原来人和叉车都忙忙碌碌的仓库，现在只剩下来来回回的叉车了，冷清了很多。只要规划得好，仓库人员真的可以不需要很忙。

项目正式运行后，每年至少可以节省 400 万元。有人问我："这个账怎么算的?"我说："这倒也不难，减少了 65 个人，人均每年 5 万元，这就是 325 万元；此外还节省了其他的能耗、浪费等，所以我说节省了 400 万元可能还是保守数字。"在这个项目中，我们仅仅通过优化仓库管理，每年就可以为企业节省 400 万元的成本，可以说是从仓库中挖出了"金子"。

关于物流和供应链的思考与启示

在制造业和流通行业，物流往往被看作成本，是被砍掉的对象——我不太认可这种看法。制造业和流通行业的核心之一是交付，没有物流，交付就无从谈起。对于好的规划而言，物流对于货物具有增值功能。

稻盛和夫认为：利润是制造和交付出来的。由此看来，物流对于制造业和流通业很重要。尤其是在同质化竞争日益激烈的当下，精益物流和精益制造对于提升利润具有重要作用。

我认为，对任何项目而言，规划都是至关重要的。好的规划可以化腐朽为神奇，而差的规划则反之。好的建筑，看一眼让人觉得很美；差的建筑，看一眼让人觉得很堵。所有的大桥都要使用钢筋砼，所有的大厦都要使用钢筋砼加玻璃，都是很普通的东西。但因为规划不同，有的成了经典，有的成了垃圾。归根结底，还是规划使然。

根据我对市场的观察，国内很多仓库缺乏科学规划和管理，严重浪费人力物力，因此还具有很大的改善、提升空间。

仓库管理是供应链管理的重要环节，贯穿整个供应链。无论是在供应链的上游、中游还是下游，凡是需要货物储存的环节，就必须有仓库管理。通过科学的仓库管理，完善供应链体系，既能挖掘利润，又能增加企业竞争力，还能夯实企业发展的基础，可谓一举多得。

013

自动化技术：代替人工的上上策

中国的制造业和服务业占用的人力太多了，和欧、美、日等发达国家和地区相比，有巨大的改善空间。

减少人力的举措无非是用工具代替人力，而自动化是最好的工具之一。

特变电工是全球最大的变压器研发和制造企业。变压器制造是劳动密集型产业，需要大量的人力，有些岗位还是专业工种，需要专业工人，比如绕线、焊接等。因为用工多且复杂，所以人工成本、管理难度大，特变电工董事长便提出了少人化的管理方案，其中一个重要的举措是自动化。

实际上，自动化（Automation）最初的目的就是少人化。

自动化是指机器设备、系统或过程在没有人或较少人的直接参与下，按照人的要求，经过自动检测、信息处理、分析判断、操纵控制，实现预期目标的过程。自动化技术可以节省人力、解决环境的制约要素、提高质量、提高效率。

自动化技术可以把人从繁重的体力劳动、脑力劳动中解放出来。另外，在某些恶劣、危险的工作环境，人是没有办法工作的（比如超高温环境、超低温环境、有毒环境、危险环境等），而自动化设备却可以胜任。自动化设备做出来的产品质量和效率是人力所不能比拟的，看看大型设备的加工就知道了。

中国的人力成本日趋升高，人力资源日趋短缺。30 年前，一个普通工人的工资是 200 元，现在普通工人的工资为 6000 元左右（含社保等），整整涨了 30 倍。加之我国当前的生育率又不乐观，劳动力成本升高和用工短缺趋势已经日趋明显。所以，在劳动力密集型的供应链环节，研究用自动化代替人工是上上策。

自动化助力餐饮业

2021 年，西门子为海底捞的门店设计了自动化上菜设备和系统，每家门店由此可以节省 3 名员工，3 年就可以收回开发这套系统的成本。以此计算，以后每店每年可以节省 15 万元，对于拥有 1300 多家门店的海底捞来说，这意味着每年可以节省 2 亿元。

这套上菜系统包括餐盘、硬件和软件三部分，其硬件主要是一个 mini 型的自动化仓库（类似自动售货机），软件主要是做订单管理，整个框架和结构都不算复杂。

中国几乎遍地都是火锅店，拥有超过千家连锁店的火锅公司有几十家，如果都进行自动化改造，节省下来的成本就能达到几十亿元。

如果连锁型饭店广泛推广门店上菜自动化，预计可节省成本超过 100 亿元。

014

拥抱自动化：物流也是高科技行业

供应链的重要功能是交付，即通过物流把库存从供给端交付到需求端。物流是供应链的重要功能。

物流的主要功能是存储和运输，其本身不是高科技行业，毕竟门槛太低。但随着自动化、信息化、大数据、互联网、物联网的发展，物流越来越趋向于成为高科技产业。

阿里巴巴集团 CEO、菜鸟网络董事长张勇在首届菜鸟合作伙伴大会上发表演讲时表示，在这个商业全面互联网化的时代，电子商务发生了深刻变化，人类开始从 IT 时代走向 DT 时代①，物流公司最终将是高科技公司，并且物流服务最终将和企业供应链效率提升有机结合在一起。

张勇表示，作为一个每天发送几千万件包裹的平台，物流体验的提升意味着为消费者提供分层次、差异化的服务产品。在他看来，物流企业满足分层次需求的核心就是确定性。无论是承诺当天到、三天到还是生鲜食品需要的冷链服务，都能够实现这个承诺。

每天实现几千万件包裹的确定性配送，没有高科技管理是很难想象的。

我在比利时考察过一个 40 万立方米的冷藏仓库，其存储的蔬菜覆盖欧洲 25% 的市场，全自动化操作，一个人都没有。

在心怡科技的智能化仓库里，包裹在传送带上飞一般地被分拣，如果不是智能化仓库，而是人工操作的仓库，可能需要 6 倍的人力和 3 倍的库容才行。

① DT 是数据处理技术（data technology）的英文缩写。IT 时代的技术是以自我控制、自我管理为主的，DT 时代的技术是以服务大众、激发生产力为主的。这两者看起来似乎是技术层面的差异，实际上是思想观念层面的差异。

2013 年，我在力拓的一个供应商工作，负责铜金矿物流，每袋铜金矿物上都有一个 RFID 芯片，不需要人工操作，自动出入库，自动录入系统，库存数据全球实时共享。

青岛港的自动化码头更牛，整个港口自规划伊始就以自动化港口的理念来设计，包括海侧全自动化交互区、陆侧全自动化交互区、自动化堆场和自动化装卸（图 5－2）。车辆都是自动化驾驶的，没有司机（图 5－3）。整个港口实现了自动化装卸、自动化堆存、自动化闸口、自动化运输，偌大一个港口，几乎没有司机之类的操作人员。

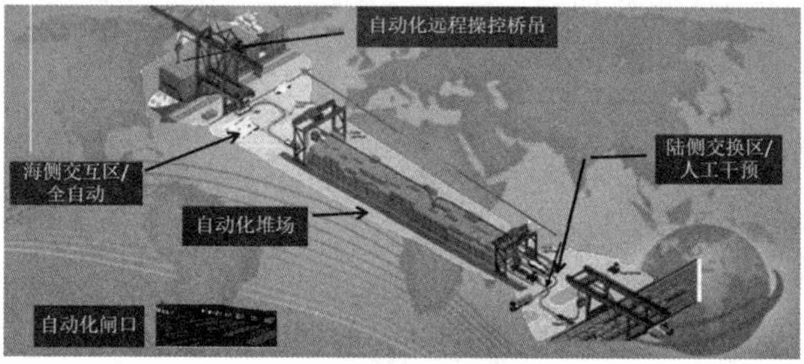

图 5－2　青岛港的自动化规划

图 5－3　青岛港的自动化运输

其实，早在 21 世纪初，为应对人工成本过高的情况，提升产品竞争力，日本和韩国的大型钢铁联合企业已经开始推进钢制品仓库无人化，而且已经广泛应用。

015

制造自动化：特斯拉的自动化铸造

特斯拉确实颠覆了汽车行业，许多人可能以为特斯拉的优势在于产品设计，殊不知，特斯拉在制造方面采用了大量的自动化技术。

特斯拉每台车的价格从80多万元降为20多万元，主要依赖于制造技术的进步。

以Model Y为例，这辆车之所以能顺利国产化，起决定作用的是特斯拉对自动化设备的研发。

特斯拉与意大利工业机械巨头意德拉（IDRA）联合研发了一款铝铸工艺压铸机，这是一台长19.5米、高5.3米，像篮球场一样大的巨型机器。这台机器名为GigaPress，质量高达410吨，相当于5架航天飞机的质量之和。它可以将传统车架中需要加工再组装的70个零件从需要焊接1000～1500次的复杂生产过程变成一次简单的压铸加工，让焊接2小时变成压铸2分钟，同时也为Model Y省下了20%的成本。

为了让这台压铸机能够有用武之地，特斯拉甚至还挖来了苹果公司的合金专家查尔斯·柯伊曼研发相应的铝合金材料，在同等密度下，其材料强度比标准铝合金高60%。

这就是新技术的力量：交付速度从2个小时减少到2分钟，交付成本下降20%，产品质量提高60%。

第六篇

优化供应链

用创新打造竞争护城河

- 飞轮理论
- 小单快反
- 流量驱动VS成本驱动
- 长尾理论
- 集中生产VS分散生产
- 集中采购VS分散采购
- 集成物流

001

双轮驱动：亚马逊的飞轮理论

飞轮理论是亚马逊公司（简称亚马逊）创始人贝佐斯提出的一个商业理论（图 6－1）。不过，这个理论对所有的企业都是通用的，大部分企业或多或少都遵循这种理论，或者说或多或少都受这种理论的影响，只不过有些企业腾挪的空间大一些，有些企业腾挪的空间小一些，仅此而已。

亚马逊是全球最成功的电商公司之一，这也得益于贝佐斯一直以来不变的商业理念。亚马逊在每年的年报中都会有一封股东信，还会附上 1997 年的原版股东信，甚至早期的股东信会直接引用 1997 年股东信的内容。也就是说，尽管时代在变化，而亚马逊的初心一直没变，那就是决心要打造一个以服务消费者为核心的企业。

贝佐斯在创立亚马逊伊始，就立志把亚马逊做成一种传教士类的（Missionaries）企业，从心底里做出好产品，服务客户。贝佐斯认为，亚马逊发展的方向是为了让消费者的生活变得更好。所以，亚马逊可以不断进行创新、孵化——例如 AWS 这种看似与其核心电商服务毫无关联的业务。

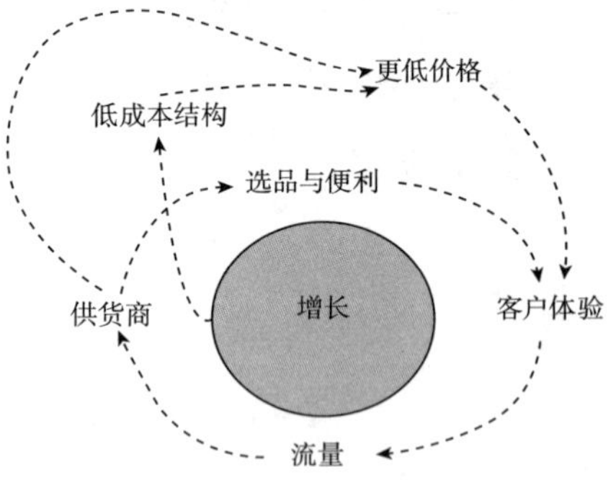

图 6－1　飞轮理论

亚马逊的三个主要服务分别是 Prime 会员权益、Marketplace 商家服务和 FBA 服务。

一、Prime 会员权益

亚马逊 Prime 会员权益目前包括：更快配送速度、商品免邮、大促好货、会员专享折扣等。

亚马逊的 Prime 会员服务是让整个齿轮组飞快运行的动力，这项服务本身便会大大提高用户的忠诚度。亚马逊在美国的会员数量已经高达 8000 万人。这对于一个总人口只有 3 亿多的国家来说是很难得的：差不多每 4 个人里就有一个是亚马逊的会员。

二、Marketplace 商家服务

Marketplace 商家服务是一种能让第三方商家在亚马逊的平台上售卖自己产品的服务。

亚马逊自身的服务能力毕竟有限，大量的第三方商家进驻的同时，也大大扩大了消费者的选择余地，从而进一步提高消费者的忠诚度。当亚马逊通过 Prime 服务吸引来更多的用户时，那么必然会有更多的第三方商家选择进驻亚马逊的平台。当亚马逊商家越来越多的时候，这无疑就提高了亚马逊对上游供应商的议价能力，进一步降低在亚马逊平台售出商品的价格。所以，亚马逊可以把更多利润让给消费者，从而吸引更多用户购买 Prime 服务。

三、FBA 服务

为了让第三方的商家能够降低自己的成本，亚马逊还为这些商家提供了一个叫作 FBA（Fulfillment by Amazon）的服务。这个服务的内容就是让第三方卖家可以把自己的货物寄存在亚马逊的物流中心，一旦有用户下单，亚马逊将负责配送，而第三方卖家只需要缴一笔服务费就行。由于亚马逊的配送服务拥有超强的物流作为后盾，一般的物流行业无论在价格还是服务内容上都不一定比得上亚马逊。这时候，必然有更多的第三方商家选择 FBA 服务，从而进一步拓宽 Prime 业务的价值。与此同时，当亚马逊

拥有足够多的配送货物时，其固定成本会被更多的商品所摊销。

这时候，亚马逊的另一项重要业务 AWS（Amazon Web Services，亚马逊 WEB 服务）便会发挥它的作用。AWS 是亚马逊旗下的云计算服务平台，为世界各地的客户提供一整套基础设施和云解决方案。AWS 面向用户提供整套云计算服务，能够帮助企业降低 IT 投入成本和维护成本。

亚马逊为第三方商家提供 AWS 服务，让他们把自己的 IT 系统放在云服务上。这样，第三方商家就都离不开亚马逊的整个生态体系了。

现在，我们来看亚马逊的飞轮理论，可以发现其有几个重要的参数：①客流量；②购买率；③客户体验；④供应商；⑤供货数量和质量；⑥供货价格和供货速度；⑦物流服务；⑧云服务。

飞轮理论的核心目的是实现业务持续快速增长。

根据量变带来质变的原理，量大则成本容易分摊，价格会更低，量大则容易优化管理，质量会更好。所以，即使保持毛利率不变，如果供货量增大，价格亦可以降低，质量也可以提高。

人性是逐利的，质优价廉人所好，质次价高人所恶。如果能做到价格低、质量好、速度快，那就会吸引越来越多的客户。

质优价廉的产品会吸引越来越多的客户，越来越多的客户会形成越来越多的流量，越来越多的流量会形成越来越多的销售，越来越多的销售会更好地分摊成本、提高质量，更好的价格和质量会吸引更多的客户，这个正向循环就形成了。

同样，更多的客户会吸引更多的供应商，更多的供应商会提供更多的产品，更多的产品会吸引更多的客户，在供给端也形成了正向循环。

任何业务达到一定规模，都可以形成大生意，物流也是如此。

有更多的交易量，就会有更多的物流服务。随着物流量越来越多，物流成本就会越来越低，物流质量就会越来越好，物流服务这个正向循环也就形成了。

有了数量巨大的客户、供应商、交易量、物流量，则 IT 服务、营销服务、广告服务、结算服务、金融服务等一系列的生意就都来了。

当所有这些业务聚集到 AWS 上，则亚马逊的整个商业生态体系就健全了。

这就是亚马逊的“飞轮理论”，也是亚马逊的业态。

根据亚马逊披露的信息，我们可以概览一下亚马逊的业务模式：

（1）为客户提供大范围的产品和服务；

（2）在财务方面，聚焦长期、持续增长的现金流；

（3）通过减少每单位的可变成本来分摊固定成本；

（4）加速库存周转，并快速产生现金；

（5）持续投入新技术，包括计算技术、软件技术、硬件技术、设计技术，保持技术的先进性和技术优势。

002

小单快反：SHEIN 的“数字化营销驱动 + 快速反应供应链”

估计很多人不知道 SHEIN（希音）这家公司，尽管这家公司估值已经达到了 3000 亿元。

这是一家定位为“跨境快时尚互联网公司”的公司，以远超一般同行的高效率成为“超级快时尚”的代表。在谷歌发布的“中国出海品牌 50 强”中，2019—2021 年，SHEIN 分别排名 21、13、11 名。截至 2021 年 7 月 16 日，根据 Sensor Tower 的数据显示，SHEIN App 全球下载量在多个国家和地区已超越亚马逊，排名第一。

截至 2020 年，SHEIN 连续 6 年增长速度超 100%。据 Daxue Consulting 统计，2020 年，SHEIN 收入约 400 亿元，2021 年收入有望实现超 1000 亿元。

SHEIN 的商业模式是“超级快时尚”，我个人的解读是：SHEIN 的“超级快时尚”主要包括 4 个要素——时尚、价低、量小、速度快，即快速设计、价格便宜、小批量、快速交付。

如何实现这种“超级快时尚”呢？答案是“数字化营销驱动＋快速反应供应链”。

在站外，SHEIN 把握住了跨境电商流量红利，低成本、多渠道获取流量，并进行多触点营销；在站内，通过差异化平台体验赢取用户心智，提高客户黏性，通过站内站外联动，提高品牌认知度、强化品牌力。

SHEIN 大量高频推出高性价比产品，通过不断测试迭代精准累积用户需求，同时，组织供应链以“快速反应”模式实现精准排期及快速生产，实现极致供应链（图 6－2）。女性服装从设计至上架销售，最短仅需 7 天。

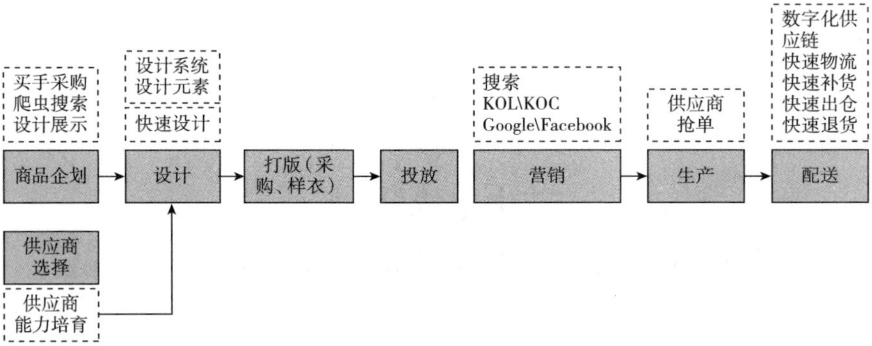

图 6－2　SHEIN 的“超级快时尚”供应链模式

与传统快时尚品牌 ZARA、优衣库等相比，SHEIN 在产品端有更大的优势，更低价、更快、更多、更时尚。

——更低价。SHEIN 的产品定位是“极致性价比”，与经典快时尚品牌 ZARA 的类似款式相比，SHEIN 的价格更低。

——更快、更多。SHEIN 的产品上新更快更多：ZARA 每周 2 次上新，而 SHEIN 每日上新；ZARA 每年上新约 1.2 万款，而 SHEIN 一周内上新 3 万～4 万款。上新数量（多）和频次（快）的提升让 SHEIN 能更广泛地洞察消费者需求，押中爆款的概率提升，产品就会更符合潮流发展。一旦成为爆款，通过后续追单，单件成本会大幅降低，同时库存风险降低，与性价比策略（低价）形成正向循环。

——更时尚。SHEIN 的产品更时尚：爆款率约 50%，滞销率约 10%，远好于同行。服装公司一般有 20% ~30% 的呆滞库存，这些呆滞库存会对企业的库存管理形成灾难性的问题，比如占用资金、成本上升等。但 SHEIN 没有这个问题。在生产管理方面，SHEIN 采用 C2M 模式，通过销售端终端客户的聚类，获得订单，然后委托工厂定制，既实现了精准营销，也容易获得客户的满意。

在时尚方面，首先，SHEIN 能够快速发现爆款，通过大数据和线下店洞察用户需求，利用爬虫、Goggle Trends Finder① 获得时尚产品信息，利用热门时尚网站、Facebook 等发现单品的销量、定价、颜色、款式、面料等，获取时尚元素。

在设计方面，SHEIN 拥有超过 800 人的设计团队，可以设计 60% 以上的订单，其余的订单可以委托有设计能力的供应商承担，一旦设计完成，即可迅速打版。

SHEIN 的供应链管理采取"小单快反"的模式，即小订单、快速反应。其"小单快反"的供应链体系可以支撑生产 100 件样衣进行打版；样衣精选模特，精拍、精修，之后迅速上线测款，根据终端用户反馈的数据，指导选品、生产与定价。订单较小的产品，重新进入设计中心，进行元素拆解并重新设计；订单较大的产品，将按需进行"小单快反"生产。

SHEIN 的需求捕捉、设计、测款的效率高于 ZARA。ZARA 主要以拆解时装秀元素为主，而 SHEIN 则以收集大数据为主，速度更快，覆盖面更广，曾经准确预测过美国、印度的流行元素。从结果上来看，SHEIN 押中爆款的概率达到 50% 。原价卖出率可以达到 90% ，只有不到 10% 的产品遭遇滞销。

SHEIN 在设计方面采用了低成本模式，即流行元素组合设计模式和普通设计资源模式。和 ZARA 的设计方式不同，SHEIN 的设计师仅需利用公司已经收集到的流行元素自由组合进行设计，这种模式大大简化了设计的复杂性，提高了设计速度。SHEIN 的设计师较多毕业于职业院校，工作年限仅为 1 ~2 年。而 ZARA 的设计师既需要收集元素，又需要对元素重新进

① 谷歌爆款发现器。

行设计，多毕业于名校，拥有 10 年以上工作经验。

正如马云所说：在数据时代和自动化时代，能够生产 10000 件服装并不是难事，能够生产 100 件，还能赚钱，才是本事。

这其实就是供应链的优势。个性化的时代，做的往往是碎片化的小订单生意。

SHEIN 的测款速度远高于同行。和 ZARA 不同，SHEIN 是线上测款，不需要运输，上新时间快；不需要门店，不受门店空间限制，可以测很多款式。

SHEIN 的这种“小单快反”模式是打造高效供应链的关键。

据 SHEIN 的招商材料，目前其订单多为 100 ~ 500 件/单的小批量订单，OEM、ODM 的货期要求分别为 7 ~ 11 天、10 ~ 15 天。对于时尚服装来说，这是非常快的速度。自然，对供应链也提出了很高的要求。

供应链的优势是 SHEIN 最早建立的护城河。早在 2014 年，SHEIN 就建立了供应链中心，从组建设计团队开始，逐步走上快速设计服装、快速打样板、快速生产的模式。在与中小工厂的合作中，SHEIN 逐渐拥有了强势供应链话语权和高效的供应链整合能力。中国制造业依托多年的积累，已经诞生了大批经验丰富、工艺成熟的中小型服装工厂，与大工厂需要提前 3 ~ 6 个月确定订单相比，它们的生产经营灵活，更适合“小单快反”模式。

SHEIN 对供应商进行培育和扶持。中小工厂的用工模式会导致经营不稳定，且小批量订单收入难以覆盖交易成本，SHEIN 针对其痛点进行扶持，并为其配备指定的面辅料档口、二次工艺厂，便于供应商快速生产、快速交付。

SHEIN 体系内的订单稳定、回款快、成本低、库存零风险、补贴多，因此，中小工厂的合作意愿更高。

2015 年，SHEIN 的供应链中心自江苏南京迁至广东番禺南村镇，其中心附近集聚了上千家中小服装工厂，是广州十三行等众多专业批发市场的核心源头工厂。SHEIN 的这一举动缩短了与供应商距离，不仅降低了寄样、跟单、质检等过程中发生的管理、交易成本，也提升了供应商管理过程中的信息准确性和透明度。

SHEIN 通过 IT 系统对供应链进行赋能，高效整合供应链资源，实现供应链协同，实现了对工厂的穿透式管理，提高了信息传输的效率和透明度，降低了管理成本和交易成本，再叠加供应商评级制度，实现了规模、速度、品质并举。通过数字化系统，中小工厂还可以共享体系内供应商的面料、产能、生产信息。比如，SHEIN 在系统内发布订单后，系统可以根据算法自动派单或由供应商在线抢单。

SHEIN 还开发了移动端的 GMP 系统，实现了数字化订单流程管理，辅以线上线下的运营培训，指导供应链高效生产。MES 系统则可以对供应商每笔订单的各个环节进行实时和可视化的跟踪，控制生产效率。

SHEIN 引进了供应商评级机制，促进生产提速、品质提升。供应商评价分为 S、A、B、C、D 五个级别，每季度参考采购金额（60%）和 KPI（40%）进行评级。其中，KPI 考核指标包括速度（急采及时率、备货及时率）和质量（上新成功率、次品率）两方面，季度评级将影响供应商月度的上新、活动资格与奖金。

SHEIN 重视物流建设，其仓库类型包括国内中心仓、海外中转仓及运营仓三种，总仓储面积超过 80 万平方米，拥有超 5000 万件商品的存储能力。在中国佛山、南沙以及比利时、美国东部、美国西部和印度有六大物流中心，日发货可达 300 多万件，全球主要市场 7 日必达；在洛杉矶、列日、马尼拉、迪拜、孟买、义乌和南京有七大客管中心，及时响应、处理消费者需求。

SHEIN 用数据来优化物流线路，设计最优成本方案。SHEIN 的产品发往全球，包括北美洲、欧洲、澳大利亚和南美洲等，其物流线路靠一套算法来决定每个订单的线路分配，针对每个订单，都可能有不同的物流方案。

SHEIN 的“快速反应供应链”通过数字化驱动管理客户资源、设计资源、生产资源、物流资源、物料资源，实现了快速抓住时尚、快速设计、快速生产、快速交付，打造出了卓越的快时尚供应链竞争优势，其供应链模式具有极高的借鉴价值。

003

流量驱动：拼多多的“流量驱动供应链”

拼多多是一家快速崛起的电商平台，于2015年9月成立。早在2019年6月，按照活跃买方、订单量、月活跃用户数统计，拼多多就已经成为中国第二大电商平台。

按照拼多多2019年6月的财务报告，其交易量（GMV）为1033亿美元，年增长率171%；活跃用户数4.832亿人，年增长41%；月活跃用户（MAU）3.66亿人，年增长88%；营业收入19.1亿美元，年增长652%；年订单数110亿单；雇员3686人，其中50%是工程师（拼多多的一名高管告诉我，他们的工程师都是IT工程师）。

不少人问我：阿里巴巴和京东都发展得这么大了，电商平台还有机会吗？

从拼多多这个案例来看，还是有的。

以2022年7月1日的股价计算，阿里巴巴市值3049亿美元，京东市值992亿美元，拼多多市值也达到779亿美元，此前甚至一度超过京东市值。

拼多多是如何找到这个机会，又是如何成功地抓住机会的呢？

我总结，拼多多的业务模式是“流量驱动供应链”。

在中国，最不缺的就是流量。中国有14亿人口，会用智能手机的人超过90%，需求旺盛，有购买力，因此电商平台拥有庞大的市场基础。

中国是全球制造业大国，产品品类最齐全，而且产能严重过剩，大量产品需要“被购买”。

一边是海量的流量，一边是巨大的供给，如何能够在两者之间建立链接呢？通过社交聚集流量，通过流量驱动供应链！

拼多多最大限度地激发客户的流量，其客户流量主要来自以下三个方面：

（1）微信流量：拼多多是腾讯投资的，腾讯公司愿意把微信用户导流到拼多多；

（2）商户流量：海量的商户在拼多多卖货，商户自然会把自己的流量带过来；

（3）用户流量：引导用户通过“拼”的模式引爆流量，这一模式自带流量，可以把微信群的流量最大限度激发出来。

拼多多和京东在供应链的业务模式上有显著的不同：京东是“采购 + 配送”的方式，为客户提供品类齐全的货物，客户下单，京东及时配送；拼多多则不同，既不做仓储、不买货，也不卖货，它的核心是通过流量管理来驱动供应链，帮助客户买到便宜的产品，帮助商户把产品卖出去。

拼多多计划通过大批量定制来优化供应链。定制的产品往往能够考虑用户的需求，获得更多的订单，C2M（Consumer to Manufacturer）模式就是通过平台把大流量和定制结合在一起的逆向定制模式。

有人把 C2M 翻译为“用户直连制造”，有些牵强。专业的术语应该是“从用户向供应商定制”，或者“逆向定制”。

大家都知道，定制的成本偏高，但如果能够大规模定制，就可以降低成本。

拼多多通过聚类做大定制规模，把有共同需求的人群聚集起来，一起对同一款产品下单。须知，中国有 14 亿人口，这是个海量的数据，所以一款定制产品完全可以形成大量订单。

据说拼多多的主要收入是入驻商家支付的流量费，也就是广告费。为了使自己获得更多曝光，商家需要在拼多多提供的平台投放广告，它们投放的广告费用就是拼多多的收入。

拼多多通过精准营销为商户安排广告，通过广告驱动用户需求。

商户可以根据自己的要求和需要在拼多多的平台上投放广告，按点击收费或者按场景收费。

以钢笔为例：商户可以把钢笔投放在“文具”这个分类下面，可以用钢笔、流畅钢笔、黑色钢笔等关键词与自己的产品绑定，用户可以通过搜索关键词的方式找到需要的钢笔。

为了让广告的投放更精准，它还可以给这个广告投放设置人群。比如，商户可以选择将广告投给居住在上海的20～30岁的女性，让她们通过“钢笔”能搜到自己。一旦这类人群通过“钢笔”这个词搜到商家的产品，并且点击进入相应的店铺，这时，拼多多的广告就产生了效果，拼多多就要对该商家收取一次费用。

有了产品和流量，拼多多就可以通过对“流量驱动供应链”的优化导入更多的产品。

004

做到极致：Costco的“会员制驱动供应链”

开市客（Costco）是美国最大的连锁会员制仓储量贩店，于1976年在加利福尼亚州圣迭戈成立。Costco是会员制仓储批发俱乐部的创始者，自成立以来即致力于以可能的最低价格给会员提供高品质的品牌商品。

2020年8月10日，Costco名列2020年“《财富》世界500强排行榜”第33位，其2020的年营业额达到1527.03亿美元。

2019年，Costco进入中国，在上海开了第一家店，非常火爆，像茅台、爱马仕等产品在其开店之初就被抢购一空。

Costco无疑是一家极为成功的企业，那么，其成功背后的商业逻辑是什么呢？其供应链是如何规划和管理的？

从模式上来看，Costco的成功源于其“会员制驱动供应链”体系。在Costco的商业模式中，其盈利方向并不是卖商品，而是收取会员服务费。从其2018年财报看，Costco净利润达31.34亿美元，当年会员服务费收入31.42亿美元，会员的收入和整体净利润相当。业界说，Costco不是一家超市，也不是一家卖场，而是一家基于供应链运营的综合服务商，这句话颇有道理。零售的核心是两个流量——客户流量和货物流量，货物流量管理其实就是供应链管理。

Costco 的供应链有以下 5 个优势：

一、会员模式

2018 年，Costco 在美国的会员数量达到了 5160 万的巨大规模，这代表用户的黏性需求规模。Costco 捆绑了这么多用户的日常购买需求，按照这个需求量，它就可以向供应商进行集约化采购，实现最优成本，帮助用户得到低价产品。因为低价，就能赢得更多会员；因为有了更多会员，采购规模就会更大；因为规模更大，就可以获得更大的议价空间。这是一个良性的正向循环。

二、不做广告

广告是商业零售导流的重要方式，不管是线上还是线下，零售企业每年都会在各大媒体平台投放大量的广告。但是，Costco 不做广告，把广告费省下来，让利给会员，让会员去分享 Costco 价廉物美的服务。

三、供应链金融

按照 Costco 拥有的 5160 多万美国会员计算，乘以 60 美元的会员单价，其会员价值就能达到 30 多亿美元。30 亿美元的会员价值完全可以支撑对上游供应商的采购，大幅降低了资金运营成本。Costco 再把这个优势延伸到上游供应商，让供应商也可以获得更好的金融服务，降低了整个供应链的资金成本。

四、高效的供应链

在 Costco 的商品中，自有产品的份额达到 20% 以上，这些产品是为客户定制的产品。Costco 根据客户的需求研发和设计产品，然后委托 OEM 工厂进行规模化定制，借此打造热销产品和爆品。

五、快物流

Costco 的物流基本上是由供应商直接供货到门店，减少了中间的库存和流通环节，消灭了中间的浪费。

零售业都是看得见、摸得着的，表面看来没有秘密可言。像 Costco、

7-Eleven、京东和亚马逊，买什么，卖什么，怎么买的，怎么卖的，大家都能看得见，似乎也能说得明白。可是，就是很难做到人家那么好。

能把简单的东西做到极致，就是不简单。

便利店“教科书”：7-Eleven供应链的精妙之处

7-Eleven是全球最大的便利连锁公司。我的朋友许先生是7-Eleven的供应商，为其提供仓储、运输等物流服务，我们经常聊7-Eleven的门店管理和供应链管理。作为全球的标杆，7-Eleven的供应链管理真是非常精妙。

7-Eleven于1973年创立，自创立以来一直遵循“灵活应对变化、贯彻基本原则”的经营方针，从不放过任何细微的变化，并能够恰当地应对。不论是其企业组织或是员工自身，都能灵活地随变化而做出改变，持续为客户创造便利。

零售业，尤其是便利连锁，产品都放在货架上，没有什么保密可言，产品也都不是自己生产的，基本上来自采购，其供应链链条非常短，基本上就是一买一卖。这么短的链条，还要做出变化、做出优势、做出利润，简直是不可思议。然而，7-Eleven的当家人铃木敏文凭借持续的创新，在选址、订货、销售、物流、管理等方面不断打磨，生生地把7-Eleven打造成便利连锁的全球“教科书”。

7-Eleven有哪些和供应链相关的精妙策略呢？

一、密集型选址策略

铃木敏文之所以把7-Eleven从美国引入日本，“是为了改变中小型零售店因为大型卖场的繁荣而陷入衰退期的现状，创造让两者共处共荣的新型商业模式”。其采取了和传统商店截然不同的做法，以全力提高生产效率和产品价值为目标，建立独特的经营结构，其中的诀窍之一就是减少采购量的“小额配送”。因为只有小额配送才能减少大量库存，减少物料呆滞，提高资金效率、库存效率、店面空间效率。

但是，在当时看来，小额配送受到了供应商的抵制——道理很简单，这改变了固有的做法。

为了解决这一难题，7-Eleven 实行密集型选址策略，连锁店以“面”的方式广泛覆盖（比如在方圆 5 千米之内开 5 家店）。“当店铺集中在一定范围时，店与店之间较短的距离能提升物流和配送效率。不仅是送货的货车，负责向个别加盟店传达总部方针并予以指导的店铺经营顾问在各店铺之间的移动时间也随之缩短，他们有更充裕的时间与店主探讨。”

如果你知道了 7-Eleven 的这个选址策略，下次再看到一家 7-Eleven店时，你就会知道这家店绝不孤单。

二、共同配送

和密集选址战略相同，“共同配送”的物流结构对连锁便利店的成长起了不容小觑的作用。共同配送是指生产厂家、供应商和 7-Eleven 三方通过互相合作，集中原本相对分散的配送路径，从而形成合理化物流体系。

自然，这一策略大幅降低了物流成本：执行这个策略之前，每天来一家门店做配送的车辆可以达到 70 辆；执行这个策略之后，5 辆就够了（每天配送 4 次，有冷藏车和常温车）。

三、加速周转

7-Eleven 便利店的面积和普通便利店差不多，为什么能产生普通便利店 2 倍、3 倍乃至更多倍的收入呢？秘诀之一就是加速商品周转。

便利店门店的面积本来就不大，黄金货位就更少。但是，细心的顾客可能会发现，在不同的时段，7-Eleven 黄金货位上的产品是不一样的，有时候一天可能变换 3 ~4 次，这是因为顾客的需求在不同的时段是不一样的，7-Eleven 就抓住了这种变化。

四、团队研发

7-Eleven 非常注重产品研发力，尤其是食品研发项目，对口味的要求近乎苛刻。一款新的食品要想问世，不仅需要产品研发负责人的同意，还必须通过所有高层的试吃，所有人都对味道感到满意之后，才能允许正式对外发售。

7-Eleven 以团队研发为主，其团队聚集了各方面的专家。产品研发成员以 7-Eleven 产品总部的产品研发负责人为核心，各个原料、器材、制造厂商或供应商的负责人同时加入，每天努力研发新产品。整个团队需要把控从制订产品企划方案到方案具体化的所有环节。

五、产品滞销的原因是什么

7-Eleven 对产品滞销的管理极为严格。铃木敏文说："流通行业中，产品的滞销现象是对企业的一个致命性的打击。假设面积狭小的便利店中摆满了滞销产品，那么恐怕连门店的生存也变得岌岌可危。"

"造成产品滞销、生意萧条的原因只有一个，那就是现在的工作方法已经无法满足时代和消费者需求的变化。"

作为一名供应链管理咨询师，帮助企业处理呆滞是我的基本工作之一。之前，我每次分析呆滞，都能找出林林总总的原因，但又很难总结到点上——直到我看到铃木敏文的这句话。我惊诧于他的哲理性——讲得太到位了。

7-Eleven 作为全球最大的便利连锁公司，作为便利连锁"教科书级"的企业，其方方面面都是我们学习的榜样。以上选取的 5 个点，希望能对读者有所启发。

005

敏于行：用敏锐的触角找到市场的缝隙

我先后辅导了几家跨境电商公司，后来都做得风生水起，赚得盆满钵满，其业务模式都很有意思。

有一家公司采用聚焦的策略，在亚马逊平台上卖廉价的孕妇装；另一家公司在亚马逊平台上销售灯泡，为客户提供上门安装灯泡服务；还有一家公司在境外电商平台销售活动装饰用品，比如拉花、彩纸、气球之类。它们的利润都很高，每年的营业额能达到好几亿元。还有一家电商公司做画材，如画板、画框、画布、画笔、画架之类的，利润和营业额也很可观。

这几家公司的毛利都在40%以上，而且没有太多费用，所以都做得很成功。

这4家公司的产品、生意、渠道都不同，业务上的共同点很少，却有一个特别值得关注的共同点：在产品开发和市场开发两方面，它们都做得很成功。

我在总结这4个案例的模式时，用了一句话："用敏锐的触角找到市场的缝隙"。

市场竞争这么激烈，为什么还有这么高的毛利？因为是空白市场。

互联网的环境下，市场如此公开透明，空白市场已经很少了，并且很难找到，为什么还是被找到了呢？因为公司有敏锐的触角。

互联网环境下，全球是一个大市场，任何微小的空白市场都有巨大的需求量。如果企业有敏锐的触角，一定可以探测到一个大生意。

006

长尾理论：电商平台就是N条长尾产品供应链的聚合

长尾理论是网络时代兴起的一种新理论，当商品储存、流通、展示的渠道足够宽广，商品生产成本和销售成本急剧降低时，几乎任何以前看似需求极低的产品，只要有人卖，就会有人买。综合起来，就会有很大的销量。

这些需求和销量不高的产品所占据的共同市场份额，可以和主流产品的市场份额相当，甚至更大。

长期以来，人们一直在用“二八定律”来界定主流，计算投入和产出的效率。但是，长尾理论指出，只要产品的存储和流通的渠道足够大，需求不旺或销量不佳的产品所共同占据的市场份额可以和那些少数热销产品所占据的市场份额相匹敌甚至更大，即众多小市场汇聚起来之后可产生与主流市场相匹敌的市场能量。

也就是说，企业的销售量不在于传统需求曲线上那个代表“畅销商品”的头部，而在于那条代表“冷门商品”，经常为人遗忘的长尾（图6－3）。

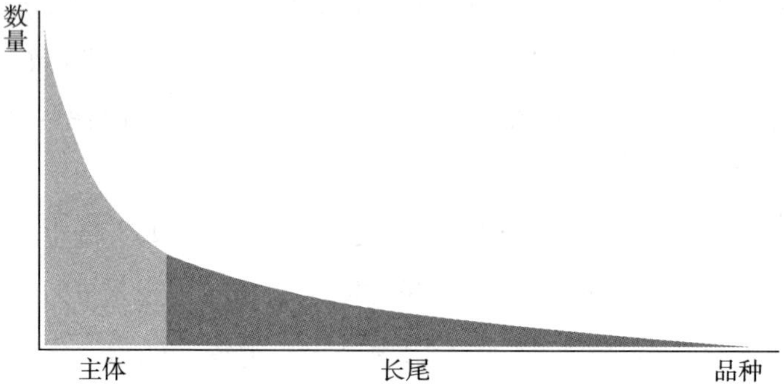

图6－3　“长尾理论”模型

一般来说，“长尾理论”被认为是对传统“二八定律”的彻底颠覆。我则认为，这是互联网普及应用的必然结果，是信息透明化的必然产物。互联网的普及使得原来不对称的信息变得对称，在互联网平台上，需求的透明和供给的透明会匹配出来很多大生意。

举例来说，一家大型书店通常可摆放10万本书，但亚马逊网络书店的图书销售额中，有四分之一来自排名10万以后的书籍。这些“冷门”书籍的销售比例正在高速成长，预估未来可占整个书市的一半。

这意味着消费者在面对无限的选择时，真正想要的东西和想要取得的渠道都出现了重大的变化，一套崭新的商业模式也跟着崛起。简而言之，“长尾”所涉及的冷门产品涵盖了更多人的需求，当有了需求后，会有越来越多的人意识到这种需求，从而使冷门不再冷门。

这就像我在总结一个电商企业成功的秘诀时所说的：**互联网环境下，全球是一个大市场，任何微小的空白市场都有巨大的需求量。如果企业有**

敏锐的触角，一定可以探测到一个大生意。

传统的市场曲线是符合“二八定律”的，即80%利润来自20%的畅销品市场。但互联网的出现改变了这种局面，使得99%的商品都有机会进行销售，市场曲线中那条长长的尾部也能咸鱼翻身，成为我们可以寄予厚望的新的利润增长点。

平台电商（比如淘宝、京东、拼多多、亚马逊）可以搞出几千万甚至上亿个SKU，而且管理得井井有条，就是因为它们为长尾产品提供了市场和机会。从这个角度看，电商平台就是N条长尾产品供应链的聚合。

007

聚散都是钱：分散生产还是集中生产

供应链的生产模式主要有两种：集中生产和分散生产。集中生产是集中、大量、快速生产；分散生产则是分布在多个区域生产，然后组装、整合、交付。那么，哪个模式更好一些呢？或者换个问法，这些模式适合哪些场景呢？我们可以通过两个案例来看一下。

一、利丰公司

利丰公司（Li & Feng）曾经是中国香港最大的出口贸易公司，该公司一直致力于供应链管理的创新。

利丰公司创立于1906年，那时候还是清朝。中国是出口大国，中国的丝绸、陶瓷、茶叶畅销世界。利丰第一代领导人冯柏燎先生可以讲英文，但中国的工厂没有人会讲英文，美国人也不会说中文，冯柏燎先生就给外国人和中国人做翻译，可以获得的佣金是15%。

这个生意持续了30多年——以现在的眼光来看，那时候钱好挣。其实不然，那时候的中国人，90%是文盲，会讲英语的，那都是奇才。

到了利丰第二代领导人冯汉柱先生接手家族生意的时候，买方的影响力越来越大，中国工厂的影响力越来越大，利丰公司的佣金从原来的15%降为10%、5%、3%。贸易代理逐渐成为夕阳行业。

到了第三代领导人冯国经接任的时候，已经是20世纪80年代，“亚洲四小龙”的崛起和改革开放的大潮，使中国香港的国际贸易中心的地位逐渐被取代，利丰的贸易代理业务已经无利可图。利丰开始着手组织发展国际贸易，为客户做贸易增值服务，发展供应链管理，开始了一轮轮蜕变，一次次推陈出新，脱胎换骨。

第一阶段：采购代理。在这一阶段，利丰主要做采购代理（purchase），帮助客户在亚太地区寻找货源。为了有效保证质量、降低成本，利丰开始挖掘寻源的价值，从单一产品发展到一揽子产品服务，并挖掘其中的利润。比如，即使向客户销售一套工具，也可以从一个国家买入扳手，而从另一个国家买入钳子，然后在东莞购买塑料工具箱，在中国香港打包、装箱、打托盘，然后按照客户的要求发往世界各地。

第二阶段：交付管理。在这一阶段，利丰从采购代理转向交付管理（delivery），成为交付计划的实施者和生产计划的管理者。客户设计产品的时候，利丰就开始介入。比如服装：在服装设计阶段，利丰就着手进行市场调研，寻找合适的纱、合适的纺织厂、合适的染色厂、合适的服装加工厂，为客户提供完整的交付方案，并对工厂计划进行管理和控制，确保产品的质量和及时交付。

第三阶段：分散生产。20世纪80年代，改革开放的大潮吸引劳动密集型的生产开始向内地转移。在这一阶段，利丰开始把生产业务转入内地，并称之为分散生产（dispersed manufacturing）。分散生产对利丰来说是一个突破，利丰不仅整合了寻源、采购、生产管理、物流管理、运输管理，而且开始转向供应链价值分解和价值重组。利丰由此成为供应链的管理者。

比如，接到10万件夹克衫的订单后，利丰可能会到韩国采购棉纱、由中国台湾的工厂纺织成布、采购日本拉链，最终在泰国生产成衣。为了保证按时交付，还可能将订单同时交给10家工厂生产。30天后，这10万件夹克衫同时出现在欧洲的商超中，而且看起来几乎一模一样。

通过对价值链进行分解，优化全球资源，进行全球化寻源、全球化采购、全球化生产，做最佳交付，既增加了附加值，也增加了利润。利丰的这一分散生产模式后来成为哈佛大学商学院的供应链管理案例。

从上述案例可以看出，利丰通过分散生产打造出了供应链的优势。

二、金螳螂

另外一个案例则有所不同。

金螳螂是国内知名的装饰集团，深耕装饰产业，曾经做过许多优秀的项目，诸如鸟巢、人民大会堂、国家大剧院、国家博物馆、G20 杭州峰会主会场等；也是四季、希尔顿、香格里拉、凯宾斯基等国际酒店管理集团的设计施工服务商。

按理说，能做到这个规模，能做这么“高大上”的项目，其供应链管理未必精细——毕竟这么肥的项目，钱不愁赚。

实则不然！有一次，我听朋友给我讲了金螳螂在武安做的一个项目，发现这家企业的供应链管理极为精细。

武安是河北的一个县级市，虽然是县级市，却拥有 18 家钢铁厂。稍稍懂行的人都知道，当下的中国，在产能如此过剩、竞争如此激烈的情况下，能够存活下来的钢铁厂不可能是小规模的。所以，武安有相当的经济规模，来往客商也比较多。于是，武安市决定建一家五星级宾馆。

河北本地的装饰公司听到这个消息，纷纷上门，准备承包这家酒店的装饰工程。不用说，各公司都通过方方面面的人打了招呼，其中不乏省部级领导。

这让业主为难了：就 1 个茶壶，却有 8 个盖子，不让哪个盖都不行。业主干脆决定进行透明管理——招标，谁能满足合同条款就选谁，本地、外地企业都可以投标。这样一来，谁也不得罪。

本地企业信心满满，他们认为：无论是人工还是物料，那肯定都是本地便宜，有优势。

招标价格一公开，金螳螂最低，中标。

本地企业一看，这个价格谁做谁亏，金螳螂要么亏钱，要么质量不达标。

但是，装修完成后，业主组织所有的装修公司参观。懂行的人都看得出来，这个装修工程确实达到了五星级标准。有些装修公司问金螳螂："你们亏了多少钱？"

金螳螂："什么？亏钱？没有，我们赚了很多钱！"

装饰公司："这么低的价格，你们怎么可能赚钱？赚什么钱？"

金螳螂："我们在物料上赚了很多钱。"

装饰公司了解到金螳螂的马桶价格竟然比自己低很多，就问："你们的马桶质量这么好，价格这么便宜，怎么做出来的？"

金螳螂："我们在全国市场用同一款马桶，数量巨大，为此承包了8条流水线，24小时不间断生产，统一物流配送，供全国市场使用。我们的生产成本、采购成本、物流成本、人力成本、质量管理成本都很低。尽管卖价低，但利润很丰厚。"

这就是集中生产的供应链管理模式的威力：优化产品（SKU），优化采购（集中采购），充分利用产能，降低物流成本，降低人工成本，加速设备分摊。这一系列的供应链举措大幅降低了金螳螂的产品成本，提高了企业的竞争力。

金螳螂通过集中生产的模式打造出了供应链的竞争力。

从上述两个案例可以看出，企业应该采用集中生产还是分散生产，主要取决于企业的具体情况，包括客户需求、客户分布、工厂分布、供应商分布、交付要求、产品标准、成本等因素，需要具体情况具体分析，找出适合自己企业的模式。

008

聚散都是钱：集中采购还是分散采购

对于大型企业集团来说，采购方式主要有两种：集中采购和分散采购。当然，这两种方式也可以混合使用，也就是部分物料集中采购，部分物料分散采购。

我曾经在A集团担任过其中一个公司的负责人。A集团采用集中采购模式，从物料、设备、办公用品到工装等，都是集团集中采购。作为子公司，我们只负责提出需求就可以了，远在千里之外的采购部就会安排好采购。由于衔接紧凑，没有耽误过什么事。

我在中航工业集团工作时，集团有8家飞机制造公司，这些制造公司完全独立采购，尽管铝板、蒙皮等产品规格相同，但还是各买各的。

特变电工的变压器产品、电缆产品都是行业的佼佼者，在国内有几十家工厂，其采购方式是复合型的，既有集中采购又有分散采购：对于铜材、铁芯、变压器油等产品，实行集中采购；对于小物料，则实行分散采购。这是大部分集团企业采购的特点。冠捷电子集团也是这样：对于芯片、液晶等核心部件，实行集中采购；对于纸箱、说明书等小物料，则实行分散采购。

每个集团企业都有其具体的经营环境，所以，采用何种采购方式需要根据具体情况而定。无论采用什么方式，都需要考虑以下几个关系：

（1）物料和研发之间的关系：研发设计物料时，应尽可能考虑物料的通用性。物料规格越少，越好管理；物料采购量越大，越好管理。

（2）职能和考核之间的关系：有些集团实行集中采购，在考核下属工厂时并不考核采购价格，只考核其产出和库存周转率。如果考核采购价格，又不让其承担采购职能，显然没有道理。

（3）人的技能：有些采购活动需要较高的技能，比如大规模矿石的国际采购等。有些集团企业有十几家工厂，但是具备国际采购技能的人比较少，分散采购并不经济。

009

成本优先：物流管理的目标就是持续优化物流成本

物流是社会不可或缺的一项功能，也可以说是最重要的功能之一。我们的衣食住行，如果没有了物流，是不可想象的事情。

如果细分消费，会发现物流是消费品的载体，而不是消费品本身。物流毕竟不是衣食住行，不能直接消费。所以，物流从诞生之日起，就肩负着优化社会成本的使命，那就是长期、持续降低社会成本。

基于此，所有的物流经理都会背上 KPI 指标，比如物流成本占 GDP 的比重、物流成本占销售额的比例、货物的吨·千米运价、仓库每千克货物的拣货成本、每行订单的拣货时间、每行订单的拣货成本等。这些指标能够有效衡量物流成本，指导物流工作。

正如第四篇之《015 持续创新：降低采购成本的三个方法》中所说的那样，降低物流成本的第一个方法是砍价，第二个方法是实现集成供应链，第三个方法是采用新技术、新工艺、新设备、新管理模式、新业务模式。这里主要说说创新。

在这个创新的年代，物流新技术层出不穷——从条码到 RFID，从 PDA 拣货到机器人拣货，从手动打包到自动打包——这些新技术的应用都能大幅提高效率、提高准确率、降低成本。刘强东在西班牙召开的世界零售大会上说：京东员工数量将精减 50%，一周只工作 3 天！这个说法能否实现，什么时候实现，尚不确定。刘强东强调的是京东的未来物流操作模式，用机器人和人工智能完成工作，代替人工。

“丰巢”快递柜既是新设备，也是新商业模式。据测算，大约有25%的快递配送因为家里没有人需要二次配送，这自然会给快递公司增加25%的成本。安装“丰巢”快递柜后，配送时如果客户不在，快递员就可以把快件放到“丰巢”，由客户自取，配送成本也就下降了25%。“丰巢”快递柜布得足够多之后，既可以为快递行业提供“最后一公里”服务，也可以拓展“微仓”等业务。

随着管理的演进，出现了很多管理新模式。同样是商超，永辉做得很出色，其合伙人机制功不可没。不论是稻盛和夫的阿米巴模式，还是永辉的合伙人模式，无非更多地顺应了人性。人性都是趋利避害的，花自己的钱给自己办事，总是“钱花得少，事办得好”，人性使然。有些快递公司采用加盟模式，规模增长很快，操作质量也有保证，也是采用了合伙人机制。

降低物流成本的方法有很多，企业需要甄别选择。每个企业都有自己的特点，要好好研究企业的特点，找到适合自己的业务模式、管理模式、资源条件等，而不要邯郸学步。

只要开放、勤奋、对路，总会有办法降低物流成本。

010

集成物流：优化物流成本的一大利器

我们逐渐进入了全球一体化的社会，社会分工越来越精细，供应链环节越来越多，物流量自然也越来越大。由于供应链各环节紧密配合，所以集成物流有利于降低物流成本、提高物流效率。

要想优化物流成本和物流效率，既要考虑局部，也要考虑全局。总的来说，全局为上，局部次之。

供应链的各环节衔接越紧密，成本就会越低。比如，快递公司有3种收货方式：

（1）先在客户处收货，然后把货运到集散中心，先称重、再贴标签。此时，快递公司必须认真核对数量，签署收货记录，不但烦琐，还有可能搞错。

（2）直接在收货时确认重量、贴标签。相比第一种方式，这种方式进步了。

（3）快递公司的信息系统和客户的系统相链接，直接在生产线上称重、贴快递单，并实时把货物信息发给快递公司。下线时，快递公司在现场直接扫码，确认收货。这样，快递公司可以准确地计划车辆、人工、时间。这种方式大概可以降低50%的人工成本，准确率也会大幅提高，而且不需要成品仓库了。

无疑，电商业务还会蓬勃发展。目前，有些电商公司动辄每天发货10000单以上，发货速度按小时计。如果采用第一种方式，人工、时间浪费之大难以想象。

汽车整车厂都在采用VMI模式，为了避免订单延误带来的罚款，供应商都在周边建厂，也是为了做好集成供应链。

中航工业西安飞机工业（集团）有限责任公司（简称西飞）在空中客车公司（简称空客）天津总装线旁边建了一家工厂，为天津空客飞机生产机翼。生产好的机翼直接从西飞的车间推到空客的车间，交付时间也就10分钟。

另外，准确率也是做好集成物流的重要指标，比如拣货准确率。

从工厂配送到超市的货物，如果拣货准确率不高，超市在验收时就需要核对数量、确认质量。如果面对的是沃尔玛这样的大商超，由此造成的人力浪费、时间浪费巨大，成本之高难以想象。

怎么办呢？就是要做到质量、数量准确无误，不需要验收。

所以，在数量方面必须做到拣货准确率99.99%，在货值方面做到99.999%；而对于高货值的物品，在数量和金额两方面都要做到100%。如此一来，超市就不需要验收了。如果每个小门店节省2个劳动力，250个门店就是500个劳动力，一年下来可节省大约2500万元，很可观。

做好集成物流的方法有很多，包括信息系统链接、库存共享、寄售、供应商管理库存（VMI）、就近建厂等。

第七篇

运筹与调度

统筹规划，科学决策

- 多算胜，少算不胜
- 调度有方
- 安全库存
- 经济批量
- 六西格玛
- 资源配置
- 人单合一
- MRP模型
- 经济采购批量(EOQ)
- 危机管理

001

运筹学：多算胜，少算不胜

供应链管理本质上是一种运筹，所以，做供应链管理的人需要学习运筹学。

供应链是个系统工程，任何一个环节的调整都可能影响另一个环节，牵一发而动全身。因为是供应链是系统工程，所以“头痛医头、脚痛医脚”的方法未必真的能解决问题，一旦药方不对症，后面保不准还要剜肉补疮，后果更坏。所以，对于系统的问题，需要采用系统的方法论来指导。供应链规划和管理往往聚焦综合效益的提升，这就需要系统思考和整体谋划。从学科上来看，这是运筹学的范畴。

运筹学是现代管理学的一门重要专业基础课，其主要目的是为决策人员提供科学依据，是实现有效管理、正确决策和现代化管理的重要方法之一。该学科的核心方法是数学模型、统计、算法等方法，通过这些方法寻找复杂问题的最优解或次优解。

由于供应链是个系统工程，涉及研发、设计、采购、生产、销售、仓储、物流、库存、资金、人力、设备、客户、供应商等，内容繁多，功能繁杂，在一般人看来，有点说不清道不明、剪不断理还乱的意思，因此学习运筹学尤其必要。

运筹学经常用于解决现实生活中的复杂问题，特别是改善或优化现有系统的效率。

莫斯（P. M. Morse）和金博尔（G. E. Kimball）给运筹学下的定义是：运筹学是在实行管理的领域，运用数学方法，对需要进行管理的问题统筹规划，做出决策的一门应用科学。

运筹学的另一位创始人对运筹学的定义是：管理系统的人为了获得关

于系统运行的最优解而必须使用的一种科学方法。

从这两个定义可以看出，运筹学就是研究如何获得解决问题的最优方案或者次优方案的科学方法。

运筹学的英文是 operation research，直译应该是“运作研究”，但这当然不够简洁。有人从《史记》中获取灵感，参考“运筹帷幄之中，决胜千里之外”这句话，择取其中的“运筹”二字，将 operation research 译作“运筹学”，相当传神，并且让人一看就懂。

实际上，运筹学思想早就产生了，中国古代就有“庙算”：据说自夏朝开始，国家凡遇战事，都要告于祖庙，议于庙堂，成为一种固定的仪式，这就是庙算。曹操注《孙子》时说：“选将、量敌、度地、料卒、远近、险易，计于庙堂也。”张预注《孙子》时说：“古者兴师，命将必致斋于庙，授以成算，然后遣之，故谓之‘庙算’。”庙算就是集体运筹。为什么要进行“庙算”呢？因为打仗这件事实在是太重要了！一旦打不好，国家就没了，所以必须好好筹划。

从军事的角度看，庙算是指作战谋略的推演、讨论。双方交战，要克敌制胜，就要在了解对方情况的基础上，做出对付敌人的最优决策，也就是“运筹帷幄之中，决胜千里之外”。

美国数学学会在 1979 年出版的《运筹学：数学和模型》（Operations Research：Mathematics and Models）一书中，开篇就讲了军事冲突的数学建模。通过数学模型，反复计算红蓝双方在各种情况下战斗力的此消彼长，从而推演整场战争的最后结局，这种推演的过程其实就是运筹的过程。

比如，狙击手有远程击中目标的能力，而机枪则有大规模杀伤的能力。如果战争一开始，蓝方的狙击手就干掉了红方的机枪手，红方的战斗力自然会受到削弱。如此持续下去，红方就可能会被消灭。打仗不仅需要人和武器，还需要弹药补给、后勤保障、天时、地利，这些都需要运筹：运筹得好，胜算就大；运筹得差，胜算就小。这就是“多算胜，少算不胜”的道理。

战争如此，项目管理更是如此——丁谓主持修复北宋皇宫就是很经典的例子。

北宋真宗时期，皇城失火，宋真宗命大臣丁谓主持修复。这一修复任务相当繁重，既要清理废墟，又要挖土烧砖，还要从外地运来大批建筑材料。其实，这些工作主要就是物流和供应链方面的活儿。要又快又好又省地完成这一修复任务，就要制订一个最优的施工方案。

经过分析研究，丁谓确定了这样一个方案：首先，把皇宫前面的大街挖成一条大沟，利用挖出来的土烧砖；接下来，把京城附近的汴水引入大沟，通过汴水运进建筑材料；最后，等皇宫修复之后，再把碎砖烂瓦填入沟中，修复原来的大街。

按照这一方案，"一举而三役济"，取得了"一举三得"的效果：通过挖沟，一是省去了从远处运土，解决了烧砖的问题；二是把陆运改成水运，方便了运输，省工省时，节省了运输费用；三是为工程后期处理废料创造了条件。

这个超常规的设想不仅大大节省了人力、物力和财力，而且提高了劳动效率，更好地保证了施工质量。据说，在这项工程的最终结算中，节省了亿万费用。原本预计25年完工的浩大工程，只用了7年。①

丁谓的方案，往细里看，就是一个供应链和物流解决方案：如何供货、如何运输、如何做逆向物流等。

在那个年代，要做好修皇宫这个工程项目，没有混凝土车，也没有大卡车，供应链和物流方面的耗费本来应该极大，其中物流耗费尤其高。丁谓通过精妙的运筹，找到了一个省工省时省运费的物流方案，是一个很好的运筹学案例。

正如本文开篇所言，从本质上来看，供应链管理和物流管理就是一种运筹：运筹得好，多快好省；运筹得不好，就反了。所以，做供应链管理和物流管理的人士，都需要好好学学运筹学。

运筹学涉及很多数学公式，以至于很多人会感到很头痛——一是怕看不懂，二是怕学不会。其实，这种担心完全没有必要。写书的人往往会先介绍理念，然后举一些例子，再说一下假设条件和基本逻辑，这才轮到建

① 不过,《宋史·丁谓传》并未记载该案例,其出处是《梦溪笔谈》。

立数学模型，最后再结合案例讲解公式。所以，当你看到公式讲解的时候，应该已经学了很多理念和方法了。

其实，无论是公式还是方法，多看几遍，也就会了。

公式往往是很理性的，也很有逻辑，管理则往往不很理性，也不见得那么符合逻辑。但是，管理者一定会需要很多思路和方法，需要运筹，因此要多接触一下运筹学。

002

只争朝夕：供应链是时间的函数

供应链管理往往是时间的函数：计划得当，就可以完美交付；计划不当，就有可能带来危机和灾难。

当时间足够时，供应链管理的是事件：只要计划得当，事件就可以完成；如果有些计划的工作没有按时做完，随着时间变少，那么事件就会变成问题，就需要加急处理；如果加急处理没有完成，问题就会进一步发酵，变成危机；如果危机没有及时处理，就可能变成灾难；灾难一旦形成，就没有办法处理，只能善后了。

处理事件的成本往往是很低的，而善后处理一场灾难的成本则很难估量。

供应链管理中有一个重要名词叫“前置期”，也叫“提前期”，英文是lead time，意思是做一件事需要的时间，或者做一件事情还有多少时间。比如采购一批货物，下单后10天到货，那么采购的前置期就是10天。如果20天后需要这批货物，那么就有20天的提前期采购货物；但如果采购员当时忘了下单，2天后才下单，就需要供应商紧急备货了；如果供应商的计划员忘记了排产，那么就需要加班生产；如果在加班生产中机器出现了故障，就需要加急安排，委外生产。但到了这时候，大概率是不可能按时交付了。不少高成本的交付，是由于时间管理不当造成的。销售订单的交付也会有类似的情况。

资金支付也一样：如果现金周转周期长，则现金需求量自然就大。所以，现金需求量也是时间的函数。

现金周转周期 = 应收账款周期 + 库存供应天数 − 应付账款周期

库存、产能、物流等，也都是时间的函数，好的计划可以节省库存和资金。

无论时间是否宽松，都需要把计划做好。

如果时间还算宽松，需要把计划管理好。否则，如果到时候没有完成，老板自然不愿意，话里话外都是批评："这么长时间了，这么简单点事，怎么办成了这个样子？"如果时间不宽松，那就更需要计划好，否则就可能完不成。如果时间紧迫，那就需要精密计划、精密执行、精密追踪。

有些紧急采购、紧急物流往往需要有人盯着，主要是防止浪费时间。靠谱的人往往能"盯得住"：厘清事件的每个环节，而且对每个环节都过问得很细。因为只有将每个细节都做好了，总体任务才可能完成。不靠谱的人往往是"左手转右手"：别人交代他的事，他转手就交代给其他人，然后等结果，而且往往到了截止时间才问结果——不用说，结果往往不会太好。

003

优者胜出：供应链管理拼的其实是资源配置

供应链运筹和公司运筹的过程其实是类似的，核心是如何配置出有质量的资产，通过运营资产产生利润。

供应链运筹包括 3 个阶段：一是为资产融资，二是将资产转为销售额，三是用营业收入减去成本和税，余下的便是利润（图7－1）。

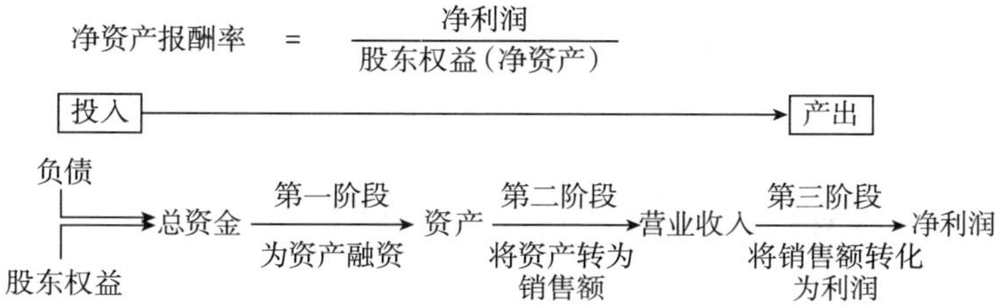

图7－1　供应链运筹的3个阶段

从这个流程来看，供应链实质上就是资产的配置和运营：如何配置资产才能有效地占有市场，如何运营资产才能有效地赚取利润。

第一章提到过，企业的竞争力来自资源、技术、品牌、供应链，好的资源、技术、品牌都是优质资产，找到且掌握资源，开发并应用技术，打造并拥有品牌，再通过供应链的运筹把这些优质资产推向市场，企业就可以获取利润了。

波音公司需要设计飞机、制造零件、组装飞机，技术复杂，供应链很长。

老干妈公司的业务模式是配置资金、人员、辣椒等原材料，通过组织供应链，把散装辣椒做成瓶装辣椒卖向市场。其供应链要比波音公司大大缩短。

反观京东，什么产品都不做，只做供应链，业务模式比老干妈更简单，链条更短，赚钱最多。

可见，企业要想发展好，关键是资产配置和运营。其中，对于那些需要运营大量物料的企业来说，供应链管理技术无比重要。

004

预则立：海尔的“人单合一”模式

在人类历史中，任何时代都存在供应链，但不同的时代会面临不一样的供需矛盾、不一样的供应链问题，这就需要采取不同的针对策略。

在古代，供给往往小于需求。贾谊在《论积贮疏》中说：生之有时而用之无度，则物力必屈。意思是：在古代产能有限、供小于求的情况下，如果不注意节俭，就会出现供给不足的状况。

现代社会则不同，我国已经全面解决了温饱需求，粮食够吃，只要有需求，很快就能生产出来。在其他方面也是如此，这就基本上把供给不足的问题解决了。

但是，消灭了供给不足的矛盾，又出现了需求不足的矛盾，这也是新时代供应链的特点。原来只需要解决供给就行了，现在既要解决供给，又要抢到足够的需求。此时，供需平衡显得更加重要：做多了卖不完，变成呆滞、造成浪费，亏钱；做少了不够卖，丢失客户、丢失市场，也亏钱。之前赚不到钱，主要是因为做不出来；现在赚不到钱，主要是因为卖不出去。

生产毕竟是需要时间的（比如冰箱从采购、备料到生产，至少需要一个月），而销售则很快就能完成。如何计划，才能使生产的货量是销售需要的呢？如何解决供需之间的矛盾呢？

业界有许多供应链协同的管理模式，比如 VMI（Vendor Managed Inventory，供应商管理库存）、JIT（Just in Time，及时供货制）、CPFR（Collaborative Planning Forecasting and Replenishment，协同式供应链库存管理，也叫协同规划、预测与补货）。这些管理模式的目的都是降低库存、提高销售额。

业内不少人都知道海尔采用“人单合一”模式管理供应链，其原型就是 CPFR。“人单合一”模式的主要管理方法是预算、实际、观差，可以简单地解读为计划、执行、绩效。

陈先生是海尔集团原高级副总裁，他在日本学习过管理，曾担任多家公司的总裁。我和他见过好多次面，有幸聆听其教诲。有一次，和陈先生一起喝茶，我问他：“张瑞敏先生不忙的时候会做什么?”他笑了笑：“在后台看数据。”张瑞敏看的数据，就是“人单合一”系统中的各种数据。

对于一般的制造业企业来说，各部门之间的分工往往比较清晰，比如销售人员知道市场需求和销售预测，采购人员知道供货时间、供货量，生产人员知道产能。但是，从架构和分工来看，一定存在信息不对称的情况：销售、采购、生产三个部门都知道自己的情况，而不太了解另外两个部门的情况。这种信息不对称就会造成计划不准确，也就会造成交付不足、库存浪费、产能不足等问题。

海尔的“人单合一”模式是通过让信息系统和管理职责实现销售、生产、采购的协同，实现预测和预算的有机统一，通过分析预算和实际执行的差距分析结果、考核绩效。

以销售为例，负责门店的销售人员需要对门店的销售做滚动预测，预测需要精准到人、到门店、到型号、到数量。滚动预测，每周做一次，每次预测一年的销售量，然后观察实际销售和预算的差距，以考察销售人员的预测能力和执行能力。

这些信息通过系统共享给所有的部门，生产部门和采购部门可以按照销售预测准备产能和物料。张瑞敏主要关注销售预测数据，据说他看了一段时间之后发现了很多规律——以人性为例：某个区域的人喜欢吹牛、某个区域的人说话不靠谱等。

海尔对于工厂管理也极为严格。假设要在巴西开一家工厂，总部的管理部门会要求厂长汇报预算（比如产量规划、产能规划），并对其规划进行审核。假设计划产量 10 万台，管理部门会问该计划和去年比较增长了多少——如果增长小于市场平均增长，则不可能通过。巴西工厂厂长需要修正预测，直到通过审核为止。

销量确定之后，再审核产能：是否有足够的设备？是否有足够的人员？假如产能缺20%，厂长说可以外包，那么总部管理部门会要求提供外包协议；如果暂时没有外包协议，提供会议纪要也可，但不可以什么都没有。

然后，再观察其实际生产和预算的差距，考察工厂的计划能力和执行能力。这就是“观差”，即观测其中的差距。

对于采购的评估，自然也在审核之列：需要哪些物料，由哪些供应商提供，是否有足够的原料，是否有足够的产能等。自然，总部管理部门也需要审查相应的文件（比如供应商产能评估报告、质量评估报告等）。对于采购的优化也是如此：采购部门如何优化质量，如何优化成本，从哪些供应商入手，从哪些物料入手，都需要做出规划和预算，其考核方式也是分析计划和实际执行的偏差。这也是“观差”。

如果整个供应链能够高效协同，则预测、采购、生产、销售就是一个统一的整体，整个物料需求都可以通过订单和BOM推导出来，产能需求可以通过节拍和时间推导出来（图7－2）。

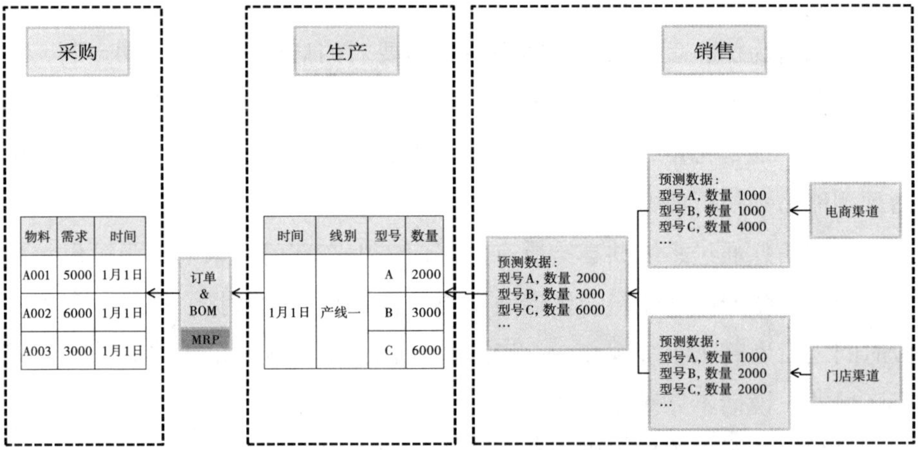

图7－2　采购—生产—销售协同示意图

从计划的角度来看，海尔的“人单合一”模式就是追求计划的质量和执行的质量——好的计划加上努力执行，才会有好的结果。

005

调度有方：好的调度可以化腐朽为神奇

“调度”一词，我们并不陌生，制造业和流通业企业基本上都有调度员、计划员，我们也经常会听到汽车调度、火车调度、轮船调度、物资调度、军队调度等。那么，调度是什么意思？

“调度”一词乃古语，春秋时已有之。屈原《楚辞·离骚》：“和调度以自娱兮。”朱熹集注：“调，犹格调之调。度，法度也。”“调度”在这里的意思是“合拍、合韵律”。

宋朝吴曾《能改斋漫录》：“募彊弩二万，且地便近，易调度，诏可。”此时，调度已有“安排、指挥”之意。

老舍《四世同堂》：“晓荷很满意自己的从容不迫，调度有方。”此时的调度，毫无疑问就是“安排”的意思了。

那些以少胜多、以弱胜强的战争，一方面靠的是军队的精神和意志，另一方面靠的是指战员的卓越调度，也就是军事指挥能力。

本文作于 2020 年 2 月 10 日，正值新型冠状病毒肺炎肆虐之时，全国上下都在调度疫情防控物资，以举国之力，共度时艰。

企业也是一样：管理得好的企业，可以以 1 亿元的资产做 10 亿元的销售；管理得差的企业，只能以 1 亿元的资产做 5 亿元的销售。其中有许多原因，但资源调度的水平和效率肯定是主要原因之一。

如此一来，从某种意义上来说，国家管理得好坏、企业管理得好坏，往大里说，都是调度的结果。

需求和供给的不平衡是调度需要解决的基本矛盾。如果资源足够充分，也就不需要调度了。所以，调度的目的是以较少的资源实现较多的供给。

当我们把某项东西定义为“资源”的时候，这项东西已经得到了重视。永远不会短缺的东西不会得到重视，也不会有人研究，只有短缺或者有可能短缺的东西才会得到重视，才会被称为“资源”。所以，资源往往是不充分的，这是资源的一个特性。

如果把需求和资源进一步细化，则会得到公式：

y（需求）=f（资源、时间、空间）

就是说，需求是资源在时间和空间上的配置，而供给也是资源在时间和空间上的配置。当然，这两个资源量可能相同，也可能不相同，但是一定相关。比如，调度可以是把白菜从仓库送到餐馆，也可以是把白菜做成醋熘白菜端上餐桌。

既然是资源，那就存在需求和供给的不平衡。前文已有过类似论述：永远不会缺的东西不是资源，永远没有需求的东西也不是资源，有需求但没有的东西也不是资源。就是因为资源是存在的，而且存在供求不平衡的情况，才会有资源问题，才需要调度。所以，调度的好坏实际上是平衡资源的好坏，调度的能力也就是平衡资源的能力。

战争、建设，莫不如此。调度得好，原本不足的资源可以变得有余；调度得不好，原本有余的资源也会变得不足。

从以上论述可见，调度就是制订计划并配置资源，以确保计划的实现，其核心是如何高效率地配置资源，目的是尽可能以小的成本完成大的任务。

如此看来，调度是一项充满智慧的工作，是连接计划和执行的重要桥梁。

从战略落地的角度来看，调度是计划执行中的资源筹措和配置。战略落地有4个阶段，即战略、计划、调度、执行，而调度介于计划和执行之间，既是计划的一部分，也是执行的一部分（图7-3）。

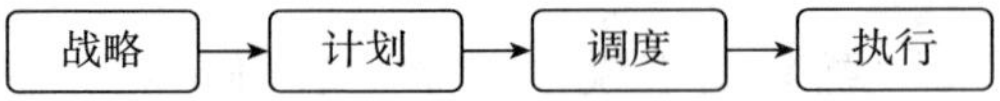

图7-3　战略落地图

我对“调度”的定义：调度就是为了保障计划落地，而对资源所做的组织和安排。从供应链的角度来看，也是如此。

产品生产计划编制出来之后，还仅仅是纸上的东西。要组织计划的实施，把纸上的计划变成现实的产品，就需要一个部门去组织实现这项任务，这就是调度。

运输计划做出来之后，要组织计划的实施，安排车辆、装卸设备、人力、油料、维护等资源，完成运输任务，这就是运输调度。

一、调度需要出色的计划能力

此处说的“计划”指的是大计划：对制造业而言，包括产品规划、物料规划、设备规划、资金规划、人力规划等；对物流公司而言，包括业务计划、运输资源计划、人力计划、资金计划等。

二、调度需要出色的计算能力

中国古代的战争讲究庙算，就是在打仗前，在祖庙里做个沙盘推演。《孙子兵法》：“夫未战而庙算胜者，得算多也；未战而庙算不胜者，得算少也。多算胜，少算不胜，而况于无算乎！”所以，调度的核心是计算。

对于物流而言，也是如此：完成一项任务，需要多少物料、多少车辆、多大仓库、多少人力、多少资金，都需要精密计算、周密筹备。

怎么计算呢？这就需要研究调度的方法和逻辑。调度需要运筹，需要计算。

做计算，就需要建模型，好的物流调度师或者物流工程师都要有快速建模的能力。第二篇中提到的很多模型（如 DPPO 模型、杜邦分析法、SCOR 模型、TOC 模型、ABC 模型、EIQ 模型、PCB 模型、现金流分析模型、SLP、SHA 等）都能够帮助我们发现需求的规律、供给的规律以及需求和供给之间的规律，更好地做好调度模型。

那么，应该调度哪些内容呢？

全面质量管理理论认为，影响产品质量的主要因素有 5 个，即人、机、料、法、环。人，指制造产品的人员；机，指制造产品所用的设备；料，指制造产品所使用的原材料；法，指制造产品所使用的方法；环，指产品制造过程中所处的环境。

巧了，这也是调度的核心内容。

建立调度模型（图 7－4），也要围绕这 5 个要素来做。

普通建模需要考虑：①前提条件；②基础数据；③计算逻辑；④变量输入；⑤得出结果；⑥根据结果对基础数据和变量进行修正，直到得出自己想要的结果。

前文提到的边界理论和边界理论中的边界，和建模的“前提条件”有些类似。

一般情况下，模型需要保持计算逻辑的稳定性。计算逻辑设计完之后，就应该成为一个“黑匣子”，除非有必要，一般不要去修改其中的公式。

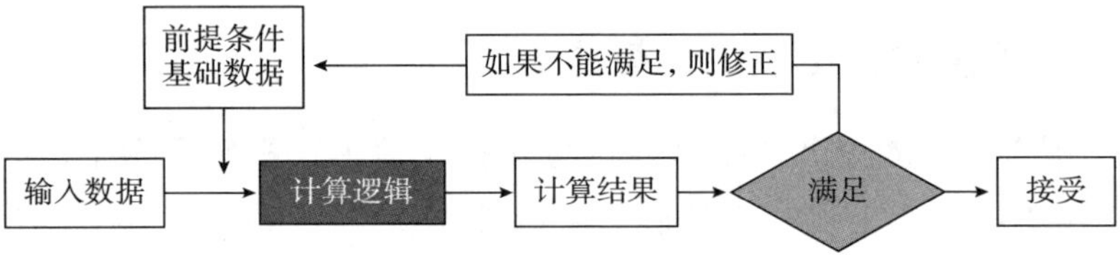

图7－4　调度模型

熟悉 Excel 软件或者数据库的人，往往有很好的建模能力。在这个世界上，没有什么是不能算的，只不过是精确度和速度的问题。只要把思路讲清楚，都可以建模计算。

三、调度需要出色的协调能力

协调能力既是一种技术能力，又是一种艺术能力。同样一件事，由于各人协调能力的差距，最终的结果就不一样。由于调度要与各部门、各种人打交道，这决定了调度处于指挥的中心位置。没有出色的协调能力，是没法胜任的。

四、调度需要出色的应变能力

编制计划时，无论考虑得多么周密，安排得如何具体，也不可能预见到实际执行过程中的一切变化。在实际执行过程中，情况十分复杂，千变万化：有局部的，也有整体的；有内部的，也有外部的；有工艺方面的，也有设备方面的；有主观因素，也有客观因素。这些问题一旦出现，小则造成生产被动，大则造成生产过程中断，生产停车，使得计划难以完成。

调度要有快速的应变能力，及时了解和掌握这些影响因素和解决问题的方法，组织有关人员处理、解决这些意外因素，保证项目安全运行。

小调度挽救大危局

有一次，我辅导了一个铁路堆场项目。一位管理人员满脸沮丧地走进办公室，对我说："孔老师，我的一个大项目出大麻烦了。"

我问："什么大项目？什么麻烦？"

他说："某钢厂需要明天晚上12点之前必须完成57车的矿石配送，否则系统一旦关闭，就会非常麻烦。我们面临许多问题：人力、车辆、司机、吊车、火车安排、空箱返还、其他客户紧急配送等，时间太紧、任务太重，事情又杂，根本做不过来。以我们现在的资源，肯定送不出去！这次要砸了！"

根据我对这个企业的了解，其自身资源和可以整合的资源是不错的，之所以不能安排好这个项目，更多的是调度的问题。

我说："这样，通知所有高管，通知和这个工作相关的所有的中层经理，今晚7点开会。通知董事长，请他务必参加。议题就是讨论如何在明天24点之前完成57车矿石的配送任务。"

会议开始了，大家陆续提出了自己关心的一些问题：人、司机、车、吊车、火车头、道路（刚刚下了一场大雪）、空箱返还（需要在火车头返还时，返还空的集装箱）、其他客户的紧急订单……

听完了所有的意见后，我确认，做好这件事需要一项条件、三项资源、三项支持：一项条件是道路条件允许；三项资源分别是司机、大车、装卸设备；三项支持是客户端入场及卸货支持、客户和堆场的操作系统完好、过程资料完好（文件、卡等）。

经过周密讨论，反复推算，我们制订了调度计划：以18辆车，周转3.5次，可以在明天21：30之前完成任务。当然，这需要各参战部门精诚合作，紧密衔接，不能浪费一丝一毫的资源，尤其是关键环节的资源。

为保障项目顺利完成，公司成立了项目组，董事长亲自担任组长，项目成员为各相关部门的负责人：销售部门负责协调客户关系，运输部门负责运输，吊装部门负责吊装，各支持部门负责信息系统等支持性工作。最终，到了第二天22：30，任务完成了！其他的工作，也没有耽误。这次能够完成任务，关键是合理的调度和高效的管理。

任何好的计划都会碰到意外，而带来大麻烦的往往是那些小意外，这往往是在调度过程中考虑不到的。

这次的调度之所以较计划延误了1个小时，有三方面原因：

——有位司机丢了进入钢厂的IC卡，补卡耗时40分钟：导致一辆车受影响；

——该钢厂需要在17：30—19：00进行核算、交班，原计划中没有考虑这个时间：导致7辆车受影响；

——最后两个集装箱，工人在堆场找了35分钟才找到，白白耽误了时间。

如果没有这些意外情况，应该可以提前2个小时完成任务。当然，意外无处不在，这也是做调度时需要考虑的因素。

这就是精妙的调度。

006

计划背后的逻辑：海尔洗衣机的生产计划

对于有规模的制造业而言，生产计划的表现往往是简单的，但背后的逻辑却往往比较复杂，这就需要我们研究相关的逻辑和方法。

生产计划也就是那么几个数据：时间、产线、型号、数量，这就是生产计划的 4 个重要参数（表 7－1）。这 4 个重要参数背后的逻辑是 3 个重要资源：订单、产能、物料。订单，包括客户下的订单和企业自己做的预测；产能，包括人工、设备、能耗等；物料，包括库存和供应商的补货。任何一个资源不具备，生产计划就排不成：没有订单，生产计划就不能排；没有产能，排出来的计划就不能做；没有物料，计划就做不成。这就是供应链需要协同、需要统一调度的原因。

表 7－1 生产计划示例

序号	日期	时间	产线一		产线二	
			型号	数量	型号	数量
1	1 月 20 日	上午	型号 A	500	型号 I	800
2			型号 B	200		
3		下午	型号 C	800	型号 I	800
4	1 月 21 日	上午	型号 C	800	型号 I	800
5		下午	型号 E	800	型号 I	800
6	1 月 22 日	上午	型号 E	800	型号 I	800
7		下午	型号 F	800	型号 I	800
8	1 月 23 日	上午	型号 F	800	型号 I	800
9		下午	型号 F	800	型号 I	800
10	1 月 24 日	上午	型号 F	800	型号 I	800
11		下午	型号 G	800	型号 I	800
12	1 月 25 日	上午	型号 G	800	型号 I	800
13		下午	型号 G	500	型号 I	800
14			型号 H	200		

做事情总要有始有终，从生产计划来看，就是排计划的时间和计划执行的时间。以海尔洗衣机的生产为例：做计划大概需要 2 天（主要是接收订单和订单评审的时间），执行计划的周期则为 1 周。

海尔的洗衣机工厂有两条生产线、四个班次，生产 FPA 滚筒洗衣机（共有大约 300 个型号）。一般情况下，工厂每次会排 1 周的计划，大约排产 40 多个型号；一条生产线每 12 小时的产能大约是 1500 台，换线时间大约为 1 个小时。

海尔的洗衣机工厂安排生产计划的过程如下：

——周二，销售预测和客户订单截止；

——周三，开订单评审会；

——周四，下发下周的生产计划；

——下周一，启动计划执行。

由于海尔的预测和订单相对精准，所以基本能保持每周的生产计划不变。

007

计划贴着变化走：美的电机工厂的生产计划

好的生产计划，既要考虑需求，也要考虑供给，既要尽可能交付，也要尽可能降低成本，二者缺一不可。这样看来，产需平衡就变得非常重要。

可是，在实际的商业环境中，产需往往很不平衡，其中既有季节性等客观因素，也有促销、批次等人为因素。

比如，美的电机工厂的需求就有明显的 M 型特点，从销售数据上就可以看得出来（表 7－2，图 7－5）。因此，为了避免出现太多成品呆滞和产能浪费，只能计划贴着变化走：上半年，生产多于销售，储备一些库存；下半年，生产少于销售，消耗一些库存。这样才能尽可能达到产销平衡。

表 7－2　美的电机工厂的产销数据

月份	1	2	3	4	5	6	7	8	9	10	11	12
生产	30	70	110	150	110	100	160	150	100	70	60	30
销售	20	50	90	130	110	120	140	180	110	80	70	30

许多企业会用削峰填谷的方式安排生产计划，这同上述方法有些类似，也就是在订单数量不足的时候多生产一些库存，以应对订单数量过多时产能的不足。

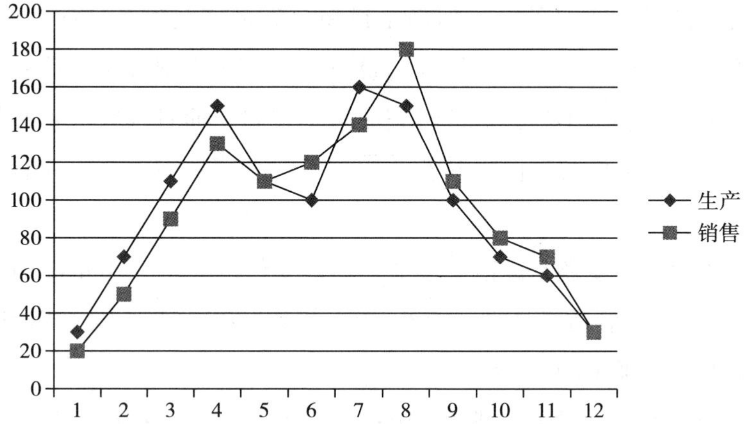

图7－5 美的电机工厂产销走势图

对于制造业企业而言，供需不平衡和产销不平衡是再平常不过的事情，供应链专业人士的价值就是驾驭这种不平衡。

任何方法都有其使用范围和使用条件。单纯从理论和方法上来讲，这些方法并没有绝对的好坏、对错之分，但因为使用者的能力有天壤之别，自然也会导致实施效果出现差异。

008

MRP 模型：冠捷电子的物料需求计划

1999 年，我在冠捷电子工作，负责国际物流和国际订单管理。

冠捷的主业是生产显示器，当时全球排名第四（现在全球排名第一），在显示器行业是当之无愧的霸主。

显示器的技术含量稍稍高于电视，但相对于手机或者芯片而言，仍然是低货值产品。其产品需求量大，体积也大，物料多得堆成山。

大型制造业管理的核心就是运筹生产和物料，所以物料需求计划和物料需求运算是极为重要的。如何满足订单，如何满足生产，如何做采购，如何备库存，这些都是制造业管理的重点。然而，大部分制造业企业偏偏在这方面漏洞很多，不但无法按时完成订单交付，而且物料浪费和物流浪费很大，影响企业的盈利能力和竞争力。不过，冠捷在这个方面就管理得非常好。

不论流程型制造还是离散型制造，都需要使用 MRP（Material Requirement Planning，物料需求计划）进行物料运算和物料管理。冠捷当时使用的是一套基于 DOS 的 MRP 系统。

MRP 就是依据主生产计划（MPS）、物料清单、库存记录和已订未交订单等资料，经由计算而得到各种相关需求（Dependent Demand）物料的需求状况，同时提出各种新订单补充的建议，以及修正各种已开出订单的一种实用技术，主要包括客户需求管理、产品生产计划、原材料计划以及库存记录。其中，客户需求管理包括客户订单管理及销售预测，将实际的客户订单数与客户需求预测相结合，即能得出客户需要什么，以及需要多少。

MRP 模型就是一种根据 BOM 和订单（SKU 和交付期）推算物料需求的物料计算模型（图 7－6）。

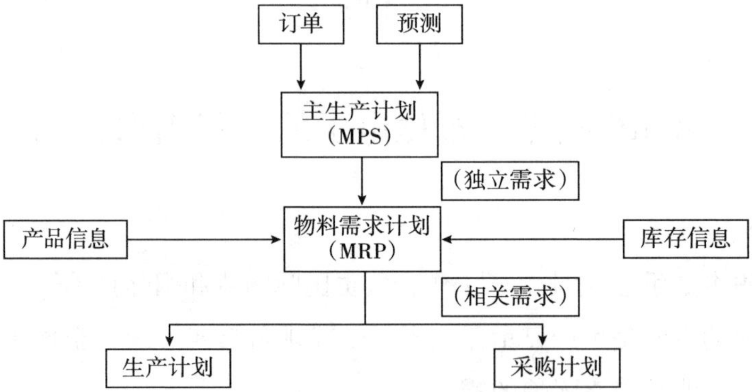

图 7－6　MRP（物料需求计划）模型

不过，由于图 7－6 过于简化，初学者不太容易理解其中的业务逻辑，下面结合冠捷的模型和流程来清晰地描述一下其 MRP 模型和逻辑——偌大的一个企业，其实就是靠这两个流程管理供应链的。

企业信息系统需要涵盖的经营目标、策略、计划、绩效如图 7－7 所示。这是一套基于管理系统的 MRP 模型，颇能体现管理思想和管理逻辑。

首先是企业管理三部曲：计划（plan）、执行（do）、绩效（performance），很像 PDCA 循环（plan，计划；do，执行；check，检查；action，改善）。实际上，把检查和改善当作绩效管理也没有错，因为检查和改善的核心就是绩效。

整个流程围绕着经营目标、资源配置、计划管理、绩效考核 4 个核心步骤进行。

计划，主要包括 4 项内容，即长期计划、中期计划、作业性计划、战术性计划。长期计划主要是经营目标；中期计划即经营策略；作业性计划包括行销策略、生产策划、财务策划（英文中的“策划”和“计划”几乎是同一个词，即 plan。此处的策划是指运筹，行销、生产、财务这 3 个词的经营逻辑性很强：有销售才有生产，有生产就需要资金，有资金就需要财务运筹）；战术性计划包括生产、物料、产能（此处的生产指生产管理，产能指产能规划）。

执行，主要包括 4 个层面，即采购、库存、现场、配送。此处的采购和库存不难理解；现场指的是生产现场（大规模制造业的生产现场管理是非常重要的事情，几千人围着上亿元的物料工作，管理不好就是大事情）；配送就是物流，包括原材料、半成品、成品的物流，这是大型制造业的核心。

绩效，则是企业生产的目的和结果。为了高效完成任务，完成各自的绩效指标，各部门之间必须做好分工和协作，包括销售部门、订单管理部门、生产管理部门、采购部门等（图 7－8）。

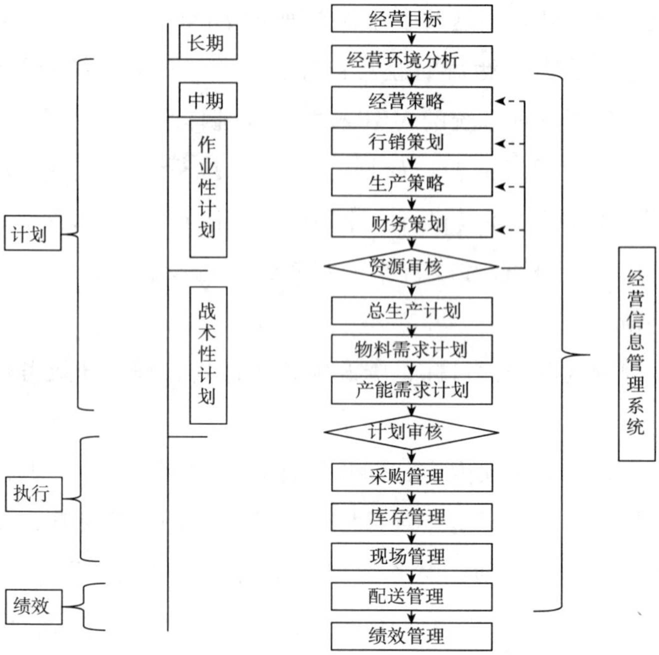

图 7－7　MRP 的规划模型

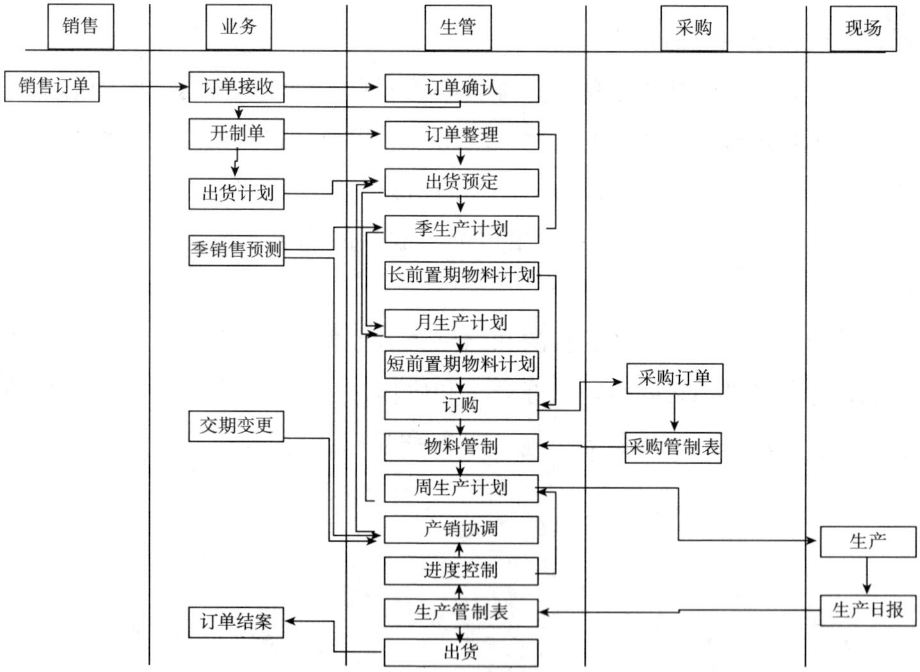

图 7－8　MRP 的操作流程

所以，MRP 流程贯彻了 PDCA 循环的思想，稍有不同的是，MRP 流程把执行放在了前面，紧紧围绕订单执行制订计划、协调资源、控制进度。

009

说说库存：库存的概念和安全库存公式

在供应链研究中，库存是最核心的研究对象，因为供应链的销售、采购、生产、物流标的物等都是库存。库存管理的根本目的是保障供给和需求的平衡，而供给和需求的缓冲作用是通过调节库存储备来实现的（图 7 –9）。

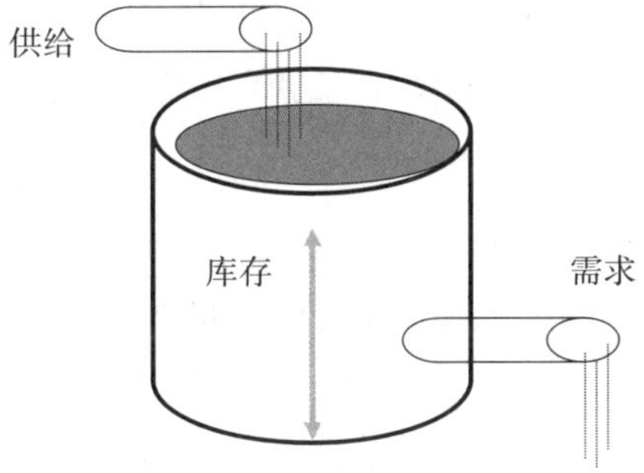

图 7 –9　库存示意图

如果能满足如下要求，是不需要库存的：

（1）客户能够明确告知他们需求的数量；

（2）客户能够给我们充足的备货时间；

（3）供应商随时有货。

在这种情况下，我们将不需要缓冲，可以直接从供应商订货，配送给客户，并保证客户满意。不过，在大多数的商业活动中，这三种情况往往不存在，原因如下：

（1）客户需求往往是不确定的；

（2）客户给我们的备货时间总是不够长（比如，有些产品具有季节性；有些农产品，一季采收，要供全年销售）；

（3）供应商的供货是不确定的；

（4）很少有供应商能保证随时有货，多有缺货的时候，而备货也需要时间。

在这种情况下，就需要缓冲库存。

库存管理的基本目的：努力在期望的顾客服务水平和相关投资成本之间找到平衡点。也就是说，在达到顾客期望服务水平的前提下，尽量将投资成本减少到可以接受的水平。

与库存有关的几个概念如下：

——LT（lead time，前置时间）：也称为提前期，是指从发出订单到收到货物的时间间隔；

——D（demand，需求量）：客户需求的数量；

——Q（quantity，订货量）：客户订货的数量；

——ROP（re-order point，订货点）：当库存到达 ROP 点时，就会触发订货；

——AIL（average inventory line，平均库存水准）：平均库存水位线；

——SS（safety stock，安全库存）：即为了防止供给和需求的不确定性（uncertainty）而设立的库存。

按照库存的简单模型（图 7－10），结合具体数据（表 7－3），便可做出库存的时间曲线（图 7－11）。

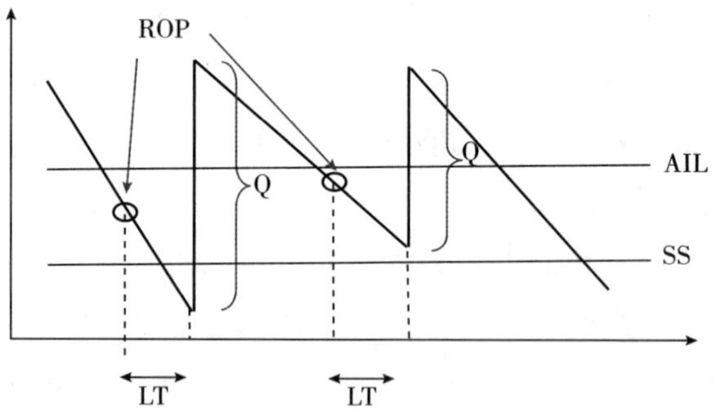

图 7－10　库存的简单模型

表 7－3　出入库明细表

周	出库数量（件）	进货数量（件）	库存结余（件）
0	0		130
1	30		100
2	20		80
3	40		40
4	20	150	170
5	60		110
6	20		90
7	10		80
8	60		20
9	30	170	160
10	50		110
11	30		80
12	20		60
13	10		50
14	10		40
15	30	120	130
16	50		80

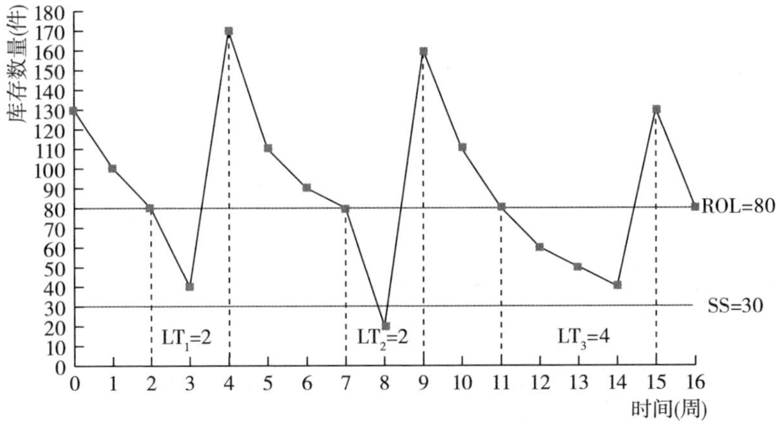

图 7－11　　库存时间曲线图

不确定性是供应链的基本特性，所有供应链都面临着不确定性，其来源各异，大小不同。我们所有的努力，都是为了把不确定性控制在可以接受的范围之内，把交付的可靠性控制在可以接受的范围内。

然而，由于客户需求数量和时间的不确定性、生产周期的不稳定性、供应商供货时间的变化和供货数量的变化，因天气、道路等意外情况引起的前置期的变化等，都会影响交付。

安全库存的设立，就是为了应对这些不确定性而准备的缓冲。安全库存越大，缺货的可能性越小；但库存越大，越可能导致一系列的成本升高，包括占用资金、占用仓库、管理人员、库存维护、产品贬值、产品报废等，这些都可称为库存持有成本。如果库存持有成本过高，即使满足了需求，却未必有利润。因此，为了平衡投资成本，需要允许一定程度的缺货。

所以，做好安全库存，需要综合考虑顾客的服务水平、缺货成本和库存持有成本三者之间的关系。

可见，安全库存和三个参数有关系：交付的服务水平、需求的波动性、采购的前置期（一般用天数计算）。

简单的安全库存公式：

安全库存 = （预计最大消耗量 - 平均消耗量） × 采购提前期

从统计学的角度来看，上述公式可以变更为：

安全库存 = 日平均消耗量 × 一定服务水平下的前置期标准差的数量

通用的安全库存公式是：

安全库存 = 服务水平因子 × 需求标准偏差 × SQRT （前置期 + 前置期变化）

用符号来代替，上述公式即

$$SS = Z\sigma\sqrt{LT + LT\text{变化}}$$

通过公式可以看出，σ 就是需求的波动性。道理也不难理解：安全库存本来就是为了应对波动性，而提前期的变化则是供给的波动性。Z 是服务水平因子，也就是服务系数（比如，如果订单满足率是 95%，那么服务系数就是 1.64。这个系数可以通过查表得到，也可以通过 Excel 公式进行计算）。

SLF = normsinv （服务水平）

安全库存的 Excel 公式：

SS = Z × STDEV （Avg. Demand） × SQRT （LT）

式中，SS 为安全库存，Z 为服务水平系数，STDEV （Avg. Demand）

为标准偏差，SQRT 为平方根，LT 为前置期（使用该参数时应注意其单位，不论是日、周还是月，都应保证单位统一）。

安全库存的公式只是给我们提供了一个参考。在使用这个公式的同时，需要考虑如下因素：

（1）按照 SCOR 模型分类。制造业企业有三类交付方式，即按库存制造（make to stock）、按订单制造（make to order）、按设计制造（make to engineering），安全库存公式只在某些特定的情况下有效，比如针对超市和相对稳定的制造业等。

（2）前置期很难精确计算。采购前置期、检验前置期、生产前置期都会存在变化，出现问题的时候，影响因素往往涉及产能、市场、品质等，每一项都可能导致前置期出现很大变化。

（3）波动性很难精确计算。产品需求的波动性往往比较大，计算产品需求的偏差时很难精确。

（4）服务水平系数本身就包含了一部分无法满足的订单需求。安全库存是基于满足订单的服务水平计算的，比如覆盖 95% 的订单满足率，系数就是 1.64，也就是 1.64 个标准差；如果要覆盖 99% 的订单满足率，那就会达到 2.03 个标准差。

反过来讲，即使覆盖了 99% 的订单满足率，仍然有 1% 无法满足，那怎么办？如果这样向老板汇报："老板，这个订单之所以满足不了，不怪我，我们的服务满足水平是 99%，它刚好是那 1%。"对于这个说法，老板肯定不能接受。

所以，需求偏差、采购前置期、服务水平等都是需要我们考虑的要素，这些要素的数据经常变化，但都不是最重要的，一旦出现延误或者丢失订单，客户不能接受，销售也不能接受。

那怎么办？除了使用好公式外，还要看好客户、盯住订单、盯紧供应商、盯住生产、管好物流、盯死交付时间。一旦出现问题，及时沟通，及时协调。

010

功力是根本：安全库存公式的“有意义”和“无意义”

一、有功力才能“玩库存”

供应链的核心之一就是“玩库存”。大家都知道，做好库存很难，但如果做不好，就更难。如果要做好库存规划，需要大量的数据和流程管理，需要下很大功夫，库存管理既是个管理的活儿，也是个技术活儿，难度不小；如果做不好库存，要么缺货，要么呆滞，后果更糟，还要承受老板的责难。丢面子不说，搞不好还要丢工作，这个后果就很难承担。

其实，只要学好了，功力提高了，“玩库存”也就不难了。

做好库存，需要功力，而不是简单的招式，更不是学会了简单的几个公式就可以。

很多朋友问我要安全库存的公式。我确实知道很多公式，可是又很少给出去，朋友往往会不理解地抱怨：“孔老师，这又不保密！”他们说得对，公式确实是不保密的，只是如果用错了，就会适得其反，反倒落得像是我给的公式不对似的，这就是我不愿轻易给出公式的原因。

二、公式不能随便用

我之所以不愿意误导别人，主要有如下原因：

1. 安全库存并不安全

安全库存主要考虑了满足一定比例的订单，比如 90% 的订单，但并不会考虑到全部订单。如果恰好赶上有 10% 没有交付，老板必然不会满意。

2. 太安全也是风险

如果库存太安全，其实也不是好事，因为库存成本就会高了。

如果设置及时交付率为 95.45%，那么需要 2 个西格玛的安全库存；如果设置及时交付率为 99.37%，那么就需要 3 个西格玛的安全库存。如此一来，会高出来 50% 的库存，试想一下，老板能愿意吗?

所以，库存少，太不安全，就会有缺货风险；库存多，太安全，就会有呆滞风险。供应链管理高手往往要用低库存保证高交付率，这需要极高的功力和管理能力。

3. 安全库存不能区分重点和非重点

还有一点：安全库存的公式并没有区分重要性。

实际情况下，客户可分为重要客户和非重要客户，订单自然可分为重要订单和非重要订单、紧急订单和非紧急订单。如果把轻重缓急都堆到一起，成本自然就高了。

有些非重要、非紧急的订单是可以延后的，至少可以和客户保持沟通，一起协商是否有紧急交付的必要。

反之，如果把重要客户的重要订单耽误了，老板少不了要进行负激励。

4. 库存管理是个专业活，没有技术玩不了

玩冲浪的人，玩的就是刺激，玩的就是技术。

水平越高的人越喜欢浪高：一般选手可以玩 3 米高的浪，水平高一些的选手就可以玩 10 米高的浪。

这就像供应链管理：波动越大，越刺激；但波动越大，也越难控制。但是，正是因为波动既大，还能控制好，才显功力，才显水平。

我不会冲浪，就算别人告诉了我应该如何注意安全，我也不会，一下水就沉底。

5. 大部分人并没有真正理解安全库存公式的假设条件、参数、变量和逻辑

安全库存公式来自一个原始公式，其推算过程能写满 4 页 A4 纸，大部分人一看那么复杂的推算就头痛，而我也是其中的一分子。为了避免头痛，所以我只用了一个干巴巴的公式，但这样也就很难真正理解安全库存

公式的假设条件、参数、变量和逻辑，而这些恰恰是安全库存的重要内容。

6. 做库存管理，需要把变数变成常数

一个学员给我看过他的安全库存公式。我一看，既要考虑供给的波动，也要考虑需求的波动，还要考虑……

我说："完了，一个人怎么可能同时追上两只兔子？你只能固定追一只。

"比如，我在L集团做采购时，电脑销售计划是按照CPU的供应计划制订的。如果英特尔公司供不上货，我们连抱怨的神态都不敢有，更不会说出来。

"所有的销售计划都是在有CPU供货的情况下才成立的。如果某款CPU断货，销售部门只能卖安装了其他型号CPU的产品。

"电脑机箱就不同了，那就是JIT供货，一台都不能耽误，完全按照销售的计划供货。

"你看——要么盯住采购，要么盯住销售。"

当你在供给端和需求端都不能掌握话语权的时候（比如宝洁和沃尔玛都牛得很，如果你是他们的中间商，谁也不会拿你当回事），那就商量着来吧。

管理好库存，需要策略和能力，也需要理论和实践。

所以，安全库存不是公式不公式的事，是一种能力。就算是给出了公式，该不会的还是不会，说不定比没有公式的时候更迷糊。

所以，安全库存就像木工手中的锯、石匠手中的锤子、书法家手中的笔，都是其技能的一部分。如果把画家手中的笔递到石匠手中，石匠就蒙了。

也就是说，安全库存公式只有在特定的供应链环境中、在供应链专业人士手中才有意义，否则就没有意义。

011

经济采购批量（EOQ）：让物流成本更合理

“我每次应该采购多少？”

“合理的采购批量是多少？”

无论是管理采购还是管理库存，总是会面临这样的问题，这就是经济订购批量（EOQ，Economic Order Quantity）。

如果每次采购的数量较大，好处是单位价格可能比较低，可以降低运输成本和订单管理成本。同时也会很多坏处，因为持有库存是需要成本的，比如占用资金、占用仓库空间等。简言之，采购的批量越大，库存的持有成本越高。

如果每次都是小批量采购，好处是降低了资金占用，降低了仓储空间，但由于订单批量较小，单价可能不占优势；订货次数较多，造成运输次数也会增多，增加物流成本；增加客户生产的批次，会带来生产换线的时间浪费和生产尾料的浪费。简言之，每次采购数量越小，订货成本越高（图 7－12）。

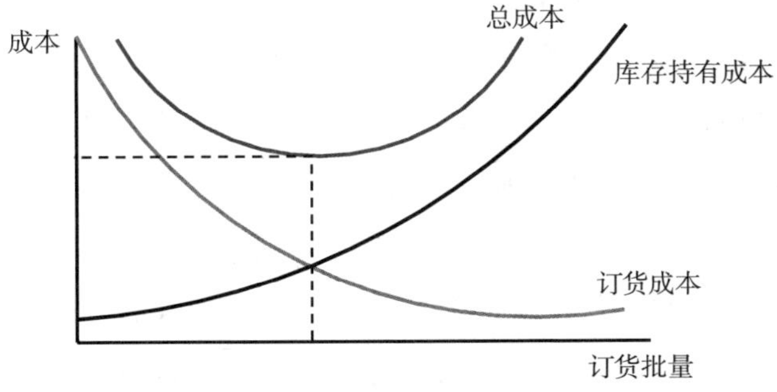

图 7－12　经济订购批量图

经济采购批量的计算公式是

$$EOQ = \sqrt{\frac{2RS}{CI}}$$

式中，R 为年需求量，S 为订单成本，C 为单位成本，I 为库存持有成本百分比。假定某货物的年度需求为 250 000 件，每个订单的订货成本为 20 美元，每件货物的成本为 3 美元，库存持有成本百分比为 25%，计算此货物的经济订购量（表 7－4）。

表 7－4　经济订购量表

项目	数量	单位	Excel 表格位置
年需求量	250000	件	C3
订单成本	20	美元/订单	C4
每件货物成本	3	美元/件	C5
库存持有成本百分比	25	%	C6
EOQ	POWER（2×2500×20/(3×0.25)，(1/2)） ［POWER（2×C3×C4/(C5×C6)，(1/2)）］		
经济订货批量	3651	件	
每年订货次数	68	次	
每月订货次数	6	次	
库存供应天数	5	天	

一般企业会按照实际工作场景（比如，为了节省运输成本，货物的批量刚好满足一大车、一小车、一个托盘、一箱等）设置好采购批量，才去采购。这就是订单成本，即一个订单的物流成本。

有些采购刚好满足一个价格阶梯，比如，满 100 送 50，不超过首重重量快递件等，这就是每件订单的合理物流成本。

有时候，库存持有成本对供应链的影响比上述两个成本都大，而且不容易发现。比如 100 万元的货物放了一年还没有卖出去，就等于占用了 100 万元的资金；而如果将 100 万元存在银行，可能还会产生 3% 的收益，这就是资金占用的成本。此外，还有仓储成本、管理成本、呆滞风险等，最后，库存持有成本往往不低，更需要重视。

如果全面考虑了上述成本，确定的批量往往也就比较经济了，不一定非要通过一个严格的公式去测算。

012

“六西格玛”：波动性计算的方法

一个企业要想达到“六西格玛”标准，那么它的出错率不能超过百万分之3.4。

不论是做产品质量管理还是做企业体系管理的人士，都会经常听到“六西格玛”（Six Sigma，6 Sigma）。“六西格玛”是一种管理策略、一种检测方法，其原理就是检测项目中有多少缺陷，并找出如何系统地减少缺陷、使项目尽量完美的方法。

自20世纪90年代中期至今，“六西格玛”被GE（美国通用电气公司）从一种全面质量管理方法演变为一个高度有效的企业流程设计、改善和优化的技术，并提供了一系列同等的适用于设计、生产和服务的新产品开发工具。

不论是产品质量还是管理质量，都需要有个评价标准。如果要客观地进行定量评价，就需要一个数字标准。很多人经常会听到类似“管理水平达到几个西格玛”“GE推行了若干年的‘六西格玛’”的说法，那么“西格玛”到底是什么？GE的“六西格玛”是什么意思？

在这里，西格玛指的是统计学上的标准差（Standard Deviation），也就是离均差平方的算术平均数的算术平方根，用σ表示。标准差也被称为标准偏差，其计算公式为：

$$\sigma = \sqrt{\frac{\sum (X - \mu)^2}{N}}$$

在 Excel 中，

标准偏差的公式为：

$$\sigma = STDEVP\ (A1:A10)$$

平均值公式为：

$$\mu = AVERAGE\ (A1:A10)$$

以某个超市未来 10 周的苹果销售需求（表 7－5）为例。

表 7－5　未来 10 周的苹果销售需求表

A1	A2	A3	A4	A5	A6	A7	A8	A9	A10
第 1 周	第 2 周	第 3 周	第 4 周	第 5 周	第 6 周	第 7 周	第 8 周	第 9 周	第 10 周
220	170	300	264	110	239	255	224	286	271

由以上数据，可以计算出该超市的苹果需求量的平均数（表 7－6）：

$$\mu = 233.9$$

表 7－6　均值和标准偏差的计算

	需求量（箱）	备注
第 1 周	220	
第 2 周	170	
第 3 周	300	
第 4 周	264	
第 5 周	110	
第 6 周	239	
第 7 周	255	
第 8 周	224	
第 9 周	286	
第 10 周	271	
总数	2339	
平均数	233.9	μ = AVERAGE（A1: A10）
标准偏差（σ）	54	σ = STDEVP（A1: A10）

根据数据可知，该超市的苹果需求量在 110 和 300 这两条点线之间波动（图 7－13）。

那么，问题来了：该超市需要备多少安全库存，才能保证苹果不断货呢？或者说，如果需要保证 95% 的客户能够在该超市买到苹果，需要备多

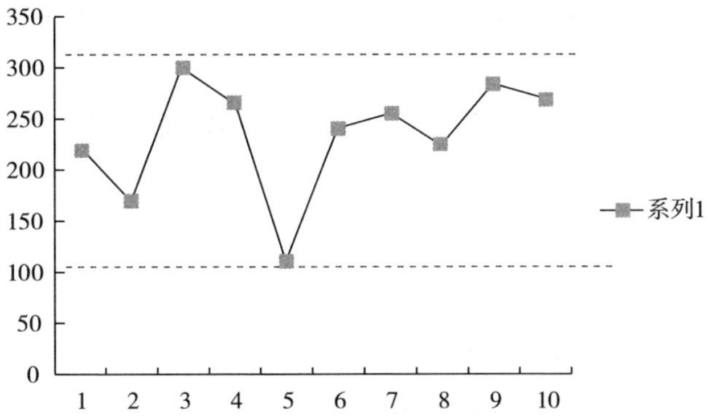

图 7－13　苹果需求量

少安全库存呢？这时候，“六西格玛”的妙用就可以派上用场了。

服务水平取决于库存数量，或者说，取决于所备安全库存的数量。如果安全库存是 1 个西格玛，那么可以保证 84.13% 的订单不会缺货；如果是 1.65 个西格玛，则可以保证 95% 的订单不会缺货；如果是 2.33 个西格玛，可以保证 99% 的订单不会缺货。

当安全库存是 6 个西格玛时，代表“每百万次购买只有 3.4 次断货”，也就是说，及时供货率为 99.99966%。

013

事因难能，所以可贵：任正非论供应链的复杂性

日前，华为集团公开了 2021 年 5 月 8 日任正非在 2020 年“金牌员工”代表座谈会上的讲话。在任正非和员工的交流中，有一个关于供应链的话题让我觉得很有价值，特摘录于此。

华为员工：我来自供应链板块，有幸参与这两年供应链领域的一些“会战”。未来，供应链业务越来越复杂、越来越艰难，您认为华为在供应链这一块的专业能力还有哪些方面需要提升？我们的方向在哪？

任正非：供应链是复杂的，但也是有机会的。虽然供应链很复杂，但并不代表只有我们公司复杂而别人不复杂。我们这么大的公司，如果很简单地就能做出来产品，还卖这么高的价格，那肯定是不合理的。所以，我们不怕复杂，要面对现实，解决问题，然后创造价值。有机会，可以学一些系统工程学、统筹学、控制论……有益于你的进步。最简单的读物就是华罗庚的“优选法”“统筹学”。

任正非先生讲得太有道理了！

事因难能，所以可贵！从某种意义上来说，复杂才有价值，简单就不值钱了。

很多企业设置了很高的供应链职位，有设置供应链总监的，也有设置供应链副总裁的，不就是因为供应链重要、供应链难管吗？换句话说，在这个职位上，赚的就是这份“难”赚的钱。

不过，因为有些事过于复杂，可能找不到现成的做法，但总有些方法可以让你化繁为简，数学、物理等学科就是要把复杂的理论变成简单的公式（比如 $E=MC^2$）。

任正非提到的“统筹学”，给员工提供了一把解决复杂供应链问题的钥匙。

014

文事必有武备：供应链的风险与对策

企业经营往往是有风险的，所以企业要学会规避风险。投资失误和经营失误都会影响企业，严重的失误会直接导致企业倒闭。而作为企业经营的一部分，供应链当然也存在相应的风险，需要做好风险管理。

一、供应链的风险因素

1. 库存断供

供应链是链条，断了就不值钱了，不论是供应商给我们断供，还是我们给客户断供，都是致命的。所以，要准备必要的库存，以备不时之需。

2. 大量物料呆滞

不管是老产品不能及时退出，还是新产品不能有效推向市场，如果出现大量物料呆滞，那就是灾难性的。

3. 大量订单不能交付

如果合同条款过于苛刻，一旦出现大量订单不能交付，则会面临大额罚款。

4. 资金断流

资金流是企业的血液，资金断流会严重威胁企业的生存。我认为，资金断流的风险远远大于库存断供。之所以在此将其排到第三位，是因为毕竟资金属于财务筹划的范畴。

5. 倒账

倒账就是应收账款收不回来，或者预付账款被供应商骗走了。供应链的毛利往往也就 15% 左右，一旦有 1 笔生意出现倒账，做 10 笔生意也未必能赚回来。之所以在此将其排到第四位，是因为如果倒账的金额不是很大，还不至于影响现金流，企业还可以持续经营。

但是，如果金额过大，造成资金断流或者库存断供，就是灾难性的。

6. 大量订单取消

我之前在某跨国企业负责供应链时就碰到这种情况：客户一下子取消了几千万元的订单，导致大量物料呆滞，大量生产计划重排，老板的压力很大。那时，我还是只个打工的，累得一个月没有缓过神来。

7. 质量事故

这样的事情不胜枚举，比如三鹿奶粉事件，不但严重影响企业经营，连企业负责人都可能被追究民事或刑事责任。这看似是生产的问题，实际上在供应链管理也出了问题。

8. 设备故障

有些企业主要靠关键设备维持生产，维护好这些设备就会变得至关重要。一旦设备故障，轻则损失订单，重则丢掉市场。

9. 罚款

此处主要指延误交付带来的罚款。一般合同中都会约定交期和罚则（比如，延误交付一天，罚款合同金额的1%）。在汽车行业和电子行业，有一种供货模式叫VMI（供应商管理库存），要求供应商不能断货，一旦断货，罚款很高。比如，北京奔驰要求，如果供应商延误交货1分钟，罚款5000元，且5分钟起步；如果延误4个小时，120万元就没了。

10. 合同欺诈

不少企业因为合同欺诈而倒闭，尤其是那些做供应链金融的企业。而那些玩银行授信的所谓供应链企业，赚钱容易，亏钱更快。

11. 罢工

不论是供应商的工人罢工，客户的工人罢工，还是我们自己的工人罢工，都是令人棘手的问题。我在冠捷工作的时候，就遇到过类似的事情：第一天，说好次日出货；第二天一上班，整条流水线的工人都被某厂挖走了——那都是技术工人，没有一个月的时间是培养不出来的。

12. 重资产难以变现

有些企业将资金投入设备、厂房等重资产，事后却发现没有市场，难以收回投资。尤其是最近十来年，随着土地价格的猛涨，不少老板热衷于拿地、建厂房，把本来就不多的现金投入周转很慢的厂房和设备，造成经营困难，甚至倒闭。

13. 国家政策变化

比如，有些工厂因不能满足环保政策，被勒令关闭工厂。

14. 国际贸易政策

比如，美国突然加征关税，造成出口成本高企。

15. 能源不足

虽然我国发电量很大，但需求也大，特殊时期，也可能拉闸限电。

16. 工艺、配方等的泄密

某些工艺和配方是企业的机密，企业可以借此获得较高溢价。一旦泄密，被别人成功仿制，高溢价就没有了。

17. 物流风险

物流风险太多了：谁能想到苏伊士运河居然还能堵船？

18. 战争

看看利比亚、乌克兰就知道了：战争一打，再结实的厂房也顶不住炮弹。

19. 疫情

2003 年的 SARS 和 2020 年的新冠肺炎疫情就是最现实的例子。

20. 不可抗力（台风、海啸等）

做企业都是有风险的，供应链也是如此，企业家还是需要有冒险精神。那些百年老店企业，往往经历了很多次灾难。怕是没有用的，无论你怕还是不怕，风险该来还是会来。凡事预则立，不预则废。在不那么紧张的时候，多做准备，有备则无患——好的企业，做得久的企业，无非是为突发情况多做了一些防范。

二、防范供应链风险的对策

防范风险可能有无数条方法，概括起来，有如下几条：

1. 少投机

少做点投机的事。有些企业的某些操作往往披着投资的外衣，但看起来很像投机。比如，有些制造业企业做囤矿、囤钢、囤煤之类的生意，实际上，这些生意往往赚小亏大，我都不看好。专业人士都玩不好，何况一般的企业？

2. 尽量少做不专业的事情

任何一个领域都有其专业性，业余人士很难在专业领域中赚到钱。供应链看起来很简单，貌似就是倒腾一下物料，但是，如果不专业就很难赚钱，还很容易亏钱。

3. 多备一些资金

风险存在的时间往往不长，只要现金流不断，就可以渡过难关。许多企业就忽略了这点，认为企业会一直增长，经济会一直向好，甚至存在很多侥幸心态，不备资金，认为到时候取取借借就行了。殊不知，一旦灾难来临，到处都是钱荒，哪儿都缺钱，你借谁的？

4. 少备一些库存

库存要能赚钱，需要快速周转，够周转就行。尽管有时候多备些库存有利，但大部分时候，多备库存却是有极大风险的。

5. 不要做风险太大的生意

风险太大的生意，一旦出事就把公司拖进去了，不值得。我从来都不看好“富贵险中求”这个说法，做企业需要稳扎稳打、步步为营。我没见过冒险的公司活得长久。

6. 尽量不要签条件太苛刻的合同

做企业是为了赚钱，合同条件如果太苛刻，往往很难赚到钱。除非自己足够专业，可以管理到位，无论多苛刻都能做出来利润，否则不要签署自己交付不了的合同或者能够交付但很难有利润的合同。

015

规避风险：供应链的风险管理公式

供应链是一整个链条，一旦在某个节点上出现风险，就可能会造成整个供应链崩盘。最常见的供应链风险是客户违约：客户拿了货之后，钱也不给，货也不退。还有些更简单，连客户都不见了，这就是俗称的“鸡飞蛋打”。

企业之所以要赊账，是为了刺激销售、刺激业务增长；但如果客户违约，就不能收回账款。所以，风险控制就变得尤为重要。那么，风险损失有多大？该怎么计算风险？该怎么控制风险？

对外放款最多的是商业银行，我们不妨参考他们的风险计算公式：

$$EL = PD \times LGD \times EAD$$

式中，

——EL：预期损失（Expected Loss），即商业银行预期在特定时期内资产可能遭受的平均损失。在一定的条件下，预期损失是比较确定的，实际发生的损失一般会围绕平均值波动。

——PD：违约概率（Probability of Default），即客户无法归还贷款的概率。客户能否归还贷款，取决于客户的信用，所以违约概率取决于客户的信用。那么，只要选择信用好的客户，就可以降低违约概率。信用等级关乎企业的成本，国家、银行、合作伙伴往往会给信用等级好的企业以更好的支持条件。企业一旦存在违约，则信用等级会大幅下降，银行贷款利率会提高，供应商给的额度会降低，政府的政策支持会减少，这在无形中提高了企业的成本，降低了企业的竞争力。所以，大部分著名的跨国企业都把按时支付看得很重，极少拖欠供应商货款。

但是，好的客户毕竟有限，当 PD 降到一定程度，市场就会比较稳定；

如果需要保持业务增长，就需要开发那些信用不太好的客户。这时候，需要控制两个指标：违约损失率和违约敞口指标。

——LGD：违约损失率（Loss Given Default），通过降低违约损失率，可以有效转移风险。尽管有些客户的违约风险高，但迫于市场竞争的压力，企业又不得不将货赊销给他们。这时候，企业需要采取一些措施，通过风险转移手段把风险转移给第三方。这样做，虽然企业会牺牲一部分利润空间，但能够保证把 EL 降到最低。常用的风险转移手段包括：购买信用保险、保理、融资租赁、抵押、质押、企业连带责任担保、个人连带责任担保等。

——EAD：违约风险敞口（Exposure at Default），通俗地说，就是给客户的授信额度或者应收账款额度。通过控制客户的 EAD，亦可以降低损失。比如，对于固定授信额度的产品类销售客户，假设其一个月的采购量是 100 万元，那我们可以只给其 50 万元的授信额度，等其付清前款后再发货。这样做，在我们这里，该客户的最大风险就是 50 万元。

对大部分企业而言，赚钱是不容易的，亏钱倒是很容易。如果亏得多了，一旦现金流断裂，企业就倒闭了。所以，稳健经营、控制好风险，对于企业的生存和发展都极为重要。

016

保障供给：保供是供应链的第一要义

大部分企业很关心供应链的成本和速度，因为成本和速度代表供应链的优势，这毋庸置疑是对的。但另一方面，企业也要紧紧盯好供应链安全，也就是有妥善的物料渠道，保障供给。我始终认为，保供是供应链的第一要义。

所谓保供，就是保障整个供应链的运行。断料、设备失效、资金链断裂等，都会导致整个供应链不能正常运行。

一般供应链的问题是成本高、交付慢、质量差，这类问题即使影响供应链的盈利能力，但还不至于把企业逼到无路可走。断供则不同，会把企业直接逼上死路，因为没有料也就没有办法生产，没有办法给客户供货了。

所以，对于有些企业而言，维护好与重要物料供应商的关系是企业的重要竞争力，比如英特尔的CPU、台积电的芯片、澳大利亚的矿石等。还有些物料虽然没有那么贵，也没有那么难买，但由于是独家供货，也要准备适量的库存，保证物料的安全性，比如京瓷的火花塞、某些专用的螺栓螺母等。

对于某些看起来不那么重要的物料，如果属于有相关需求的物料，因为有齐套要求，也不能轻易断货。所谓相关需求，就是各个产品的需求之间有关联关系。比如，生产一辆汽车需要十几万个零件，生产时要求这些零件全部齐备（即 BOM 齐套）。如果缺少任何一个零件，即使这个零件的价值很小，哪怕是缺一个小螺栓，这台汽车也生产不出来。

国内政策和国际形势也会给保供带来影响。

比如，国家政策限制矿石、煤炭的公路运输，就会影响矿石和煤炭的物流。

2020 年 6 月，我给某集团做供应链“十四五”战略规划，由于新冠肺炎疫情的影响以及美国对华为的打压，老板明确提出要梳理瓶颈物料，并制订相应策略，主要目的就是保供。

企业经营过程中总是会碰到意外，合同中也经常提到“不可抗力”（如地震、台风等），这些意外往往也会影响供应链的安全。

凡是比较健全的企业，往往都有应急预案，其主要目的是应对这些意外。

017

危中有机：不要白白浪费一次危机

危机之于企业，就如同瘟疫之于人。抵抗能力差的人，一场瘟疫就结束了生命；抵抗能力强的人，不但可以战胜瘟疫，之后还可以获得抗体，身体更健康。

2003 年，SARS 暴发，其严重程度仅次于 2020 年暴发的新冠肺炎疫情。当时我在 A 公司工作，公司有两名同事不幸感染，整个集团也加强了应急管理。总裁做了两件事：①加大网上销售力度；②所有办公室人员必须把自己的工作备份给同事，每天有一半人在办公室办公，另一半人在家办公。这些方案不但有效地帮助集团渡过了危机，而且集团还借助这次危机实现了业绩增长和企业瘦身。

2003 年，网购还没有普及。疫情防控期间，A 公司率先开发网上销售业务，凭借新渠道实现了业绩增长——可以说是逆势增长。疫情结束后，高层认识到：原来只要一半人员就可以完成全部工作。

于是，A 公司开始大裁员。在此之前，A 公司一直宣传“家”文化，说“来了公司就是一家人”，老董事长也多次说 A 公司是“不是家族的家族企业”。这次大裁员让很多人不理解，总裁还专门写了一篇文章——《A 公司不是家》。总之，把部分员工裁掉后，A 公司成功实现了瘦身。

如果不是因为 SARS 危机，A 公司未必能抓住网上销售的机会，也未必能够认识到其机构的臃肿——即使认识到，也未必有这么深刻。

2018 年，我到河北武安市做项目。武安有 18 家钢厂，王总是本地有名的企业家。

我问王总：“武安钢厂运营得如何？”

王总说：“历史上从来没有这么好的业绩。”

我大吃一惊：2018 年，经济形势总体上不算很好，钢铁又属于周期性行业，原则上说不可能好，而且我知道已经有大量国有钢厂面临亏损，有的甚至面临严重亏损，连武钢集团都被宝钢合并了。中国的钢厂都是用进口铁矿石炼铁炼钢的，技术上也相差不大，怎么可能会有这么大的差别呢？

王总说：“多亏了 2013 年的那次铁矿石危机。武安的钢厂起步比较早，刚开始用的矿石是 30 美元左右一吨。那时候，高炉一开就赚钱。后来，铁矿石持续上涨，涨到了 65 美元一吨，又涨到 85 美元一吨。但是，成品价格不可能大幅上涨，这时候的钢厂已经不怎么赚钱了。”

他接着说：“但是，谁能想得到呢？进口矿石很快涨到了 125 美元一吨。这时候，所有的钢厂都亏钱了。民营企业是不能亏损的，亏损时间一长，所有的债务都来了，银行也不敢再给你贷款，那就要关门了。于是，钢厂老板都狠下心来，抓管理。

“经过一段时间的整改，企业管理水平大幅提高，成本大幅下降。当矿石价格升到 145 美元一吨的时候，企业竟然可以做到不亏钱。

“现在，铁矿石的价格又回落了，上个月的价格是 64 美元一吨。然而，钢材出厂的价格变化却不大。这么一说，你就能想象得到他们赚了多少钱！”

我听了这个故事后很感慨：如果不是有进口铁矿石的涨价危机，这些企业哪能脱胎换骨，把管理做得如此精益呢？

2020 年初，新冠肺炎疫情暴发，一家汽车零部件公司因为资金管理不善，出现了资金断流，面临危机。供应链专家卢先生检查了一下这家公司的库存、生产计划、采购计划，发现有 40% 的库存不是其客户近期需要的，也就是说，只要管理得好，可以直接削减 40% 的库存。这家公司根据卢先生的计划重新计算了一下资金需求，竟然发现资金够用了。

如果没有这次疫情危机呢？这家企业可能继续以高成本的方式运营，可能继续向银行贷款，经营风险会越积越多。

危机往往都是转机，尤其是公共危机。因为公共危机并不会区分你我他，人人都需要面对，而且需要努力应对：应对得好，就会脱颖而出；即使应对得差一些，也会有所收获，或多或少而已。最怕的就是把企业的问题都推到危机身上——危机确实会对企业带来影响，但把企业搞垮了的始终是人，不见得是危机。

所以，危机对所有人是公平的：应对得好，企业就会转危为机；应对得不好，企业就会把市场让出来，为别人提供机遇。

百年企业大多经历过九死一生。20 世纪 80 年代之后成立的中国企业只有三四十年的历史，多数没有经历过大起大落，而危机管理其实是企业的必修课。所以，不要白白浪费一次危机。

第八篇

驾驭供应链

一定要成为高手

- 人才培养
- 知难行易
- 思考力
- 严明纪律
- 大道至简
- 进化的复制
- 边界理论
- ABC原则

001

优者胜出：人才是供应链的竞争力

管理好任何行业或者专业都需要高手、需要人才，供应链管理也是如此。

任何行业都有非常优秀的人才，所谓“行行出状元”。从事供应链管理的人士，如果想拥有高水平的运筹能力和管理能力，就必须把自己打造成人才。

曾国藩在家书中说过：人才以陶冶而成。意思是说：人才是培养出来的。好好培养人才，就有人才可用。

产业往往是为人才准备的，有人才才有产业。

如果仔细看某些行业的发展，会发现大部分产业的分布和原材料资源的分布并没有太大关系，但是和人才有巨大的关系。

日本是个岛国，相对于其1.25亿的人口而言，地域狭小，资源可以说极度匮乏。但是，日本的汽车、半导体、电子、机床、机器人、视听设备行业都是全球领先的。不过，它们的原材料无一不是进口来的。

大约20年前，日本的新日铁还是全球最大的钢铁企业，只不过后来中国、韩国、印度的钢铁行业快速发展，新日铁公司最终失去了“最大钢铁企业”的宝座。后来，韩国的浦项制铁也曾经是全球最大钢铁企业。值得注意的是，日本和韩国并没有煤炭和铁矿石等重要原材料，但这并不妨碍它们成为全球第一，究其原因，无非有丰富的产业人才储备。

瑞士以精密机械制造著称，瑞士手表享誉全球，也是全球第一。其实，瑞士机械手表的成分中有99.9%都是钢铁材料。我国有的是钢铁，按理说应该是手表大国，但其实不是。因为要制造精密手表，不是卡在一个环节，可能是几十、几百乃至几千个环节，包括设计、加工、组装等。

首先，需要精妙的设计，即研究出如何把那么多小零件巧妙地组合在一起。

其次，需要零件加工，即把普通钢材做成能适合手表使用的钢材。手表的表带、弹簧、齿轮、陀轮等部件需要的钢铁材质是不同的，加工工艺和设备自然不同。想想就知道：齿轮需要耐磨，而弹簧需要高弹性，所以加工工艺自然不同；即使是齿轮，轮齿的数量不同，加工工艺也不同，假设大小齿轮齿数的比例是5∶1，那么小齿轮的耐磨系数应为大齿轮的5倍才行，所以需要不同的热处理工艺。说到这里，大家就知道，我们需要改善的环节太多了。

最后，需要高超的组装技术。有人会说：组装不就是拧螺丝吗？不错，简单来说，组装就是拧螺丝，但对于精密机械而言，拧螺丝是很高超的技术，也是很高超的艺术。

据说，周恩来总理曾经陪同瑞士技师参观上海手表厂。瑞士技师看了一下我们的零件，又听了一下周总理戴的上海牌手表，自信地说："这些零件组装起来的表，质量可以比您手上的表更好些。"中国技师自然不服，因为总理的表是中国最好的技师用最好的零件做出来的。

瑞士技师便说："我可以现场装一块。"

中国技师问："用什么零件呢？"

瑞士技师说："用你们的合格零件就行。"

手表装完了，把总理的表和瑞士技师新装的表同时放在两个耳朵上听，果然可以发现新装的表的表针跑得更好一些。所以，组装是很高超的技术和艺术。

通过上面两个例子，我们可以看到，人才和产业基础对产业的重要性可以排在第一位，而资源要素（比如原材料）则要排在第二位或者之后。

2018年，我为硅锰合金产业做了一次分析。

宁夏的石嘴山市地处大西北。2015年，我为石嘴山市保税物流中心做战略规划，对其经济状况做了统计和分析，发现其周边50千米内大约有10家硅锰合金企业，进口锰矿高达1000万吨。

1000万吨是什么概念呢？如果每辆卡车装20吨货物，一年需要50万辆，平均每天要用1400辆车。如果每辆车间距100米，可以排140千米，能把北京到天津的高速公路全部占满。

那么偏远的地方，能有这个经济体量，应该说比较可观了。

锰矿从海外进口，海运经过天津口岸入关，然后长途陆运至宁夏石嘴山。企业进口锰矿用于生产硅锰合金，而硅锰合金是炼钢的原材料，其下游客户大部分在河北、东北。

如果稍稍有点地域概念和物流概念，都会觉得这个产业规划很不合理：既然锰矿从天津口岸入关，终端需求客户又在河北，那为什么不直接在河北建厂生产呢？这样一来，每吨货物的物流费用至少可以节省200～300元，等于提高了4%～6%的利润，而且交付时效可以提前30天。

那么，为什么石嘴山的企业没有把工厂移到河北、山东等沿海省份呢？

某个产业大佬说："因为宁夏有硅锰合金的人才和产业基础。"

相对于产业基础，我认为，人才更加重要。亚马逊公司位于西雅图，京东位于北京，阿里巴巴位于杭州，华为位于深圳，这些城市之所以有这些产业，主要还是人才使然。

事在人为：规模重要还是能力重要

某大型家电集团一直想在物流业务上有所突破，很希望能做出一个上市公司来。可是，他们努力了这么多年，离上市的要求还差得太远。该集团有的是钱，到处都是关系，为什么没有成功？究其原因，可能主要还是缺能力或者说缺团队能力，毕竟事在人为！

大部分公司都会用营业收入衡量企业的规模和能力，这种衡量标准其实只对了一半。诚然，营业收入确实可以衡量规模，如果营业收入大，那么规模肯定大，毋庸置疑。但是，营业收入高和能力强是两回事：即使企业的营业收入很高、规模很大，能力却不一定强。"大"和"强"是两个概念，有些大型企业越做越亏就是典型的例子。

实际上，对该集团的物流业务有思考的某位总裁曾经对其物流管理团队说过：“我需要的是一种能力，而不是收入。如果需要收入，我收购几家大的物流公司就可以了。”

竞争力才是企业的核心，能力才是团队的核心。大企业往往豪横，大总裁往往霸气，对管理团队的要求很明确：需要竞争力，需要能力，不要弄一些不赚钱的营业收入糊弄我。

消费品市场也好，物流市场也好，都是相对公平的，对谁都一样。那么，为什么别人做得更好？从这个角度来看，人的能力是极为重要的。

002

人定胜天：人的因素是最重要的因素

我在辅导企业的过程中，大部分时间都是在和人打交道。企业的问题千变万化，影响因素也很多，但在这些因素中，人的因素往往是最重要的因素。

Z 先生是一家汽车零部件公司的董事长，我们经常在一起聊聊管理。有一次，我们谈到某个项目进度慢了。Z 先生说：“这是人的问题。”听了这话，我还是有些吃惊，毕竟导致项目进度慢的因素有很多。就问他：“为什么？”

Z 先生：“我们之前经常碰到这样的事情。有些员工自己做不好或者不会做，就会说这不行、那不行，其实是他不行。把他换掉，什么都行了。”

这句话让我思考了很久。的确，从某种程度上来看，企业的问题就是人的问题。

戈恩拯救日产，德龙混改新天钢，郭士纳拯救 IBM，艾柯卡拯救克莱斯勒，都是一个人拯救一个厂的经典案例。从这个角度来说，企业管理得好不好，还真就是人的问题。用范伟的话来说就是："人和人之间的差距怎么就那么大呢?"所以，就企业管理而言，人的因素确实是最重要的因素。

供应链管理也是这样。我们经常用 SCOR 模型分析供应链，而随着时间的推移，SCOR 模型已经滚动更新了多个版本。前 9 版的 SCOR 模型一直都强调三个 P（Process 流程，Performance 绩效，Practice 实践），到了第 10 版，终于加上了"人"这一要素，变成了四个 P（Process 流程，Performance 绩效，Practice 实践，People 人）。所以，缺了"人"，是不行的。

事情能不能成，人的因素能起到决定性的作用。人的因素主要包括两个方面：一是态度，二是技能。

大部分工作都是需要技能的，也就是 know-how（专门知识）。如果只掌握了普通技能，那就只能解决小问题，价值往往不大。只有具备高超的技能，才能发挥更大的价值。技能都需要培训和训练：培训是学会如何做，也就是入门；训练是学着如何做好，也就是学习如何成为高手。这就像练功夫一样：蹲马步、打沙袋等动作很容易学会，可能几分钟就学会了；但要练出功力来，绝非一日之功。

学习技能需要态度和天赋。绝大部分人之所以不具备很高的技能，除了机遇以外，主要是因为态度和天赋不够。爱迪生说："成功等于 99% 的汗水加上 1% 的灵感。"汗水代表态度，灵感代表天赋，缺一不可。

不过，不同于体育、音乐等需要极高的天赋才能具备的技能，做好供应链管理这项技能并不需要太高的天赋，只要有好的态度，并且持续努力，在企业里做到很出色，把一个企业的供应链管得井井有条，就已经有自豪的资本了。

003

以其昭昭，使人昭昭：自己都不会，怎么教别人

我曾经和一个大国企的负责人交流供应链管理。这位负责人雄心勃勃，想辅导供应商，把上下游的整个链条串起来，问我的意见。但是，我发现他的企业管理水平有限，很多管理不到位，就说："还是先把我们自己的供应链做好。"

他的想法很好：生意人嘛，手上掌控的资源越多，生意发展的空间越大。

我的道理其实更简单：自己的公司，自己的供应链，就在眼皮底下，好赖自己说了算！如果连自己的公司都没管好，怎么可能管好别人的公司？

供应链是一项技术，是一项专业，需要有技能的专业人才才能管好。

在工业化分工日趋精细化的今天，每一个领域、每一个专业都在做精细化管理，如果管理不到位，不可能赚到钱。管理供应商是一项管理技术，也是一种管理能力。首先，自己要会做，才可能教别人；如果连自己都不会做、做不好，怎么教别人呢？管理供应商，本质上就是输出管理经验。可是，如果自己的管理都不到位，没有好的管理经验，怎么输出管理经验呢？

《孟子·尽心下》中有个典故。孟子曰："贤者以其昭昭使人昭昭，今以其昏昏使人昭昭。"翻译过来就是："贤者要先使自己明白，然后才去使别人明白；今天的人则是自己都没有把事情搞清楚，却想去使别人明白。"

供应链管理的实践性本来就很强，是做出来的。如果自己都做不好，自己都糊涂，却想使别人明白，这似乎不太可能。

如果把自己的业务做好了，也把人才培养出来了，一旦看好哪几个企业，可以孵化，也可以收购。

004

知难行易：做好了，也就会了

关于“知”和“行”，我见过三种最普遍的说法，分别是：知易行难、知难行易、知行合一。此处就说说“知易行难”和“知难行易”。

我经常在学员中做调研，大约有50%的人赞成“知易行难”的说法，40%的人赞成“知行合一”的说法，10%的人赞成“知难行易”的说法。

知易行难，大家很容易理解。比如，每天只要学2个单词，10年就能学会7300个单词，看起来挺容易的，可是能做到的人很少。如果问原因，往往会得到这样的回答：“你以为我不知道吗？可是我做不到啊！”这就是“知易行难”。

孙中山先生在《建国方略序》中总结了革命失败的原因，把失败的原因归结到国人“知易行难”的思想上。他还在《孙文学说》中详细阐述了其哲学思想，认为“知易行难”这个认识是错误的，是许多人不能成事的托词和借口。因为错误的信念，加上畏难的情绪，把能够成功的机会白白放掉了。

孙先生自己的哲学是“知难行易”，他认为很多事情很难论证，甚至我们没有办法知道，只有去干才能干出来。比如，中国的长城、京杭大运河，即使让现在的“专家”去论证，没个十年八年都论证不完。很可能，秦始皇和隋炀帝也没怎么论证，干就完了。于是，搞出来了两项千古工程。

金庸先生所著《笑傲江湖》中有一段对话很是精彩，说的是方证大师、冲虚道长、令狐冲三人在恒山讨论如何对付江湖野心家左冷禅。恒山有500里山道和悬空寺，这些都是极其难做的工程，古人都做成了，金庸先生就结合这个场景阐述了江湖成败的道理。

冲虚道：“左冷禅当上五岳剑派盟主，那是第一步。第二步是要将五派归一，由他自任掌门。五派归一之后，实力雄厚，便可隐然与少林、武当成为鼎足而三之势。那时他会进一步蚕食昆仑、峨眉、崆峒、青城诸派，一一将之合并，那是第三步。然后，他向魔教启衅，率领少林、武当诸派，一举将魔教挑了，这是第四步。”

令狐冲内心感到一阵惧意，说道：“这种事情难办之极，左冷禅的武功未必当世无敌，他何以要花偌大心力？”

冲虚道：“人心难测。世上之事，不论多么难办，总是有人要去试上一试。你瞧，这500里山道，不是有人凿开了？这悬空寺，不是有人建成了？左冷禅若能灭了魔教，在武林中已是唯我独尊之势，再要吞并武当，收拾少林，也未始不能。要办这些大事，那也不是全凭武功。”

方证又念了一句：“阿弥陀佛！”

2018年，我去看了乐山大佛。乐山大佛是海通法师召集建设起来的，把一座山建成一座大佛，工程延续了99年。

长城、大运河、乐山大佛这些工程看似宏大，其原理却非常简单。“愚公移山”的故事中讲得很清楚：只要挖山不止，而山不加增，何苦而不平？

这就是“知难行易”的道理。

天下事，最怕不能知。

005

心之官则思：思考力是管理和咨询最重要的能力

企业管理咨询的主要任务是帮助企业解决问题。企业的问题往往千奇百怪，其中的大部分问题，咨询师未必碰到过，自然也不可能熟悉其解决方法。那么，咨询师是凭什么帮助企业解决这些问题的呢？

也就是说，用什么样的方法，可以在只具备有限经验的情况下就能解决陌生的问题？因为经验有限，我们不得不诉之于经验之外的东西，我认为其中最重要的能力就是思考力。

我们在工作、学习、生活中，每逢遇到问题总要“想一想”，这就是思考。它是通过分析、综合、概括、抽象、比较、具体化和系统化等一系列过程，对感性材料进行加工并将其转化为理性认识，并采取正确的决策，进而解决问题。我们常说的概念、判断、推理就是思考的基本形式。

思考力包括分析力、论证力、判断力等能力。一个人是不是聪明，有没有智慧，主要就看他的思考力强不强。

在中国革命的至暗时刻，毛泽东同志写了《中国革命战争的战略问题》，详细论述了中国革命如何取得胜利。在抗日战争最危急的时刻，毛泽东写了《论持久战》，详细论述了应如何战胜日本帝国主义。在很多人都看不到丝毫希望的情况下，坚信能够胜利，而且能找到方法、计划、步骤，这种智慧就主要来源于思考力。可见，思考力威力巨大，又极其重要。

思考力既有“思考”的特点，也有“力”的特点。思考有三个特点：信息量、边界、逻辑；力也有三个特点：作用点、大小、方向。

一、思考的三个要素

思考的三个要素有其次序，分别是信息量、边界、逻辑。

信息量，就是信息的多少，比如解数学题需要懂数学，这是基本条件。边界，就是数学题中的已知量，这是解题的首要条件。逻辑，就是解题的公式，这是解题的必要条件。比如，一条生产线的产能是 10 台/天，客户需要 100 台，3 天交货，问需要启动几条流水线？在这里，产能就是边界，客户需求就是输入的数据，运算结果就是需要输出的数据。简单一算，答案就出来了。

解读一个企业也是如此。熟悉供应链的人看到车间有一堆物料时，会做很多思考，这就是信息量。比如：这是什么物料？数量有多少？品质怎么样？谁生产的？哪台设备生产的？什么时候生产的？为什么放在这个位置？生产的工艺是什么？生产的流程是什么？

…………

问题林林总总。如果思考得少，会有几十个问题；如果思考得多，会有几百个问题。如果思考再深一些，那就不知道有多少个问题了。有了这些大量的信息，判断起来自然会更加精准。

但是，只有信息是不够的，还需要边界和逻辑。所谓边界，就是圈定有价值的信息；所谓逻辑，就是计算或者推导的过程。

信息往往很多，但只有有用的信息才能帮助我们，其余的则往往会误导我们。所以，需要圈定哪些信息是有价值的，哪些是没有价值的。

甄别信息的真假往往很难。有些时候，虚假信息或者错误信息的声音往往更大，显得更真实，普通的人难辨真假。就像有些人听不懂好赖话一样，看不出真假相，想不到善恶果，就是因为不能甄别信息。

所以，要通过思考圈定哪些信息是有用的，哪些信息是没有用的，哪些信息是真，哪些信息是假。这句话看似简单，实则很难——看看股市中有多少投资失败的股民就知道了。

善于思考的人，能够抓住核心信息，简化问题，把复杂的事情简单化，以简驭繁，往往容易解决问题。不善于思考的人，则往往把简单的事情复杂化，不但不容易解决问题，甚至有可能出现越处理问题越多的情况。

能够把信息去伪存真、去粗存精地加以圈定，这就是确定问题边界的能力。

如果有一个问题有 100 条信息，会处理的人可能只需要其中的几条，而不会处理的人则会觉得 100 条还不够。

有了信息和边界，还需要逻辑，逻辑就是公式。运用逻辑思考出来的结果往往是有限的，甚至是单一的，所以选择起来并不难。没有逻辑或者按照错误逻辑得出来的结果，往往有多个答案，有时候会有无限的答案，看起来怎么做都对，其实都没有价值。

有了信息和边界，再有了逻辑，就可以构成完整的思考了。至于思考之后得出的价值，则取决于思考的广度和深度。广度是指所考虑问题的要素是否足够多，深度是指对主要要素考虑的纵深是否足够远。

思考问题要长远，太短了不行。思考短了，不能从根上解决问题，即使解决了问题也是“摁下葫芦起来瓢”。思考不够长远的人做不了复杂的事情，也难以承担大的责任。比如，有些人根本听不进道理，如果告诉他思路，让他思考，他就会很着急地说："你直接告诉我怎么做就行了，别和我说这么多！"凡是有这种习惯的人，应该干一些简单的活儿，不太能胜任咨询或者管理这种工作，因为咨询或者管理工作往往比较复杂。

二、力的三个要素

思考的深度和广度，就是"力"的作用。如果需要好的功力，则需要持久的锻炼。

学过初中物理的人都知道，力有三个要素，也有其次序，分别是作用点、方向、大小。有一个关于天鹅、虾和梭鱼的故事，说的是三个动物拉一辆车，铆足了劲，车子却一动不动，为什么呢？天鹅往天上飞，虾往河里跑，梭鱼往湖里游，三股力量，三个方向。这个故事像极了好多企业的情况：大家看起来很努力，但企业就是不进步。

任正非说，"华为 18 万人 28 年只对着一个城墙口冲锋"，无非是强调其作用点唯一、方向一致、集中全力。华为长期聚焦于一点，其成功自有道理。《管子 · 国蓄》："利出于一孔者，其国无敌"，讲的也是这个道理。

时间长了，力就有了，这就是功到自然成。

大部分人都是普通人，不去做深入研究；少部分人是某个单一领域的熟手，因为他们做得久了，见得多了；极少一部分人是某个领域的专家，他们几乎研究了这个领域的所有问题，而且可能还上升到了一个未知的领域；但是，很少有人是多个领域的专家，这种人凤毛麟角，10 万个人里面未必有一个，这需要极巧的巧合，包括天分、时间、机遇——如果天分不够，自然不行；时间不够，也做不出来；而如果没有机遇，就算有时间和天分也没有用。所以，长年累月聚焦研究一个方向，一定有成功的可能。

咨询师也是如此，在一个问题上有长年累月的研究，自然会有丰富的信息；经历过许多项目和案例，自然会有丰富的实践经验和思路，这就具备了定义问题的边界。学习了足够多优秀的方法论和工具，就拥有了分析问题的逻辑。如果还铆足了劲干了很长一段时间，那就具备了相应的功力。有实践、有方法、有功力，怎么可能没有思考力？怎么可能没有解决问题的能力？

从风清扬的剑术到咨询师的招式

一位朋友看了我的书（我写的第一本书——《物流实践者手记》），也跟我做了一段时间咨询项目之后，感到有点困惑。他说："孔老师，你现场用的方法和你书里写的不一样。"

我笑了笑，心想：我在现场用的方法论和方法，全部写在书里了，那真的是没有一点保留。

他如果真是读透了书，其水平也许会比我高。毕竟我年龄大了，没有他那么好的精力。

我现场用的方法，书中都有精确的描述，那他为什么没有读出来呢？最大的可能性是他没能解读书中的要义，也没有办法用书中写的方法解读现场的问题，更不能将书中的理论和工具与客户现场的实际相联系。一言以蔽之：不会活学活用。

学说几句话容易，而要把问题解决了则很难。

为什么呢？因为招式往往都是死的，而人却是活的。

企业的问题往往是人的问题。人是活的，有变化；招式则是死的。以死的招式对付活的人，岂有不败之理？

由此，我想到了风清扬教授令狐冲剑术的场景。

在《笑傲江湖》中，风清扬让令狐冲变换往前刺的剑招去攻击背后的敌人，令狐冲觉得根本无法变换，大为不解。

风清扬解释：你的剑招必须是活的。当你发现敌人的攻击在变化时，你也必须要有变化剑招的能力。比如，你首先发现前面有敌人，当你准备出击时，发现后面也有敌人，而且后面的敌人可能先攻击到你。这时候，你只能变换剑招，先去防守后面的敌人。所以，剑招不能用老，而要保持每个招式的灵活性。

做供应链管理也是如此，招式往往是僵化的，但问题总是千变万化的。所以，公式也好，方法也好，都要活学活用。

006

没有规矩，不成方圆：供应链管理需要好的纪律

2019 年，我辅导一家日用品企业做供应链管理，该企业的上游供应商是一家日本企业。该日本企业也想帮助这家企业提升管理能力，就派了两个人（一个 IT 工程师，一个厂长）和我们一起工作。其间，发生了一个关于盘点的小故事。

在盘点方面，很多日本企业尽管没有使用新技术，但在管理方面做得很到位，比如，日本企业的盘点准确率是 100%，而这家日用品企业的盘点准确率很差，甚至不能确定盘点数据是不是准确。

日本工厂的厂长 A 先生给我们讲了他们盘点的流程：每个 SKU 的点数都要登记在盘点卡片上，数据要经过复盘、审核，且这个盘点卡片需要保存 5 年，这是这家日本企业的纪律。他们之所以能把盘点准确率做到 100%，并不是靠什么信息化、RFID 之类的新技术，就是遵守纪律，把活干好，把数点对。

好企业的员工会把工作看成永久性的，每一件事都认真做；而在那些管理不到位的企业，员工则往往把工作看成临时性的：无论绩效好坏，反正就那一会儿，过后就没事了；万一有事，就以后再说。

盘点结束后，老板问我：“孔老师，日本的盘点方法有什么不同之处？”

我说：“并无不同之处，只是人家非常认真，做得好！”

2018 年，我在日本向一个在药妆店门口招揽生意的小伙子问路，小伙子让我打开自己的手机，然后告诉我怎么走。他见我看了一眼他手中的手机，便解释了一下为什么不能用他自己的手机给我指路。他说：“老板不让我看手机，如果我用我的手机给你指路，我就说不清楚了。”我当时就

感叹：管理得好的企业，员工很自律。

大多数仓库员工休息时，不是抽烟就是聊天，或者看手机。但有一次，我参观日通华南的仓库，看到叉车司机坐在叉车上休息时也正襟危坐，随时待命——有这样的纪律，想不做好工作也难。

员工能“打仗”，主要靠严明的纪律。如果我们的企业也想达到这样的效果，那么在管理和效率上还有很大的提升空间。

007

大道至简：供应链的本质是简单的

事物的本质往往都是简单的，尽管其表象往往很复杂。

供应链也是如此，在我看来，供应链本质上是一种极致简单的业务。先把钱变成货，再把货卖掉换成钱。从模式的角度看，供应链就是订单和交付；从操作的角度看，供应链就是库存和物流。

供应链能不能赚到钱，完全在于管理。管理是一种技能：如果管理得好，可以用少的库存赚多的钱；如果管理得不好，有再多的库存，也会亏钱。

确实，供应链有很多环节，但环节多和复杂是两回事。即使环节再多，只要看透了、管理好了，也可以很简单。

卡洛斯·戈恩的老师曾经对戈恩说：若把事情搞得太复杂，就代表根本不了解事情本身的意义。让事情单纯化是一切的根本。

在一个偶然的机会，我和日本的一位资深供应链 IT 工程师聊天时，我问他：“您认为供应链信息系统最重要的是什么？”

他说：“高效。”

我又问：“怎么才能高效？”

他说：“简化。”

很多人认为供应链很复杂，实体多、组织多、物料多、人多、物流多、订单多、信息多等，确实如此。但是，供应链就是靠这些“多”赚钱的。从本质上来看，供应链是在不同时间和空间上的库存安排，简言之，就是计划。

如果有人问我：“供应链复杂吗?”

我会说：“不。”

008

拐大弯：温和的变革

公司改善就是变革，变革就是创新，学习、创造和使用新东西。《诗经》云：周虽旧邦，其命维新。意思是说：周国是个古老的国家，它的使命是革新。古人尚且如此，我辈处在不断变化的时代，更应该不断创新。

变革有快的变革，也有慢的变革：快的变革，雷厉风行；慢的变革，润物无声。只要方向是对的，变就比不变好。但相对而言，我更赞成缓慢而稳健的变革，这是一种更为持久和绵长的力量。

2010 年，我在酒泉辅导一家公司做仓库管理的项目时，颇费了些周折。第一次梳理好之后，过了 2 个月乱了；第二次梳理好之后，过了 2 个月又乱了。仓库的“乱”主要是指两个方面，一是货物乱，二是账务乱。原因也很清楚，就是人的问题——仓库主管能力不足。

在我看来，人的能力不行就培养，如果不能培养就换人，这是再简单不过的道理。但是，由于那是一家国企，不方便随便换人，事情就有些难办了。

我第三次到现场时改变了策略：既然人不能换，那就拐个大弯，在原来的团队里培养了一名副主管，直接向总经理报告。由于流程和现场管理都理顺了，又有了负责的人，仓库的问题就解决了。

做好这件事情，确实拐了个大弯，耗费的时间比平常多 2 倍。对于一般人来说，可能觉得不值，但我觉得值，因为客户有自己的体制，无法改变。既然不能摆脱体制，那就在体制里面把事情做成，虽然慢了一些，但是没有招致投诉，没有带来人事震荡，没有走回头路，没有瞎折腾。

一个企业若能保持不断进步，走慢一些也是可以的。

我总是认为，持续的建设比边破坏、边建设要强得多。我在日本、德国都待过一段时间，那里很多房子有几百年的历史，很少看到大规模的建设。而我家门前的马路几乎每年都要“开膛破肚”。难道不能一次设计好吗？难道不能协调好吗？

我在 A 公司工作时，公司一直宣传老板的名言：学会拐大弯。A 公司能走到这个高度，和老板这种温和的变革不无关系。

我的一位朋友潘先生是一家公司的高管，我们共事了好多年。公司的事情又多又杂，有大有小，但是我从来没见他发过火，他接受任何问题，从不抱怨。只要问题有难度，他就把时间拉长，把维度拓宽，一步一步走，过一段时间，问题就解决了。他对绩效也没有太高的要求，每天有进步，每月有小改革，每年有大改革，企业稳步往前走。几年下来，公司的变化真的很大。

京威公司赵董事长有句名言：走两步，退一步，不如踏踏实实走一步。是啊，如果着急忙慌地跑了半天，发现不合适以后再走回头路，那就太折腾了；还不如慢一些，看准了再干。

相对于边破坏、边建设，只建设、不破坏的效率显然要高得多。

009

Me too：进化的复制

企业都在进步，不学习就会落后。有一种简单的学习方法，那就是复制，用英文来说就是“Me too”（我也这么干）。

企业的问题是相通的，我们碰到的问题，别人可能也碰到过。所以，行业之间互相取经很重要。对于大多数企业来说，有很多别人的管理经验是很好的。比如，有很多人去华为学习，这就是复制。

复制是一套行之有效的管理方法。比如，汽车行业的供应链管理技术很好，就可以复制到装备制造业；电子行业应用 VMI（供应商管理库存）很有效，也可以复制到其他行业。当然，毕竟行业不同，所以复制时需要改进，使其适合“我的公司”——我称之为“进化的复制”。

所谓“进化的复制”，就是不要生搬硬套，因为生搬硬套的危害是很大的。任何方案都有其适用的范围和条件，脱离了这个范围和条件，是不是还适用呢？很难说。一旦不适用，企业花钱、费力、白折腾，后果就会很严重。因此，看到别人做得好，把别人的方法论、方法、工具好好学一学，领会其中的本质、精髓、要点，然后还要结合自己企业的情况，制订一套适合自己的方案。活学活用，是比较稳妥的。

010

我的边界理论：任何方案都要界定好边界

边界理论是我自己总结的一个理论，其核心是：在什么条件下，方案或者计划才能成立。

我经常用它分析问题，对我的咨询工作颇有帮助。

我曾经给一家大型国企成功规划了仓库的信息化系统，客户还发了一封盖着红色大印的感谢信，我如获至宝，倍加珍惜。

这个项目的范围是对正在操作的 4 个仓库上仓库管理系统，包括诊断、现场规划、蓝图、系统配置、收据收集、上线。操作系统是 SAP 的 EWM（Extended Warehouse Management，扩展仓库管理系统），其实也就是 WMS（仓库管理系统），只不过名字不同而已。

尽管存放的都是酒，但由于4个仓库的产品（SKU）、货架、订单处理量和处理方式都有明显不同，在操作规划和现场规划上还是存在很大差异，所以4个仓库的规划差异很大，甚至可以说完全不同。

在汇报蓝图的时候，有一个资深的工程师提问："孔老师，整个规划非常好，可是我有个问题：您这些规划都是针对现有的产品做的规划，非常符合现有的操作情况，可是，如果存放的产品变了怎么办?"

我还没来得及回答，客户的总负责人徐总说："重新规划。"徐总说的，正是我想说的。

所有的规划，都是在一定的前提条件下做出来的，如果前提条件变了，那么就需要重新审视我们的规划，看看需不需要变。所以，任何方案都有一种界定，有其特定的界域和边界条件，如果出现例外的情形和现象，就意味着方案的解释力和适应范围存在有限性。

简言之，任何理论、方法论、方案，都有一定的适用范围：其在该范围内是有效的；一旦离开了这个范围，其有效性就需要重新分析。这个适用范围，就是我所说的边界（frontier）。边界变了，方案就需要重新讨论。

既然任何方案都有边界条件，都有适用范围，那么，随着新业务的出现，方案的边界就会被不断突破，方法论（方案）就需要不断更新，也就需要更具针对性和指导性的理论，需要不断穿透底层理论，不断完善理论体系。

所以，知道怎么做固然重要，但更重要的是知道为什么要这么做，这就是底层理论。所以，仅仅知道答案是不够的，还需要知道公式、定理、公理，这就是理论的重要指导作用。

再说一下这家大型国企的仓库信息化系统。这次上线的4个仓库是窖龄酒仓库、二曲酒仓库、普通酒仓库和线边库。在调研时，通过现场分析、数据分析、流程分析、绩效分析，可以发现：

（1）批次和周转次数。

——窖龄酒批次多、周转慢；

——二曲酒批次少、有大单品、周转很快；

——普通酒批次数量中等、周转速度中等；

——线边库就是个物流的中间环节，可以简化操作，可以零库存管理。

（2）货架的样式。

——窖龄酒使用普通货架；

——二曲酒使用深通道货架，每个货位有 23 个托盘；

——普通酒没有货架；

——线边库没有货架。

（3）操作瓶颈。

——窖龄酒：怎么才能快速找到批次；

——二曲酒：如何实现快速拣货，避免多次搬倒；

——普通酒：兼顾存储和效率；

——线边库：日清日结。

通过以上分析可以看出，尽管都是仓库，尽管都要存放酒，但 4 个仓库在产品、货架、操作等方面有许多不同。正是因为有了这些不同，才形成了业务管理的高效率，这就是方案设计的边界。也正因为找到了这些边界，才能规划出好的操作方案和信息系统（图 8－1）。

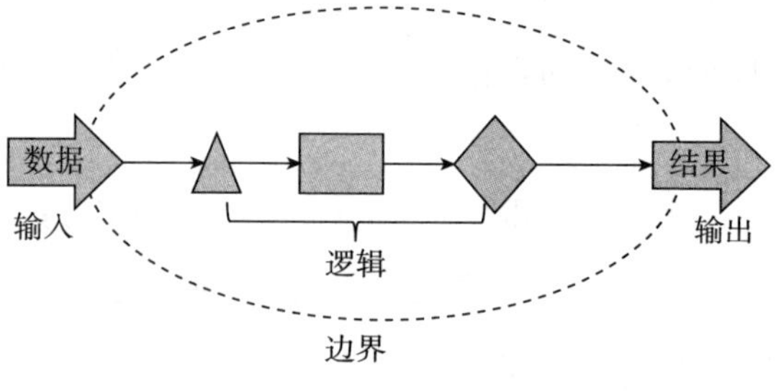

图 8－1　边界理论示意图

不论是物流规划还是物流实践，都离不开理论和方法论；如果没有理论和方法论的指导，要想把事情做好都是凭运气。大型物流项目的规划往往都比较复杂，如果单凭运气，做好的可能性微乎其微。

不仅仅是物流规划，企业管理的方方面面都是如此。搞清楚在什么条件下能把事情做好，搞清楚在什么条件下能把事情做到什么程度，都是非常重要的，这也是边界。

我们想象的业务边界往往是有规律的、连贯的、平滑的、闭合的，但实际的业务边界往往不是这样，更多的可能是下列情况：

——有些流程是公司的独创，并无规律可言；

——有些流程并不连贯；

——有些流程做不到闭合；

——流程往往都不是平滑的；

——员工并不都是守纪律的；

——员工也并不都是忠诚的。

最后，花了很大的力气，却拼了这么一个流程，磕磕绊绊，到处漏风（图 8－2）。

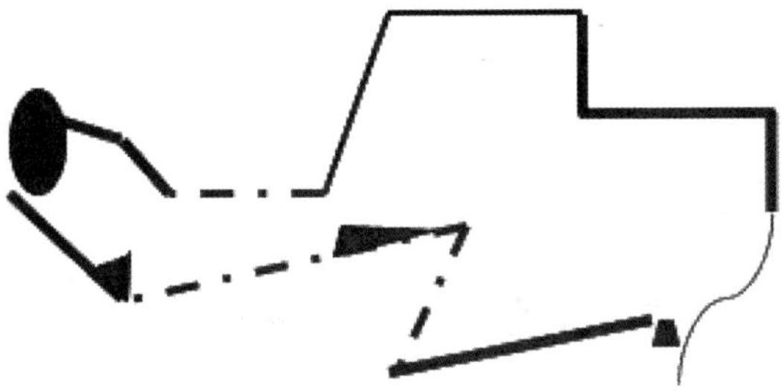

图 8－2　一般企业的流程

好多企业学习华为，这并没有什么不好，但是，如果将华为的流程拿过来就直接用，那就糟糕了。

华为的业务边界是个持续优化出来的不规则的形状，尽管仍不完美，但比之前好了很多（图 8－3，图 8－4）。

这个边界只适用于华为，和你的业务边界完全不同。如果要学华为，可以好好学学它的方法论，千万不要削足适履，否则越学越学不好。

作为专业咨询师，同行之间往往有交流。曾经有位咨询师问我："我往往给客户提供 3 套选择方案，然后请客户选一套。你呢?"

我说："我往往费尽心力，也只能给客户提供一套可行的方案！有时候，可能还没有方案。"

其实，由于外部环境的残酷和内部资源的局限，企业成功的路径并不

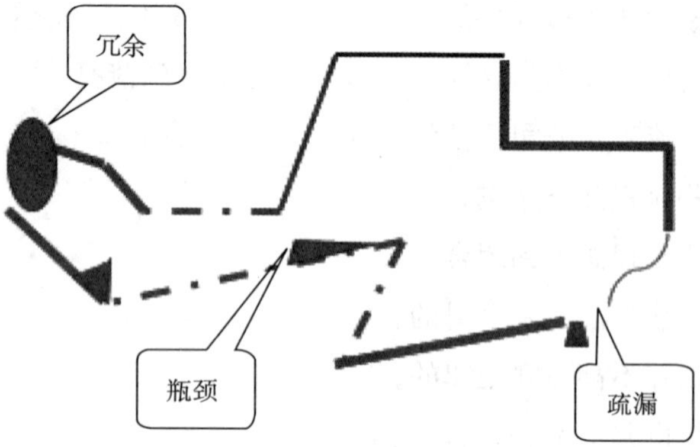

图8－3　华为的业务边界（优化前）

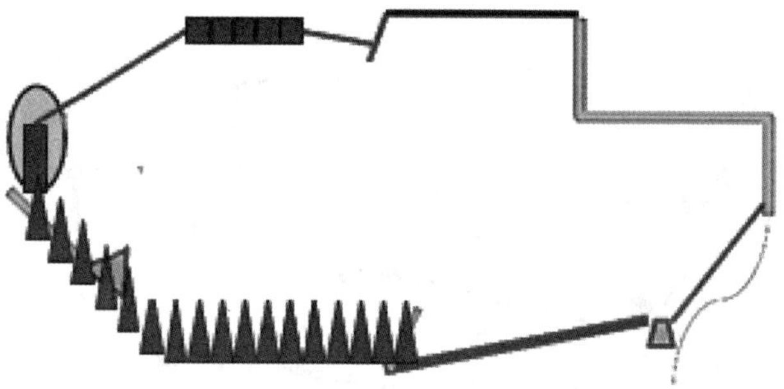

图8－4　华为的业务边界（优化后）

宽敞，也没有太多选择，大多数时候只有一条小道，而且在悬崖边上，道窄且险，需小心翼翼地侧身通过。不走，就没有路；走不好、摔下去，后果更糟。

那些认为有多条康庄大道可选的建议，可能没有认识到问题的实质。

方案往往都是可行的，关键的问题是：在什么条件下可行？如何达成这些可行的条件？这是个边界问题。

随着新理论、新发现、新技术、新应用的出现，管理的边界会被不断突破，管理者需要不断学习，否则，我们的管理还是只停在过去。

客观边界往往决定于物质条件，毛泽东在1936年12月完成的著名军事和哲学著作《中国革命战争的战略问题》中指出：

战争的胜负，主要地决定于作战双方的军事、政治、经济、自然诸条件，这是没有问题的。然而不仅仅如此，还决定于作战双方主观指导的能力。军事家不能超过物质条件许可的范围外企图战争的胜利，然而军事家可以而且必须在物质条件许可的范围内争取战争的胜利。军事家活动的舞台建筑在客观物质条件的上面，然而军事家凭着这个舞台，却可以导演出许多有声有色威武雄壮的活剧来。

其实，这个“物质条件许可的范围”就是军事家指挥作战的边界，这个边界是客观的，但军事家凭借自己的智慧、勇气、毅力，仍然可以导演出威武雄壮的活剧。这里的智慧、勇气、毅力，就是军事家的主观边界。

读者可能会发现，客观边界往往有一定限制，而主观边界则往往没有具体的边际，但对事物发展有更加重要的作用。比如长城、大运河、登月这些大事，在当时的年代来看，不太可能做成，但只要下定了决心去做，最终还是做成了。所以，办一件大事，也不完全凭借认识，还要有胆略、决心和勇气，这便是主观边界的作用。

理论联系实际

理论一定要和实际联系起来，理论如果不和实际联系起来，就会变成没有对象的理论。这里的“理论”指我们做供应链的方法论、方法和工具，比如数字化供应链、低成本供应链、快速反应供应链、SCOR 模型、约束理论、价值理论等，而这里的“实践”指的是如何解决企业的问题，比如如何解决订单快速交付、如何解决预测不准确、如何解决产能不均衡、如何解决库存呆滞等。我们应用的所有的供应链理论、供应链管理机制、信息化系统，目的都是解决企业的具体问题。将这些理论、方法论应用于实践，也都要围绕着如何解决企业的具体问题而展开。因此，我们要刨根问底，把企业真正要解决的问题弄个明白。

同样，实践如果没有专业的理论做指导，就会变成盲目的实践。因为如果没有理论做指导，实践就会缺乏系统性和全面性，对问题的挖掘往往不够系统和全面，解决问题也往往变成“摁下葫芦起来瓢”。

所以，理论联系实际，是我们一个非常重要的方法论。

011

快和细：我的 ABC 原则

咨询的主要作用是帮助企业分析问题和解决问题。好的咨询，不但问题分析得透彻，而且改善得彻底。这就需要一些原则和标准，也就是我给自己制定的“ABC 原则”。

ABC 是三个英文单词的首字母，这三个单词分别是 Atom、Blade 和 Cell，分别比喻分析问题的粒度、技术的娴熟程度和组织培养。

Atom 的意思是“原子”，比喻分析问题的粒度要足够细。做数据分析要和流程分析到最小元素，只有分析到最小要素，才能彻底发现问题。

Blade 的意思是“刀锋”，比喻分析技术的娴熟程度。咨询师需要洞悉逻辑，技术娴熟，解决问题时才能如同庖丁解牛，以无厚入有间，快速、彻底解决问题。

Cell 的意思是“细胞”，比喻组织培养。咨询师要给组织注入精神，把管理贯彻到最小单元。只有最底层的员工准确地掌握了管理要求，才能实现有效管理。

012

练兵选将：人力资源的方法论

做咨询这类工作，和老板打交道比较多。

老板经常问我的问题是：“孔老师，我应该如何选拔人？”

我回答说："练兵选将，好兵是练出来的，士兵能不能打仗，关键是技能和纪律，有技能、守纪律，就可以打仗。有技能就是能打，守纪律就是听指挥。不能打不行，能打但不听指挥也不行。所以，好的士兵靠训练就可以。"

老板："那选将呢？"

我说："千军易得，一将难求，良将是选出来的。良将需要有基本的潜质，那就是使命感、责任心、智商、情商、心理素质。

"使命感和责任心是良将最基本的素质，就是有担当，不会给多少钱干多少事——只要把事交给他，哪怕没有钱也会把事干好。

"良将需要一定的智商，也就是学习能力。良将需要快速学习，太笨了不行。

"情商是组织能力，良将需要能够带队伍。

"心理素质是应对风险的能力，或者说抗压能力，缺少这种能力干不了大事，不能一压就垮。"

老板："你这些话从哪里来的？"

我说："包公教的。"

老板："谁教的？"

我："包拯，就是宋朝的那个包青天。"

老板："真的假的？"

我："《宋史·包拯传》记载，宋朝为了和辽国和好，每年送很多金银给辽国，包拯认为这样削弱了大宋的国力，给宋仁宗的建议是：岁赂契丹，非御戎之策，宜练兵选将，充实边备。意思是说，老拿钱买平安不是办法，必须建立强大的军队才行。这里面就提到练兵选将，我觉得这是一个很好的人力资源方法论。"

老板："嗯，有点意思。"

013

“低手”才靠概率，高手只搏确定性

程晓华老师发表过一篇文章《概率是人类无知的产物》，大概的意思是因为我们做不到确定性，所以才引入了概率这个概念，如果能做到确定性，那就不需要概率了。他用抛硬币做例子：抛出一枚硬币，哪一面朝上是“随机的”，且任何一面朝上的概率是 50%。但是，如果硬币弹射的角度、力度、地面条件、风速等因素是确定的，硬币落地的时候，哪一面朝上还是一种随机现象吗？

答案当然是否定的。

据说美国斯坦福大学的两位教授佩尔西·戴康尼斯和布赖恩·斯科姆斯制作了抛硬币机，做了试验，证实了这一点。这两位教授的态度确实认真，但我总觉得这个试验有些多余——实际上，有很多事情可以证明这一点。

武侠电影中，高手一甩飞刀，苍蝇就钉在墙上了。当然，电影的内容都是导演编排的，大家可能觉得不可信，但现实中确实有人能用弹弓打中停在墙上的苍蝇；如果换成枪，距离不要太远，我也可能打中；如果换成专业狙击手，那就是 100% 可以打中——有些狙击手甚至可以打中几千米外的目标。这些对普通人来说几乎是不可能完成的事情，专业选手则可以以 100% 的确定性完成。

看看杂技就知道了。在常人看来，杂技是高难度的表演，但在专业杂技演员看来，几乎毫无难度可言。还有极限运动，比如徒手攀岩、冲浪等，普通人估计冲一次死一次，但对专业选手而言，不但每次都完成得很好，姿势还挺完美，令人叹为观止。顶尖的赌场高手也是如此，在一般的规则面前是不失手的，除非碰到更高的高手。我在上大学的时候，就破解过一个赌博的公式，只要一出手，100%稳赢。

供应链管理也是一样，客户什么时候要货，要哪些货，要多少货，看起来好像说不准，实际呢？有些高手可以说得很准。他们分析各种要素，会精确地判断大致的数量，偏差很小。据说，日本的搬家公司在派车之前会有客服和客户通电话，客户在电话中说有哪些东西需要搬运，客服根据客户的描述计算需要的纸箱和胶带纸的数量。搬家完之后，纸箱刚好用完，胶带还剩半米。

战争也是一样。好的指挥官，其核心的决策往往来自数据掌握、数据分析、数据结论。据说，有一位指挥官从红军时期就开始带兵，他的身上一直有个小本子，上面记载着每次战斗的缴获情况、歼敌数量。

1948 年辽沈战役开始之后，在东北野战军前线指挥所里面，每天深夜都要进行例常的“每日军情汇报”，由值班参谋读出下属各个纵队、师、团用电台报告的当日战况和缴获情况。

那几乎是千篇一律、枯燥无味的数据：每支部队歼敌多少、俘虏多少；缴获的火炮、车辆、枪支、物资多少……

这位指挥官的要求很细：对于俘虏，要分清军官和士兵；对于缴获的枪支，要统计出机枪、长枪、短枪；对于击毁和缴获的汽车，也要分出大小和类别。

1948 年 10 月 14 日，东北野战军以迅雷不及掩耳之势，仅用了 30 小时就攻克了对手原以为可以长期坚守的锦州并全歼了 10 余万守敌之后，不顾疲劳，挥师北上，与从沈阳出援的廖耀湘兵团 20 余万人在辽西相遇，一时间形成了混战。战局瞬息万变，谁胜谁负实难预料。

在大战中，即使再紧急、再忙，这位指挥官仍然坚持每晚必做的“功课”。一天深夜，值班参谋正在读着下面某师上报的其下属部队的战报，战报中说有一支部队碰到了一个不大的遭遇战，歼敌部分，其余逃走。在别人眼里，这份战报与其他之前所读的战报并无明显异样，但这位指挥官突然叫了一声“停”！他的眼里闪出了光芒，问：“刚才念的在胡家窝棚那场战斗的缴获，你们听到了吗？”

大家带着睡意的脸上出现了茫然，因为这样的战斗每天都有几十起，不都是差不多一模一样的枯燥数字吗？这位指挥官扫视一周，见无人回答，便接连问了三句：

“为什么那里缴获的短枪与长枪的比例比其他战斗略高？”

“为什么那里缴获和击毁的小车与大车的比例比其他战斗略高？”

“为什么在那里俘虏和击毙的军官与士兵的比例比其他战斗略高？”

大家还没来得及思索，这位等不及的指挥官大步走向挂满军用地图的墙壁，指着地图上的那个点说：“我猜想，不，我断定！敌人的指挥所就在这里！”

你看，这就是高手！不预测，不猜测，直接告诉你敌人的指挥所在哪儿。

在高手的世界里，往往没有秘密可言，基本上是确定性的。

对于大部分人而言的变量，在高手的眼中则是常数。

“低手”则不同，他们往往追求概率和试错。对于供应链中需求的预测，尤其如此。业内流行一句话“预测永远是不准确的”——有些人也拿这句话来搪塞工作中的失误。

我认为这句话是错误的，应该改为“预测永远是准确的，之所以不准确，是因为我们没有用合理的方式去评估必要的要素”。

概率和确定性有巨大差异，概率就是概率，概率就是不确定性，哪怕是1%，也有可能发生，而一旦发生，就会变成100%。所以，概率往往让人吃不香、睡不好。确定性则不同，**确定性是有保障的，它一定会发生，你可以吃着火锅、唱着歌等着它发生。**

一般选手往往觉得差不多就行了，因为他们追求的是概率，只要概率超过60%，就觉得差不多了。实际上呢，有40%的可能性是不成，失败也往往失败在这40%上。高手则不同，他们追求的是确定性。高手往往不断练习，数十年如一日，从不懈怠。他们追求的不是概率，不是超过60%、70%，甚至不是99%，而是100%。

014

一定要成为高手

高手才有价值，高手才有竞争力。所以，一定要成为高手。

会打篮球的人很多，但靠篮球吃饭的人很少。一般的篮球运动员年薪可能是几十万元，灌篮高手年薪可达几千万元。一般的运动员很难影响比赛结果，而灌篮高手可以带领团队赢得冠军。

如果要端供应链管理这个饭碗，首先要成为专业人士。如果要做出卓越的供应链，那就一定要成为供应链管理的高手。

高手是可以练出来的。优秀的供应链管理者需要一点点天分加上持续的学习和训练，比如对数字敏感、对流程敏感、有一定的协调能力、有一定的组织能力、有一定的管理能力等。一般人往往也能具备这些天分。

供应链是一项专业，有其专业理论和专业实践，本书介绍了不少专业理论，这也是本书主旨所在。只要掌握了这些理论和方法，到企业做个分析和诊断不是什么难事；专业实践则需要历练，要做一些项目才行。如果从头到尾认认真真地做 3 个大项目，基本上可以历练成功——当然，这就需要有做大项目的际遇。

大项目往往有门槛，平庸的选手往往很难碰到大项目；高手则不然，尤其是专业高手，因为业界往往缺乏专业高手。在信息透明的时代，专业高手往往会被“人肉”出来。

对于从事供应链的专业人士而言，我们的目标，就是成为高手！

致 谢

感谢中国经济出版社雷生先生的知遇之恩！他有一双“纳鲁肃于凡品”的慧眼。2020年初，我的第一本书《物流实践者手记》刚刚完成手稿，雷总看了一眼书稿，就认为可以出版。经过他的团队的精心策划，《物流实践者手记》于当年11月成功出版。也正是因为有了他的欣赏，我再接再厉，才有了这本《供应链管理高手之路》。

关于出书，他给了我很多建议，比如：一定要成为精品；一定要有用；作者要有点东西；作者要有其特色；作者写得透，读者才看得懂；要清楚地告诉读者一些有价值的东西；一本好书，不应浪费读者的时间，让读者的每一分钟都有价值；不追求浮华，不追求暴热，追求社会价值，追求长销、追求长效等。我在写书时，也遵循了这些原则。

感谢中国经济出版社孙东健老师及其团队！他是《物流实践者手记》一书的责编，也是本书的责编。他和他的团队编书如同育子，精心策划，认真编辑，对于每一个典故、每一个公式都仔细做了核对。这两本书倾注了他们的心血。

感谢寇俊玲编审！她是我写书的引路人，正是在她的启蒙和鼓励下，我才开始创作这两本书。2015年，寇老师看了我写的知乎文章，鼓励我写一本书，拉开了我写书的序幕。在寇老师的鼓励和支持下，我顺利写出了这两本书。

感谢我的师长和朋友—— 一路走来，所到之处，都是师长和朋友。我在供应链管理方面之所以能取得一些成绩，归功于他们的鼓励、支持和帮助。

感谢我的客户！实践出真知，正是因为客户为我提供了机遇，才有了这些宝贵的案例，才有了这些成功的实践，才有了这些宝贵的知识，才成就了我这名作者和我的两本书。再次向我的客户致以深深的敬意！

参考文献

[1]孔令华. 物流实践者手记[M]. 北京:中国经济出版社,2020.

[2]程晓华. 制造业全面库存管理[M]. 北京:北京理工大学出版社,2019.

[3]迈克尔·波特. 竞争论[M]. 北京:华夏出版社,1997.

[4]卡洛斯·戈恩. 极度驾驭:日产的“文艺复兴”[M]. 上海:上海社会科学院出版社,2004.

[5]翁怡诺. 新零售的未来[M]. 北京:北京联合出版公司,2018。

[6]铃木敏文. 零售的哲学:7-Eleven 便利店创始人自述[M]. 南京:江苏凤凰文艺出版社,2014.

[7]稻盛和夫. 管理与会计[M]. 南京:译林出版社,2005.

[8]保罗·迈尔森. 精益供应链与物流管理[M]. 北京:人民邮电出版社,2014.

[9]魏际刚. 物流战略[M]. 北京:中国财富出版社,2013.

[10]用友网络科技股份有限公司. 企业数字化[M]. 北京:中信出版社,2019.

[11]肯尼斯·C. 劳顿. 管理信息系统[M]. 北京:机械工业出版社,2017.

[12]稻盛和夫. 干法[M]. 北京:机械工业出版社,2010.

[13]艾勒斯·M. 阿沃德. 信息系统分析与设计[M]. 天津:天津科技翻译出版公司,1989.

[14]葛伟炜. 良品铺子: 将数智化转型进行到底[J/OL]. 商业评论, 2020, (8)[2022-07-06]. https://d.wanfangdata.com.cn/periodical/hf-

sypl202008006. DOI:10.3969/j. issn. 1672 -2582. 2020. 08. 006.

[15]刘芮,陈帅. 危险的分工:从苹果陷阱,到特斯拉幻影[EB/OL]. (2021 -01 -24)[2022 -07 -06]. https://finance. sina. com. cn/tech/2021 -01 -24/doc -ikftssap0168349. shtml.

后　记

本书顺利付梓在即，看着自己多年的心血终于结成正果，我心中有欣慰、有感怀，更有感慨。

欣慰的是自己的作品面世，又贡献出了一本好书。供应链管理是一个讲如何赚钱的专业，学好了，做好了，就可以更多地赚钱，更好地生活。

供应链管理是一个体系性很强的专业，要做好，就需要体系性的知识和学习。本书尽可能尝试从体系的角度讲述供应链。供应链管理看似纷繁复杂、难度很大，但只要按照体系梳理，就会有条理，难度也会降低很多，如果学得透，又做得娴熟，也就没有难度了。

很感怀自己所处的时代！我很幸运，出生和成长在盛世中国。自我出生在现在，这个世界经常乱哄哄的，有美苏争霸、海湾战争、南联盟战争、利比亚战争以及现在的俄乌战争，还有中美贸易战，以及对经济和政治产生了巨大影响的新冠肺炎疫情。幸运的是，中国发展得一直很好。这么多年来，中国处于盛世，政治清明、经济稳定、社会和平，汉唐所不及也。中国最近 30 年的社会进步实在太快了，取得的成就举世瞩目。我们的 GDP 不但达到了世界第二的水平，而且在技术方面取得了长足的进步。我不用挨饿、不用扛枪，也用不着躲避子弹，只需要好好学习，好好做供应链，就可以快快乐乐、安安稳稳地过日子。所谓幸福，好像也莫过于如此。

做咨询的近 10 年中，我一直做三件事：写书、讲课、做项目。有项目就做项目，没有项目就讲讲课，如果没有项目也没有课就写写书，一直忙忙碌碌，快快乐乐。2020 年，我出版了《物流实践者手记》；2022 年又出版了《供应链管理高手之路》；最近几年中，我做了很多供应链数字化的研究，积累了不少好的案例，正在酝酿撰写第三本书《供应链数字化的逻辑和实践》；后续，还计划出版关于生产计划、采购等供应链管理方面的书。

这些书主要讲述如何帮助企业解决供应链管理的问题，采用的基本都是理论结合实践的讲述方式。

这些年，前前后后，我做了大大小小百八十个项目，讲了200多堂课，能写书、又能讲课、还能做项目，真的需要蛮好的时代机遇。如果不是生逢盛世，兴许我就没有这个机遇。

很感慨于这个巨变的时代！这是一个技术飞速发展的时代，尤其是在信息技术、制造技术、物流技术等方面，进步速度可以说是一日千里。我自己是个认真学习的人，每当出现新的技术，就赶紧学习，唯恐落后，却总感觉自己学着学着就落伍了。好在大部分新技术和旧技术的原理都是一致的，而且大部分新技术是架构在旧技术的基础之上的。所以，只要保持学习，保持好奇心，掌握新技术也并不是什么难事。

本书付梓之际，除了这些欣慰、感怀，感慨，我还有一丝释然和遐想。

不论什么产品，或多或少，都会有瑕疵，本书也并不例外。且不说标点符号、遣词造句之类的瑕疵，在某些专业认识和案例方面，也可能存在遗憾和不足，我也曾经迟疑不决，看了又看，唯恐影响读者体验。某位专家告诉我："瑕不掩瑜嘛，早些和读者见面，早些传播知识，更有价值！"专家的话让我有一些释然，于是决定向前看。

所有过往，皆为序章。

随着经济和技术的进步，供应链会越来越重要，供应链管理会越来越有价值。正如过去的我们不能预料现在一样，现在的我们也难以预料未来。但能够肯定的是，历史的车轮滚滚向前，世界潮流浩浩荡荡，技术进步日新月异，未来的供应链会更加精彩。现在的人只要好好学习，一定可以迎来一个更加美好的未来。

在本书的创作过程中，还有一些极有意思也有意义的花絮，不揣冒昧，在此奉献给大家。

一、关于书名

本书原定名为“供应链实践者手记”，如此则可以和第一本书《物流管理者手记》成为姊妹书。但这本书体系比较严整，不太像手记，于是改为“供应链管理的方法和技巧”，又觉得不太恰当。选题策划人雷生先生曾建议改为“打造供应链护城河”，我觉得很对本书的路子，但终未敲定。最后，采用了曾勇华先生建议的书名“供应链管理高手之路”，这也确实是本书的主旨。我也希望读者能够通过理论学习和实践操作，成为供应链管理高手。

二、关于两本书的互鉴

我先后出版了两本书，分别是《物流实践者手记》《供应链管理高手之路》，其中有一小部分内容是可以互相借鉴的。

《物流实践者手记》的核心是讲述物流的认识、战略、管理、仓储、运输、信息化、案例等。《供应链管理高手之路》则主要讲述如何理解企业的目标、如何认识供应链的竞争力、如何解读供应链、如何诊断供应链、如何打造供应链以及供应链经典案例。

《物流实践者手记》从 2016 年开始创作，出版时间为 2020 年 11 月，前后历经 5 年，时间较长，所以读者会看到其中有 2015 年发表的文章。该书内容主要以我做物流咨询的方法和案例为主，是手记的形式。

《供应链管理高手之路》则在 2021 年 2 月开始动笔，创作时间大约 10 个月，主要素材来自我这 5 年来一直在讲的一堂课“优化供应链：打造企业核心竞争力”的课件，以及我的一些咨询案例和分析案例。本书的逻辑体系比较严谨，主要内容是精益、新技术和创新。

如果您主要从事物流行业，我建议多看看《物流实践者手记》，针对性更强一些。

如果您想学习供应链管理，我建议将这两本书都看看——供应链是离不开物流的。

三、人要在事上磨

我见到的优秀的供应链管理专家，大部分是精于实践的——包括我本人。说穿了，供应链管理就是干活，就是做事。供应链管理是实践性很强的东西，如果做多了、做好了，也就做会了，也就成为专家了。

四、关于“创新是最大的竞争力”

对于“创新是最大的竞争力”这句话，有人会说：“茅台没有创新啊，这么多年，还是那个茅台。”其实不然，创新并不是一定要改变产品。茅台的创新并不是一定要改变茅台的口味，其创新是经营上的创新。如果茅台不是持续创新，怎么可能把市值搞到超过2万亿元？

五、关于“案例穿插理论”

在第一篇中，本书的叙述方式是用案例穿插理论，便于学习和复制。

一般的专业书都是用理论穿插案例，逻辑性强，讲起来也比较简明，但就是引不起读者的兴趣，所以，我反其道而行之，采用案例贯穿理论的方式：先讲案例，再探究原因，接着讲述理论，最后总结。

爱因斯坦曾经说过：“榜样是唯一的教学方式，而不是另一种方式（Example is not another way to teach, it is the only way）。”

读者往往喜欢听有趣的、有意义的、有价值的、能借鉴的、实际存在的、作者经手的案例。案例越生动，读者就越有兴趣，再经过理论分析，这样一来，读者不但学习了案例，也会因此而喜欢理论——只要喜欢，学起来就不难了，这就是“爱之者不如好之者，好之者不如乐之者”。

之所以这么做，主要是为了让读者容易接受。

六、关于书中精益和财务的部分

我听过尉洪朝老师讲的精益课和杨念祖老师讲的财务课，很精彩。本书中借鉴了他们的一些理念，在此向他们致以谢意。

七、人的要素永远是最重要的要素

本书强调了人才的重要性。人才确实在供应链管理中具有至关重要的作用。

中国讲究天时、地利、人和，其中最为关键的是人。无论多么艰难的时代，无论多么不利的地域，总是会有人创造奇迹。比如，以色列没有很好的土壤，甚至严重缺水，但其无水栽培的蔬菜不但满足了自己国家的需求，还大量向欧洲供货。新加坡连淡水都没有，用水时需要进行海水淡化，但仍然发展得很好。大部分事业是事在人为的，就看能不能豁得出去。

做好供应链，人才是关键。

八、关于“练兵选将”的来源

《宋史·包拯传》记载，包拯曾经向宋仁宗建议：“国家岁赂契丹，非御戎之策。宜练兵选将，务实边备。”

一共20个字，把国防的现状、后果、方法、实施讲得清清楚楚，古文之美，可见一斑。

九、关于“赚钱要正当”

这句话是蒋经国先生讲的，原话是“赚钱要正当，用钱要恰当”，告诫中国台湾的企业家要赚好钱，用好钱，不要用违法的手段赚钱，不要因为没有用好钱而导致企业破产。我看过蒋先生演讲的视频，他操着浓浓的吴语，微言大义，语气亲切，语重心长。

十、但愿此书能够“精彩”和“动人”

周汝昌对《红楼梦》有句评语：“大，大得精彩；小，小得动人。”

古罗马著名哲学家西塞罗（Cicero）曾经说过：“一个人若能把平庸的题材谈得精彩，把崇高的内容讲得动人，把一般问题处理得不卑不亢，他就是一个口才好的人。”

我在写作本书的过程中，也时时想着这两句话。不过，供应链管理这种专业文章实在有些枯燥，本人文字功底也毕竟有限。所以，尽管竭尽所能，使出浑身解数，仍然不知道您阅读本书时是否有愉悦感。如果您能从书中获得“精彩”“动人”等愉悦感，那是您的水平高，能够理解到我的苦心。我要为此好好感谢您。

十一、小熊电器

小熊电器是一家以“创意小家电 + 互联网”创新商业模式所驱动的实业公司，专业从事创意小家电的研发、设计、生产和销售，于 2019 年 8 月 23 日在深交所挂牌上市。

本书临近完稿时，我恰好在小熊电器做供应链优化项目，便将书稿呈给李一峰董事长征求意见。李总于百忙之中为本书写了推荐语，在此特别向他致谢！

十二、关键是“技”

李文明先生是我的同事，资深咨询师。他说：“企业越来越务实，咨询师只有能为企业创造价值，才能体现自己的价值。所以，技能之重要，关键是‘技’，即教会企业怎么做。多做实的，少说虚的。”

受这句话的启发，本书自始至终都围绕着“技”这个核心。其中，大部分技能是我实践过的，有一定效果。希望您看了之后，能多学一些“技能”“技术”，成为高手！